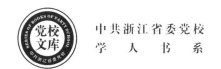

中共浙江省委党校
学 人 书 系

曹文彪文集

中国社会科学出版社
南开大学出版社

图书在版编目(CIP)数据

曹文彪文集 / 曹文彪著 . 一天津：南开大学出版社；
北京：中国社会科学出版社，2020. 12
（中共浙江省委党校学人书系）
ISBN 978 - 7 - 310 - 06045 - 0

Ⅰ.①曹…　Ⅱ.①曹…　Ⅲ.①社会科学—文集
Ⅳ.①C53

中国版本图书馆 CIP 数据核字(2020)第 266197 号

曹文彪文集
CAOWENBIAO WENJI

南开大学出版社　中国社会科学出版社　出版发行

出版人：陈　敬　赵剑英
地址：天津市南开区卫津路 94 号　邮政编码：300071
营销部电话：(022)23508339　营销部传真：(022)23508542
http://www.nkup.com.cn

北京君升印刷有限公司印刷　全国各地新华书店经销
2020 年 12 月第 1 版　2020 年 12 月第 1 次印刷
240×170 毫米　16 开本　21.75 印张　355 千字
定价：98.00 元

如遇图书印装质量问题，请与本社营销部联系调换，电话：(022)23508339

序　言

陆发桃

　　东南形胜、潮涌钱塘，诗画浙江、自古繁华。伴随着新中国一起诞生，在改革开放中跨步前进的红色学府——中共浙江省委党校已有近七十年的历史。七十年来，作为省委的重要部门、培训轮训党员领导干部的主渠道、党的哲学社会科学研究机构，浙江省委党校始终高扬党的旗帜，紧紧围绕党的路线方针和中心大局开展干部培训和理论研究宣传，为党的干部队伍建设、理论创新和浙江经济社会发展作出了重要贡献。特别是1983 年到 1989 年党校教育正规化时期，浙江省委党校各项事业快速发展。这一时期，省委党校科研工作空前活跃，领导科学、干部语言逻辑等学科建设成果显著。鲍世平撰写的《领导科学纲要》于 1985 年 10 月由中央党校求实出版社出版，1989 年修订本出版时，中央党校常务副校长薛驹对此表示祝贺，并亲自为该书题写书名。陈宗明编写的《现代汉语逻辑》获 1985 年度省社会科学优秀成果一等奖……这一时期，党校教师形成了以老教师带头、以 80 年代初引进的一批中年教师为主体的"党校学人"群体，为党校教育正规化事业作出了不可磨灭的重大贡献。1986年 9 月 10 日，李基固被评为省教育系统优秀教师和全国教育系统优秀教师；1987 年 8 月 24 日，陆立军被省委宣传部、省教委、中国教育工会浙江省委员会批准为省级优秀教师；1989 年 9 月 10 日，陈宗明被国家教委、人事部、全国教育总工会评为 1989 年度全国优秀教师……时光荏苒，岁月如梭。老一辈"党校学人"陆续离开了他们热爱的党校教师岗位。但他们的精神始终激励着我们。为全面回顾"党校学人"的光辉历程，传承和发扬"党校学人"的光荣传统，激励党校学人继续开拓进取、勇往直前，在历史新时期谱写党校事业新篇章，学校决定对党校学人积累下来的珍贵的学术财富进行系统梳理，设立《党校学人书系》。《书系》的编写出版，对于深入研究"党校学人"成长规律，进一步探索新时期"党校学人"培养新思路新方法，努力开创新时代党校发展新局面，具有重要借鉴意义。"干在实处永无止境，走在前列要谋新篇。"新时代党校工作责任重大，使命光荣。希望新时代"党校学人"站在前人的肩膀上，不忘初心、牢记使命，永远奋斗，努力为建设红色学府示范党校，推进"两个高水平"建设、实现中华民族伟大复兴的中国梦而努力奋斗！

目　　录

第三辑　文化评论及其他

前　言

　　在我的青少年时代，我对未来一直怀揣着这样一个美妙的憧憬，即以读书和写作作为我一生的志业；至于是文学性的还是学术性的，那倒无所其谓，因为我对这两者有着均等的喜爱。1978 年，叨恢复高考之祐，我有幸以老三届初中毕业生的资格考进了扬州师院中文系攻读本科，到了1981 年，我便提前半年完成了师院的学业，被杭州大学中文系录取为中国古代文学评论专业的硕士研究生，1984 年底，研究生毕业并顺利地获得硕士学位之后，旋即便进入浙江省委党校从事专业的教学与研究工作。这样，我青少年时代的那个憧憬应该算是实现了，只不过正像美国诗人弗洛斯特在他的广为流传的《林中路》一诗中所说的那样，在文学和学术的分岔口，我，不，准确地说应该是时代的机缘促使我选择了学术这"一条路"，并且"从此决定了我一生的道路"。现在看来，这的确是一条不错的即特别适合我走的道路。

　　如果以我正式地从教职上退休的 2013 年作为最后的年限的话，那么我在党校的职业化的学术生涯差不多持续了整整三十五年。这三十五年的学术生涯，大体上可以以 1998 年晋升为教授为界，被分为前后两个阶段：前一阶段，基本上是从事古代文学评论的研究，后一阶段，随着我的研究方向转向了文化学，文化以及知识和知识分子，便成了我的主要的研究对象。

　　不用说，这三十五年中，我写了不少的书和许多的文章。就书而言，特别值得借此提及的也许是这样两本，即《中国古代文学批评通论》（1998 年长江文艺出版社出版）和《科学与人文——关于两种文化的社会学比较研究》（2008 年学林出版社出版）。这两本书可以被视为我的前后两个阶段不同主题的学术生涯的阅读和写作的总结。由于这两本书的写作差不多都花费了我七、八年之久的时间，因此，即便从今天的眼光看来，总体而言，它们似乎都没有多少值得修改的地方。

至于收在文集中的这些文章，首先，我想提请读者们注意的是，上所提及的两本书中的许多观点，这里的文章都不同程度地有所阐述，因此，没有时间阅读那两本书的读者完全可以退而求其次地阅读这里的文章。其次，这些文章中的绝大多数在当初正式发表时，受了版面的限制，文字上都做了不同程度的删减。如此一来，文章论述的充分性与完整性便遭到了一定的削弱，出于保持历史原貌的考虑，它们大多依照当初发表时的原样（有些只做了极微小的改动）而被收进了文集里。最后，尽管这里的文章被分为三类，即"中国古代文学评论研究"、"文化研究"以及"文化评论及其他"，但这个分类显然不是绝对的。比如，被归入"文化评论及其他"里的一些文章，其实也可以被当作"文化研究"的文章加以阅读，因为离开对文化的研究，任何对文化所做的评论都是不可思议的。余可仿此，恕不赘言。

此外，文集里的这几十篇文章，虽不能说每篇都堪称"不著一字空"，但是，正像"如人饮水，冷暖自知"所表明的那样，我自己知道，它们中的绝大多数的确都耗费了我很多的精力和心血，因此应该说，它们在许多方面都为相关的学术研究提供了一些新东西，尽管也许特别值得在此提及的是以下这几个方面。第一，我率先开辟了对中国古代文学评论进行研究的新途径，即由传统的历时的研究转为共时的研究，由传统的历史的叙事转为结构的描述，由此，中国古代文学评论便向人们展现出一个全新的状貌，上所提及的《中国古代文学批评通论》一书，就是依照这样一个新的研究路径而写成的。第二，我对文化及文明这两个概念作出了全新的阐释。和流行的把文化视为一种静态的存在或存在物不同，在我的阐释里，文化乃是一个文而化之的动态的过程，一个永不停歇的循环系统。同时我还特别强调，由于文化中的文应该被定义为人的精神世界的外在的展现，因此，传统的那种把文化（其实应该是文，下同）分为物质的和精神的两大类的做法是极端错误的。从本质上说，人类只有一种文化，即精神文化。所谓的物质文化中的物质，只是文化的一种形态，其内核仍然是精神。至于文明一词的本义，在我看来应该是指文而明之，即人类创造的科学、伦理及艺术之文使人类不断地从黑暗走向光明，从愚昧走向开明。因此，和文化一样，人类也只有一种文明，即精神文明。第三，关于科学与人文这两种文化，学者们通常倾向于把它们比喻为飞机的两翼或车子的双轮。我认为这是不恰当的，因为如此一来，它们两者便具有了同等的重要性。而在我看来，人文远比科学（当然更包括技术）要重要得多。有鉴于此，我一直坚持把科学比喻为发动机，把人文比喻为方向盘：毋庸置疑，对一辆车子的行驶来说，确定方向显然比提供动力具有更为根本的意义。第四，鉴于学者们长期以来一直在不同的意义上使用人文一词，并因此导致有关的学术讨论，不是不了了之便是无从获得有效的结论，我对人文一词的意涵作了严格的区分，即分为人文世界与人文科学：前者指的是通常人们说到人文一词时所指称的对象，比如文学艺术、道德规范、历史叙事以及价值哲学等，后者指称的则是对这些世界所做的研究。因此，后者本质上并不属于人文而属于作为一个学科的科学。第五，我还率先对古代儒家的文化理论展开了一定的研究，比如，我探讨了《论语》中的"文"的诸种不同的涵义，此外，我还对《荀子》中的"文"与"化"这两个概念的涵义作了详细的描述（很遗憾，受了书页的限制，这些文章未能收入文集）。令我非常奇怪的是，就我所了解的而言，至今似乎尚没有学者展开这样的研究。第六，我还率先就人类文化演变所经历的三种形态——圆圈、直线及立体作了详细的叙述。第七，和通常的做法不一样的是，我把知识分子划分为两类，即专家与学者，我相信，这样的划分应该是别开生面的。此外，由于我在职期间一直承担着大量的教学工作，因此，我也率先对长期以来一直困扰着党校的教学与科研的关系问题，进行了深入的思考，并且作出了全新的理解。在这个全新的理解中，所谓教学与科研的关系问题其实是一个伪问题，真问题应该是讲课与写文的关系问题。我强烈认为，至少就省级以上的党校而言，讲课与写文乃是教研人员报告其科研成果的两种不同的形式。这个全新的观点，得到了许多的支持，也受到了一些质疑。值得庆幸的是，至今我尚未发觉它遭到了根本的挑战并且因此变得晃动起来。此外还有许多新的东西值得在此一提，但是，一则那几乎要对每一篇文章的要点作出概述，二则凡此均应可在百度"万方分析——学者知识脉络：中共浙江省委党校曹文彪"所提供的数据中查阅得更为清楚，故还是就此打住吧，否则就难免自炫之嫌了。我唯一想再说一句的是，这些文章应该不会辜负读者们的阅读。

随着我于 2013 年的正式退休，我的职业的学术生涯便宣告结束了，但同时似乎又开启了一个新的业余的学术生涯。这个新的学术生涯有一个非常明显的好处，即自由，而"我很喜欢这样的自由"（语见【美】罗尔斯顿著《哲学：走向荒野》一书）：自由地阅读，自由地写作，并且这个阅读和写作可以是学术性的，也可以是文学性的——换言之，也可以随时到文学的世界里去徜徉一番。事实上，从那以后我的确随性地阅读了许多，也写作了许多。比如，被归入"文化评论及其他"里面的文章《一流圣人与二流圣人及其他》以及《伤感的而非讽刺的——重读'儒林外史'》，就都是这一新的学术生涯的产物，而我敢说，它们至少具有同等的阅读价值。这样看来，展望未来——如果以我现在的古稀之年使用未来一词尚不属不智的话，应该还是可期可待的。

最后，我想附上我的一点由衷的谢意。首先，我要感谢我所供职的学校，没有学校慧心独运地启动"中共浙江省委党校学人书系"的项目，本文集的出版根本上就无从谈起。其次，我还要感谢我的妻子张宪英女士，没有她几十年如一日的悉心支持与协助，收在本文集里的文章以及其他未曾收入本文集的几十篇文章的写作，是很难顺利地完成的。

第一辑

中国古代文学评论研究

为什么晚明有些学者把《文心雕龙》看成子书

　　《文心雕龙》在唐、宋时代已为少数学者所注意，不过，一则抑扬不一，二则皆非自觉而系统的研究。到了明代则大为改观，可以毫不夸张地说，明代的《文心雕龙》研究几乎已蔚然成风。兹举几个统计数字如下：（1）从弘治到崇祯间，私人刊刻的《文心雕龙》计有五种；（2）学者在文章中有目的地引用《文心雕龙》语句的计有十八家；（3）为《文心雕龙》作序或跋，从而对之进行比较广泛、深入分析与评价的计有十八家；（4）对《文心雕龙》的版本进行校雠的亦计有十多家；（5）为《文心雕龙》作评的计有七家（以上数字据王利器先生《文心雕龙校证·附录》资料统计而得）。这个时期，对《文心雕龙》的研究已深入到义旨的探讨、结构的分析、价值的评定及语言的欣赏等各个方面，并且各家皆认为自己独窥《文心》之秘，所谓"家家抱荆山之玉，人人握灵蛇之珠"。在这众多的分析与评价中，使我们特别感兴趣的是，晚明有些学者竟目刘勰为一子、视《文心》为子书。如活动于万历到崇祯间的曹学佺在其《文心雕龙·序志·评》中说："彦和虽是子类，然会其大全，要之中正，所以为难。"曹氏又在其《文心雕龙·序》中称刘勰为"论家刘子"。天启六年刊行的归有光辑大型丛书《诸子汇函》中亦收有《文心雕龙》，称刘勰为云门子。嘉靖间晁瑮及其子晁东吴合编的《宝文堂书目》、万历间徐渤所编的《徐氏家藏书目》也都将《文心雕龙》归入子类。而这以前的《隋书·经籍志》、《旧唐书·经籍志》、《新唐书·艺文志》、《宋史·艺文志》均将《文心雕龙》归入集部诗文评类，另外，唐、宋人的评语中也未见有目刘勰为子、视《文心雕龙》为子书者。为什么晚明时代有些学者会把《文心雕龙》看成子书，把刘勰看成一子呢？笔者从三个方面对这个问题做了一些初步的探讨：（一）这种看法有没有一定的道理？（二）为什么恰恰是晚明的一些学者产生了这种看法？（三）这种看法有什么意义？兹不揣浅陋，将我的看法连缀成文以就正于方家大雅。

现在我们先来看第一个问题。我认为这种看法有一定的道理，这可以从以下三个方面去考虑。

（一）魏晋六朝百家争鸣的时代特色给这种看法的产生以一定的现实启发。东汉末年的黄巾大起义推翻了统治达四百多年的汉王朝，尔后是军阀混战，三国鼎立，接着是西晋王朝的短期统一。旋踵之间，外族入主中原，晋室南渡，于是南北对峙，前后达三百多年之久。这三百多年的中国一直处于混乱与动荡之中。与之相应，意识形态领域内也发生了极大的变革，产生了形形色色的思想和理论，互相之间争鸣抗衡，成为我国思想史上第二个百家争鸣的时代。于是在西汉王朝定于一尊的儒家思想的大厦，也随着大一统王朝的灭亡而倒塌了，代之而起的是对先秦道、法等诸子的重新深入而广泛的研究，出现了以道家思想为中心内容的玄学，如何晏、王弼等的以无为本的思想。他们以道解儒，崇尚清谈，放任旷达，反对名教。与之相对立的则有以裴顾和向秀为代表的崇有论，他们与贵无派的斗争实际上是名教派与自然派的斗争。由于一些地主阶级知识分子在政权的更迭中，看不到自己的出路，对自己的主观力量丧失信心，因而产生了以嵇康的声无哀乐论为代表的主客观相分裂的思想。还有一部分人在战争和天灾面前感到生命无常，因而一味追求享乐，其思想集中体现在《列子·杨朱》中。一些人追求长生，于是产生葛洪的炼丹术。再后，随着佛教在南朝的兴盛，则又产生了实质为保佛与反佛的神不灭论与范缜的神灭论之间的斗争。在地主阶级的压迫下，又产生了代表农民利益反对专制政权的以鲍敬言为代表的小国寡民的思想。他们向诸子学习，努力著述，成一家言。综上可知，整个魏晋六朝时代可以说是一个充满诸子精神的时代，对于子学的崇尚及自撰子书的风气盛极一时。《隋书·经籍志》著录的这一时期的子书目录是颇为可观的。如：曹丕《典论》、徐干《中论》、王肃《王子正论》、葛洪《抱朴子》、夏侯湛《新论》、刘义庆《世说新语》、何翌之《谏林》、梁元帝《金楼子》、周干《正览》等等。一个学者诞生在这样的时代，只要他不是对一切都采取视而不见、听而不闻的态度，他总会或多或少地、这样那样地发表自己的思想或主张，刘勰自然也不能例外，事实也证明刘勰是很关心世事的。既注重实用而又讲究考证的晚明学者在研究《文心雕龙》时，不会不注意到这样的历史背景，不会不对刘勰的生平行迹做一番细密的考证。

由此，晚明学者把活动于这一时期的文评家刘勰看成一子，把他的著作《文心雕龙》看成一部子书，就十分自然了。

（二）《文心雕龙》本身所具有的子书特点是这种看法产生的内在根据。所谓子书有些什么特点呢？罗根泽先生说："诸子学说，除晚出名家外，大半属于人事论（道家虽有宇宙论，但仍以人事论为终极），故方术不同，皆思所以救世之弊也。"（《诸子考索》）即此可知，子书的一个重要特点便是"救世之弊"。那么《文心雕龙》如何呢？我们同意刘永济先生的这一看法："彦和此书有匡时救弊之意……盖我国文学传至齐梁，浮靡特甚，当时执政者类皆苟安江左，不但不思恢复中原，而且务为淫靡奢汰，其政治之腐败，实已有败亡之势，彦和从文学之淫靡推及当时士大夫风尚之颓废与时政之隳弛，实怀亡国之惧，故其论文必注重作者品格之高下与政治之得失"（《文心雕龙校释·前言》）。

诚哉是言。细考《文心雕龙》全书，刘勰貌似说文，实质是借说文以达到论事救世之目的。他是继承了《礼记·乐记》"声音之道与政通矣"、《诗大序》"至于王道衰，礼义废，政教失，国异政，家殊俗，而变风变雅作矣"以及《荀子》"夫声音之入人也深，其化人也速"的思想，从而认为，文学的内容与风格同时政有着极为密切的关系，所谓"时运交移，质文代变"、"幽厉昏而板荡怒，平王微而黍离哀"、"歌谣文理、与世推移，风动于上而波震于下者也"（《文心雕龙·时序》）。反过来，文学也会对时政产生一定的影响，这就是《文心雕龙·风骨》所说的"化感之本源"。本来刘勰胸怀大志，要注经以"敷赞圣旨"而直接作用于世事，但是"马郑诸儒，弘之已精，就有深解，未足立家"，所以他才来论文。《序志》云："文章之用，实经典枝条，五礼资之以成，六典因之致用"。他心目中的"文"是用来经国济世的，"文"的根本作用不在于娱人耳目，而在于作为经典的辅佐，去帮助治国平天下。经典为"体"，文章为"用"，两者相辅相成，不可分离。有了文章，君臣才能炳焕，军国才能昭明。把文章的社会作用提到这样的高度，显然受了曹丕《典论·论文》"盖文章经国之大业"这一思想的影响。所以他提出"原道"、"征圣"、"宗经"作为创作的根本原则，强调风骨，提倡刚健清峻的风格，反对淫靡浮诡的文风，以期改变当时士大夫阶层的淫靡奢汰的生活和思想作风，从而达到挽救社会的目的。正因为这样，他才特别重视作家的人品，提倡为社会而文，反对为文而文。《程器》开篇云："周书论士，方之梓材，盖贵器用而兼文采也。"这里即指出，士子处世，首先是要有好的品格（器）和有用于世（用），然后才能谈到文采，"而近代辞人，务华去实"，实在可叹。有文采的最终目的也还在于有用于世，"安有丈夫学文，而不达于政事哉"！杨雄、司马相如等"所以终乎下位"者，即因其"有文无质"（杨、马之徒所以终乎下位，自有其社会原因，刘勰强调以"有文无质"为其根本原因，无疑失之偏颇，不过其积极意义还是显而可见的）。同篇结尾云："是以君子藏器，待时而动，发挥事业，固宜蓄素以弸中，散采以彪外，楩柟其质，豫章其干，摛文必在纬军国，负重必在任栋梁，穷则独善以垂文，达则奉时以骋绩，若此文人，应梓材之士矣。"其济世之志昭然若揭，这是十足的诸子精神。

萧统《文选·序》云："老庄之作，管孟之流，盖以立意为宗，不以能文为本。"欧阳修《唐书·艺文志·序》云："诸子之论，名成一家。"可见子书的第二特点就是立一家之意，成一家之言。那么《文心雕龙》是否以立意为宗而成一家之言呢？笔者的看法是肯定的。《情采》篇中肯定了"为情造文"而批判了"为文造情"，这和萧统所谓"以立意为宗，不以能文为本"的看法基本相近。诚然，《文心雕龙》全书以骈体行文，其文章之美历来为学者所击节叹赏，可见刘勰在文上是下了很深功夫的。但是，一则他之所以采用骈体文的形式乃是当时整个时代的文风影响所致；二则他在文上花功夫的根本目的并不在文本身，而是为了增强其可读性以期更好地表达其所立之意。作者提出了自己的"原道""征圣"与"宗经"的文学观，被纪昀誉为"截断众流"。此外，作者对文学的内容与形式的关系、文体的分类、风格与作家的关系、风格与文体的关系、自然景物与创作的关系、文学的历史发展、文学的继承革新、创作构思和创作修养、写作方法和写作技巧以及文学批评的态度与方法等一系列问题，都作了比较全面而深入的探讨与研究，提出了自己的看法，并且有许多看法是相当独到和精辟的，这不是"以立意为宗"又是什么？诚如章学诚所说，"古人论文，唯论文辞而已。刘勰氏出，本陆机氏说而倡论文心……"意思是说，《文心雕龙》不单是论文辞，而且"自出心裁，发挥道妙"（《文史通义·文德》），"信哉其能成一家之言矣"（《文史通义·宗刘》）。

子书的第三个特点体现在它的结构上。根据郭绍虞先生《中国文学批评史》第八节"诸子思想和他们的作风"，可以知道典型的子书在结构上应该是：（1）每一单篇都是逻辑严密的论理文；（2）全书应该是一个完整统一的有机体，各篇应紧密联系，互相依存并为全书的中心之意所统帅。从这个角度来看，《文心雕龙》也是堪称一部子书的。章学诚说："《文心》体大而虑周……笼罩群言。""《文心雕龙》之于论文，专门名家勒为成书之初祖也。"（《文史通义·诗话》）关于《文心雕龙》全书的结构之完整与系统，可参看范文澜先生《文心雕龙·注》中所列体系表。全书之严密如此，单篇也不逊其色。特别值得一提的是，单篇行文的安排，不但显示了高度的严密性，同时也表现了高度的创造性，那就是《序志》中所讲的四个步骤：（1）原始以表末，（2）释名以彰义，（3）选文以定篇以及（4）敷理以举统（关于这一点，可参看蒋祖怡先生《〈文心雕龙·序志篇〉疏证》一文，载陕西人民出版社《古典文学论丛》第三辑）。这样的深入、细致、严密与系统，实在是《文心雕龙》区别于其他同类著作的独到之处，刘勰不愧是我国文学批评史上的巨子。

（三）刘勰对诸子及子书的倾慕与向往为这种看法的合理性提供了有力的佐证。全书专门列出《诸子》篇来谈论诸子及诸子之文，这决非兴之所至的处理，而是深思热虑的安排。文章一开始就竭力为诸子张扬："诸子者，入道见志之书也。"关于这句话，周振甫先生说得好："……那么不光是圣人认识道，诸子也认识道，圣人也通过诸子来认识道了。这就比《原道》讲得更确切些了。"（《文心雕龙注释》，人民文学出版社1981年版）刘勰把诸子抬高到与圣人比肩的地步，这是何等的识见与魄力、何等的推崇与倾慕！有鉴于此，人们对刘勰在《文心雕龙》"诸子"篇中作出这样的断言，就不应该感到难以理解了："太上立德，其次立言。百姓之群居，苦纷杂而莫显；君子之处世，疾名德之不彰。唯英才特达，则炳耀垂文，腾其姓氏，悬诸日月焉。"所谓"英才特达"，非诸子则谁能当之！"腾其姓氏，悬诸日月"，除了像诸子那样，立一家之言以"炳曜垂文"外别无他法。刘勰向往传名万世，所以他殚精竭虑地写成一部"体大虑周"的不朽之作，把此书立于子书之林，他是可以毫无愧色的。

刘勰更推崇那些能"越世高谈,自开户牖"(《诸子》)者,而对那些"体势浸弱,虽明乎坦途,而类多依采"者则颇多微词。总之,他推崇有独特见解的作者。那么,他自己呢?《序志》云:"及其品列成文,有同乎旧说者,非雷同也,势自不可异也;有异乎前论者,非苟异也,理自不可同也。同之与异,不屑今古,擘肌分理,唯务折衷。"何等的独立不迁!通观《文心雕龙》全书,笔者认为这番话并非自美之词,而是恰如其分。"嗟乎!身与时舛,志共道申,标心于万古之上,而送怀于千载之下,金石靡矣,声其销乎!"《文心雕龙》"诸子"中的这个信念在他身后是实现了。

关于本文要谈的第二个问题,笔者认为,必须从明代特别是晚明时期的学风中去寻找答案。我们知道,朱明王朝开国之初,为了维护其统一江山的稳定,于是竭力加强中央集权,建立专制的政治制度和军事机构。在思想、文化等意识形态领域内力倡复古,一尊孔孟之道与程朱理学。为了笼络知识分子并禁锢他们的思想,于是大开科举之门,同时又规定考试只能从《四书》与《五经》中出题,解释全依朱熹之说,并规定八股行文公式,这叫作"为圣人立言"。到了明代中叶,随着资本主义因素的逐渐增长、社会矛盾的日益尖锐,人们的思想发生了极大的变化,学风也跟着有所转变。到了晚明时期,社会危机进一步加深,学风更有了大幅度的转变,又形成了一个百家争鸣的局面。具体讲,这时期的学风有如下几个特色:

(1)经世致用,通达事理。这一时期许多开明的知识分子感到回避社会矛盾是不能解决问题的,于是提倡实事求是的精神,脚踏实地地深入社会去研究各种新事物和新问题。不但研究传统的经学,随着生产的发展和需要,他们还进行自然科学的研究。这时期出现了许多杰出的自然科学家,如徐光启、李之藻、梅文鼎、王锡阐、孙兰等。在天文、历法、水法、兵器、火器、机动物理、农业技术等方面都取得了较大的成就。他们的方针是既能"制器尚象",又能明道明理。(2)私人讲学,成一家言。这是第一个特点的合乎逻辑的发展。由于提倡"经世致用",所以他们除了注重个人的研究外,还极力传播自己的思想和研究成果,重要的方法就是讲学。当时形成的流派很多,谢国桢先生在其《明末清初的学风》一书中言之甚详,兹不赘。(3)博通群经,旁及诸子。这一时期的学者既能树立旗帜，独标流派，又往往能博通群经，包融万有。他们虽然仍以六经和孔孟为正统，但已不像汉、唐、宋的儒生那样独尊儒家而抵排异端，视诸子为仇敌，而是兼采众长以己用。他们已经看出经与子实质上是相辅而行的，都是言大道与大理者，只不过诸子往往过分执著一隅罢了，但不能因此而废之，要利用诸子之长以成群经之大。正像明人焦竑在其所编《国史·经籍志》所说的那样，"……百家蜂起，皆率其私智，自附于圣人，以哗世而惑众。然其失由各奋其私智，而其长盖或出于圣人，在善用之而已。"甚至对于舶来品的释氏也不像唐人韩愈那样激烈攻击之，而是将其看成一子，采取宽宏的态度："世之与释氏辨者多矣。大抵病其寂灭虚无，毁形弃伦，而不可为天下国家也。夫道，一而已，以其无私无为谓之寂，以其不可闻者谓之虚，以其无欲谓之静，以其知用万物而不过谓之觉，皆儒之妙理也。自儒学失传，往往昧于形器见闻而不知其陋。一闻语上者，顾以为异说而咻之……故学者与其拒之，莫若兼存之。节取所长，而不蹈其弊。"（同上书）这与刘勰的看法非常相似。

任何科学尤其是社会科学的研究者无不是在他们所处时代的整个学术风气影响下（当然反时风者自不乏其人，但这仍是受时风影响的一个曲折反映），根据一定的目的，从一定的角度出发去进行他们的研究工作的。由于晚明学者推崇子学，这样他们（1）就会自觉或不自觉地选择那种与他们的精神或倾向较一致的文化遗产作为他们的研究对象，（2）就有可能自觉或不自觉地带着"子"的倾向去看待文化遗产，而将一些著作看作子书，所谓仁者见仁，智者见智，如焦竑在其《国史·经籍志》中就很赞成晁氏的看法，把《战国策》列于子部。《文心雕龙》诞生在子风盛行的六朝，自身又有许多子书的特点，作者刘勰在著作中又流露了对子的倾慕与向往，那么同样推崇子学的晚明学者把刘勰看成一子，把《文心雕龙》看成一部子书，这就完全可以理解了。

最后，我们再简单地说说这种看法有什么意义。《文心雕龙》诞生以来，晚明以前的历代史志、诸家目录及文人评论都把它归入集部，看成诗文评性质的著作，这种从作品的内容去划分书籍类别的做法无疑是有一定科学性的，是可取的。但是旧时代的书籍四分法有一个很明显的局限性，那就是无形中按高低排次序，经为首，史次之，子又次之，而集则居于末座。《文心雕龙》被归入集部，而集部中的诗文评类更是被当作酒后茶余的谈助而已，那么它在明以前传统文人心目中的地位也就可想而知了。这样，《文心雕龙》这样一部"体大虑周"、用意深远的著作就与一般的诗文评、诗格乃至确实只能充作谈助的劣货混杂一起而玉石不辨了。晚明学者把它从集部提升到子部，仅从排列的次序看就已经很有意义，这就同汉儒将《诗三百》归入经部，从而奠定了它不可动摇的地位，后世推崇《离骚》的文人把它看成《离骚经》以及经生们将《论语》《孟子》看成经书一样，也使《文心雕龙》具有了特殊的地位，从而与那些极一般的诗文评明显地区别开来。实际上，晚明人的这种看法也不是凭空而生的新说。在他们以前，许多明代学者已经看出《文心雕龙》有许多超乎一般诗文评著作的独到之处，已开始侧重于对其思想意义进行探讨与研究，而且取得了不少成果，从而为晚明人的这种看法打下了一定的基础。如都穆的《文心雕龙·序》云："夫文章与时高下。时至齐梁，佛学昌炽，而文随以靡，其衰盛矣。当斯之际，有深于文理者，折衷群言，究其指归，而不谬于圣人之道如刘子者，诚未易得。"新安石岩方元祯《文心雕龙·序》云："今读其文，出入六经，贯穿百氏，远搜荒古之世，近穷宇内之世，精推颢穹之微，粗及尘砾之细，陈明王之礼乐，述大圣之道德，蔚如也。"冯允中《文心雕龙·序》云："观其本道原圣，暨于百氏，推穷起始，备陈其诀。盖作者之指南，艺术之关键，大可以施庙堂资制作……"等等，不胜枚举。晚明学者在此基础上又向前推进一步，把《文心雕龙》看成子书，把刘勰看成一子，实是水到渠成，画龙点睛，从而将《文心雕龙》所蕴藏的不朽价值充分揭示出来，使《文心雕龙》的崇高地位为人们所承认。当然，《文心雕龙》这部著作在今天之所以有这么高的价值和地位，主要地还在于它本身确实有许多超出同类著作的精特之处，但也不可否认，晚明学者把它划入子类至少说对旧时代文人认识《文心雕龙》的不朽价值，承认其崇高的历史地位，是起了一定的推动作用的。如尔后清朝金章的《文瑞楼书目》及沈复粲的《鸣野山房书目》等都将《文心雕龙》划入子部，其受晚明人的影响是显而易见的。

（原文载《中共浙江省委党校学报》1987 年第 2 期，人大复印资料全文转载）

试论钟嵘的骋情说

　　人们在考察钟嵘的诗论时，大都很自然地将之归入抒情说。深究一下便会感到这尚有不惬人意之处，因为抒情这个概念实在是过于宽泛了，无法揭示出钟嵘诗论的更加深微的特征。很显然，同是抒情说，却完全可以因为各自承认抒情的程度、目的、角度、思想基础以及给所抒情感划定的范围等的不同而生出种种程度不等的差别来。比如，不能说《尚书·尧典》的"言志说"没有看到诗歌具有一定的抒情功能，然而它的根本出发点却是要发挥诗歌的讽喻、教化以及观风等政治的、伦理的及道德的社会作用。再比如，孔子的"发乎情，止乎礼"虽然承认诗歌的初始根源在于主体的情感，但显然更注重必须以达到一定的伦理道德规范为其旨归。还有陆机的"诗缘情而绮靡"则主要是从文体分类学的角度出发，指明诗歌之所以在形式上给人以绮靡之感是因为它的内容乃是围绕情感而发生的。最后，刘勰的"吟咏情性"则基本上把抒情看成是更好地发挥诗歌的社会作用的一种有效手段，因而他对抒情范围以及抒情状态、程度等都有极严格的限制与要求，这实在与他的儒家思想基础有至密的关系。熟谙钟嵘诗论的人都会感到很难将之划入上述诸说中的任何一说。这样看来，寻找一个更能贴切地表达钟嵘诗论的概念就显得十分必要了。笔者在反复研读了《诗品》以后，感到非常奇怪的是，"骋其情"这个概念竟然一直未能得到学者们的高度重视。尽管这个概念在《诗品》中只出现过一次，但是，第一，这个概念为钟嵘第一个所使用，第二，它所出现的地方是《诗品》中系统阐述其诗论的地方，第三，整部《诗品》都渗透了这个概念所包蕴的基本精神内涵。

一

《诗品序》云：

　　"若乃春风春鸟、夏云暑雨、冬月祈寒，斯四候之感诸诗者也。嘉会寄诗以亲，离群托诗以怨。至于楚臣去境，汉妾辞宫，或骨横朔野，魂逐飞蓬；或负戈外戍，杀气雄边；塞客衣单，霜闺泪尽；或士有解佩出朝，一去忘返；女有杨蛾入宠，再盼倾国；凡斯种种，感荡心灵，非陈诗何以展其义？非长歌何以骋其情？故曰：'诗可以群，可以怨。'使穷贱易安，幽居靡闷，莫尚于诗矣。"

这一段广为《诗品》研究者们所引录的文字实在是对诗歌创作心理过程的一个简洁、明了而又完整的描述。这就是：（原先平静的心灵）经过自然的更迭与社会的遭际之刺激而激荡骚动，借助诗歌创作便将这郁于心中的情感倾泻出去，于是心灵便又复归原先的平静，而其中关键的心理过程便是"骋其情"。那么深入一点看，"骋其情"的内涵是什么呢？与之相关，它还强调什么，倡导什么，注重什么呢？笔者以为如下四个方面是可以述及的。

　　（一）"骋其情"的关键内涵是主张一种彻底洒脱的抒情方式，也就是主张一种快速的、无保留的、直接的宣泄（当然，这一切都只能就相对意义而言），这一点从"骋"字本身即可见出，不多赘述，但却相当重要。

　　（二）"骋其情"十分看重哀怨之情的抒发。事实上我们完全可以这么说，"骋其情"的提出，根本上与钟嵘相当尊重人间的种种哀怨之情是分不开的，或者可以这么说，后者在某种程度上构成了前者的前提。一般的柔缓之情可以细吟慢咏，款款抒发，哀怨之情则唯有任其驰骋，方能复归"易安"与"靡闷"。这样看来，钟嵘在《诗品·序》中引述孔子的"诗可以兴，可以观，可以群，可以怨"的经典大训时，去其"兴"与"观"而择其"群"与"怨"就不是偶然的了。所以他特别推崇直抒哀怨之情的诗人及其诗作，他给他们及它们所列品位及所做的评价都相当高。如上品评古诗云："文温以丽，意悲而远。惊心动魄，可谓几乎一字千金!"上品评李陵云:"文多凄怆,怨者之流。陵,名家子,有殊才,生命不谐,声颓身丧。使陵不遭逢辛苦,其文亦何能至此!"上品评汉捷妤班姬云:"团扇短章,词旨清捷,怨深文绮,得匹妇之致。"上品评魏陈思王曹植云:"骨气奇高,词采华茂,情兼雅怨,体被文质,粲溢今古,卓尔不群。"上品评魏侍中王粲云:"发愀怆之词,文秀而质羸。在曹、刘间,别构一体。"上品评晋步兵阮籍云:"颇多感慨之词。"上品评晋记室左思云:"文典以怨,颇为精切。"

(三)注重哀怨之情的倾泻宣泄,必然地就会反对在诗歌外在形式上殚精竭虑,而力倡一种自然的表达方式。此一点引述一两段《诗品序》的文字即可为证:

> "若乃经国文符,应资博古,撰德驳奏,宜穷往烈。至乎吟咏情性,亦何贵于用事?'思君如流水',既是即目;'高台多悲风',亦惟所见;'清晨登陇首',羌无故实;'明月照积雪',讵出经史。观古今胜语,多非补假,皆由直寻。颜延、谢庄,尤为繁密,于时化之。故大明、泰始中,文章殆同书钞。近任昉、王元长等,词不贵奇,竞须新事,尔来作者,寖以成俗。遂乃句无虚语,语无虚字,拘挛补衲,蠹文已甚。但自然英旨,罕值其人。
>
> 今既不被管弦,亦何取于声律?
>
> 余谓文制,本须讽读,不可蹇碍,但令清浊通流,口吻调利,斯为足矣。"

这里最关键的概念是"自然英旨"。大体来说,魏晋时人谈"自然"有两派,一派是把自然解释为天道,属董仲舒《春秋繁露》一路,另一派是从道家精神出发把自然理解为无为而又无不为,属于王充《论衡》一路;很显然钟嵘所谓自然系属后者。所谓无为者即不要有意而为,不要为写而写;所谓无不为者即指一俟心灵激荡起来就去抒发,去驰骋,该怎么样抒发就怎么样抒发,不加过多的雕饰,一切顺其自然,这样看似无为(不有意而为),却又是无不为(随任自然而为)。

但我们千万不要认为钟嵘对诗歌的艺术形式没有什么要求,因为无论如何我们总不能忽视《总论》里的这一段文字:"故诗有三义焉:一曰兴，二曰比，三曰赋。文有尽而意有余，兴也；因物喻志，比也；直书其事，寓言写物，赋也。宏斯三义，酌而用之，干之以风力，润之以丹采，使味之者无极，闻之者动心，是诗之至也。"因此所谓直骋其情只是就情感从主体抒发出来的方式或状态而言，或者说是就不要压抑、控制与限制情感而言，而不是就诗歌的最终存在而言的。从情感的抒发到作品的完成，这之间仍然有一个艺术处理的过程，因为情感的原始发泄不能成为真正的诗歌，必须将其纳入一个恰当的艺术形式中去，这样才能增强诗歌的感染力，提高传达效果。因而就增强诗歌的感染力、提高传达效果而言，就必须进行引文所述的艺术处理，如此才能使"味之者无极，闻之者动心"而成其为"诗之至"。这样他在推崇某些诗人及其作品时就免不了对作品形式美的赞扬，如上品评班姬"词旨清捷，怨深文绮"，上品评曹植"词采华茂"，上品评陆机"才高词赡，举体华美"，等等。但是这一切就其本质来说与"骋其情"的根本主张并不相悖，就是说，"文绮"也好，"华美"也好，"华茂"也好，凡此都必须与骋其情这个根本目的统一起来，而不能成为一种强迫的、外在的追求，不能成为技巧的炫耀，一句话还是既无为又无不为。不可否认的是，这里我们也的确看到了齐梁时代的唯美主义美学思潮对钟嵘的制约与影响，而这也的确导致了他的诗论自身以及诗论与其具体评论之间的不太统一。

（四）因为"骋情说"既强调诗歌的骋其情的功能同时又看重艺术上的传达效果，所以很自然地钟嵘就相当推崇当时的新兴诗体五言诗而贬抑传统的四言诗。为什么呢？因为四言诗"文约意广，取效风骚，便可多得。每苦文繁而意少，故世罕习焉"。而五言诗"居文词之要，是众作之有滋味者也，故云会于流俗。岂不以指事造形，穷情写物，最为详切者耶"？五言诗之受他推崇是因为它有"滋味"。"滋味"从何而来？从"穷情"而来，从"写物"而来，即从艺术化的直骋其情而来。这样的诗才能使"味之者无极，闻之者动心"。而这些优点都是传统的四言诗所不具有的。因此，亲五言而疏四言对钟嵘来说几乎就成了无选择的选择了。

二

与前述诸家诗论相比，"骋情说"自身的特征究竟何在呢？它又作出了哪些贡献呢？笔者以为第一个可以提出的是，它使诗歌的抒情功能从为他的手段转变为为己的手段，进一步又可以说，这为己的手段其实也就是为己的目的。为什么这样说呢？因为就心理过程的实质来说，钟嵘这里的"骋其情"与心灵的复归平静，也就是与"靡闷""易安"的效果是水乳交融的，是同一个过程的两个方面，因此在这里手段与目的其实是合二而一的。这一点显然超出了前述诸家诗论的水准。《尚书·尧典》的"诗言志"姑不必说了，因为很显然：第一，它所侧重的是精神中的理性方面，即所谓抱负、理想、志向等等；第二，除此以外，它更注重诗歌政治的、伦理的、道德的社会作用，如"讽喻""教化""观风"等等（关于这一点，拙文《刘勰与钟嵘的诗歌本质论》有较为详尽的阐述，文载《中共浙江省委党校学报》86 年第 2 期）；即便是孔子的"发乎情，止乎礼"、陆机的"诗缘情而绮靡"以及刘勰的"吟咏情性"等，也与之有着或大或小的距离。如前所说，"发乎情，止乎礼"只承认诗歌的原初动力是情感，而并不承认它的最终目的也在情感，这就使得诗歌的抒情功能始终处于一种被控的地位；"诗缘情而绮靡"的切入点则在文体的分类，即内容与形式的关系，并未触及抒情是目的还是手段的问题，或者说并未触及抒情是为人的还是为己的问题；至于刘勰的"吟咏情性"虽然较为明确地表示了对抒情功能的尊重，但他也主要是把它看作使诗歌得以更好地发挥诸如"讽喻""教化""观风"等政治的、伦理的、道德的社会作用的手段。

其次，笔者要提出的是，"骋情说"比前述任何一家诗论都更强调抒情的自由性。"言志说"既然十分注重诗歌的"讽喻""教化"以及"观风"等社会作用，自然就很强调分寸感，强调恰到好处的处理，所谓"直而温，宽而栗，刚而无虐，简而无傲"就是这种强调的具体表达。沿着这个方向向前推进，孔子则提出"《诗三百》，一言以蔽之，曰思无邪""《关雎》乐而不淫，哀而不伤"以及"恶郑声之乱雅乐也"的大训与原则，力倡中和之美，就其实质而言就是限制情感的抒发程度及抒发状态，尔后"温柔敦厚"的诗教即从此出。陆机的"诗缘情而绮靡"，如前所说，似乎对文体的划分及划分的标准更感兴趣（当然只是就本命题所及的范围而言），他只说明了诗歌是因情而发，绕情而生的，至于怎样抒情以及抒什么样的情则基本没有谈及。尽管如此，有一点还是可以肯定的，即他对此决不会持有像钟嵘那样的开放态度，因为"绮靡"的风格只与那种绸缪婉转的情感相统一。至于刘勰的"吟咏情性"对这个问题的态度前文已经述及，兹不赘言。需要强调的只是这与他基本上将抒情功能看成一种为人的手段是统一的。

最后笔者以为，"骋情说"的提出对齐、梁时代的淫靡文风是一个较为彻底的排击。就这一点而论，其他诸家诗论与钟嵘的相比就都显得有点优柔寡断了。《尧典》、孔子两家先于齐、梁，姑置之不论。而陆机的"诗缘情而绮靡"，就某种程度上说反而成了齐、梁淫靡文风盛行的诱导因素之一，"绮靡"与"淫靡"，固然"绮""淫"有别，但是"靡""靡"乃同，则是无可否认的（当然，淫靡之风的盛行尚有着十分复杂的社会的、政治的、经济的以及思想文化的诸原因在，因非本文题旨所及，故略）。刘勰倒是直接起而力排淫靡文风的，但可惜，他前门排击，后门接纳，因而是十分不彻底的。不过这在刘勰倒是很自然、很符合逻辑的。因为他十分重视诗歌的讽喻、教化以及观风等社会作用，所以一方面相当注重内容的雅正，（《明诗》云："诗者，持也，持人情性；三百之蔽，义归'无邪'，诗之为训，有符焉耳。"）另一方面又竭力考究形式的美好，所以便在《文心》中以大量的篇目和文字讨论文学的形式、技巧问题。但是他又担心形式、技巧方面的强调会与唯美主义混同，于是便又在《文心》的开宗明义第一篇中以道之有文、物之有文证人之应该有文，以此为形式美寻找根本的理论依据。这样一来，尽管他也在力排淫靡之风，力倡建安风骨，但究竟显得有点进退失据，从而授人以柄，给人以可乘之机。钟嵘显然与他们不同，他骨子里反对一切外在的、形式的、人为的锻炼，因为这一切都有碍情感的自由抒发。因此只要承认他的逻辑前提——"骋其情"，就必须同意他的逻辑结论——"自然英旨"。这样，尽管就艺术表现与传达而言，他也很看重形式的完美，但因为这必须以自由的驰骋情感尤其是哀怨之情为其根本前提，所以就堵截了引向淫靡之风的岔路。当然他的诗论对当时的诗坛到底发生了多大的影响谁也无法估量，但这一点是无关宏旨的。这里重要的是他的诗论所表现出来的坚定性毕竟是可重视的。

三

"骋情说"得以产生的原因较为复杂，笔者以为大体有如下四点可得而言。

（一）人的自觉。通常我们会首先想到鲁迅先生所说的文学的自觉这一重要原因，但我们必须从文学的自觉推进到人的自觉，因为文学的自觉说到底不过是人的自觉的一种意识形态的表现而已。所谓人的自觉最根本的表现就在于人对自我个体价值的充分肯定，而这又集中表现在对人的肉体与情感的存在的合法性的重新确认，这是一个持久的、声势浩大的人本主义思潮与运动。这个思潮与运动滥觞于东汉末年的"臧否人物"，这种"臧否人物"的风气背后其实已经酝酿着人们对自我审美价值的发现，这也是有汉一代文人针对自身原先只不过是作为统治者的臣仆与经学的附庸而存在的那种可悲的异化状况的启动，是文人的一种精神上的解放运动。从美学上看，值得注意的是当时人们普遍相当注重内美与外美的统一。魏晋清谈中一个非常时髦的题目就是圣人是否也有情感，足见情感是人所津津乐道的一个主题（以上沾溉于笔者的硕士研究生导师、杭州大学中文系蒋祖怡教授）。这个思潮与运动到钟嵘的时代仍然保持着它们的上涨与发展的趋势。诞育于这样一个文化背景下的钟嵘，在其诗论中为情感的自由抒发而呐喊是相当自然的。

（二）抒情文学的蓬勃发展。落实到文学的自觉上来，人的自觉就表现为抒情文学创作的蓬勃发展。这显然是"骋情说"得以产生的更为直接的诱导因素。翻一下任何一部这段时期的文学作品选本，立即可以见出那时候作家们弹唱的不外如下几类主题，即生的渴求、死的恐惧、爱的向往、恨的发泄、乐的企盼以及欲的张扬，等等。如果我们同意某一时期的文学理论不过主要是这一时期文学创作实绩的一种理论上的表现或反映这个命题的话，那么，以上述文学创作实绩尤其是特具抒情功能的五言诗作为其作理论上的概括与总结之基础的钟嵘，提出"骋情说"的诗论主张也就同样是很自然的了。

（三）其他诸多承认抒情功能的诗论的启迪。但这一点前文实际已经述及，故从略。

（四）很显然，上述三方面原因都有一定的外在性，因为人的自觉并不意味着钟嵘自身也一定就自觉，抒情文学创作的蓬勃发展也并不能决定钟嵘一定得从抒情的角度去把握它，其他诸多诗论承认诗歌的抒情功能同样也无法决定钟嵘也一定起而效之并推而广之。这样看来，如果自身不具有异质同构的话，接受上述三方面因素的影响与作用并将这些变成主体自身的直接冲动与行为，就是很难设想的了。那么钟嵘自身的异质同构条件是什么呢？笔者以为那就是他具有一定程度上的道家精神或道家倾向，这第四点乃是十分重要的内在原因。但是，第一，何以见得他具有一定程度的道家精神或道家倾向呢？第二，这种精神或倾向与他提出"骋情说"有何内在联系呢？关于第一个问题，笔者以为可为证者有四：

其一，政治上提倡"上无为而下有为"的统治原则。《本传》云：

> 建武初，为南康王侍郎，时齐明帝躬亲细务，纲目亦密。于是郡县及六署九府常行职事，莫不争相启闻，取决诏敕。文武勋旧，皆不归选部。于是凭势互相通进。人君之务，粗为繁密。嵘乃上书言："古者明君揆才颁政，量能授职，三公坐而论道，九卿作而成务，天子可恭己南面而已。"

很显然，钟嵘的主张与西汉初期所流行的垂拱而治的黄老学说在精神上有着极相近的地方。

其二，学术上有思理，明《周易》。《本传》云："嵘，齐永明中为国子生，明《周易》。"《北史·儒林传·序》云："江左《周易》则王辅嗣。"唐代孔颖达《〈周易〉正义·序》云："魏世王辅嗣之注，独冠古今，所以江左诸儒，并传其学。"侯外庐等《中国思想通史》第二册云："魏晋何晏、王弼经学退《春秋》而进《论语》与《周易》。"根据上引诸文可知，玄化了的《周易》风靡于江左学术界，为当时学子所重，成为他们的重要谈资，为三玄之一，其位之高及其势之盛皆不下于《春秋》之于汉代儒生。此外，《本传》中亦只说钟嵘明《周易》而不及其他为汉儒所重之经典。这样，在没有明确的材料能够证明钟嵘为江左学术界的特例，即证明他所明之《周易》非辅嗣之注而是河洛郑康成之注的话，我们就应该也只能认为钟嵘所明之《周易》为王氏注本。此外《本传》又云："嵘与兄岏、弟屺，并好学有思理。"侯外庐《中国思想通史》第二册云："汉学重在'由辞以通道'的训诂，魏晋学重在'天人之际'的义理。"当时又有"理睬"之谓。"思想""义理""理睬"，三者所重皆一"理"字，重理乃玄学之一大特色，即此亦可进一步证明嵘所明之《周易》应为王氏注本，同时也可看出他的学风具有相当玄化的倾向。

其三，文体上侧重于自由的、审美的风神性描写，这是魏晋清谈之风在语言文字上的表现。我们知道清谈之风是由汉代的风谣题目及清议演化而来的。两者都有极强的政治的、道德的功利色彩，一般都用直陈语体，如"五经纵横周宪光""五经无双许重叔""天下楷模李元礼，不畏强御陈仲举""直如弦，死道边；曲如钩，反封侯"等等。党锢兴起以后，清议便演变为清淡了，变成一种"发言玄远，口不臧否人物"（侯外庐等《中国思想通史》）、避实就虚的纯粹玄言的玩意儿了，其文体也相应地由直陈变为譬况与象征，如"王戎目山巨源如璞玉浑金""庾子嵩目河峤森森如千丈松，虽磊砢有节目，施之大厦，有栋梁之用也"（引自《世说新语》）等。《诗品》的文字尤其是其中的评论文字的风格与上引《世说》文字几乎如出一辙。如评潘岳与陆机云："陆才如海，潘才如江。"评谢灵运云："名章迥句，处处间起；丽典新声，络绎奔会。譬犹青松之拔灌木，白玉之映尘沙。"评颜延之时引汤惠休语云："谢诗如芙蓉出水，颜如错采镂金。"评谢惠连云："小谢才思富捷，恨其兰玉夙凋，故长辔未骋。"称范云诗为："清便婉转，如流风回雪。"称丘迟诗为："点缀映媚，似落花依草。"

其四，评论上推崇陶渊明、谢灵运、阮籍等玄理诗人。我们知道，陶渊明是一个有着极其浓厚的道家思想与情趣的诗人，由于他的诗文辞质朴，故不为时人所重，但钟嵘却对他表示了相当程度的倾慕之情，而且显得很有眼光，堪称陶潜知音。但有人会以陶潜被划归中品而进行诘难。笔者以为这并无关宏旨。因为一则钟嵘自己讲过："三品升降，差非定制。"即此可见，置陶于中品只是一个大体的划分，并无决定性的意义。二则在时人对陶皆不屑一顾（如论文大家如刘勰者在其《文心雕龙》中就只字不提陶渊明）的背景下，能将陶擢拔于淹没无闻之中，且给以中品的品位，其胆、其识、其情大概也非常人所可比拟。三则与具体的评论相比，品位有时倒并不具有本质的意义，因为像钟嵘这样一个极其年轻的诗歌理论家，在给一个诗人列品位时总得在相当程度上受制于时风，否则很难得到普遍的认可；但这并不妨碍他在具体的评论中直率大胆地表露自己的看法，所以品位与评论往往并不成绝对的正比例关系。试看。他对陶潜的具体评论就十分清楚了：

> "其源出于应璩，又协左思风力。文体省净，殆无长语。笃意真
> 古，辞兴婉惬。每观其文，想其人德。世叹其质直。至如'欢言醉
> 春酒'、'日暮天无云'，风华清靡，岂直为田家语耶？古今隐逸诗人
> 之宗也。"

这样的评论大概谁都不会认为逊于对上品诗人的评论吧！可作此佐证的尚有昭明太子对陶渊明的态度。我们都知道《文选》中选入的陶诗了了无几，但昭明太子却撰写了专文，给陶渊明以极高的评价。

王瑶先生在其《中古文学史论集》中说："我们说山水诗是玄言诗的改变，毋宁说是玄言诗的继续。这不仅只是诗中所表现的思想与前无异，而且即在山水诗中也还保留着一些单讲玄理的句子。不过通过了山水的实景能够情景相洽，即与玄言诗不同。"笔者以为，谢灵运就是这种山水诗人的一个典型代表。在具体的品评中，钟嵘先批评谢诗"颇以繁富为累"，接着便为之解释道，"嵘谓若人兴多才高，寓目辄书，内无乏思，外无遗物，其繁富，宜哉！"并说"名章迥句，处处间起；丽典新声，络绎奔会。譬犹青松之拔灌木，白玉之映尘沙，未足贬其高洁也。"其推崇谢诗，于此可见。推崇他的什么呢？推崇他的"高洁"。"高洁"者何谓？鲍照说："谢诗如初发芙蓉，自然可爱。"梁简文帝说："谢客吐言天拔，出于自然。"笔者以为，所谓"高洁"即指谢灵运的那种出于自然而非人力所能及的境界。谢诗为何能达到这种高洁之境呢？因为他是"内无乏思，外无遗物"。陈廷杰先生在其《诗品注》（人民文学出版 1980 年版）中释这两句曰："谢客善用理语，往往以易、老、庄入诗……凡此皆能化其境，而造语颇似之，此所以'内无乏思'也。谢客诗刻画微眇，在诗家为独辟之境，故山水之作，全用客观，皆寓目即书者，是'外无遗物'也。"可见谢诗是以客观而精微独特的山水描写来表达其玄家之理的。关于这一点，沈德潜亦有所见，他说：（谢诗）"经营惨淡，钩深索隐，而一归自然，山水闲适，时遇理趣。"（沈德潜《古诗源》，中华书局 1963年版）王瑶先生说："这些名士们生活在江南美丽的新环境里……于是他们发现以玄言来说理，反不如以山水来表理更好，更有文学的效果。因此，山水诗便兴起了。老、庄其实并没有告退，而是以山水乔装的姿态又出现了。"讲得很精辟。陶诗实际上也是如此，不过因他个人身世与谢的

不同而将山水换成田园罢了。

阮籍是生活于魏、晋易代之际的人物。《晋书·本传》云："籍本有济世志，属魏、晋之际，天下多故，由是不与世事。"因此，阮氏行为上以"酣饮为常"，佯狂玩世；思想上则喜好老、庄，遁入玄冥（阮籍著有《老子赞》《通者论》《达庄论》及《大人先生传》等文）。追求"真"与"和"的境界，他的咏怀诸作亦颇多玄家之理，他是一个充分玄化的诗人。钟嵘将阮籍置于上品，且给予极高的评价："咏怀之作，可以陶性灵，发幽思。言在耳目之内，情寄八荒之表……自致远大，颇多感慨之词。厥旨渊放，归趣难求。"他欣赏阮籍的远与深，而阮诗意境上的远与深，与他思想上的"玄"是分不开的，事实上，正是他思想上的"玄"加上他所处环境的险导致了他诗作意境上的远与深。清人刘熙载《艺概》云："阮步兵诗出于庄。"明人胡应麟《诗薮》云："步兵虚无恬谈类庄、列。"两人所论均甚中肯。但《诗品序》里有一段广为引述的文字显然对笔者的看法不利："永嘉时，贵黄老，稍尚虚谈，于时篇什，理过其辞，淡乎寡味。爰及江表，微波尚传，孙绰、许询、桓、庾诸公诗，皆平典似《道德论》，建安风力尽矣。"初看起来，毫无疑问，这是钟嵘反对玄言诗及黄老思想的有力证据，但问题并不这么简单。首先，有一点必须强调一下，即笔者这里只是讲浸染或影响，因此，同样很显然的是这段文字对上述命题并不构成威胁。其次，齐、梁时代儒、道、释三家的并存、交融、化合也早成为学界的定论，并且这定论亦早为大量文献典籍所证，所以上述命题并非超历史的想象或臆断。再次，就一个具体的人来说，思想自身的矛盾、思想与情感的矛盾、浅层意识与深层意识的矛盾等也早已为心理学作出了科学上的认可与一定程度上的解释，因此，钟嵘一方面表现出强烈的儒家传统的倾向（如他曾上书齐明帝力辨士庶之别），另一方面又表现出明显的道家倾向也就不是很奇怪的了。另外，单就对道家的态度而言，也有一个层次、角度的问题，也就是说，他完全可以在某一个层次、某一个角度反对道家，却在另一个层次、另一个角度赞成道家，这也是完全可以理解的。就上引《诗品序》那段文字看，笔者以为，他这里的反对"尚黄老"，是因为这导致了诗歌的"淡乎寡味""平典似《道德论》"以及"建安风力尽矣"这样一个不良的后果，但我们不能据此就断言他整体上反对道家思想，因为谁也无法截断他所推崇的"自然英旨"与道家的内在联系。再有，如果这种"尚黄老"在诗歌中只表现出一种精神或一种倾向、一种气氛、一种情趣，而未导致上述那种不良后果的话，他是并不反对的。为什么呢？因为在这种情况下，诗人已经将玄理融进形象化的、情感化的描写当中去了，这样玄理就转化为玄趣，这样的诗就不像"平典似《道德论》"的玄言诗那样"淡乎寡味"了。他之所以给谢灵运以很高的评价与品位，正如王瑶先生所说，是因为谢灵运善于将玄理融进自然山水的描绘之中。同样，他之所以欣赏陶渊明，也在于陶渊明善于在形象的田园生活的描写当中表达退隐之理，因而有玄趣，有味道。关于这一点，清人刘熙载也曾论及。《艺概》云："陶诗用理语，各有胜境。钟嵘《诗品》称：'孙绰、许询、桓、庾诸公诗，皆平典似《道德论》。'此由乏理趣尔，夫岂尚理之过哉？"此外他尽管批评了孙、许等玄言诗的"淡乎寡味"，但毕竟仍将他们列入下品，即毕竟给了品位，并且在《诗品序》中说"预此宗流者，便称才子。"足见钟嵘对他们也还是十分器重的。

关于第二个问题的回答，笔者以为只要将道家思想从作为发轫时期的先秦到六朝的演变过程作一个简要的勾勒就大体可以了。我们知道，和儒家相同，道家学说的根本要旨在于如何处理好个人与社会之间的关系，从而求得自我的自由与安宁。儒家试图通过自我修养，用意志控制自己，主动使自己的思想、情感、行为等符合社会的整体规范与要求，从而与社会达成协议，求得一种和谐与统一，所谓文质彬彬的君子就是儒家的思想人格与存在方式。道家则认为，这一切都与人的本性相悖，是窒息人的内在自由的。于是希图通过消灭一切外在的文化，即所谓绝圣弃智，灭文章、散五彩，做到形同槁木，心如死灰，丢弃一切意志，抛却一切自我意识，从而求得与社会之间的一种自然的统一或自在的统一。但是这显然非常人所能达到，因为它是反历史的。因而在长期的历史流转中便发生了奇妙的逆向演变，到魏晋六朝时代，道家学说与老、庄相去已不啻霄壤。这时道家的学说已从原先的去欲变为纵欲，从原先的去情变为肆情。如向秀《难〈养生论〉》云："今五色虽陈，目不敢视；五味虽存，口不得尝；以言争而获胜则可焉，有勺药为荼蓼、西施为嫫母，忽而不欲哉？苟心识可欲而不得从，性气困于防闲，情志郁而不通，而言养之以和，未之闻也。"钱钟书先生说，此乃"邻比于《列子》之'勿壅勿阏'"（《管锥篇》第二册）。所谓“勿壅勿阏”意思是说不要克制自己的欲望，而要使其得到真正的满足，这样才能达到和的境界。王弼《易略例·明象篇》云：“圣人茂于人者，神明也；同于人者，五情也。神明茂，故能体冲和以通无；五情同，故不能无哀乐以应物。然则圣人之情，应物而无累于物者也。”王氏认为，圣人之所以了不起不在于他没有情，而在于既有情又不为外物所羁累，也即是说不粘于情。

　　从《本传》可以见出，钟嵘这位“学有思理”的高门大族的后裔，竭力维护当时的门阀制度，但形势又使他深感悲伤失望。他自己一直是“位末名卑”，不见重用，对士庶之别的日益淆乱以及士族阶层现实的政治经济地位之浮沉不定的状况无能为力，心中的苦闷是可想而知的。因为士族的享乐的传统，他不愿意让这苦闷终日缠着他，他渴望祛除它。但是，由于他的人生态度较为严谨（这一点从《本传》所载他对永元时“勋非即戎，官以贿就。挥一金而取九列，寄片札以招六校”深致不满，即大体可以见出）以及所处地位一直不高，故他不愿也不大可能通盘接受向秀的学说，像当时的许多高门大族的子弟那样通过放纵声色来排遣心中的苦闷，因而便自然地在王弼的有情而不为外物所累的思想中找到了精神上的良药。那么，怎么才能既有情而又不为外物所累呢？他又从向秀、列子得到启发，即要让这情得到发泄。但怎么发泄呢？有两个途径，一是通过外物发泄，但一则那很少可能，二则还是为外物所累。另外的途径是使之得到升华。如何升华？他找到了诗歌。当时流行的五言抒情诗无疑是最理想的使情升华的途径。写一首诗或读一首诗，即可把郁积心中的苦闷与烦恼倾泻出去，获得片刻的安宁，所谓“幽居靡闷，穷贱易安”，这实在是一方便法门，对钟嵘实在太具吸引力了。因而他便致力于当时新兴的抒情五言诗的研究（他很可能也曾写过五言诗），他对这种诗的感受力之强、体会之深均说明他是这方面的行家里手（但毕竟没有看到他的诗作，故不能臆断），并且在研究中自然地不取“言志”说的传统，而倾向于当时的“缘情说”并进而提出自己独具特色的“骋情说”。

　　（原文载《古代文学理论研究》第 17 辑，上海古籍出版社 1995 年版）

中国古代文学批评中的知音现象

　　在本文中，我将对中国古代文学批评中的知音现象作点必要的考察。我所以要来做这个工作的原因有两点：第一，知音现象是中国古代文学批评中的一个十分突出的现象，至少就我的管见所及而言，我认为，在西方的古代文学批评中，即使也存在着同样的现象，却远没有像在中国古代文学批评中表现得那么突出；第二，令我惊讶的是，迄今为止，还很少有学者对这一现象投过关注的一瞥。

　　就可以查考的资料而言，可以被认为蕴含了知音这一概念的最早的文献，也许是《左传·襄公二十九年》对吴公子季札观听周乐的记载。在这个记载中，人们可以发现，作者对这位公子所具有的非凡的理解周乐的才能是十分欣赏的。的确，像吴公子这样一个每听一乐即能说出它所表达的是什么的人，委实是难得一见。接下来我们就想到首先被《吕氏春秋·本味》然后又被《列子·汤问》所记载的"高山流水"的故事。根据这个事故我们知道，当唯一能真正欣赏俞伯牙弹琴的音乐批评家钟子期死了以后，俞伯牙便不再弹琴了，因为在他看来，失去了钟子期这样的知音者，弹琴就没有什么意义了。有趣的是，这个高山流水的故事在《庄子》那里曾被改头换面地重述了一次。在这部阐述道家哲学的经典著作中，人们被告知，惠施死了以后庄子就不再讨论所谓的道了，因为庄子认为没有人再能理解他的讨论了。到了汉代，人们可以在司马迁所写的《报任安书》中感受到一股非常强烈的渴求知音的冲动。在这封全面地陈述他的高情远志的长信的末尾，这位中国古代最伟大的历史作家告诉人们，他将如何处置他花费了毕生的心血、忍受了难以言述的腐刑而写成的历史巨著《史记》，以及这样的处置对他来说具有什么样的意义："仆诚已著此书，藏之名山，传之其人，通邑大都。则仆偿前辱之责，虽万被戮，岂有悔哉？然此可为智者道，难为俗人言也。"从这段满怀悲情的话中我们可以看出，司马迁不相信在他生活于其中的那个时代以及他生活的周围会有人能够真正赏识他的这部呕心沥血之作，因此，他只得把获得知音的希望寄托于未来以及人烟稠密的通邑大都，并且在他看来，只要能够获得这样的知音，他所遭受的一切痛苦以及耻辱便都算不了什么了。再者，在东汉的王充那里，知音意识也表现得十分突出。在他的《论衡·自纪》中，这位被知堂老人称为中国古代少有的几个敢于反抗潮流的思想家，这样描述他自己的性格："才高而不尚苟作，口辩而不好谈对，非其人终日不言。"由此可见，他对谈话的对象是十分讲究的。这是很好理解的：面对一个不能真正理解你的谈话的人，谈话又有什么意义呢？

最为有趣的是，在《世说新语·任诞》中，我们看到前述高山流水的故事又被以积极的形式演绎成另一个充分体现出魏晋风度而且妙味无穷的故事。故事是这样的：

"王子猷出都，尚在渚下。旧闻桓子野善吹笛，而不相识。遇桓于岸上过，王在船中，客有识之者，云是桓子野。王便令人与桓云：'闻君善吹笛，试为我一奏。'桓时已贵显，素闻王名，即便回，下车，据胡床，为作三调。弄毕，便上车去。客主不交一言。"关于这个故事，冯友兰教授在他的《中国哲学史简编》中曾经作过极妙的阐述。现将这个阐述引录如下："他们不交一言，因为他们要欣赏的只是纯粹的音乐美。王徽之要求桓伊为他吹笛，因为他知道他能吹得好；桓伊也就为他吹，因为他知道他能欣赏他所吹的。既然如此，吹完听完之后，还有什么别的要多言呢？"细加玩味，人们可以发现，发生在演奏家桓伊与欣赏家王徽之之间的这种欣赏与被欣赏的知音关系，其知音的程度要比发生在演奏家俞伯牙与欣赏家钟子期之间的知音程度高得多，因为在前一对知音关系中，相互之间已经不必就音乐本身交谈一言，他们对对方的了解已达到洞若观火的水平，总之，作为知音者与被知音者，他们之间已经达到高度默契的程度，而在后一对知音关系中，欣赏家钟子期还觉得有必要用语言去诠释俞伯牙的鼓琴，因为他生怕俞伯牙不知道他对他的鼓琴是充分理解的，因此，作为知音者与被知音者，他们之间的关系还没有达到高度默契的程度。

但以上所述只是知音概念的潜在状态。在中国古代文学批评史上，第一个正式提出知音概念的大概是曹丕。在《与吴质书》中，作者很为“知音之难遇”而深感痛苦。接着便有沈约在他的一次文学行为中引入了知音的概念。从《梁书·沈约传》我们知道，“约制《郊居赋》，构思积日，犹未都毕，乃要筠示其草……至‘坠石蹈星’及‘冰悬坎而带坻’，筠皆击节称赞。约曰：‘知音者稀，真赏殆绝，所以相要，政在此数句耳。”然而，从文学批评的角度对知音现象进行系统而深入讨论的，乃是刘勰。阅读《文心雕龙》“知音”篇，任何人都会对其一开始就发出“知音其难哉！音实难知，知实难缝，逢其知音，千载其一乎！”的概叹，留有深刻的印象。作为这个慨叹的核心的乃是知实难逢。为什么“知实难逢”呢？因为“音实难知”。在发出这样的慨叹之后，这位中国古代最杰出的批评家便着手分析“音实难知”的原因。照他的分析，原因有这几点。第一是“古来知音，多贱同而思古”，所谓“日进前而不御，遥闻声而有思也”。第二是文人相轻，崇己抑人。第三是“文情难鉴”。第四则是“篇章杂沓，质文交加，知多偏好，人莫圆赅”。随后，他又提出解决这些问题的基本途径，这就是所谓的“多见博观”，具体地说，“一观位体、二观置辞、三观通变、四观奇正、五观事义、六观宫商”。在他看来，只要真正做到这一些，即真正使“斯术既形”，那么问题就可以解决了，用他的话说，“则优劣见矣”。最后，他又用极其形象的语言把文学创作和文学批评概括为一个互逆的运动过程，这就是，“缀文者情动而辞发，观文者披文而入情”。由于创作和批评处于这样一种互逆的关系之中，因此他坚信，一个批评家果真能够“沿波讨源”的话，那么一切文学作品便都“虽幽必显”了。

从上所述我们可以知道，所谓知音，在中国古代文学批评中，其实是两种批评功能——诠释功能与评价功能的合称。下面的篇幅将就此稍作讨论。我们先以诠释功能开始。读者们可以注意到，在“高山流水”的故事中，作为音乐批评家的钟子期，之所以被作为音乐演奏家的俞伯牙视为他的知音，是因为，“俞伯牙鼓琴，钟子期听之。方鼓琴而志在高山。钟子期曰：‘善哉乎鼓琴，巍巍乎若泰山。’少选之间，而志在流水。钟子期又曰：‘善哉乎鼓琴，汤汤乎若流水”。从这里我们可以看出，钟子期对俞伯牙鼓琴时的心灵运动的轨迹的把握，可以说几乎达到了了如指掌、如镜照形的地步。因此，他之被俞伯牙视为知音乃是十分自然的事情。再比如，如前所说，惠施死了以后，庄子所以不再论道，是因为在他看来只有惠施能够准确理解他的论道。因此很显然，在庄子的心目当中，惠施无疑是他的学术上的一个知音。为了便于讨论，让我且从《左传·襄公二十九年吴公子季札来聘》中引录一段文字如下："使工为之歌周南、召南。曰：美哉！始基之矣，犹未也。然勤而不怨矣！为之歌邶、鄘、卫。曰：美哉，渊乎！忧而不困者也。吾闻卫康叔、武公之德如是，是其卫风乎？为之歌王。曰：美哉！思而不惧，其周之东乎？为之歌郑。曰：美哉！其细已甚，民弗堪也，是其先亡乎？为之歌齐。曰：美哉！泱泱乎，大风也哉！表东海者，其大公乎！国未可量也。为之歌豳。曰：美哉！荡乎！乐而不淫，其周公之东乎？为之歌秦。曰：此之谓夏声。夫能夏则大，大之至也，其周之旧乎？为之歌魏。曰：美哉，沨沨乎！大而婉，险而易行，以德辅此，则明主也。为之歌唐。曰：思深哉！其有陶唐氏之遗民乎？不然，何忧之远也。非令德之后，谁能若是？为之歌陈。曰：国无主，其能久乎？自郐以下，无讥焉。"很显然，根据这段文字作出吴公子为周乐作者的知音的推断，还存在一个困难，因为这里有一点是不明确的，即我们无从知道他对每一乐所作的诠释是否与它们的作者的创作意图相吻合。不过，明智的态度似乎应该是，宁可相信他的诠释是符合周乐作者的创作意图的。这有两个理由。第一，从他对每一乐所作的诠释是那么肯定、那么富于变化来看，他的欣赏水平无疑是极高的，依靠这么高的欣赏水平所作出的诠释至少不会与作者的创作意图相去太远。第二，吴公子生当周乐被创作的时代，与周乐的作者具有共同的社会、政治及文化的背景，因此对他来说，准确地领会周乐的创作意图，应该说不是一件困难的事情。

　　但是，在中国的文化传统里，一个批评家要能真正成为知音级的批评家，似乎还有一个隐性的条件，这就是，被作出准确诠释的作品最好是那些不同流俗或即与既定的社会、文化以及文学规范不相协调的作品。这些作品的命运，通常不是不被理解就是会遭到误解。正像王充在《论衡》"自纪"篇中所说的那样，"论说辩然否，安得不谲常心、逆俗耳？众心非而不从，故丧黜其伪而存定其真。如当从众顺人心者，循旧守雅，讽习而已，何辩之有？孔子侍坐于鲁哀公，公赐桃与黍，孔子先食黍而后啖桃，可谓得食序矣。然左右皆掩口而笑，贯俗之日久也。今吾实犹孔子之序食也；俗人违之，犹左右之掩口也。善雅歌，于郑为人悲；礼舞，于赵为不好。尧、舜之典，五伯不肯观。孔、墨之籍，季孟不肯读。宁危之计黜于闾巷；拨世之言，訾于品俗。有美味于斯，俗人不嗜，狄牙甘食。有宝玉于斯，俗人投之，卞和佩服。孰是孰非，可信者谁？礼俗相背，何世不然？鲁文逆祀，畔者五人。盖犹是之语，高士不舍，俗夫不好；惑众之书，贤者欲颂，愚者逃顿。"很显然，要对这样一种"谲常心、逆俗耳"的作品作出准确的诠释，并不是一件容易的事情，这要看一个批评家是否具备同样独特的读解能力。举例来说，我们之所以认为昭明太子是陶渊明的知音，是因为正是他在许多人都为陶渊明的诗作几乎篇篇写到饮酒而感到大惑不解的情况下，断然作出"吾观其意不在酒，亦寄酒为迹耳"的诠释，大有拨开云雾见太阳的味道。此外，我们之所以把钟嵘也看成郭璞的知音，是因为正是钟嵘一眼就看出诗人所创作的许多"游仙之作，词多慷慨，乘远玄宗"，并且认为"其云：'奈何虎豹姿'，又云：'戢翼栖榛梗，乃是坎壈咏怀，非列仙之趣也。'"当然，人们依然可以提出这样的疑问：昭明太子对陶渊明饮酒诗以及钟嵘对郭璞游仙诗所作的诠释和两位诗人的创作意图相符么？回答也依然是这样：明智的态度是宁可相信是相符的。

接下来让我们再来考察一下作为知音功能的评价功能。我将以下面这个问题开始我们的考察：作为一个知音级的批评家，他应该如何发挥他的评价才能呢？回答是：他应该能够在一部作品遭到普遍的忽视与冷落的情况下，以其卞和识玉、伯乐相马般的慧眼看出它所具有的价值，并且设法把这价值揭示出来。例如，前面曾说，之所以认为昭明太子堪称陶渊明的知音，是因为他对诗人的饮酒诗作出了"亦寄酒为迹焉"的独特而准确的诠释；但实际上，即使不如此，这个评价还是可以成立的，原因是，在诗人及其作品遭到普遍忽视的齐梁时代，昭明太子却能独具慧眼看出诗人及其作品所具有的独特的特点与极高的价值："其文章不群，词采精拔，跌宕昭彰，独超众类；抑扬爽朗，莫之与京。横素波而傍流，干青云而直上。语时事则指而可想，论怀抱则旷而且真。加以贞志不休，安道苦节，不以躬耕为耻，不以无财为病，自非大贤笃志，与道污隆，孰能如此乎！""尝谓有能读渊明之文者，弛竞之情遣，鄙吝之意祛，贪夫可以廉，懦夫可以立，岂止仁义可蹈，亦乃爵禄可辞！不劳复傍游太华，远求柱史，此亦有助于风教尔。"（萧统《陶渊明集·序》）如果我们考虑到大批评家刘勰在他的《文心雕龙》中对陶渊明及其作品只字未提、大批评家钟嵘在他的《诗品》中也只把陶渊明置于中品的话，昭明太子作出这样的评价就显得尤为难得了。再比如，由于尽管昭明太子曾经竭尽全力为陶诗大唱赞歌，可是在整个唐代人们对陶诗依然是不闻不问，只是到了宋代，才有大才子苏轼起来一反陈见，把陶诗看成是诗中之精品，认为在其平淡的外表下面隐藏着一点也不平常的内蕴，用他的话说就是，"渊明诗初看若散缓，熟看有奇句"，"大率才高意远，则所寓得其妙，造语稍到之至，遂能如此，似大匠运斤，不见斧凿之痕"（转引自《冷斋夜话》）。从那以后直到今天，陶渊明及其诗作乃一跃而一直雄踞于诗人及其诗作之首，被认为是继《诗经》之后的又一个不可超越的高峰，就这一点而言，苏轼不仅应该被视为陶渊明的知音，而且也应该被视为宣传陶渊明及其诗作的功臣。的确，如果不是苏轼在昭明太子之后再一次以其独具的慧眼识陶渊明及其诗作于默默无闻之中的话，诗人及其诗作的命运究竟如何，恐怕就很难说了。类似的例子还有很多，这里不再一一列举。

毋庸置疑，对作品所作出的准确而深刻的诠释、客观而高级的评价，带给作者的乃是一种令其极度快乐的自我肯定感。的确，对于一个具有独特创作个性的创作家来说，又有什么比得上某一个独具慧眼的批评家的欣赏与理解更能使他感到由衷的快慰呢？我们可以推断，当俞伯牙弹完一曲钟子期便能说出他是志在高山还是志在流水时，当庄子每论完一道，惠施便能说出他所论为何时，两位被欣赏者的内心所感到的喜悦肯定决非寻常的喜悦所可比，用美国心理学家马斯洛的话说，这种喜悦乃是一种心理上的高峰体验。因此，正像我们所知道的那样，正是因为断定自己生前不可能获得这种心理上的高峰体验，伟大的历史作家司马迁才愿意将他用毕生的心血写成的《史记》"藏之名山，传之其人，通邑大都"，以便寄希望于缥缈的未来，并且借此聊以自慰。同样，也正因为感到无望获得知音的欣赏且因此获得这种心理上的高峰体验，杰出的思想家王充才迫不及待地在《论衡》"自纪"篇中不遗余力地为他的《论衡》所可能招致的种种指责进行辩护。明白了这一点之后，我们对传说所讲的陈子昂在长安碎琴卖文之举也就不会感到有什么不好理解的了，简单地说，我们完全可以把这个表面上看来十分怪诞的行为归结为追求知音的一种特殊形式。面对这种行为，我们除了对行为人表示同情而外是不应该产生鄙视之念的。同样，明白了这一点之后，我们也就可以理解，为什么许多中国古代作家都希望他们的作品能够"适独座"，即能够为某一个知音级的批评家所欣赏。因为唯有这种批评家的欣赏才能使他们获得一种高度的自我肯定感。下面所引录的一些作家的感叹与期望都是很能说明问题的：

"知我者谓我心忧，不知我者谓我何求！"（《诗经》）"知我者其唯《春秋》乎！"（《孟子·滕文公下》）"痛知音之难遇。"（曹丕《与吴质书》）"故感叹雅制，作《修竹》诗一篇，当有知音以传示之。"（陈子昂《与东方左史虬修竹篇序》）"微之微之！知我心哉！"（白居易《与元九书》）"余之艺及心不能弃于时，将求知者。"（李翱《答朱载言书》）"仆为子条辩之，庶知仆之用心也。"（王禹偁《再答张扶书》）"棋局已残，吾人将老，欲不哭泣也得乎？吾知海内千芳、人间万艳，必有与吾同哭同悲者焉。"（刘鹗《老残游记·自序》）"满纸荒唐言，一把辛酸泪。都云作者痴，谁解其中味。"（曹雪芹《红楼梦》第一回）

进一步的考察使我们发现，文学批评上知音概念的流行从科举考试制度那里既获得一种功利性的鼓励，也得到一种非功利性的刺激。众所周知，在中国古代的科举考试中，由于实行的是主考官阅卷判分制，因此，对于考生来说，文章能否获得主考官的青睐便至关重要。因为这关系到他一生的功名前途：一旦文章为主考官所赏识，他就可以平步青云；而一旦为主考官所摒弃，他就很可能名落孙山。通常如果一个考生的文章被主考官看中并且该考生因此便顺利地步入仕途，那么这位主考官便被该考生视为恩师，而该考生必须对恩师的知遇之恩铭感终生。就这个意义而言，这位主考官的确不愧是该考生的知音。除了这种通过正式的考试与判卷的过程而形成的知音与被知音的关系而外，在中国的传统里，还有一种知音与被知音的关系是通过非正式的考试与判卷，即通过呈文与施誉的过程而形成的，这在唐代尤为普遍。如白居易呈诗给诗人顾况，后者因《原上草》一诗中有"野火烧不尽，春风吹又生"一联而对前者大加赞赏，就是一个非常突出的例子。不用说，在白居易的眼中，顾况乃是难得的知音。其实，在这之前，即在齐梁时代，这种现象就已经颇为多见了。最著名的例子是关于大批评家刘勰的。据《梁书·刘勰传》说，"初，勰撰《文心雕龙》五十篇，论古今文体，引而次之……既成，未为时流所称。勰自重其文，欲取定于沈约。约时贵盛，无由自达。乃负其书候约出，干之于车前，状若货鬻者。约便命取读，大重之，谓为深得文理，常陈诸几案"。同样，在刘勰眼中，沈约无疑也是一个难得的知音。此外，据《南史·钟嵘传》我们也知道，"嵘尝求誉于沈约，约拒之"，同时我们还知道，"及约卒，嵘品古今诗为评言其优劣。云：'观休文众制，五言最优。齐水明中，相王爱文，王元长等皆宗附约。于时谢朓未遒，江淹才尽，范云名节又微，故称独步。故当辞宏于范，意浅于江。"后面的这个记载到底是否真实可靠，不是我们要关心的事情，与我们讨论的主旨有关的是，钟嵘曾经把他的作品呈给沈约阅读，指望后者能够欣赏它们并且给他以适当的赞誉。可是他的命运没有白居易和刘勰的好，也可能他呈上的文章的确做得不怎么的，不管怎么说，他遭到了沈约的拒绝。我感到有意义的是，我们可以由此推断，如果沈约对他的作品大加赞誉的话，出于一种由衷的感激，第一，钟嵘肯定会把沈约看成他的知音，第二，在《诗品》中，他对沈约的评价很有可能会比现在我们看到的要好得多。

毋庸置疑，以上所提到的知音与被知音的关系是相当功利化的，进一步说，也是相当世俗化的。

前面曾说，科举考试也给非功利性的知音关系提供了有力的刺激。现在就要就此略说几句。由上所述不难看出，由科举考试所培养起来的知音关系必然带有非常强烈的功利性色彩，并且因此所产生的作品必然是非常庸俗陈腐，而这就使得那些真正具有文学天赋的作者产生强烈的不满，希望冲破由科举考试所营造起来的浅陋无聊的文学规范，创作出能够表现个性的作品。当然，这一类作家，准确地说应该是这一类的文人，并不是从一开始就对科举考试所确立的那种写作规范采取了极端强烈的反抗态度。通常他们对此总是会表现出一种矛盾心理：独特的、不随流俗的天赋气质及文化品格使得他们对于科举考试的那一套不屑一顾，可是功名前途的诱惑又使得他们不得不对之低首下心。这样，对于这些文人来说，与他们的天赋气质及文化品格相吻合的写作一般在两种情况下才有可能。第一是顺利地通过科举考试并且因此取得一官半职以后。人们可以发现，绝大多数中国古代文人的优秀作品都是在这种情况下写成的。最有力的证据是，他们应试时所写成的那些诗文作品差不多全都不为人所知，而他们步入仕途以后随兴写下的作品中却有许多成为千古流传的佳作。第二是在科举考试中连续地名落孙山并且因此彻底绝意仕进以后。这时，这些文人往往会转而从事真正意义上的文学创作，一方面用以抒发自己的愤懑之情，另一方面也可以借此来表现自己的文学才华，借用中国古代哲学的术语说，这的确可以称得上是毁于彼而成于此。最典型的例子是吴敬梓写《儒林外史》以及蒲松龄写《聊斋》：前者以作者的切身体验和细致的观察为基础对被科举考试毒害甚深的知识分子竭尽讽刺调侃之能事，可以说是一部出于他传形式的忏悔录；后者则通过对狐仙鬼怪世界的描写表现出作者对美好生活的无限向往与渴慕，可以说是一部出以神话形式的白日梦。很显然，基于这样的冲动而写成的作品是很难为主流意识形态所认可、所接纳的。因此，这类作品的作者对知音的渴求必然更加强烈。例如，在《聊斋志异·自志》中，蒲松龄是这样概括《聊斋》的创作的："集腋为裘，妄绪幽冥之录；浮白载笔，仅成孤愤之书：寄托如此，亦足悲矣！"这就难怪他不得不以"知我者，其在青林黑塞间乎！"作为这篇《自志》的结尾。值得庆幸的是，蒲松龄毕竟获得了许多知音。在《聊斋志异·会校、会注、会评本》（张友鹤辑校，上海古籍出版社1981年出版）中，人们从书后的附录中可以读到许多批评家所书写的序与跋。从这些序与跋看来，这些批评家对《聊斋》的解读是深刻的，因此可以被认为是蒲松龄的知音。此外，像《红楼梦》这样的作品，较为宽泛地看，也可以被认为是反科举、反主流意识形态的一部充满孤愤的作品，这一点可以从作者写在开篇第一回中的四句题词"满纸荒唐言，一把辛酸泪！都云作者痴，谁解其中味？"中得到最为集中的反映。所幸的是，和《聊斋》的作者蒲松龄一样，本书的作者曹雪芹也得到了以脂砚斋为代表的许多知音的理解、同情与欣赏。

（原文载《中共浙江省委党校学报》1998年第1期，人大复印报刊资料全文转载）

论诗歌摘句批评

一

在对摘句批评的历史演变进行历时的考察之前，有必要先来看一下究竟什么是摘句批评。简单地说，这种批评是通过从一首完整的诗作当中摘出极有限的几个诗句（通常是一联，有时则只有一句）来进行的。这些被摘出的诗句一般都被认为是佳妙之句，并且它们之被看作批评对象，并不是因为它们是它们所由摘出的诗作的代表或者例示，而是因为它们自身就具有作为批评对象的、独立的审美价值。根据这样的一个定义，以下几种情况是不能被算做摘句批评的：第一，对某些诗句进行注释，无论是注解字词还是阐释句意或者是追溯诗句的来源，因为在这种情况下，被注释的诗句并没有被从诗作当中孤离出来，它们之被注释完全是为了使整首诗作得到理想的诠释。第二，有时诗句尽管被从诗作当中孤离出来了，但是并没有因此而获得独立的审美价值，从实质上看，它们依然是被当作它们所由摘出的诗作的组成部分的，王逸的《楚辞章句序》为此提供了最为典型的例子。第三，有时诗句被从诗作当中孤离出来，只是被用作考证、校雠等的例证，关于这种情况可以从《四库全书总目提要》中找到许多例子。第四，春秋时期各国使臣在外事活动中赋《诗》言志以及《左传》的作者、诸子引《诗》证理等也不能算做真正意义上的摘句批评，因为在这种情况下，被摘出的《诗》句虽然具有一定的独立价值，但这价值却并不是审美性的，换句话说，各国的使臣、《左传》的作者以及诸子，并不是以文学的态度来摘引这些诗句的，因此，充其量这些都只能被看作一种早期的摘句现象而不是摘句批评。需要补充说一句的是，有时被批评的诗句虽然没有被从诗作当中摘录出来，但是只要它们是被当作独立的审美对象来对待的，就应该被认为是摘句批评，因为在这种情况下，被批评的诗句实质上已经被从诗作当中孤离出来了，如诗歌评点就属于这样一种摘句批评。这样看来，如果我们要追溯一下摘句批评的开端的话，我们也许可以把目光指向被鲁迅称为文学的自觉时代的魏晋时期。《世说新语·文学》中有一则关于谢安和谢玄的记载是这样说的："谢公（安）因子弟集聚，问《毛诗》何句最佳？遏（玄）称曰：'昔我往矣，杨柳依依；今我来思，雨雪霏霏。'公曰：'訏谟定命，远猷辰告。'谓此句偏有雅人深致。"在这里，对《诗经》诗句的批评虽然被用作人物品藻的手段，可是就批评本身而言却称得上是真正意义的摘句批评。事实上，在魏晋时期，这并不是一个偶然的现象，正如严羽在《沧浪涛话》中所提到的"汉魏古诗，气象混沌，难以句摘，晋以还始有佳句"，许多人对诗作中的佳句妙语都表现出浓厚的兴趣。例如，"陈琳在《答东阿王笺》中曾经特别提到曹植的'清词妙句'（《文选》卷四十），范启读孙绰《天台山赋》，每至佳句（刘孝标注云：'赤城霞起而建标，瀑布飞起而界道'，此赋佳处）辄云：'应是我辈语'（《世说新语·文学》）。又王孝伯摘古诗'所遇无故物，焉得不速老'，以为'此句为佳'（同上）"（张伯伟《摘句论》，《文学评论》1990 年第 3 期）。这一兴趣到了非常唯美的齐时代便被进一步强化起来，并且因此形成了摘句褒贬的批评形式，正像萧子显《南齐书·文学传论》所说的那样，"若子桓之品藻人才，仲治之区判文体，陆机辩于《文赋》，李充论于《翰林》，张际摘句褒贬，颜延图写情兴，各任怀抱，共为权衡"。实际上，我们完全可以推想，在当时从事摘句褒贬之工作的决不止张际一人，只不过其他人或许没有他做得那么出色而已。

这里值得一说的是，这一时期的摘句批评，除了表现为张际的"摘句褒贬"而外，还表现为命题的举证、诗意的诠释以及师承关系的揭示等。例如，在《诗品·总论》中，钟嵘在提出"至乎吟咏情性，亦何贵于用事"的诗学命题后，随即从古诗中摘出"思君如流水""高台多悲风""清晨登陇首""明月照积雪"的诗句用作例证，这属于为命题举证的摘句批评。此外，在《诗品》卷中"魏侍中应璩"条中，钟嵘从应诗中摘出"济济今日所"一句以表明诗人的整体风格是"华靡"，在"宋徵士陶潜"条中，钟嵘从陶诗中摘出"欢言酌春酒""日暮天无云"的诗句以表明诗人的风格不仅仅表现为"文体省净，殆无长语"，在很高的程度上还表现为"风华清靡",也都属于为命题举证的摘句批评。至于诗意的诠释的摘句批评,则钟嵘在《诗品》卷中"晋弘农太守郭璞"条中从郭诗中摘出"奈何虎豹姿""戢翼栖榛梗"的诗句,并且借此说明诗人的游仙之作"乃是坎壈咏怀,非列仙之趣也",无疑是最好的例子。最后,揭示创作的师承关系的摘句批评,则可以《颜氏家训》中的一段批评文字为例:颜之推认为王藉的《入若耶溪》一诗中的"蝉噪林愈静,鸟鸣山更幽"两句显然脱胎于《诗经》"萧萧马鸣,悠悠旆旌"这两句。但无论是钟嵘还是颜之推都没有提出"摘句"的概念,提出这个概念的乃是刘勰。在《文心雕龙》"隐秀"篇中,刘勰认为"如欲辨秀,亦惟摘句"。基于这个考虑,他便从前代诗人的诗作当中摘出"常恐秋节至,凉飚夺炎热"等诗句以用作"秀"的修辞格的种种例示,同时对每联诗句都进行了风格的描述和诗意的诠释。

在接下来的被称为诗歌创作的黄金时期的唐代,摘句批评获得了广泛的采用。这首先表现在这一时期人们对诗作中的佳句妙语所怀有的兴趣变得更为强烈了,以致批评家们认为有必要把这些佳句妙语汇集成册,以便"传之好事,冀□(原缺一字,笔者注)知音"(元兢《古今诗人秀句序》)。例如,从胡应麟《诗薮》中我们知道,"唐人好集句为图,今惟张为《主客》散见类书中,自余悉不传"。但是存其目的则有,"《古今诗人秀句》二十卷,元兢编;《泉山秀句》二十卷,黄滔编;《文场秀句》一卷,王起编;《贾岛句图》一卷,李洞编;《诗图》一卷,倪宥编;《寡和图》三卷,僧定雅编;《风雅拾翠图》一卷,惟凤编"。此外,《五代诗话》所引《十国春秋》也告诉我们,唐末的韦庄"又常取唐人丽句勒成《又玄集》"。再者,唐代许多诗格之类的诗歌写作指南,虽然形式上并不以辑录诗人秀句为能事,但一般也会花费很多的篇幅去汇集这些秀句以用作创作的范例,如王睿《炙毂子诗格》、齐己《风骚旨格》、虚中《流类手鉴》以及王玄《诗中旨格》等,都是很好的例子。由此看来,唐代批评家汇集诗人秀句的目的不外以下几点:第一是为诗界的美食家们提供品赏的精品,正像韦庄在《又玄集·自序》中所说的那样,"金盘玉露,惟抱沆瀣之精;花界食珍,仅享醍醐之味"。第二是为从事诗歌写作的人们提供优秀的范本,或者张说所说的"楷式"。第三是用作诗人创作时借以"发兴"的材料,这一点《文镜秘府论》南卷《论文意》讲得很清楚:

"凡作诗之人，皆自抄古人诗语精妙之处，名为随身卷子，以防苦思。作文兴若不来，即须看随身卷子，以发兴也。"最后，从批评学的角度看，还可以反映出编者的选录标准、审美趣味以及诗学观念等（二、三、四三点参见张伯伟《摘句论》）。毫无疑问，凡此都与唐代注重以诗赋取士这一点有着非常密切的关系。有趣的是，这种批评倾向还在一般市民当中引发一种弹摘诗人诗句的风气。例如，据胡震亨《唐音癸签》记载，"唐轻薄子弹摘诗人诗句，若卫子、鸹、失猫、寻母子类，至今笑端"。

其次，在唐代，无论是采用摘句批评的人数还是摘句所达到的水准，都远远超过了前此的魏晋南北朝时代。就前者而言，除了前面所提到的那些编写句图及准句图性的著作的作者而外，从事过摘句批评的人至少还有元稹、白居易、刘禹锡、释皎然以及司空图等。就后者而言，则可以元兢的《古今诗人秀句序》为例。在这篇序言的最末一段，元兢首先为秀句或者巧句确立了一个深受《文心雕龙》和《诗品》影响的判断标准，这就是"以情绪为先，直置为本，以物色留后，绣错为末，助之以质气，润之以流华，穷之以形似，开之以振跃，或事理俱惬，词调双举"。然后，依照这个标准，他便作出这样的论断："落日飞鸟还，忧来不可极"这两句远比"行树澄远荫，云霞成异色"这两句来得高妙。他的理由是：前两句诗写"夕望"，而所谓"夕望者，莫不镕想烟霞，炼情林岫，然后畅其清调，发以绮词，俯行树之远荫，瞰云霞之异色"。因此，"中人以下，偶可得之"；而"观夫'落日飞鸟还，忧来不可及'，谓扪心罕属而举目增思，结意惟人而缘情寄乌。落日低照，即随望断。暮禽还集，则忧共飞来"。应该承认，这样的批评的确表现出很高的审美水准。

胡震亨在《唐音癸签》中说："宋人诗不如唐，诗话胜唐。"撇开别的形式的谈诗的作品不谈，仅仅考虑一下在宋代写成的诗话作品差不多将近200部，为唐代的10倍这一点，我们就没有理由对胡氏的这个断言采取怀疑的态度。不仅如此，由此我们还可以进一步推断，比起在唐代，摘句批评在宋代必定有着更加广泛的市场。这样说的理由有两点。首先，在宋代，人们对诗作中的佳句妙语所怀有的兴趣比在唐代要大得多，因为许多文献资料都在提示我们，在宋代，人们在谈到诗歌作品时所关心的往往并不是完整的诗作本身而只是其中的那些佳句妙语，这种情况在唐代是极为少见的。下面引录数例以为证明："郑谷诗名盛于唐末……其诗极有意思，亦多佳句"（欧阳修《六一诗话》），"闽人王子思，庆历、皇祐间号能文者。予尝闻前辈诵其诗，每得佳句妙语，反复数四，乃识其所谓"（苏轼《书王子思诗集后》），"所寄诗多佳句"（黄庭坚《与王观复书》），"宋公见佳句皆书于斋壁"（吴处厚《青箱杂记》），"至于一联一句，而有可玩者，有可疵者，有一读再读至十百读乃见奇妙者"（陆游《何君墓表》），"唐僧多佳句"（蔡居厚《诗史》），"唐任藩诗存者五十首而已，然多佳句"（刘克庄《后村诗话》），"林和靖《山园小梅》，其卓绝不可及处专在十四字耳"（黄彻《碧溪诗话》）。

其次，宋代的诗话作品好谈句法这一点，也有助于表明在宋代摘句批评的确比在唐代有着更加广泛的市场。这里说宋代的诗话作品好谈句法，依据有二。一是许凯在《彦周诗话》中把"辩句法"列为诗话任务之首，二是许多诗话作品的确都好谈句法。例如，宋代诗人饶得操所以会得到许凯的好评，主要是因为在许氏看来，饶氏"作诗有句法"。再比如，《石林诗话》的作者叶梦得对诗人高荷的好感也大半来自这一点，即"学杜子美作五言，颇得句法"。此外，照《唐子西文录》的作者强行父的意见，"王荆公五言诗得杜子美句法"，言下之意是颇值得称颂的。再者，据《韵语阳秋》我们知道，黄庭坚对苏轼的诗作是不满意的，因为他觉得"东坡作诗，未得句法"。最后，范晞文《对床夜语》也认为，"许浑绝句亦佳，但句法与律诗相似，是其所短耳"。正因为如此，宋代诗话对诗歌句法的研究简直深入细致到近乎烦琐的地步。且以魏庆之《诗人玉屑》为例。在这部被称为"宋人诗话的集成性选编"（语见上海古籍出版社"出版社说明"）的著作中，卷之三被分为三目，即句法、唐人句法及宋朝警句。而在句法目下，作者又根据写作技巧的不同把句法分为有三种句、错综句法、影略句法、象外句、折句、佳句等30种；在唐人句法目下，作者又以题材、风格、技巧为标准把诗句分为朝会、宫掖、怀古、送别、地名、人名、写景、咏物等37种；至于所谓宋朝警句一目，则被作者分为五言和七言两类，其中五言以寇莱公"野水无人渡，孤舟尽日横"为首，共19对，七言则以钱昭度"船中闻雁洞庭夜，床下有蛩长信秋"为首，共21对。此外，作者又在卷之四专门讲风骚句法，并且同样也把它分为五言与七言两类，其中五言共摘录185联，七言共摘录106联。真可谓不厌其详，不厌其细。

从现存的资料看，明清两代的摘句批评没有表现出什么突破性的进展，只是依照前代所确立的模式继续被批评家们采用着而已，基本上没有像在唐代那样产生出句图性的著作，它的规模必定远远小于宋代的规模。因此，这里不拟再进行详细的考察了。

根据上面对摘句批评的历史演变所作的简要的考察，不难看出，作为摘句批评的开端时期的晋及南朝时期，摘句批评表现出一种随意性和为己性。这一时期的摘句批评大体上是这样的：或者只是摘出某些诗句用作批评家的某一理论观点的例证，例如钟嵘在《诗品·总论》中摘出"思君如流水"等诗句以证明"至乎吟咏情性，亦何贵于用事"的命题为真；或者摘出某些诗句以表明批评主体的审美趣味为何的手段，例如《世说新语·文学》所记谢安与谢玄分别从《诗经》中摘出一些诗句以表明各自的志趣所在；或者摘出诗句用以自娱自乐，例如颜之推摘出《诗经》和王籍《入若耶溪》的诗句并且说明后者脱胎于前者。比较而言，唐代的摘句批评就基本上是有计划的并且差不多可以说是为人的了。这里所谓"为人的"，正如前面所提到的那样，主要指为他人提供欣赏的佳品、发兴的材料以及仿效的范本。到了宋代，情况又有所不同。具体一点说，由于宋人格物穷理之风颇为盛行，因此，摘句批评便集中表现为对句法的总结与归纳，因此，它既不是为己的，也不是为人的，而是为理的，或者是为法的。至于明清两朝的摘句批评，如前所说，并没有表现出什么特别的地方。

二

该把摘句批评归入什么样的范畴呢？有的学者把摘句批评看成一种批评方法。乍一看，这似乎很有道理，但其实是不科学的，这是因为摘句批评的本身并不是达到某一批评目的的手段或者途径。换句话说，不同的批评方法，均可表现为摘句的批评，即摘句批评可以为任何一种批评方法所采用。此外，在我看来，也不应该把摘句批评看成一种批评模式。所谓批评模式，如意图批评、道德批评、政治批评、风格批评、审美批评以及技术批评等，是指批评所要达到的某一目标，而摘句批评的本身却并不提供任何这样的目标，换句话说，正像它可以为任何一种批评方法所采用一样，它也可以为任何一种批评模式所采用。这样看来，唯一恰当的也许是应该把摘句批评看成一种批评形式，因为正如本文前面所说的那样，摘句批评是通过从一首完整的诗作当中摘出有限的几个诗句来进行的，而这显然只是一种批评的形式。

必须进一步稍作辩证的是，说摘句批评是一种批评形式绝不意味着可以把它的本质理解为"一种形式主义的批评"，理解为"在精神上颇接近于本世纪初兴起的俄国形式主义和英美新批评"（张伯伟《摘句论》）。首先，摘句批评并不是一种批评模式，而只是一种批评形式，它既可以服务于形式主义的批评，也可以服务于非形式的批评，如道德批评、政治批评等。在许多情况下，摘句批评的确把它的批评焦点"集中在文学本身的各项素质，诸如韵律、辞藻、对偶以及文字的弹性、张力等等"的上面，但在许多情况下，它也把批评的焦点集中在诗句所蕴含的社会的、历史的、政治的以及道德的意义上面。因此，摘句批评是不能被看成一种形式主义的批评的，正像我们不能把作为一种思维逻辑的形式逻辑看成是一种形式主义的逻辑一样。其次，尽管"摘句本身就意味着独立、凸现，它必然具有疏离或陌生性效果"（张伯伟《摘句论》），但是这和英美新批评派所主张的疏离和俄国形式主义所强调的陌生化效果是很不相同的。英美新批评所主张的疏离，是指把整篇或整部文学本文从被他们认为对理解作品的意图来说基本上纯属外在因素的作者意图、读者意图以及写作背景当中疏离出来，而摘句批评却是把有限的诗句从它们所在的诗作当中，或者说从它们所在的语境当中疏离出来，因此，两种疏离不能被等而视之。其次，俄国形式主义所强调的陌生化效果，是一种在种种文学的形式技巧的作用下所产生的文学世界对经验世界的一种适度的偏离效果，就诗歌作品而言，这些形式技巧主要指韵律、字法、句法以及章法等，而使被摘出的诗句产生陌生化效果的原因，并不在它们被从诗作当中摘出的本身，而在它们原本就已经接受了种种形式技巧方面的处理，这些诗句即使不被摘出也照样具有这种陌生化的效果。

除了上述对摘句批评所可能或已经产生的误解外，人们也许还会把摘句批评和英美新批评派所采用的摘句评诗（touch stones）（参见［美］艾伦·退特《诗的张力》一文，载《"新批评"文集》，中国社会科学出版社出版）混同起来。表面上看，两者的确十分相似，但实际上却很不相同：在摘句评诗中，有时被摘出的固然是有限的几个诗句，而更多的时候，被摘出的却是成段的诗句；而在摘句批评中，被摘出的一定只是有限的几个诗句，一般是一联，有时则只是一句。

细加分析，还不难发现，从分类的角度看，摘句批评可以被分为两种类型。一种是在摘出佳句妙语的同时还给以适当的评论。这种类型的摘句批评不但最为典型而且也最为普遍，百分之八九十的摘句批评都可以归入这种类型。另外一种则是仅仅摘出佳句妙语而不作任何的评论，如所谓句图便是这样一种类型的摘句批评。句图所以也被认为是一种摘句批评，是因为就其实质而言它乃是总集的一种，而总集的作用，据《四库全书总目提要·总集序》的说法，乃是"一则网罗放佚，使零星残什并有所归；一则删汰繁芜，使莠稗咸除，菁华毕出。是故文章之衡鉴，著作之渊薮矣"。这里所谓"衡鉴"，无疑就是批评与鉴赏的意思，借用司空图的话说，乃是一种"不著一字，尽得风流"的批评。

如前所说，在摘句批评中被摘出的通常都是所谓的佳句妙语，这样随即就会产生这样一个问题，即判定佳句妙语的标准是什么呢？回答是，正象文学批评的标准从来都不是一成不变的一样，判定佳句妙语的标准也不可能是一成不变的。正如郭绍虞先生所说的那样，"大抵何者为工语，为佳句，各人看法并不一致，词理意兴既可各有侧重之处，即就词言，字法句法、奇句偶句又不相同。故王孝伯以古诗'所遇无故物，焉得不速老'为佳句，而谢玄则以三百篇'昔我往矣，杨柳依依；今我来思，雨雪霏霏'为佳句"（《〈沧浪诗话〉校释》）。事实上，不仅就不同的批评家而言情况是如此。就不同时代而言，情况也是如此。举例来说，在整个南朝时期，由于唯美主义文学风尚的盛行，人们对陶渊明的诗作普遍不感兴趣，原因是诗人的诗作过于质朴无华，不符合他们的欣赏口味。因此，即使大批评家钟嵘能够独具慧眼地对诗人投以关注的一瞥，但是他所欣赏的除了诗人的"人德"以外，毕竟还是那些表现出与质朴无华的风格颇不相同的"风华清靡"的风格的诗句："欢言酌春酒""日暮天无云"。可是到了宋代情况就完全不同了，由于"宋代诗学是以理学流行的时代精神氛围为底色的，而理学又糅合融汇了道、释之学，是儒表佛里、儒表道里的儒学"，因此，"宋人与汉、唐皆不同，他们以景物描写为说理之具，所谓'比兴深者通物理'，所谓'多识于鸟兽草木之名，所以明理也'

（《二程集》，程颐语），所谓'圣人言诗而终于鸟鲁草木之名，盖为诗者始乎此，而由于此深求之，莫非性命之理、道德之意'。"（蔡卞《毛诗名物解·草木总解》）这样一来，"宋人往往轻视写物，变而为'白战'，为枯谈，为苍老，为议论，被明人转而讥为缺乏'香色流动'的'土木形骸'"（萧华荣《中国诗学思想史》），总之，正像《四库全书总目提要·〈击壤集〉提要》所说的那样，宋人"鄙唐人不知道，于是以论理为本，以修辞为末，而诗格于是乎大变"。因此，陶渊明的诗作经过整个唐代的长时间的沉寂之后，到了宋代突然一下子受到了普遍的欢迎，并且被欢迎的恰恰就是那些被认为充分体现了质朴无华的风格的同时又被认为蕴含着玄理的那些诗作以及诗句。例如，《岁寒堂诗话》的作者张戒所特别欣赏的陶诗的诗句，乃是"狗吠深巷中，鸡鸣桑树颠""采菊东篱下，悠然见南山"。原因是在他看来，"此景物虽在目前，而非至闲至静之中则不能到，此不可及也"。很显然，这和钟嵘的欣赏标准是完全不同的。

三

为什么摘句批评会在晋代以后形成并且一直广被采用呢？我以为，这首先是因为自晋代以后诗人们在其诗歌创作中便日渐表现出追求写出佳句妙语的倾向。关于这种倾向，大体可以作出这样的描述："汉魏古诗，气象混沌，难以句摘，晋以还始有佳句"；"建安之作，全在气象，不可寻枝摘叶"，"而灵运之诗，已是彻首尾成对句矣"（严羽《沧浪诗话》）。而"诗至宋齐，渐以句求"（费锡英《汉诗总说》），或者正如刘勰《文心雕龙》所说的那样，达到了"俪采百字之偶，争价一句之奇"的地步。至于到了"梁、陈、隋间"，则更是"专尚琢句"（沈德潜《说诗晬语》）。事实上，在齐梁时代，有些诗人不仅追求写出佳句妙语，而且还迫不及待地希望有人能够欣赏这些佳句妙语。例如，据《梁书·王筠传》说，"（沈）约制《郊居赋》，构思积日，犹未都毕，乃要筠，示其草……筠皆击节称赞。约曰：'知音者稀，真赏殆绝。所以相要，正在此数句耳。'"我们也可以由此推想，在齐梁时代，这种情况决不会仅仅发生在沈约一个人身上。由此，在齐梁时代，一个作家是否仍然被看作有才华的作家，似乎主要就是看他能否写出佳句妙语。例如，据《南史·江淹传》

说，江淹后来之所以被时人"谓之才尽"，原因就是他"晚节才思微退，尔后为诗绝无美句"。进入唐代，这种倾向变得更为突出了，因为在唐代，诗人不仅在这方面表现得殚精竭虑，而且还不惜将这种追求表白出来。在这一点上，杜甫可以说是始作俑者，他曾宣称自己"为人性僻耽佳句，语不惊人死不休"。自他之后，效尤者便纷纷不断。例如，贾岛就曾告诉人们说，他作诗常常是"两句三年得，一吟双泪流"，而方干则把他的诗歌创作描述成"吟成五个字，用破一生心"，"才吟五个字，又白几茎须"。此外，张说也说他写诗总是"苦吟僧入定，得句将成功"。另外，一名佚名诗人则说他写诗常常是"句向深夜得，心从天外归"。而在晚唐、宋、明、清这几个朝代，关于诗人如何呕心沥血以求写出佳句妙语的传说与故事，可以说是层出不穷。如关于南唐诗僧道明"中秋得句云：'此夜一轮月，清光何处无？'先得上句，次年中秋方得下句"（《苕溪渔隐丛话》所引《漫叟诗话》）的故事，关于陈师道"家贫苦吟，每偕及门登临得句，即急归卧一榻，以被蒙首，恶闻人声，谓之吟榻"的传说，关于李梦阳一次吟诗先得"山争画浓淡"，两天后始得"鸟声歌短长"句以与之成对的传说等，只不过是其中特别为人所乐于称道的而已。如果我们承认，其中批评方法、模式以及形式的产生与形成，基本上是由某种需要运用这种批评方法、模式以及形式去进行批评的文学文本所决定的话，那么，我们就不得不承认，摘句批评这种批评形式的产生与形成，在很大的程度上，也是由上面所说的需要运用这种批评形式去进行批评的文本，即注重写出佳句妙语并且企望人们欣赏这些佳句妙语的诗歌文本所决定的。

　　不仅如此，这种注重写出佳句妙语的诗歌创作，还使批评家们形成这样的诗学观念，即佳句妙语对整首诗作来说居于举足轻重的地位，而这种诗学观念反过来又会成为摘句批评被广泛采用的动力。首先提出这个诗学观念的是陆机，他在《文赋》中曾经强调说，"立片言而居要，乃一篇之警策，虽众辞之有条，必待兹而效绩"。这一观念在以后的批评家们那里不断地被继承着和发挥着。例如，在《童蒙诗训》的作者吕本中看来，"文章无警策则不足以传世，盖不能辣动世人，如老杜及唐人诸诗无不如此"。再比如，胡震亨在《唐音癸签》中也曾引《诗客一指》的话说，"一诗之中，妙在一句，为诗之根本"。此外，谢榛也在《四溟诗话》中说，"佳句为主"。再者，根据王夫之的《姜斋诗话》，我们还知道，谭友夏也认为"一篇之朴以养一句之灵；一句之灵能回一篇之朴"。最后，何绍基也曾提醒诗人说，"诗无佳句，则馨逸之致不出"（《与汪菊士论诗书》）。正因为如此，许多批评家特别是宋代的批评家，所津津乐道的往往就是有关句子的问题，这类例子太多，可以说俯拾皆是，这里姑略引数例如下："对句好可得，结句好难得，发句好更难得"（《沧浪诗话》），"宁律不偕而不使句弱"（黄庭坚语），"好句易得，好联难得"（范晞文《对床夜语》），"诗惟拙句最难"（罗大经《鹤林玉露》），"使句格可传乃为上乘"（胡应麟《诗薮》），"诗用倒字句法乃觉劲健"（胡震亨《唐音癸签》），"孟东野诗好处，黄山谷得之，无一软熟句"（刘熙载《艺概·诗概》）。

其次，很显然，中国古代诗歌所具有的基本特点也为摘句批评的形成提供了可能性。说起中国古代诗歌的基本特点，我以为，毫无疑问应该是写景抒情性。这个特点决定了中国古代谈歌基本上是诉诸时间的，而且是偏于短小的，同时差不多每一句或每两句便能构成一个相对独立的意义单元，或者说都能提供一个相当完整自足的第二自然，因此是可以被以句为子单位而加以分割的。汉魏时代的古体诗，其叙事性较强，因此也许尚不足以充分体现这个特点，可是在唐代已经定型化了的、基本上是以写景与抒情为其构成要素的格律诗中，这个特点就表现得十分突出了。大家知道，五七言的律诗，一般从第一句到第八句依次每两句构成一个意象单元，这样全诗就被分为四个意象单元，这就是所谓的首联、颔联、颈联与尾联。就全诗的结构而言，它们各自所发挥的功能被认为分别是起、承、转、合。例如，清代的吴乔在他的《答万季野诗问》中就曾这样总结七言律诗的章法："七律自沈宋至温李，皆在起承转合规矩之中。"此外，依照王士祯的意见，"勿论古今诗体，皆离此四字不得"（《师友诗传续录》）。至于究竟如何起、承、转、合，则基本上视写景与抒情的要素在全诗中如何分配而定。但是，值得注意的是，这并不意味着它们都被彻底地功能化了，即并不表示它们的价值仅仅在于发挥起、承、转、合的功能而已。明白地说，一方面它们的确各自发挥着这些功能，可另一方面，它们却又都各自保持着很强的独立性，即又都各自构成一个相对独立完整的整体。因此，它们之间的关系以及它们和整首诗作的关系，在很大程度上颇像拼盘的盘菜互相之间的关系以及盘菜与整道拼盘的关系，这就是说，合起来它们构成一首完整的诗作，分开来它们又各自构成一首同样也是完整的小的诗作。事实上，即便是绝句、排律以及相当一部分古风等诗体，也都程度不等地具有这样的特点。例如，在王士禛看来，绝句"须一句一断"（《师友诗传续录》），而左舜齐也认为绝句应该"一句一意"（见《四溟诗话》）。因此，当谢榛谈到杜甫的言绝句"日出篱东水，云生舍北泥。竹高鸣翡翠，沙僻舞鹍鸡"时，便说"此一句一意，摘一句亦成诗也"（见《四溟诗话》）。正因为如此，从不同的诗作当中摘出必要的诗句以合成一首新的诗作的集句诗才成为可能，也正因为如此，从一首完整的诗作当中摘出有限的诗句进行批评的摘句批评才成为可能。

第三，前面曾说，春秋时期各国使臣的赋诗言志、《左传》以及诸子的引《诗》证理，只能被看成一种早期的摘句现象，而不能被视为真正的摘句批评；现在我要说，这种早期的摘句现象虽不能被视为真正的摘句批评，但是应该被看成是摘句批评的一种形式上的萌芽。

第四，前面还曾说，作为摘句批评的第二种类型的句图，其实也是一种文学总集，只不过一般文学总集是各种体裁或者某一种体裁的作品的汇集，而句图则只是诗歌佳句的汇集。既然如此，我们便有充分的理由认为，至少句图性的摘句批评的形成肯定从一般文学总集的编撰那里获得过不少的启发。

最后第五，也是最重要的是，我认为，摘句批评的形成，在极高的程度上，应该被认为是中国传统思维方式以及审美文化在诗歌批评领域发生作用的一个结果。讲到中国传统的思维方式，我们马上就会想到这一特点，即缺少对形而上世界的追求而多对形而下世界的关注。当然，这并不是说在中国的传统里不存在形而上的概念（如道家的"道"就是一个非常形而上的概念），而是说，即使如此，中国人也倾向于把两个世界结合起来，倾向于在形而下的世界里领悟或者去感受形而上的世界的存在，而不像西方人那样喜欢把两个世界割裂开来，认为两者各自独立并且互不相容。这一点即使在道家那里也有着突出的表现，例如，庄子就坚决认为道存在于一切事物之中。至于儒家的思维方式就更是如此了，因为儒家的根本精神就在于强调在日常生活当中追求进入圣境。人们可以发现，后来的强调"提水砍柴，无非妙道"的禅宗之所以在中国的士大夫中有市场，与它的这一说法同前述儒、道两家所共有的思维方式相吻合是分不开的，或者说，禅宗的这一说法正是佛教受了前述儒、道两家所共有的这种思维方式的浸润后的一个思想成果。

　　不仅如此，由于传统思维方式还具有非逻辑性的特点，因此在对形而下的世界的关注中，人们又很少留心各种事物之间所存在的逻辑关联，而是倾向于现象学地以及存在主义地流连于单个事物的各种各样的呈现上面，即使人们有时喜欢把各种事物聚合一处以形成一个整体，但通常也不是依据它们之间的逻辑关联，而是依据一种审美的需要以及政治的、伦理的观念。在这种思维方式的制约之下，就审美文化的领域而言，中国古代士大夫的美感的触角大多非常精细，审美的趣味大多十分高雅，以致只要寻常的一树一石、一草一木，乃至一砖一瓦等，就足供他们玩赏不已。不仅如此，有时他们还进一步认为，一般并不需要对某一事物作面面俱到的注视，而只需集中注视它的某一部位，当然最好是关键部位，即可了解它的整体，所谓窥一斑而知全豹的说法就是这种思想的最集中的体现。由此类推，当面对的是众多事物的集合时，他们便认为只须注视其中的某一个，同样当然也最好是有代表性的一个，即可获得对所有事物的了解，体现这个思想的则是所谓以一当十、以少总多的说法。作为以上思维方式作用于诗学领域的两个结果，在中国的诗学传统里，人们第一普遍看重整首诗作的某些局部，第二普遍看重众多诗作的某些代表。可以作为第一种倾向的例证的，是赵执信《谈龙录》里的一段记载。在这段记载中，我们看到，尽管王士祯与赵执信在如何画龙（当然只是写诗的一个比喻）的问题上意见并不完全相同，但是有一点却是他们共同主张的，即不须描画龙的全部。关于第二种倾向，可以从葛立方在他的《韵语阳秋》中所说的"古人所谓尝鼎一脔，可以尽知其味，恐未必然"这句话中找到有力的证明。从这句话我们可以推知，至少在葛立方以前，批评家大多主张不须读尽一个诗人的所有诗作而只须阅读其中好的几首即可获得对这一诗人的全面的认识；事实上，在葛立方之后情况也大致如此。这样我们就可以明白，为什么摘句批评会顺利地形成并且一直广为批评家们所采用：就被摘出的诗句是整首诗作的组成部分而言，摘句批评是批评家关注局部的结果；就这些诗句是众多诗句中有限的几个而言，摘句批评又是批评家关注代表的结果。

四

从上所述我们知道，摘句批评是中古代诗歌批评中被采用得最为广泛的一种批评形式，甚至可以说，所谓的中国古代诗歌批评，在很大的程度上，其实就是摘句批评。很显然，对于这样一种批评形式，应从总体上作出积极的和肯定的评价。我们必须承认摘句批评对中国古代诗歌创作产生过非常重大的影响。这里最值得一说的是，中国古代诗人写出那么美妙绝伦的佳句妙语，一方面固然是因为他们原本就追求写出佳句妙语，另一方面摘句批评的广泛采用无疑也起了很大的作用。尽管从发生学的角度看，摘句批评是为了适应对"有句可摘"的诗歌文本进行批评的需要而产生的，可是一旦这种批评形成并且广被采用，那么它反过来又会成为这种追求"有句可摘"的创作倾向的动力或者原因，而这显然大大提高了诗人写出佳句妙语的可能性的程度。再者，许多诗句在被写出的当初其实并没有被众多的读者认为是佳句妙语，就连诗人自己也没有存此想法，只是后来才由批评家们以其独特的眼光将它们给识拔出来了。这里所谓"识拔"，并不是指一般的发现，而是指袁枚所说的"发明"，因为所谓发现并不包含主观能动的因素，而发明却是一个带有创造性的过程。就这个意义而言，许多佳句妙语乃是由批评家和诗人共同创作出来的。不仅如此，在我看来，摘句批评对古代文学批评的某些批评形式如小说评点的产生与形成，也许曾经给予过相当的启发。这样说的理由是，它们之间在运作的机制上存在着高度的一致。如前所说，当摘句批评不是在把被批评的诗句从诗作当中摘录出来的情况下而进行的时候，它就成为一种诗歌评点，而这就和那种针对文本中的某些佳妙之处进行批评的小说评点非常接近了。

当然，作为一种批评形式，摘句批评绝不可能是完美无缺的。首先，它的采用无疑是受到相当的限制的，这个限制，在古人看来，主要表现为大诗人的诗作是不适宜采用这种批评形式的。原因是，"大家诗出语未尝不精炼，而不乞灵于此，只是篇法之妙不见有句法"，因此，"大家诗不可以佳句求之"（清·黄培方《香石诗话》）。这个看法颇有道理，但却并不精确。因为大家诗固然普遍注重篇法之妙，但有时也颇在句法上狠下功夫，如杜甫就是典型的例子。因此，看起来精确的说法应该是，不论是大家还是小家，只要其诗不属于可"枝摘"者就都不适宜采用摘句的形式对之进行批评。

其次，它当然也存在着许多毛病。

叶燮曾说，摘句批评"不观其高者大者远者，动摘字句，刻画评驳，将使从事风雅者，惟谨守老生常谈，为不刊之律，但求免于过，斯足矣。使人展卷，有何意味乎？而俗儒又恐其说之不足以胜也，于是遁于考订证据之学，骄人以所不知而矜其博，此乃学究所为耳"（《原诗》）。此外，《一瓢诗话》的作者薛雪也认为，"从来谈诗，必摘古人佳句为证，最是小见"。这里所谓"不观高者大者远者"，所谓"最是小见"，主要是指摘句批评没有从根本处，如诗的本质、作用的发挥状况等特点入手，而是专在佳句妙语的品玩赏鉴上兜圈子。应该承认，这样的批评是颇中肯的。不过，从今天的眼光看，更值得重视的弊端是，这样一种流于琐碎的批评形式，无疑反过来大大加重了传统思维方式中所存在的非逻辑性及实用性的弱点。

在《韵语阳秋》中，葛立方对在他之前的许多批评家们所主张的"尝鼎一脔"的批评形式之能否奏效深表怀疑。他的理由是，尽管像钱起、张祜等人曾经因为写出"曲终人不见，江上数风清""故国三千里，深宫二十年"的诗句而得到名公先达的"游谈延誉"，并且因此声名大振，可是"观各人诗集平平处甚多，岂皆如此句哉？"无论如何，我们必须承认葛氏的怀疑是可以成立的，旨在"尝鼎一脔"的摘句批评的确常常会犯以偏概全的毛病。

从今天的眼光看，摘句批评的批评家们大多忽视了这样一个基本的事实与道理，这就是：一两个佳句妙语所以会显出并且被看出它们的佳妙之处，完全是因为它们是作为所在的整首诗作的有机组成部分而发生作用的，一旦它们被从诗作当中孤离出来，即一旦它们不再以整首诗作的有机组成部分发生作用以后，这些所谓的佳妙之处便不复存在或者无从见出了。实际上，批评家们所以会认为某句非常佳妙，也是因为他们是从诗作的整体出发去看待这个诗句的，只不过他们所作出的批评使人认为仿佛是就句论句的，而不知道其实是就篇论句的。正因为如此，有时尽管批评家们津津乐道地说某句如何如何地佳妙，可是读者却始终难以产生同感，甚至会感到莫明其妙。

（原文载《文学评论》1998年第1期，人大复印报刊资料全文转载）

关于构建中国古代文学批评学的一点思考

在《精神现象学》的序言的一开始，伟大的黑格尔就对"在一本哲学著作里，如果也像在普通的书序里惯常所做的那样先做一个声明，以说明作者所怀抱的著述的目的和动机以及作者所认为的他的著作与这同一问题上早期和同时的其他论著的关系"这一点表示了明确的不满，认为这"不仅是多余的，而且就一部哲学著作的性质来说也是不适宜的，不合目的的"。大体上我对此表示赞同。不仅如此，在很大的程度上，我甚至还认为，即便是如此写成的"普通的书序"也是没有多大意义的，因为在我看来，对于真正关心"同一问题"的学者们来说，这样的书序基本上也是多余的。因为阅读著作的文本肯定比阅读关于这个著作的有关说明更能了解和把握这个说明所要达到的目的；至于普通的读者，即便读了这样的说明，我以为，就增进他们对著作所具有的意义或者价值的了解而言，也不会产生多大的帮助，因为他们对所谓"同一问题"的有关情况的先期了解有时的确近乎是一片空白。当然，如果情况是这样的话，即如果没有这样的序言就会使哪怕是"同一问题"方面的学者对著作的文本或者文本的某些方面产生不同程度的不解或者甚至是误解的话，那么我以为，撰写这样的序言就有理由被认为是必要的了。我所以没有固守我对序言的一般看法而决定为自己的这部著作撰写序言，就是因为我担心，如果我不在读者们正式地阅读这部著作的文本以前先就我为何改变了起初的写作构想略作交待的话，这部著作的文本的某些方面的确会使哪怕是"同一问题"的学者们感到不甚了然。

依照我的写作初衷，本书的书名应该是《中国古代文学批评学》。可是经过反复的考虑和犹豫之后，我终于把它改成现在的《中国古代文学批评通论》。尽管改动的只是一两个字，可是却意味着很大的或者说根本的变化，明白地说，至少它表明我不再像起初那样认为存在或者可以建立一个完整而系统的中国古代文学批评学，虽然我对此一度曾怀有非常坚定的信念并且花费过巨大的精力以使这个信念转化为现实。因此，可以想象的是，这个初衷的改变对我来说的确不是件轻而易举的事情，因为和任何人一样，我对自己最初所相信或者所喜爱的东西，总是十分地迷恋。然而，不管怎么样，在事实的面前，这种迷恋毕竟不是坚不可摧的。的确，当我一旦发现对于构建中国古代文学批评学来说某些方面确实存在着资料的不足这一问题时，我终于只得不无遗憾地放弃了自己的初衷。我相信，儿童用积木快要把房子搭成而突然发觉缺少一块用作房顶的积木时所具有的心情，一定与我那时所具有的心情十分相近。

说到这里，人们一定要问，所谓对构建中国古代文学批评学来说某些方面存在着资料的不足，到底意味着什么？我现在就要来回答这个问题。但我首先必须说一下究竟什么是文学批评学。简单地说，我认为，所谓文学批评学就是关于文学批评的系统的理论，正像经济学、政治学、社会学等分别是关于经济、政治、社会等的系统的理论一样。由此稍稍展开一点，我们可以说，所谓文学批评学是把文学批评本身当成研究对象的一门学科。不过，和经济学、政治学以及社会学等学科大不相同的是，文学批评学属于一种元理论，因为在很大的程度上，和哲学认识论一样，它也"并不研究世界，而只研究我们关于世界的知识"（德国福尔迈：《进化认识论》，舒远招译，武汉大学出版社 1994 年版），这就是说，前三种学科所研究的分别是经济的、政治的以及社会的世界，而作为文学批评学的研究对象的文学批评，其本身就是对文学世界的一种"理智的认识"或者"理性的认识"（美国 R. 韦勒克《文学理论、文学批评和文学史》，文载《批评的诸种概念》，丁泓、余微译，四川文艺出版社 1987 年版）。但这样说似乎还不够准确，因为所谓文学的世界和经济的、政治的以及社会的世界并不完全相同，后三者都是一种经验的世界，而前者却只是一种符号的世界，或者用罗兰·巴尔特的话说，只是"由一个意指系统组成的"世界（罗兰·巴尔特：《符号学原理》，李幼蒸译，生活·读书·新知三联书店 1988 年版），因此，文学批评本身就已经是一种元语言或者是乔治·布莱所说的"二度文学"（布莱《批评意识》，郭宏安译，百花洲文艺出版社 1993 年版）。这样看来，文学批评就应该被认为是一种元语言系统的元语言系统。再不然，我们也可以德国逻辑学家兼哲学家 J. M. 鲍亨斯基的理论，把文学创作看成一级陈述，因为它是对经验世界的一种原始陈述，把文学批评看成二级陈述，因为它是对作为一级陈述的文学创作的陈述，而把文学批评学看成三级陈述，因为它是对作为二级陈述的文学批评的陈述（参看鲍亨斯基：《当代思维方法》，童世骏等三人译，上海人民出版社 1987 年出版）。但是很显然，这些都有点过于烦琐了。为求简捷明了起见，我以为，我们还是不妨把文学批评学看成文学领域内一种元理论，只不过当我们这样看的时候，我们必须明白，它和经验世界的关系是更为间接的，用柏拉图的话说，它是经验世界的影子的影子的影子。就这个意义而言，我们可以说，文学批评学与科学学或者科学哲学在性质上是相同的，即都是一种反思性的学科——文学批评学是对文学批评的反思，科学哲学是对科学的反思。

因此很显然，当人们仅仅忙于从事文学批评时，文学批评学的产生是不可能的；只有当人们不仅从事文学批评而且对文学批评本身也产生了强烈的认识的欲望和要求时，文学批评学的产生才会成为可能。这样我们就可以理解，为什么尽管"十八、十九世纪曾被人们称作'批评的时代'"，可是在 R. 韦勒克看来，"实际上，二十世纪才最有资格享有这样的称号"。原因很简单，因为在韦勒克看来，"在二十世纪，不仅有一股名副其实的批评的洪流向我们汹涌袭来，而且文学批评也已获得了一种新的自我意识"（R. 韦勒克：《二十世纪文学批评主潮》，文载《文学批评的诸种概念》）。这里所谓"自我意识"，我以为，一方面指一种自我存在的意识，另一方面也指一种自我反思的意识。说到对文学批评的这种自我反思，我以为通常下列问题是它必须加以考虑的："何为批评？批评的本身是什么？何谓批评家？批评家的诸种特征是什么？什么是批评的功能？批评的效果和其发挥作用的边际在何处？批评的文章和批评的方法有无规律可循？批评与创作是何种关系？批评作为一种精神活动是自身独立的，还必须依赖于创作——像叔本华所说的：创造的天才具有男人的特性，知性批评具有女人特性，她只能接受，只能判别优劣。而本身却缺乏主动性？"（潘凯雄等：《文学批评学》，人民文学出版社 1991 年版）除此而外。也许它还应该考虑这些问题：文学批评究竟有没有客观标准？如果有，这个标准是如何确定的？文学批评标准的本质是什么？文学批评、文

学理论以及文学史这三者之间到底具有什么样的关系？等等，

　　毫无疑问，人们决不可能把上述问题回答得非常理想；但是，人们却可以尝试着回答它们并且尽量把它们回答好；而且可以坚信的是．人们只要这么做了，那么，文学批评学的建立就可以逐步地由理想变为现实。因此，对于今天的人们来说，并不存在是否可以建立文学批评学的问题，存在的只是如何建立好文学批评学的问题。然而对于古代的人们来说，情况就完全不同了。在他（她）们那里，一切都是完成时态的：要做的都已经做了，而没有做的便永远不可能做了。因此，如果在中国古代并没出现对文学批评的完整而系统的反思并且因此形成一门完整而系统的文学批评学的话，我们是不能也无法一厢情愿地代为构建一门完整而系统的中国古代文学批评学的，正像我们是不能也无法一厢情愿地构建一门现代意义上的完整而系统的中国古代经济学、政治学或者社会学的一样，虽然不可否认的是，在中国古代，无论是对文学批评的反思还是有关经济、政治以及社会的思想，都曾不断地出现过，并且其中有些还是相当深刻的和有价值的。

　　大约六七年前即 90 年代初，正当许多学者忙于构建一般文学批评学的时候，我便开始考虑：能否尝试着去构建中国古代的文学批评学呢？我所以会产生这样的考虑，除了因为受了流行的推今及古的心理倾向的影响而外，更主要的，还因为我很想在有关中国古代文学批评的研究领域内开辟出一条新的路径来。为了把问题说得更加明白一点，我觉得也许有必要简单地讲一下所谓旧的研究路径指的是什么。大体说来，从作为中国古代文学批评（这里文学批评一词是就其广泛的含义而被使用的，明言之，正像 R. 韦勒克在其《近代文学批评史》（杨自伍译，上海译文出版社1989 年版）中所做的那样，在这里，文学批评一词是兼指文学批评和文学理论的）研究的开创时期的"五四"以来直到十多年前我在杭州大学中文系攻读中国古代文学批评史的硕士学位的时候为止，学者们通常是依循两条不同的线路而展开他们的研究的，这两条不同的线路可以分别被称为史的线路和论的线路。所谓史的线路，很显然，指的是致力于考察古代文学批评的各种思想的演变过程，至于所谓论的线路，则一般是指对古代文学批评的各种思想进行细致的阐释。因此，就学科的划分而言，前者通常被称为古代文学批评史，后者则通常被冠以古代文论的名称。当然，这种划分决不是绝对的，因为正像许多事实所表明的那样，这两条线路常常是交织一起的。必须承认的是，无论在哪条线路上，取得的成果都是颇为可观的。作为历史的线路的研究成果，撇开难以计数的单篇论文不谈，值得在这里加以提及的至少有下面这些有关批评史的专著：陈中凡《中国文学批评史》，郭绍虞《中国古典文学理论批评史》（上册）、《中国文学批评史》，朱东润《中国文学批评史大纲》，王运熙、顾易生《中国文学批评通史》、《中国文学批评史》，敏泽《中国文学理论批评史》，蔡仲翔等《中国文学理论史》，朱恩彬《中国文学理论史概要》，黄海章《中国古代文学批评简史》，周勋初《中国文学批评小史》，许结《汉代文学思想史》，罗宗强《隋唐五代文学思想史》以及孙昌武《唐代古文运动》等。属于论的线路的研究成果，和前者相比，形式较为多样，它们是：单篇论文（例如，中国古代文学理论研究编委会担任编辑的《古代文学理论研究丛刊》所刊登的大量文章，中国人民大学古代文论资料组选编的《中国古代文论研究论文集》（1919—1949 年）所收入的大量文章以及由《文学遗产》、《文学评论》、全国各大学学报所发表的有关的研究文章）；文论选（例如，郭绍虞、王文生选编的《中国历代文论选》四卷本及一卷本，曾祖荫等选编的《中国历代小说序跋选》等）；原著校注（例如，郭绍虞主编的《中国历代文学理论批评专著选辑》）；原著译注（例如，周振甫的《文心雕龙译注》以及其他众多的《文心雕龙》译注或选译）；原著专论（例如，王元化《文心雕龙创作论》等）；原著杂论（例如，黄侃《文心雕龙札记》等）；辞典（例如，赵则诚等《中国古代文学理论辞典》等）；辑佚（例如，郭绍虞《宋诗话辑佚》，蒋祖怡、张涤云《全辽诗话）等）；考证（例如，郭绍虞《宋诗话考》等）；索引（例如，朱迎平《文心雕龙索引》，中国人民大学《中国古代文艺理论研究资料目录索引》等）。凡此的确可以称得上名目繁多，种类百出。

尽管如此，人们应该能够注意到，无论是史的线路的研究还是论的线路的研究，都只是一种微观的、局部的、内容的要素的研究，打一个比方可以说都只是在庐山的里面对它的各个细部进行具体的考察。很显然，这是不全面的，因为它们只是针对中国古代文学批评的内部的。如果我们仅仅依照这样的研究模式去从事我们的研究的话，那么，不管我们写出多少有关中国古代文学批评史的或者论的专著或者论文，也决不可能使我们对中国古代文学批评的认识产生什么突破性的进展，或者说也决不可能对我们全面认识中国古代文学批评提供更大的帮助。但是，如果我们能够改变我们的研究模式，即如果我们能够从庐山的里面跳到庐山的外面，使我们的研究的方向从内容转向形式，从局部转向整体，从元素转向结构，以便把中国古代文学批评当作一个整体性的存在，从而致力于考察它的存在形态的话，或者用更为简明而专业的话说，如果我们能够改从批评学的角度去展开对中国古代文学批评的研究并且因此逐步建立起系统的中国古代文学批评学的话，那么，我想这肯定会使我们对中国古代文学批评的认识或者研究产生质的飞跃。我承认，我对自己的这个想法非常着迷，而且我还对就此有可能碰到的诘问——把中国古代文学批评当作一个整体性的存在是可能的么，或者在历史上不断呈现的东西有可能形成一个有机的整体么，作出了自认为是十分有力而形象的回答。我的回答是这样的：也许我们可以把几千年中不断呈现的东西设想为不断射出的光束，尽管这些光束的射出时间先后不同，但是最终总会在古代与现代的交界的横截面上打上它们的光点并且因此而形成一个具有内在结构的整体。

基于这样的考虑，我决定撰写一部中国古代文学批评学。我感到庆幸的是，这个决定似乎并不是不切实际的。因为就在那时，即 90 年代初，我们不但已经有了一般文学批评学方面的著作，如潘凯雄等三人合写并出版了《文学批评学》，而且也已经有了中国古代文学批评学方面的著作，如赖力行写作并出版了《中国古代文学批评学》（华中师范大学出版社1991 年出版），虽然在我决定撰写中国古代文学批评学的著作时并未能有幸读到这两部著作。遗憾的是，随着我的准备工作和研究工作的不断深入，正像前面所说的那样，我发现，就构建中国古代文学批评学而言，某些方面的确存在着资料不足的问题。具体点说，我发现，尽管中国古代文学批评家在诸如批评的本体、批评的主体等方面都发表过许多称得上是反思性的意见，可是在其他许多方面，如批评的标准、批评的方法以及批评的模式等方面，却很少或者几乎没有发表过同样性质的意见。诚然，他们在批评的实践中的确都运用过各种各样的批评标准、批评方法以及批评模式，但是，这和就它们本身进行深入的反思是并不相同的。因此，指望通过对古代有关文献的分析、比较与归纳等来构建系统而全面的中国古代文学批评学，的确是相当勉强的。我必须赶紧声明的一句是，我决无意于勉强别人也赞成我的意见，明白地说，我决不会对别人致力于中国古代文学批评学的构建工作表示丝毫的不以为然，相反，我对任何一种这样的努力都将会表示我的由衷的敬佩。我以为，在学术研究上，任何人都有权作出他或她自己的选择，而且也都有理由得到他人的尊重。至于我自己，我却不得不恋恋不舍地打消了构建中国古代文学批评学的念头，而代之以对中国古代文学批评的存在形态进行整体性的论述这样一个折衷性的打算，即我将致力于考察，作为一个整体性的存在，中国古代文学批评具有怎样的存在形态或者存在方式，为此，千百年来相继出现与相继形成的中国古代文学批评的各种要素和各个特点等，将被压成一个平面，在这个平面上，中国古代文学批评作为一个整体的存在形态或者存在方式就会相当清晰地呈现出来。

这样，人们就应该可以理解，为什么我要把本书的书名由起初确定的《中国古代文学批评学》改为现在的《中国古代文学批评通论》了。简单地说，这是因为，在本书中，只要我发现所讨论的问题是古代批评家确曾作出过反思性或批评学性的意见的问题时，我将会尽量从批评学的角度展开我的讨论；如果我发现所讨论的问题并不属于这一性质时，那么，我将不得改从非批评学的角度展开我的讨论。很显然，这样一部著作冠以"批评学"的名称是不恰当的，但是冠以"通论"的名称却是相当理想的。话虽这么说，由于给学术著作冠以"通论"的名称在学术界一度曾经十分盛行，因此，我在为自己的这部著作改用"通论"的名称时曾有过一定的犹豫，因为我担心这也许会被人们认为追逐时尚。此外，出于另外一种忧虑，即出于这样做会不会被人们看成是为自己写作上的随便，或者文雅地说是写作上的自由，寻找合法的借口的忧虑，我也曾对是否改用"通论"的名称感到难以作出非此即彼的选择。因此，我所以最终还是决定改用"通论"的名称，既不是为了追逐时尚，也不是为了为自己写作的随便或者自由寻找合法的借口。我这么做，借用孟子的话说，唯一的理由只是"不得已也"。我相信，由于有了以上的说明，本书即使仍将不可避免地在某些方面招致一些误解的话，其被误解的程度至少也会被降至最低的限度，而对于任何一部学术著作来说，这无疑已经是很理想的了。

（拙著《中国古代文学批评通论·序言》，长江文艺出版社 1998 年版）

第二辑
文化研究

中国古代诗歌文化中的佳句情结

　　从晋代开始，相当一部分中国古代诗人对诗歌创作所怀有的兴趣与热情，主要并不在于写出理想的诗作而在于写出杰出的或更能发挥抒情功能的、作为诗作组成部分的诗句；这一现象的存在正像杜甫《江上值水如海势聊短述》一诗中"为人性僻耽佳句"诗句所提示的那样，表明中国古代诗人身上的确存在着一种耽溺佳句的癖性，借用弗洛伊德的精神分析学说的术语来说，中国古代诗人身上的确存在着一种佳句情结。

一

　　关于耽溺佳句的情结在中国古代诗人身上所具有的表现，据笔者考察，大体可分为三种情况。

　　首先，从晋代开始，相当一部分诗人在他们的诗歌创作中都致力于写杰出的诗句，来自三个方面的材料为此提供了有力的证明：其一，一些批评家的有关论述；其二，许多诗人的创作自白与创作过程；其三，晋代以后不断出现的、由诗人们创作出来的大量诗歌佳句。就第一方面的材料而言，我们首先想到的是宋代严羽的《沧浪诗话》。在这部杰出的诗学著作中，严羽指出："汉魏古诗，气象浑沌，难以句摘，晋以还，始有佳句"，"建安之作，全在气象，不可寻枝摘叶"，"而灵运之诗已是彻首尾成对句矣①。胡应麟在其杰出的诗学著作《诗薮》中也告诉我们："气象浑沦，难以句摘，此但可以论汉古诗……子建、子桓工句甚多，如'丹霞夹明

---

　　① 严羽：《沧浪涛话》，见郭绍虞《沧浪诗话校释》，人民文学出版社 1983 年版，第 151、158 页。

月，华星出云间'、'秋兰被长坂，朱华冒绿池'之类，句法、字法稍稍透露"；"汉人诗不可句摘者，章法浑成，句意联属，通篇高妙，无一芜蔓，不著浮靡故耳。子桓兄弟，努力前规，章法句意，顿自悬殊，平调颇多，丽语错出"。（《诗薮》，上海古籍出版社 1958 年版，第 32 页）尽管在"气象浑沦，难以句摘"的说法是仅仅适合于汉代古诗还是同时也适合汉、魏古诗这一点上，胡、严二氏的看法有所不同，但至少在这一说法是不适合晋代以后的诗作这一点上，他们之间是没有异议的，即他们都一致认为晋代以后的诗作是有句可摘的。正如刘勰所说的那样，宋齐时代的诗歌创作对佳句的追求达到了"俪采百字之偶，争价一句之奇"的地步①。至于到了"梁、陈、隋间"，照沈德潜的看法，更是变得"专尚琢句"②。至于宋以及明清时代，情况也是如此。有关的论述俯拾皆是，这里不再一一引录。

第二个方面的材料是杜甫的诗句"为人性僻耽佳句，语不惊人死不休"。这种唯佳句是虑的精神不是没有代表性的。例如，贾岛就声称他创作诗歌常常是"两句三年得，一吟双泪流"③；方干把他的诗歌创作描写成"吟成五个字，用破一生心"、"才吟五字句，又白几茎须"④；诗人张说自言其作诗总是"苦吟僧入定，得句方成功"⑤。与张说所说相近的是另一位诗人的创作自白："句向深夜得，心从天外归"⑥。此外，"贫病苦吟"的王元"每遇得句，中夜必先起，燃烛，具纸笔"⑦；一生专学杜甫句法的诗人陈师道，"家贫苦，每偕及门登临得句，即急归卧一榻，以被

① 刘勰：《文心雕龙》，见范文澜《文心雕龙注》（上册），人民文学出版社 1978 年版，第 67 页。

② 沈德潜：《说诗晬语》，见《清诗话》（下册），上海古籍出版社 1978 年版，第 533 页。下引《清诗话》皆同此版本。

③ 施润章：《蠖斋诗话》，见《清诗话》（上册），第 396 页。

④ 葛立方：《韵语阳秋》，见何文焕辑《历代诗话》（下册），中华书局 1981 年版，第 493—494 页、第 517 页，下引《历代诗话》皆同此版本。

⑤ 《全唐诗话·补》语。

⑥ 《唐代诗人诗句》，见魏庆之《诗人玉屑》（上册），上海古籍出版社 1978 年版，第 257 页，下引《诗人玉屑》皆同此版本。

⑦ 《郡阁雅谈》语，见王士祯原编、郑方坤删补、戴鸿森校点《五代诗话》，人民文学出版社 1989 年版，第 273 页，下引《五代诗话》皆同此版本。

蒙首，恶闻人声，谓之吟榻"①。许多人也许会认为贾岛的话未免有失夸张，其实不然，有一个故事为此提供了很好的证明："南唐诗僧道明中秋得句云：'此夜一轮月，清光何处无？'先得上句，次年中秋方得下句。"②这样我们就可以理解，为什么在中国古代，许多诗人写诗并不在于是否完篇，而只要吟出一两个自觉相当满意的诗句即可。很简单，因为他们所看重的原本就是诗句而不是诗篇。因此，在古代诗人的诗集中，我们常常可以发现许多未能成篇的半成品。王士祯说："唐人有佳句而不成篇者，如孟浩然'微云淡河汉，疏雨滴梧桐'，杨汝士'昔日兰亭无艳质，此时金谷有高人'，尉迟匡'夜夜月为青塚镜，年年雪作黑山花'，每恨不见入集中。""宋诗亦有单句不成诗者，如王介甫'青山扪虱坐，黄鸟挟书眠'。又黄鲁直云：'人得交游是风月，天开图画即江山'。潘邠老云：'满城风雨近重阳。'"③可见，在中国古代，诗人们写诗常常是因为先吟成了一两个自认为相当不错的诗句，然后再设法将其敷衍成篇。例如，"曼卿一日春初，见阶砌初生之草，其屈如钩，而颜色未变，因得一句云：'草屈金钩绿未回'，遂作草春一篇，旬日方足成……始知诗人一篇之中，率是先得一联或一句，其最警拔者是也"。④同样，明代的徐士懋也说："今人作诗，往往多从中对联起。"⑤再者，清代的施补华也认为，"今人作律诗，往往先作中二联，然后装成首尾"⑥。

　　第三个方面的证明材料是间接的，即自晋代以后便不断地有人在做着汇集诗歌佳句的工作，很显然，如果没有诗人们不断地创作出大量的诗歌佳句，这些工作是无法进行的。例如，《诗薮》云："唐人好集诗句为图，今惟张为《主客》散见类书中，自余悉不传。漫记其目：《古今诗人秀句》二十卷，元兢编；《泉山秀句》二十卷，黄滔编；《文场秀句》一卷，王起编；《贾岛句图》一卷，李洞编；《诗图》一卷，倪宥编；《寡和图》

---

① 张泰来：《江西诗社宗派图录》，见《清诗话》（上册），第50页。
② 《漫叟诗话》语，见胡仔《苕溪渔隐丛话》，廖德明校点，人民文学出版社1962年版，后集第301页。
③ 王士祯：《艺苑卮言》，见丁福保辑《历代诗话续编》（中册），中华书局1983年版，第1012、1020页。
④ 《桐江诗话》语，见魏庆之《诗人玉屑》（上册），第262页。
⑤ 徐世懋：《艺圃撷余》，见《历代诗话》（下册），第778页。
⑥ 施补华：《岘佣说诗》，见《清诗话》（下册），第973页。

三卷，僧定雅编；《风雅拾翠图》一卷，惟风编。"① 此外，唐末的韦庄"又常取唐人丽句勒成《又玄集》"，并且以其生花妙笔写成一篇骈体的自序，说明这么做是因为"金盘饮露，惟挹沆瀣之精；花界食珍，仅享醍醐之味"②。值得一提的是，除了这些专门辑录诗歌佳句的著作外，唐代许多的诗话著作虽然形式上并不仅仅以辑录诗歌佳句为其能事，但是也花了许多的篇幅辑录了不少的诗歌佳句，如王睿《炙毂子诗格》、齐己《风骚旨格》、虚中《流类手鉴》以及王玄《诗中旨格》等，就都是这样的诗话著作。唐以后的宋、元、明、清几个朝代，纯粹的句图著作虽然不很多见，可是大量的诗话著作依然做着汇集诗歌佳句的工作，虽然最为典型的是魏庆之的《诗人玉屑》。在这部被称为"宋人诗话的集成性选编"（语见"出版说明"）中，卷之三被分为三目，即句法、唐人句法及宋朝警句；卷之四被分为二目，即风骚句法和诗有四炼。在这五目的名下共辑录了唐代和宋代的诗歌佳句约 800 句；如果把散见于其他各卷中的诗歌佳句一并算入的话，那么这个佳句的数目肯定将更为可观。

其次，在中国古代，诗人们还常常会因为前辈诗人已经就某一题材写出自己所难以超越的杰出的诗句，便甘拜下风，不再就同一题材动笔，而并不考虑是否可以就此写出同样杰出或者更加杰出的诗篇。在他们看来，如果写不出能够超越那些杰出诗句的诗句的话，那就根本不可能写出同样杰出或者更加杰出的诗篇。例如，宋代的张表臣说："刘禹锡…《石头城诗》云：'山圈故国周遭在，潮打空城寂寞回。'白乐天读之云：'我知后人不复措笔矣。"③ 无独有偶，在宋代，据吴处厚说，"公（指晏殊，笔者注）之佳句，宋莒公皆题于斋壁，若'无可奈何花落去，似曾相识燕归来''静寻啄木藏身处，闲见游丝到地时''楼台冷落收灯夜，门巷萧条扫雪天''已定复摇春水色，似红如白海棠花'之类，莒公常谓此数联使后之诗人无复措词也。"④ 此外，据《五代诗话》所引陆游《南唐书》说，"金山寺号为胜景，张祜吟诗有'僧归夜船月，龙出晓堂云'之句，

---

① 胡应麟：《诗薮》，上海古籍出版社 1979 年 11 月新 1 版，第 166 页。
② 《十国春秋》语，见《五代诗话》，第 186、145 页。
③ 张表臣：《珊瑚钩诗话》语，见《历代诗话》（上册），第 458 页。
④ 吴处厚：《青箱杂记》，李裕民校点，中华书局 1985 年版，第 47 页，下引《青箱杂记》皆同此版本。

自后诗人搁笔"①。

正因为如此，反过来，诗人们对自己所创作出来的诗歌佳句便充满着纳喀西斯式的自恋之情。比较文雅的是表现为辑录自己的诗歌佳句，例如，"惠崇自撰句图，凡一百联，皆平生所得于心而可喜者"②；比较执着的则表现为不惜跟别人争回诗歌佳句的署名权，例如，"越僧处默赋诗有奇句，尝云'到江吴地尽，隔岸越山多'，罗隐见之曰：'此吾句，失之久矣，乃为吾师丐得'"③。但还有比这表现得更为激烈的，例如，"刘希夷诗曰：'年年岁岁花相似，岁岁年年人不同'，其舅即宋之问，苦爱此两句。知其未示人，恳乞此两句，许而未与。之问怒，以土囊压杀之。"④

再次，许多中国古代诗人都习惯于把前代诗人的诗歌佳句或者原封不动或略加变动地用进自己的诗作中，这一点，也有助于表明在他们的身上的确存在着佳句情结。据叶梦得《石林诗话》，"唐人记'水田飞白鹭，夏木啭黄鹂'为李嘉祐诗，王摩诘窃取之，非也。此两句（按，指王维诗句"漠漠水田飞白鹭，阴阴夏木啭黄鹂"——笔者注）好处，正在添漠漠、阴阴四字，此乃摩诘为嘉祐点化，以自见其妙，如李光弼将郭子仪军，一号令之，精彩数倍。"⑤ 如果说这种现象在唐代尚不多见的话，那么在宋代则变得相当普遍了，开其风气之先的是活跃在北宋初年的西昆派。大家知道，西昆派的诗歌创作不但注重词章的修养和技法的圆熟，而且倾向于大量从李商隐的诗作当中寻找主题、典故以及佳句妙语等，以致把李商隐扯得"衣服败敝"了⑥。和西昆诗派大不相同的是，在北宋后期的诗坛上发生过很大影响的江西诗派，不仅发扬了西昆诗派这种将前代诗人的佳句妙语用入自己的诗作中的传统，而且被尊为此派鼻祖的诗人黄庭坚还为此总结出一套理论与方法，即所谓的"脱胎换骨"和"点铁成金"。并且，尽管正像西昆诗派特别推崇唐代诗人李商隐那样，他们则特别推崇唐代诗人杜甫。但事实上，只要是他们觉得可以采用的诗句，他们

① 《五代诗话》，第 134 页。

② 《青箱杂记》，第 94 页。

③ 《西清诗话》语，见《五代诗话》，第 321 页。

④ 王傥：《唐语林》，上海古籍出版社 1978 年版，第 163 页。

⑤ 叶梦得：《石林诗话》，见《历代诗话》（上册），第 412 页。

⑥ 刘攽：《中山诗话》，见《历代诗话》（上册），第 287 页。

并不很计较是否出自杜甫之手。除了以黄庭坚为代表的江西诗派的许多诗人而外，在宋代，还有两位诗人在这方面也有着突出的表现，他们是秦观和周邦彦。读过秦、周两位词人的词集的读者们一定可以从中发现许多极为有趣的例证。关于明清两个朝代，钱钟书先生的《宋诗选注·序》中有一段文字说得很好："西昆体是把李商隐'掎摭'得'衣服败敝'的，江西派是讲'拆东补西裳作带'的；明代有个笑话说，有人看见李梦阳的一首律诗，忽然'攒眉不乐'，旁人问他是何道理，他回答说：'你看老杜却被献吉辈剥削殆尽！''掎摭'、'拆补'、'剥削'不是一件事儿么？宋诗是遭到排斥了，可是宋诗的习气依然存在，只是变了个表现方式，仿佛鼻涕化而为痰，总之感冒并没有好。清代的'浙派'诗'无一字不自读书创获'或者'同光体'诗把'学人诗人之诗二而一之'，这是可以理解的，因为他们自己明说承袭了宋诗的传统；可是痛骂宋诗的朱彝尊在作品里一样的'贪多'炫博，丝毫没有学宋诗的嫌疑的吴伟业在师法白居易的歌行里也一样的獭祭典故，这些不也是旁证么？"由此可见，和西方文艺复兴时期的"那些人文主义作家沉浸在古典文学里，一味讲究风格和辞藻，虽然接触到事物，心目中并没有事物的印象，只浮动着古罗马大诗人的好词佳句"一样[1]，明清两代的许多诗人们在进行诗歌创作时，脑子里也只浮动着前代诗人的好词佳句。

二

　　为什么在中国古代诗人身上会形成这种耽溺佳句的情结呢？笔者以为，这首先与中国传统的思维方式有关。有趣的是，正当学者们普遍认为中国传统的思维方式的最大特点是强调整体的观点，强调整体包含部分，认为部分的意义是由其所在的整体决定的时，笔者却惊奇地发现，事情并非完全如此，事实上还存在另外一个与之正相反的观点，即强调部分、因而强调整体是由部分构成的观点，至少在谈论有关文学的问题时情况是如此。举例来说，在桐城派的大师刘大魁看来，所谓写文章的过程，不过是

---

[1]　钱钟书：《宋诗选注》，人民文学出版社1958年版，第21、22、18页。

一个"积字成句，积句成章，积章成篇"的过程。① 在《中国文学欣赏举隅》一书中，傅庚生先生也说："积字以成句，积句以成篇，一篇之中字句其基本矣"。② 这样，我们就不应该为刘大櫆作出这样的断言，即"论文而至于字句，则文之能事尽矣"，而感到有半点的惊讶了。③ 同样，很自然地，正像《不下带编》的作者金埴所说的那样，"古人读书，以识字分读为第一义"④。与此相关，在中国古代，有时无论是诗歌还是文章，都会被以文字相称。例如，朱熹就经常把宋代诗文称为"国朝文字"，钟惺也喜欢以文字作为其诗文作品的代称，⑤ 而清初吕留良也曾说，"今日之文字，坏不在文字，而坏在世道人心"⑥。此外，方东树在他的《昭昧詹言》里也总是口口声声说文字应该怎样怎样⑦。再者，在《觉春斋论文》这本小册子中，林纾更是差不多从头至尾都把文章称为文字⑧。凡此都表明，在中国的传统里，文字的确被认为是诗文作品的最基本的也是最重要的元素。就诗歌作品而言。由于诗句是一篇诗作的最小的而又能独立存在的构成单元，因此，必然的结果就是，许多诗人的兴趣所在，往往是杰出的诗句而不是完整的诗作，是诗作的句法而不是诗作的章法。

　　其次，笔者认为。中国古代诗歌写景抒情的基本特点，也为所谓佳句情结的形成提供了极大的可能。这个特点决定了中国古代诗歌基本上是诉诸空间而不是诉诸时间的，而且因此是偏于短小的，同时差不多每一句或每两句便能构成一个相对独立的意义单元，因此是可以被以句子为单位而加以分割的。汉魏时代的古体诗，其叙事性较强，因此也许尚不足以充分体现这个特点，可是在唐代的定型化了的、基本上是以写景抒情为其构成

---

　　① 刘大櫆：《论文偶记》，见《刘大櫆〈论文偶记〉、吴德旋〈初月楼古文绪论〉、林纾〈春觉斋论文〉》，范先渊校点，人民文学出版社1959年版，第6页。

　　② 傅庚生：《中国文学欣赏举隅》，北京市中国书店1986年版，第188页。

　　③ 刘大櫆：《论文偶记》，见《刘大櫆〈论文偶记〉、吴德旋〈初月楼古文绪论〉、林纾〈春觉斋论文〉》，范先渊校点，人民文学出版社1959年版，第6页。

　　④ 金埴：《不下带编·巾箱说》，中华书局1982年版，第1页。

　　⑤ 钟惺：《答同年尹孔昭》，见郭绍虞、王文生主编《中国历代文论选》第三册，上海古籍出版社1979年版，第216页，下引《中国历代文论选》皆同此版本。

　　⑥ 语见柳亚子《胡寄尘诗序》，同上书第4册，第359页。

　　⑦ 见方东树《昭昧詹言》，汪绍楹校点，人民文学出版社1961年版，第11、23页，

　　⑧ 语见林纾《觉春斋论文》，第73页、全书。

要素的格律诗中,这个特点就表现得十分突出了。大家知道,五七言的律诗,一般从第一句到第八句依次每两句构成一个意象单元,这样全诗就被分成四个意象单元,这就是所谓的首联、颔联、颈联与尾联。就全诗的结构而言,它们各自所发挥的功能被认为分别是起、承、转、合。例如,清代的吴乔就曾这样总结七言律诗的章法:"七律自沈宋至温李,皆在起承转合规矩之中。"①此外,依照王士禛的意见,"勿论古今体诗,皆离此四字不得"②。但值得注意的是,这并不意味着它们都被彻底地功能化了。明白地说,一方面,它们的确各自发挥着这些功能,可是另一方面,它们都各自构成一个相对完整独立的整体。因此,它们之间的关系以及它们和整首诗的关系,在很大的程度上,颇像拼盘的盘菜相互之间的关系以及盘菜与整道拼盘的关系,这则是说,合起来它们构成一首完整的诗作,分开来它们又各自构成一首同样也是完整的小的诗作。事实上,即便是绝句、排律以及相当一部分古风等诗体,也都程度不等地具有这样的特点。例如,在王士禛看来,绝句"须一句一断"③,因此,当谢榛谈到杜甫的五言绝句"日出篱东水,云生舍北泥。竹高鸣翡翠,沙僻舞鹍鸡"时,便说"此一句一意,摘一句亦成诗也"④。至于排律,更是从头至尾都是由颇有一点独立性的对句所构成的。最后,关于古风,正像我们时常发现的那样,许多作品也充满着独立性很强的佳句妙语。凡此都使我们感到,在中国古代,集句与联句成为两种虽然略带游戏性质但却流行甚广、甚久的诗歌创作形式,是一点也不难理解的,而这一点在西方无论如何是不可想象的。如果我们再由此往前推进一步的话,甚至一般的文章,特别是诗歌化程度较高的骈文,也具有这样的特点,如王勃的《滕王阁序》就是一个非常典型的例子。杰出的美国心理学家、当代完型心理学派的代表人物鲁道夫·爱因海姆教授,曾经就绘画作品中的"真正的部分"和"非真正的部分"作过如下极富创见的区分:"所谓'真正的部分'就是指那些在一个整体内与整体的其他部分分离的小整体,而所谓'非真正的部分'

---

① 吴乔:《答万季埜诗问》,《清诗话》(上册),第28页。
② 王士禛:《诗友诗传续录》,《清诗话》(上册),第150、157页。
③ 同上。
④ 谢榛:《四溟诗话》,《历代诗话续编》(下册),丁福保辑,中华书局1983年版,第1139、1172页。

则是指那些仅仅与某一局部区域相分离但与整体又没有分离的段落。"[1]
笔者认为，爱因海姆教授所作的这个区分同样适合于诗歌作品。如果这个
断言可以成立的话，那么，中国古代诗歌作品中的句子绝大部分都可以被
看成作品整体中的"真正的部分"。然而在西方的诗歌文化中，情况却与
此大不相同。大家知道，"长篇叙事诗各部分的独立性"曾经被席勒看成
"长篇叙事诗的一个主要特性"，并且因此在瑞士诗歌理论家埃米尔·施
塔格看来，"一个诗行可能是一个独立的部分"，但是，"一个抒情式的诗
行是不能独立的"[2]。这里有两点值得注意：第一，在西方的诗歌文化里，
尽管按照席勒的看法，"各部分的独立性"乃是"长篇叙事诗的一个主要
的特性"，但是由于诗行在量上比部分要小，因此，诗行只是"可能是一
个独立的部分"，换句话说，也很可能不是一个独立的部分。而中国古代
叙事诗，特别是排律体的叙事诗（如白居易的《长恨歌》与《琵琶行》
等）的诗行，许多都属于独立性很强的所谓"真正的部分"。第二，更重
要的是，在西方的诗歌文化里，抒情诗的诗行却差不多全是独立的。既然
如此，中国古代诗人在从事诗歌创作时，往往致力于写出独立性很强的佳
句妙语，就没有什么可奇怪的了。

　　第三，笔者认为，中国古代诗歌特别是格律诗的句法相对而言较为
复杂而章法较为简单这一点，恐怕也是耽溺佳句的癖性或者佳句情结得
以形成的一个重要原因。中国古代格律诗的章法，是起、承、转、合，
这样简单而又差不多是定型的章法，留给诗人施展身手的余地与自由必
定是十分有限的，因此，非常辩证的是，反过来也就使得诗人对它的驾
驭变得十分容易起来。此外，可以想象的是，这样的章法也必定很难提
供多少植根于整体结构的美，因为它实在太缺少变化了。凡此都使得中
国古代诗人不大可能也没有必要把精力过多地倾注在章法的上面。与此
不同的是，古代诗歌的句法却要复杂得多。尽管历代的诗人以及诗歌批
评家们都曾不断地对句法进行过大量的研究，并且指望从中归纳出一些
基本的句式，可是事实证明并没有多大的成效，原因是句法的变化简直

---

　　① 鲁道夫·阿恩海姆：《艺术与视知觉》，滕守尧、朱疆源译，中国社会科学出版社1984
年版，第95页。

　　② 埃米尔·施塔格尔：《诗学的基本概念》，胡其鼎译，中国社会科学出版社1992年版，
第92页

是无穷的。再者，与章法的情况恰成对照的是，句法的这种多变性与复杂性，一方面固然使诗人可以从中获取较高的自由和较大的余地，另一方面也给诗人对句法的掌握带来了很大的困难。正因为如此，由句法所提供的美，其丰富性与多样性自然也就远非由章法所提供的美所可比。凡此，必然使得中国古代的许多诗人都会对句法与句子表现出一种近乎迷恋的兴趣。

第四，一种非常特别的、崇尚诗歌中的佳句妙语的风尚也有力地助长了这种情结的形成，这一点在唐、宋两代表现得尤为突出。在唐代，即使一般的市民也对诗中的佳句妙语表现出了超乎寻常的兴趣与热情，以致我们在《唐音癸签》中竟然会读到这样的记载："王毂举平生得意句，市人为之罢殴。"① 如果这个记载颇显夸张的话，那么，《五代诗话》中所引录的一个例证应该是较为客观的陈述："陈贶闽人，性情淡漠……苦思于诗，得句未成章，已播远近。"② 这种推崇诗歌中的佳句妙语的风尚盛行于世，以致在唐代，诗人们常能"因一篇之善、一句之工，名公显达为之游谈延誉，遂致声问四驰"。例如，"'曲终人不见，江上数峰青'，钱起以是得名；'故国三千里，深宫二十年'，张祜以是得名……"更为有趣的是，有时诗人竟会因某一诗句十分出名而被以这一诗句中的某一词语作为他的称号。例如，"赵嘏《长安秋望》诗云：'残星一点雁横塞，长笛一声人倚楼'，时人皆颂咏之，以为佳作，遂有赵倚楼之目"。到了宋代，这种以诗人的某一佳句妙语或者其中的某一词语作为诗人称号的风气变得更为盛行了。如张先因为写有"云破月来花弄影"的诗句而被称为"云破月来花弄影郎中"；宋祁因为写有"红杏枝头春意闹"的词句而被称为"红杏枝头春意闹尚书"③；柳永因为写有"露花倒影"的词句、张九成因为写有"桂子飘香"的词句分别被李清照戏称为"露花倒影柳三变，桂子飘香张九成"④；苏轼则因为秦观写有"山抹微云"的词句、柳永写有"露花倒影"的词句而分别戏称他们为"山抹微云秦学士，露花

---

① 胡震亨：《唐音癸签》，上海古籍出版社 1981 年版，第 275、32 页。
② 《十国春秋》语，见《五代诗话》，第 145 页。
③ 见徐《词苑丛谈》，唐圭璋校注，上海古籍出版社 1981 年版，第 45、67、46 页。
④ 同上书，第 67 页。

倒影柳屯田"①；而贺铸之所以被称为"贺梅子"，也是因为他写有"梅子黄时雨"的词句②。此外，人们还因为张先的词作当中分别有"眼中泪"、"心中事"和"意中人"的词语而不无调侃地称他为"张三中"等③，也都是极好的例子。这种风气直到清代依然颇为盛行，清代黄培芳的《香石诗话》就有这样的记载："顺得张玉州孝廉，药房太史弟也。著《少游草》有句云：'野渡无人潮欲上，碧天如水雁初飞。'人呼张碧天。又《湖心亭》云：'三面青山四围水，藕花香处笛船多'，又称张藕花。"④

第五，批评家们对佳句妙语所具有的意义与价值普遍持有十分推崇的态度，也给佳句情结的形成注入了高效的催化剂。陆机在《文赋》中提醒作家说："立片言而居要，乃一篇之警策；虽众词之有条，必待兹而效绩"⑤。这一思想在以后的批评家们那里不断地被继承和发挥着："文章无警策则不足以传世，盖不能竦动世人，如老杜及唐人诸诗无不如此"⑥；"一诗之中，妙在一句，为诗之根本"⑦；"（诗以）佳句为主"⑧；"一篇之朴以养一句之灵；一句之灵能回一篇之朴"⑨；"名手炼句，如掷杖化龙，蜿蜒腾跃：一句之灵，能使全篇俱活"⑩；"诗无佳句，则馨逸之致不出"⑪。毋庸置疑，这些强调一方面唤起了诗人们关注佳句妙语的创作注意，使诗人们由原先也许是非自觉的写出佳句妙语的行为转变为一种自觉的追求，另一方面，也进一步强化了诗人们原先就已具有的关注佳句妙语的创作注意。

---

① 见《词苑丛谈》，唐圭璋校注，上海古籍出版社 1981 年版，第 67 页。
② 同上书，第 46 页。
③ 同上书，第 45 页。
④ 黄培芳：《香石诗话》，上海书店 1985 年版，卷之一。
⑤ 陆机：《文赋》，见《中国历代文论选》第 1 册，第 172 页。
⑥ 吕本中：《童蒙诗训》，转引自蒋祖怡主编《中国历代诗话辞典》，北京出版社 1995 年版，第 279 页。
⑦ 胡震亨：《唐音癸签》，上海古籍出版社 1981 年版，第 32 页。
⑧ 谢榛：《四溟诗话》，《历代诗话续编》（下册），丁福保辑，中华书局 1983 年版，第 1172 页。
⑨ 谭友夏语，见王夫之《姜斋诗话》，人民文学出版社 1981 年版，第 227 页。
⑩ 陈新璋：《诗词鉴赏概论》，广东人民出版社 1991 年版，第 112 页。
⑪ 何绍基：《与汪菊士论诗书》，见《中国历代文论选》第 4 册，第 37 页。

三

　　说到耽溺佳句的僻性或者所谓佳句情结对中国古代诗歌文化所产生的影响，最为直接的首先是，正是在这种僻性或者情结所不断发生的强烈作用之下，中国古代的诗人们才不断地创作出了那么多广为传颂的诗歌佳句，其中有许多早已成为我国人民用以表达自己思想感情的最为优美也最为凝练的语言形式。但是显然，一方面，在这种僻性的强烈作用之下，中国古代诗人所追求的所谓佳句，大多偏于"小巧美丽可喜"，"指咏风景，影似万物者尔，不得见雄材远思之大"。因此，这就使得在中国古代的诗歌创作中，尽管佳句妙语的确层出不穷，而真正的佳篇妙作却不同样多见。进一步说，这也使得在中国古代的诗歌创作中，尽管小桥流水般的短篇小作的确层出不穷，可是真正称得上是高山巨川般的长篇巨制却难得一见（当然，这个现象的存在还可以从其他一些方面找出也许是更为有力的解释，但不可否认的是，这种持续不断地对小巧美丽的佳句的追求，也是一个较为重要的原因）。

　　其次，由此还引发出一种极为独特而又极为普遍的批评形式——摘句批评（关于摘句批评，可参阅拙文《论诗歌摘句批评》，载《文学评论》1998 年第 1 期）。这一点是不难理解的。众所周知，某种批评形式的产生与形成，肯定是因为存在着一种适合于以这种批评形式去进行批评的批评对象。既然由于中国古代诗人的身上普遍存在着一种佳句情结，他们的诗歌创作在很大的程度上便表现出致力于写出佳句的冲动，那么，反过来，批评家们在从事诗歌批评时，也把他们的注意力倾注于这些佳句的上面，就十分自然了。

　　（原文载《杭州大学学报》1998 年第 4 期，人大复印报刊资料全文转载）

科学与人文：差异、隔阂及出路

　　尽管英国作家查·帕·斯诺的著名讲演《两种文化及再谈两种文化》的发表迄今已达半个世纪之久，可是，他在讲演中所着力描述的发生在科学文化与人文文化（以下一般将简称为科学与文化）之间的一种很深的隔阂，在今天，似乎尚未得到彻底的消除。当然，这并不是说，我们的大学及各种媒体没有就消除这种隔阂作过丝毫的努力。但是，由于这些努力过于简单化，即往往很少是在真正仔细地考察了存在于科学与人文之间的种种内在的差异以及这种隔阂的种种具体表现的基础之上作出的，因此，如果仅仅从大学课程的设置以及媒体上的流行话语来看，科学与人文的确正表现出一种明显的日趋融合的态势；然而，若是就科学专家与人文学者的深层心理而言，那么，隔阂无疑依然存在着，有时甚至会爆发为公开的、激烈的冲突。这一点可以从"人文科学叫板自然科学"这一赫然触目的新闻标题上非常清楚地看出来。我写此文的目的，就是试图弥补上述缺憾。具体说，首先，我将尽力全面地概述一下科学与人文的差异；接下来，我便要一一指明这些差异以及其他一些因素所导致的科学专家与人文学者相互之间的种种责难甚至激烈的冲突；最后，我还要就如何消除这些责难及冲突提出我的看法——我认为，流行的所谓融合论是不可取的，唯一的可行之路只能是建立在相互宽容基础之上的诚恳的对话。

一

　　如果我们可以像克里斯托弗·默托那样把科学笼统地定义为"对自然界的系统研究"（通常对社会界的系统研究被称为社会科学，如政治学、经济学及社会学等。但是，由于在社会科学是否可以被视为真正意义或即自然科学意义上的精密科学的问题上，至今仍然莫衷一是，因此，一般来说，当人们讲到科学一词时，心中所想到的其实就是自然科学的话，那么，关于人文的定义至少也不会复杂到哪里去。在《西方人文主义传统》一书的开始部分，作者阿伦·布洛克把西方思想形成的模式分为三种："第一种模式是超越自然的，即超越宇宙的模式，集焦点于上帝，把人看成是神的创造的一部分。第二种模式是自然的，即科学的模式，集焦点于自然，把人看成是自然的一部分，像其他有机体一样。第三种模式是人文主义的模式，集焦点于人，以人的经验作为人对自己，对上帝，对自然了解的出发点。"① 布氏这里讲的是西方思想形成的模式，但实际上也就是文化形成的模式。由此不难看出，所谓人文文化乃是一种以人为焦点的文化，正像宗教文化与科学文化分别是以上帝及自然为焦点的文化一样。孔颖达把《易·贲》"观乎天文以察时变，观乎人文以化成天下"中的"人文"一词解释为"礼、乐、教化"，以及刘勰在《文心雕龙》中把"人文"理解为"情文"，并且认为作为其基本要素的乃是人的五种基本品性——仁、义、礼、智、信，为此提供了很能说明问题的例证。至于从外延上看人文文化包括哪些科目，则综观布氏在书中所提及的古希腊罗马时期、文艺复兴时期、启蒙主义时期的那些科目以及在今天世界各主要大学里所通行的那些科目，大体上可以说不外乎以下几种，即文学、艺术、历史、语言、文字、道德以及古希腊罗马意义上的并且剔除了其科学及神学成分的哲学。古希腊罗马时期的哲学，从本质上看，乃是关于人生的智慧之学，尽管它对有关自然及上帝的问题并非全不关心，但是比起对人生问题的关心来，便显得非常次要了；镌刻在德斐尔圣城上的铭文"认识你自己"以及苏格拉底的名言"不加检点的生活是不值得过的"，最集中地说明了这一点。所以会如此的原因，正像早期犬儒学派的重要人物安提乌斯所指出的那样，在这一时期的绝大多数哲学家看来，"科学研究，除非对积极的人生具有某种直接的影响，否则便没有任何价值"②。

从上述关于科学与人文的定义，可以很自然地引发出两者之间的种种

① 参见［英］布洛克《西方人文主义传统》，董乐山译，生活·读书·新知三联书店2003年版。
② 参见［德］策勒尔《古希腊哲学史纲》，翁绍军译，山东人民出版社1992年版。

差异。首先，人们不难看出，如果说科学属于康德所说的纯粹理性的范畴（而与科学紧密相连的技术属于工具理性的范畴）的话，那么，人文则基本上可以归入价值理性的范畴。这一基本的差异导致了以下几个方面的具体区别。第一，撇开科学主要是为了探索自然的奥秘不谈，至少作为它的连体婴的技术，其目的无疑在于创造旨在满足人类的生存需要的物质财富，而人文的目的，如前所说，则在于回答人生的种种问题，文学、艺术、历史、道德无不如此，至于哲学则尤其如此，要不然的话，加缪怎么可能在他写成于 29 岁时的杰作《西西福的神话》的一开始就对哲学的任务作了这样的限定："真正哲学的问题只有一个：自杀。判定生活是否值得经历，这本身就是在回答哲学的根本问题。其他问题——诸如世界有三个领域、精神有九种或十二种范畴——都是次要的，不过是游戏而已。"第二，科学，就其作为一种教育科目而言，其任务明显在于培养理科与工科的各种专家，至于人文教育的任务则与此相反，基本上在于培养韦伯所说的"有学养的人"，或即中国古代儒家所说的君子——其最高的层次乃是圣人与贤人。因为人文教育，按照古罗马的学者西塞罗的说法，属于那种旨在"发扬那些纯粹属于人和人性之品质的途径"① 的全面教育，用中国古代传统文化的术语说，便是一种善性之学。正像西方文化史所表明的那些，这种全面教育在文艺复兴时期最为兴盛，因为那时的人文主义者们普遍坚信，这种教育是把人从自然状态中脱离出来并且发现他（她）自己的人性的过程。第三，无论是科学家还是工程技术专家，他们都普遍倾向于认为，包括人的肉体在内的一切事物都受物理的化学的必然规律的支配，甚至人的精神过程也被某些决定因素（如我们的生物性及我们身处其中的社会环境等）控制着；因此，所谓自由意志这个东西，从本质上讲，只不过是"过去人类的幻想和原始残迹"② 在现今的一种反映。而这种被科学不屑一顾的人类的自由意志，恰恰是人文文化所特别看重的东西：作家、诗人、艺术家等怎么也不能想象，他们的作品竟然只是某些外在的因素施加控制的结果而不是他们自由创造的产物。同样，道德家也决不会承认，一个人的道德选择不是他（她）的良知或即康德所

---

① 参见［英］布洛克《西方人文主义传统》。

② 参见［美］里奇拉克《发现自由意志和个人责任》，四川人民出版社 1994 年版。

说的"绝对命令"作出的，而是由物理的、化学的、生理的以及其他某些外在的因素替他（她）作出的。至于哲学家，特别是存在主义的哲学家，其根本特征就在于强调人是可以自由作出选择的，虽然正像《发现自由意志与个人责任》一书的作者里奇拉克所苛评的那样，存在主义哲学的确似乎并没有"清楚地说明我们究竟是如何选择并委身于受个人指导的活动的"①。

其次，正像通常人们普遍都会认为的那样，科学追求的是真，而人文追求的则是善与美。这一重大的差异演化出了以下两个方面的区别。一方面，科学（包括技术）的发展必然表现为一种不断进步的状态或者有如波普尔所说的不断逼近真理的过程。比如，在后的科学理论总是比在前的科学理论更加简约同时又更具解释力（如爱因斯坦的现代物理理论之于牛顿的古典物理理论），在后的技术也总是比在前的技术更加精致、更加完善，并且因此能够发挥更加理想的功效。但是，在人文的领域，一般来说我们却不大可能用进步一词去描述其历史的发展过程。例如，我们不可能说：比起屈原的诗作李白的诗作是一个进步，比起司马迁的历史作品班固的历史作品是一个进步，比起伯拉图的哲学黑格尔的哲学是一个进步，比起孔子的学说孟子的学说是一个进步，等等。另一方面，在人文文化的领域里，与在科技文化领域里更加不同的是，在先的成果有时反而比在后的成果来得更有价值。例如，在马克思看来，荷马史诗乃是不可企及的高峰与范本。同样，从中国传统的诗学眼光看，《诗经》以后的一切诗歌的艺术成就事实上都没有超过《诗经》。因此，如果我们也希望用一两个词来描述人文文化的发展过程的话，那么，也许再也没有比变化与创新来得更为恰当的了。

第三，与上述区别颇有关联并且或许正可用以解释上述区别的是，科技文化的评判标准是明白的和确定的，而人文文化的评判标准却与此完全不同。比如，在科学的领域，评判某一理论是否可以被接受的标准无非是这样两条：一，是否比前一理论更加简约或者至少不比它更加复杂；二，是否比前一理论具有更大的解释力。而评判某一技术的标准则更加简单明了，即看其是否比前一技术更加节省成本并且具有更加理想的功效。但

---

① 参见［美］里奇拉克《发现自由意志和个人责任》。

是，在人文文化的领域，事情便要复杂得多：同一篇文学、艺术、历史及哲学的文本，在有些人看来也许是完美无缺，而在另一些人眼中却很可能是不足挂齿的劣作。在这里，趣味起着很大的作用。而谈到趣味，正像休谟所认为的那样，的确是人殊而殊的。除此而外，针对这些文本的评判标准还会因为时代的不同而发生巨大的变化，而这就使得问题变得更加复杂了，以至于在许多人看来，针对这些文本的评判，从根本上说简直是没有标准的。至于道德的评判标准，除了会随着时代的变化而发生变化而外，不同民族、不同国家通常也会表现出巨大的不同，有时甚至是截然相反。此外，比这更加困扰我们的是，道德的评判标准常常具有波普尔所发明的情境性的特点。举例来说，在一般情况下，说谎被认为是不道德的；但是面对身染绝症的人，出于不使他（她）遭受恐惧之苦的考虑，我们就有理由向其隐瞒实情或者编造一个柏拉图所说的善良的谎言。但是究竟在什么样的情境中，我们可以撒一个善良的谎言呢？对此，我们就无法找到一个明确的标准了。

最后，就存在方式而言，科学总是倾向于把世界简单化，目的是更好的把握世界及预测未来。为达此目的，科学常常把世界的存在及运动简化为各种各样的定理及公式等。而人文，特别是其中的文学、艺术，为了有助于人们更好地感受及品味人生、了解社会，常常借助于各种手法使人生及社会变得更加丰富与多样。最能说明问题的例子是，在越剧《梁山伯与祝英台》中，像送别这样一个在日常生活中极为细小的事情，居然被分解为十八个过程并且用十八段唱腔去反复咏唱发生其间的几乎每一细微的心里变化。作为这一基本差异的最外在的表现是，科学文化的语言必然是人工的并且因此是抽象的和专业性的，以致一个人除非受过专门的教育与训练，否则他（她）就根本无法读解用这种语言写成的文本。而人文文化的各种文本所使用的则基本上是经验化的语言或即日常生活的语言。诚然，人们在文学理论的著作中常常会碰到"文学语言"这一概念，给人的印象是，作家的写作所使用的似乎是与经验语言不同的另一种特殊的人工语言。这显然只是一种语义上的误读。其实，所谓文学语言指的只是作家对经验语言的一种文学化的处理而已；从本质上看，他们所使用的依然是与经验语言没有任何区别的语言，否则我们绝大多数人就无法读解文学作品了，而事实恰恰不是如此。换一个角度，这一区别还可以表述成这样：正像卡西尔在《人论》中所曾指出的那样，科学是客观化的而人文则是非常主观化的。由这一区别就自然引发出科学与人文的另一区别：科学文化的文本的意义是明白的和确定的，人文文化特别是文学与艺术的文本的意义却常常是不确定的与隐蔽的。不仅如此，如果说对于科学文本来说意义的确定与明白乃是它的优长与必需的话，那么，意义的不确定性与隐蔽性则恰恰成为文学与艺术文本的优长甚至是必需，因为人们的读解快感很大程度上就来自这个不确定性与隐蔽性。

二

上面所概述的存在于科学与人文之间的四个方面的差异，如果不是直接导致了下面将要谈到的发生于科学与人文之间的相互的责难的话，至少很大程度上可以解释何以会形成这些责难。在我看来，这些责难大致可以分为以下几个方面。首先，就性质而言。第一，一般来说，科技专家总是倾向于认为人文学者缺少为它门所特别推崇的并且也是他们的工作所特别需要的智力，尽管也许他们并不会在理论上公开地这么说，但是在他们的内心深处却的确时不时会泛起这种责难的涟漪。一个颇能说明问题的例子是，许多报考理工专业的学生常常会以不屑的口吻说，报考人文专业的学生所以报考人文专业十之八九乃是因为他们学不好理工的课程，不得已才降而求其次。但是反过来，在人文学者的眼里，科技专家也常常只是一些精神贫乏者，甚至只是些善于思考与计算的机器，他们缺少对宇宙、自然、社会及人生的细微深入的体验与感受。许多科技专家被小说、电影、电视等刻画为这样一种缺少人情味的形象，乃是这一责难的一个自然的结果。第二，由此，科技专家们常常会认为人文文化的文本不可能提供真正意义（或即他们所看中的科学意义）上的知识；因为如上所说，人文文化的文本的意义一般来说是不确定的和隐蔽的。美国当代科普作家约翰·霍根承认，"在大学期间，有一段时间"他"曾认为文学批评是最振奋人心的智力活动，但后来"，当他"在某一个晚上喝了大量的咖啡，花了大量的时间去啃对詹姆斯·乔伊斯的《尤利西斯》的阐释之后，突然陷入了信念的危机。"原因是他发现，尽管"睿智的人们已经就《尤利西斯》的意义争论了几十年"，

"但没有一种意义是权威性的"，因此"争论永远也不会有结果"。正是基于这一令其沮丧的发现，这位《科学的终结》一书的作者后来才毅然决然地投向了科学的怀抱；因为这终于可以"从纠缠不清的人文的学科的羁縻中超脱出来"，并且"在可求得一个问题的正确答案的进程中，发现了巨大的快乐"①。爱因斯坦虽然没有正面地对人文文化的文本表示过类似的失望，但是从他曾经正面的承认过以下这一点，即他之所以把毕生的精力奉献给科学研究的事业，最根本的原因在于，他希望藉此能发现一个不变的、永恒的世界，并且因此获得一个宁静安详的人生，我们还是不难推知，至少爱因斯坦不会认为人文学科可以满足他的这一人生冲动。此外，细阅罗素的著作，人们也不难发现，他所以在早年就致力于数理逻辑的研究，也是基于与爱因斯坦非常相近的冲动。但是，人文学者却有着与此完全不同的观点。在生命哲学的创立者柏格森看来，科学的概念，由于是知性的产物，因此总是抽象的与坚硬的，因此根本不适合用以描述有如流水似的、连绵不断的生命过程，对这种过程的真正的知识只能来自内省。因此，对于柏格森来说，科学知识，唯其是知性的，所以反而不是真正的知识。第三，在科学技术家看来，人文文化实在只是不起任何实际作用的闲言与虚文，因为，人文文化决不能像科技文化那样"给我们带来计算机和喷气式飞机，带来疫苗和热核炸弹，带来改变历史进程——不论是福是祸——的技术"②。这样一种责难有时竟达到如此强烈的程度，以致当年的卢瑟福要发出这样的吼声："这是科学英雄的时代！"③　然而，人文学者却坚决认为，如果科学仅仅为我们提供了这些巨大的物质能量与物质财富，但却一点也不关心并且当然也就从不研究人的精神需求，人的生存的意义、目的及幸福等问题的话，那么，所提供的这一切其实是毫无用处的，因为这一切解决不了上述问题。这依然正像加缪说的那样，"地球或太阳哪一个围绕着另一个转，从根本上讲是无关紧要的。总而言之，这是个微不足道的问题。但是，我却看到：许多人认为他们的生命不值得再继续下去，因而

①　参见［美］霍根《科学的终结》，远方出版社1997年版。

②　同上。

③　参见［英］斯诺《对科学的傲慢与偏见》，四川人民出版社1987年版。

就结束了生命；我还看到另外一些人，他们荒唐地为着那些所谓赋予他们生活意义的理想和幻想而死，因而我认为生命意义的问题是诸问题中最急需回答的问题。"①

　　其次，就态度而言。第一，绝大多数科学家总是觉得人文学者似乎普遍过于沉湎于自己的内心世界，而很少关注他人，关注社会，以及关注外在世界；另一方面，人文学者也觉得科技专家们整天只忙着摆弄各种试验仪器和试管，忙着观察和研究外在的世界，似乎简直没有时间关注自己的内心世界。因此，第二，"非科学家（即人文学者——笔者注）有一种根深蒂固的印象，好象科学家都是一些浅薄的乐观主义者，他们对人类处境毫无认识。另一方面，科学家认为，人文知识分子全都缺乏远见，……急于把艺术和思想限制在眼前活着的这个时期"②，总之，他们对人生采取了过于莫名其妙的悲观的态度。第三，在人文知识分子看来，科学家们整天"埋头于自己的业务之中"，一点也不关心有关人类的意志自由的问题，至今仍未能为人类的意志自由提供有说服力的科学的论证，是极为失职的；反过来，科学家们也觉得，人文知识分子如此地看重所谓意志自由，其实是十分幼稚的；如前所说，在他们看来，这不过是"过去人类的幻想和原始的残迹"而已，因此，"不可能得到严肃认真的考虑"③。

　　最后，就作风而言，很显然，正像托马斯·库恩所坦言的那样，科技专家常常被人文知识分子指责为刻板和固守纪律，而人文知识分子也常常会被科技专家视为散漫及不守规矩，④ 而在他们看来，没有规矩不成方圆乃是颠扑不破的真理。

三

　　前面曾说，在今天，科学和人文之间的隔阂除了常常表现为相互之间的如上所概述的种种责难而外，有时还会爆发为公开的和激烈的冲突。有必要提请读者们注意的是，和责难总是相互间的不同，似乎有点奇怪的

---

①　参见 ［法］加缪《西西福的神话》，天津人民出版社 2007 年版。

②　参见 ［英］斯诺《对科学的傲慢与偏见》，四川人民出版社 1987 年版。

③　参见 ［美］里奇拉克《发现自由意志和个人责任》，贵州人民出版社 1994 年版。

④　［美］库恩:《必要的张力》，北京大学出版社 2007 年版。

是，这种公开的和激烈的冲突的发动者通常并不是科技专家而是宗教人士、人文知识分子，或者具有人文倾向的广大社会公众，正是他们对科学和技术抱有强烈的厌恶甚至是敌对的态度，这在西方特别是美国这些科技十分发达的国家有着尤为突出的表现。例如，早在 1819 年，施宾格勒就曾在他的《西方的没落》一书中宣称，科学是一种癌症，很快将杀死文明本身。而在 1927 年，英国的里彭主教在一次布道时则曾坚决地说："我甚至甘冒被听众中某些人处以私刑的危险，也要提出这样的意见：如果把全部物理学和化学实验室都关闭七年……科学界以外的人们的幸福也不一定会因此而减少……"（文见贝尔纳《科学的社会功能》）再比如，在今天的西方，许多人，下至普通的大众上至高级知识分子及政府官员，都对神秘现象表现出极大的兴趣与热情，例如希望并且相信 "UFO 藏匿在百慕大深深的大海中，吞噬轮船和飞机，死人能够操纵我们的双手，还能给我们写信"，"小孩仅靠思维就能够使电话机从托架上掉下来"。再比如，许多人都非常迷恋占星术、巫医、催眠术、招魂术、骨相学以及灵魂跳舞等（参见萨根《魔鬼出没的世界》及霍尔顿《科学与反科学》）。除此而外，还有一些现象虽然不像上述现象那样带有强烈的非理性和偏执性，但是实质上也是基于一种对科学的敌视。例如，正像萨根指出的那样，"正是由于存在这种可悲的现象——为了达到'更重要'的目的，客观性被牺牲掉了，有人进一步推断说，根本就没有什么'历史学'可言，重构实际发生的事件是不可能的，那么，人们所作的最多也不过是些带有偏见的自圆其说；这种关于历史学的推断，往往被推广到所有的知识领域，自然也包括科学。"换句话说，在"有人"看来，正像"历史学"是不值得信任的一样，科学也是不值得信任的。与此相仿，文学评论家斯坦利·菲什则向科学家们发出这样的告诫：他们希望达到客观真理是徒劳的，因为在认识论层次上，科学家们声称在自然界中找到的规律，同支配一种球戏的规则没有什么差异（参见霍尔顿《科学与反科学》中文版序言）。由此，许多后现代的人文学者又进一步指控科学的表述并不像科学所宣称的那样是让真理彻底地呈现出来的透明的窗户，从本质上说，它与人文学科，如文学、历史等的表述一样，也是"措辞"性的，即通过某些特别的语体风格、修辞手法达到劝诱读者相信其表述是客观真实的。甚至像数学这样一门被认为是"能令一门领域提升到科学领域的唯一途径"的学科，其表述也被认为是措辞性的。用《措辞与数学》一文的作者戴维斯与赫斯的话说，"全然严谨或形式化的数学其实只是一个神化。在现实生活中，数学是一种社会交流的形式，而'证明'则是糅合了正式和非正式、精确运算和不经意的评论、具说服力的论说和诉诸想象及直觉的一个复合体"①。比上述均更极端的是，一位美国的女社会学家桑拉德·哈丁，"新近在对她许多追随者谈话时宣称，牛顿的《原理》和'强奸手册'是一类货色"（参见霍尔顿《科学与反科学》中文版序言）。

导致上述冲突的原因，我以为，也许可以从以下二方面入手去进行探讨。首先是人自身。我的意思是说，人乃是一种非常奇特的物种，这种奇特性除了像汤因比所描述的那样常常表现为魔鬼与天使的对立统一而外，更多的也许还表现为理性与非理性的对立统一。换句话说，人的心灵深处既存在着理性的成分，即对理性特别是由理性所建构起来的秩序、必然性等的向往与企盼而外，还存在着同样强烈的非理性的成分，这种成分总是使人对那些非秩序化、偶然性以及神秘性的世界与事物发生浓厚的兴趣，而且这两种冲动常常是势均力敌、水涨船高。因此，令人常常大惑不解的是，当人们越是正沐浴在科学的理性的"阳光"之下的时候，人们便越是向往神秘的非理性的"月光"。罗素说得好，如果这个世界成为完全由科学统治的世界的话，那么，尽管它也许绝对地整齐划一，没有任何偶然的事故发生，也没有悲剧和喜剧的上演，但是，它必然是一个令人厌恶的并且无法忍受的世界，因为它是一个非人的世界。这里决不是想为那些反科学的迷信的现象作辩护，而是想提醒人们注意，反科学的及迷信的现象的产生与存在，如果说少数的确可以以邪恶的反社会的及反政治的动机与目的加以解释的话，那么，许多恐怕还得从上述人的心灵深处乃是理性与非理性的对立统一这个角度去寻找更为深刻的原因。

其次，更为重要的，当然是科学自身的某些特点以及科学在今天带来的许多令人难以接受的结果。具体说，大概有以下几个方面值得在此一提。第一，科学是一柄双刃剑。的确，如果说发端于十七世纪的西方科学革命与工业革命给整个西方社会带来的是大量的造福于他们的物质财富，并且因此使西方人把科学视为一种特别美妙而神奇的力量而给予由衷的景

---

① 参见麦克洛夫斯基等《社会科学的措辞》，生活·读书·新知三联书店 2000 年版。

仰与崇拜的话，那么，两次大战特别是第二次大战中的具有空前杀伤力的原子弹、细菌武器及化学武器的使用以及由此给人类带来的巨大灾难，却的确使西方震惊得目瞪口呆，并且使之从原先的对科学的由衷景仰与崇拜中彻底醒悟过来：原来科学并不仅仅是给其带来幸福的天使，同时也是给其带来灾难的魔鬼！由于人的心理过程总是有如钟摆一样的呈现为向两极摆动的状态，因此，当人们在较长时间内已经习惯于把科学视为理所当然的应为其带来幸福的天使之后，突然之间目睹到科学作为可怕的魔鬼的另一方面时，许多人的心理一下子便失衡了，换句话说，他们便会因为无法接受这样的现实而因噎废食地对科学采取了整体否定的态度：如果科学给人类造福必须以给人类带来灾难为前提的话，那不如还是没有科学的好！

第二，科学具有祛魅性。指出这一特性的是韦伯。韦伯用祛魅这个词是想指明这样一个无奈的事实：科学（当然包括技术）的发展必然导致宗教以及传统文化中比如神话、传说等成分的衰退；因此，正像"资产阶级撕去了罩在家庭上面的温情脉脉的面纱"一样①，科学也撕去了罩在世界之上的、使世界充满魅力的面纱。这样，在人们特别是那些受过科学洗礼的人们的眼中，世界便不复像在古人眼中一样的人性化与神妙化，而只不过是一个由分子、原子以及一些其他更小的什么粒子构成的一个与人的心灵完全无关的纯物理的、化学的世界。

第三，科学使人的尊严受到极大的挫伤。这里的科学主要是指由达尔文所创立的关于生物进化论的理论以及由弗洛伊德所创立的精神分析的理论。前一个理论告诉我们说，人类并不是由上帝创造的特别高贵的生灵，而是由猿进化而来的极其普通的物种；后一理论则对现代文明作出了这样的提醒：现代人所非常自诩的所谓现代文明，其实不过是由各种各样文化手段编织而成的假相，在这些假相的底下，依然是由潜意识统治的野蛮的世界。换句话说，我们现代人不过是披着文明外衣的野蛮人！很显然，初听这样的当头棒喝，对任何一个自视为文明人的现代人来说，"都不啻是一种五雷轰顶的体验"（参见诺尔曼·布朗《生与死的对抗》）。

第四，科学是理性化的产物，并且反过来也使社会日趋理性化，指出这一点的依然是韦伯。由此便带来了两个后果：其一，正像韦伯所反复担

---

① 参见［德］马克思、恩格斯《共产党宣言》，人民出版社 1993 年版。

忧的那样，人类似乎正逐渐的沦为由其自身的科学理性所创造出来的种种科技成果、科层制度以及各种意在追求效率的合理化的设计等"囚笼"中的囚徒。例如，在今天即便像旅游这种原本是旨在逃避日常规范化生存状态的行为，也被纳入另外一种合理化的框架——旅行社提供的旅行设计与服务之中（参见［美］里尔茨著《社会的麦当劳现象》一书，上海译文出版社出版）。其二，这种社会的理性化使人们变得越来越习惯于冷静地对待人生，即习惯于冷静地考虑某种事情是否有必要去做，而不是问某种事情是不是应该去做，换句话说，用以调节人们行为的似乎只剩下了工具理性而不是像从前那样还有价值理性：社会似乎变得有点冷漠了。

第五，科学的意识形态性。尽管马尔库塞把科学视为意识形态的观点——如他认为，"科学之所以是意识形态，是因为它保留着一种阻碍人们发现社会危机真正原因的形式"，"人们控制自然的方法"，"为人对人的统治提供了概念和工具"，遭到过哈贝马斯的坚决抵制[1]，但是绝大多数的后现代理论家却持有与马尔库塞非常相近的观点。他们普遍相信：其一，科学总是以真理自居，而人们都应该服从真理，因此，实际上，科学已经蜕变成一种特殊的霸权；其二，科学的各种科目，正像福科所指出的那样，实际上都起着非常有力的规训作用；其三，科学作为一种特殊的辞令，常常"用来给政治争辩戴上学术的面具，使人们很难看见真理在何处被模塑，以及如何被修辞后为主流社会和政治霸权的利益服务"[2]。

第六，科学特别是技术使生活方式不断发生重大的变化。勿庸置疑，这使得那些习惯于传统的或者不变的生活方式的人很难适应。比这更为糟糕的是，有些变化还使传统生活中许多美好的东西遭到严峻的挑战甚至是彻底的瓦解，例如，电视及电话等的发明与使用便使人与人之间的亲密的交往变得日益困难起来。

第七，科学自身总是在不断变化。这样，"当我们为刚刚有些明白了那些被科学家门热烈讨论的东西的时候，他们却告诉我们那些东西已不再正确。……因此，科学家们可以被视为是在愚弄我们，被认为想要推翻一

---

① 参见［英］布洛克《西方人文主义传统》，生活·读书·新知三联书店2003年版。

② 参见［澳］麦克洛斯基等著《社会科学的措辞》，北京三联书店2000年版。

切，被看作社会危险分子"①。

第八，科学的过度扩张。今天，科学似乎正日趋把她的触角延伸至各个领域，甚至像性、爱情、婚姻等大量原本与科学无涉的领域，如今也成了科学一试身手的场所。如此一来，一方面，科学便面临着由于被滥用而被庸俗化的危险，例如，今天人们动辄就要侈谈所谓科学的性、科学的爱情以及科学的婚姻，殊不知，这些提法的本身就是矛盾的，并且因此当然也就是不科学的；另一方面，如果生命科学走得过远——例如竟然试图克隆人类的话，那么，人类生命所具有的庄严、神圣及神妙之感便将荡然无存。

第九，在像卢梭这样的崇尚自然的人文主义者看来，科学与技术使人类遗憾的告别了纯朴自然的生存状态。

第十，许多采取彻底的民主立场的人文主义学者坚决认为，科学常常把某些人用作研究对象，这实际上形成了另外一种披着合理外衣的不平等。

四

熟悉西方文化史的读者们都应该知道，早在斯诺发表他的《两种文化及再谈两种文化》的讲演时，就已经有人——比如赫胥黎提出了关于如何消除科学文化与人文文化（赫氏当时提及的是科学与文学）之间的隔阂与对峙的建议。他的建议是在两种文化之间建立一种直接的联系。他认为："文学应当同化科学陈述本身，这样，科学就能获得'一种有血有肉的形象'。诗人能够告诉我们，'如何用诗的语言来解释含糊不清的传统语言和过分精确的科教书的语言，使其成为有用的语言。这样，我们个人的以及同任何人都不相同的经历，就可以同这些经历赖以得到解释的科学假说相一致。'"② 很显然，赫氏的建议赖以作出的前提，乃是本文在开始的地方所曾提及的所谓融合论，这种论调的基本观点是，为了消除两种文化之间的隔阂与对峙，最好的办法是将它们两者融合起来。不过，人们不难看出，赫氏的融合论似乎可以称之为单向度的，因为他强调的是用文学去融合科学，而不是两种文化的相互融合。与赫氏提出的解决办法相近的是科学史家萨尔顿的理想主义的科学观。这种科学观认为："科学简直就是人们智慧和教养不可分割的一部分，当代科学知识也和当代文学知识一样为上流社会所不可缺少……"因此，"应该把科学融化到一般人文主义中去"。他为之提出的理论前提是："不论科学变得多么抽象，它的起源和发展过程本质上都是同人道有关。每一项科学成果都是博爱的成果，都是人类德性的证据。"① 此外，还有一种单向度的融合论，其方向和上述用人文去融合科学刚好相反，这种融合论是指望以科学融合人文，此刻我所能想到的最好的例子是胡塞尔的科学的现象学。在发表于 1936 年的《欧洲科学危机和超验现象学》这一薄薄的但却非常重要的小册子中，这位对存在主义及其他非理性主义哲学大为不满的哲学家敏锐地指出，欧洲哲学的危机在于它"被实证地简化为纯粹事实的科学"，并且因此"丧失生活的意义"。为此，他建议必须建立一种全新的绝对真的严密科学——现象学，这种科学，由于它既是严密的但又不是实证性的，即由于它不是撇开人对世界的意向性过程而研究所谓纯粹的客观事实的，因此它一方面既是科学，另一方面又具有人文学科的功能。在今天中国的大学教育中，广为流行的融合论可以分为两种，一种是以科学为本位的单向度的，另一种则是双向度的。单向度的融合论不像胡塞尔那样指望让科学也承担起人文的任务，而是把科学定位为目的，把人文定位为手段。具体说，在这种融合论看来，在理工院校开设人文课程，有利于培养出有创造力与想象力的工程师与科学家；我们也许可以把这种融合论戏称为"人文搭台，科学唱戏"。双向度的融合论可以被表述为认为科学与人文其实是并且也应该是你中有我，我中有你，他们只不过是同一事物的两种不同的称呼而已；用这种融合论习惯的用语说就是，"科学是求真的善，人文是求善的真"。

正像我在本文一开始就已指出的那样，我认为上述几种融合科学与人文的隔阂或对峙的几种融合论，都是不可取的。赫胥黎的以文学融合科学的要求所以是错误的，正像哈贝马斯所批评的那样，是因为它是"建立在误解基础上的。严格的经验科学信息，只有通过把它使用在技术上，只

---

① 参见［英］贝尔纳《科学的社会功能》，商务印书馆 1995 年版。

有作为技术知识，才能进入社会的生活世界。""所以，科学的信息内容对文学中表现出来的社会集团的实践知识来讲，没有中介是不重要的"。例如，"诗歌是人们看到广岛的情景的一刹那间产生的，而不是通过对物质的转换为能量的假说的研究"。而萨尔顿提出的融合论，其理论基础乃是溯源论，即借助追溯事物或现象的起源来寻找其本质或者回答有关的在通常的情况下难以回答的问题。诚然，在许多情况下，这么做是可以收到理想的效果的，比如要理解艺术的本质，一个最重要的方法便是追溯艺术的起源。但是这种方法事实上也只能为我们提供对被追溯事物或现象之本质的某一角度的理解，因为随着时间的推移，起源时的本质完全会发生巨大的变化而产生与之绝不相同的本质，正是基于这一不争的事实，萨特才提出存在先于本质的这一乍一听似乎是惊世骇俗之论而其实不过只是说出了一个被人们忽视了很长时间的基本事实的命题。因此，在我看来，萨尔顿所犯的错误不在于他采用了溯源的研究方法，而在于它把经由溯源所看到的视为永远不会变化的。具体说，我的意见是，尽管科学与人文从其原初的宗旨看都是人道的，或即都是为了解决与人有关的各种问题的；但是，一旦两者发生分离以后，它们便都被赋予了不同的对象、功能、方法及目的等，并且这种分离的程度将随着整个社会分工的日益细密而日趋加大，以致从今天的状况看，正像哈贝马斯所说的那样，两者之间鸿沟乃是不可避免的。而且值得人们一再给予注意的是，这被分离开来的两种文化，正像任何其他不同的文化或力量一样，是"不可能被归结为一个公分母的，他们趋向于不同的方向，遵循着不同的原则"①。再说，断言"每一项科学成果都是博爱的成果，都是人类德性的证据"，也未免过于无视作出与此相反的断言的可能性了。

　　胡塞尔的融合论所犯的错误和萨尔顿的方向相反但本质却是一样的，即没有看到科学与人文，至少就其分离后的状态而言，的确乃是两种不同性质的文化，换言之，科学根本不可能解决原本只能由人文来加以回答的有关生活的意义的问题，因为谁都知道，无论是纯粹理性还是工具理性在这个问题上是无可措其手足的。说到中国大学教育中广为流行的两种融合论中的第一种，即把人文当作手段来融合到科学这个目的中去，与"文

---

　　① 参见［德］卡西尔《人论》，上海译文出版社 1985 年版。

化搭台，经济唱戏"这一奇怪的口号所表现出来的把文化当作手段融合到经济目的中去，可以说是如出一辙，其荒谬之处都在于否定了人文或者文化自身的许多独立的价值。至于第二种，即认为"科学是求真的善，人文是求善的真"，在我看来，撇开这种看法的确太过简单（如把人文仅仅归结为求善而丢掉求美）不谈，单是就这种表述所反映出来的理念而言，其不当之处也是不言而喻的。理由是，事实上，科学的求真的结果是不确定的，可以导致善也可以导致恶，这全看其求得的真被怎样运用；同样，人文的求善有时也与求真无涉，换言之，有时为了求善恰恰须得求假，如前已提及的善良的谎言即是一个有力的例证。总之，我认为，科学与人文的确各有其不同的领域与职责，尽管从根源上讲它们的目的都是增进人类的幸福。

总之，在我看来，上述融合论中的任何一种都不可能真正起到消弭科学与人文的相互责难及对抗的作用，因为他们都忽视了本文第一部分所系统概述的存在于这两种文化之间的种种内在的差异，或者他们的观点都是以泯灭这些差异以及忽略某一文化的价值为前提的，而读完这一部分的读者都会赞同我所持有的这一观点，即这些差异，由于是内在的，因此是不可也不应该被消除的，否则科学就将不复是科学，人文也将不复是人文，正像如果泯灭了国画和西画、京剧和西洋歌剧以及男性和女性各自的那些种种特征或两者之间的差异的话，双方便都不复是其自身一样。

如果上述结论可以成立的话，那么，在我看来，科学和人文之间所应建立的最理想的关系，便只能是以相互宽容为前提的诚恳的对话。这里强调以相互的宽容为前提，原因在于，正像特雷西所曾指出的那样，"在其原初的意义上"，对话"无疑是两人和多人之间的互相作用"，因此，"当我们不能容忍任何有异于我们的问题时，对话便不可能发生"①。反过来说，当真正的对话得以展开之后，随着相互之间的沟通的不断加深，相互之间的宽容程度也会不断提高。至于诚恳一词的意思，在这里主要是指，不应该把对话看成辩论或考问，而应该看成一种追问——"对话是自愿追随问题而任凭它把我们引向哪里"。换句话说，在对话时，无论是科学一方还是人文一方，都必须学会让问题本身，如科学与人文的目的、任

---

① 参见［美］特雷西《诠释·宗教·希望》，上海三联书店 1998 年版。

务、方法、表述等各是什么以及各可能是什么，而不是以双方各自的价值取向来主宰对话的展开。只有这样，双方才能像洛纳根所要求的那样，"要专注，要机敏，要有责任感，要有爱心，并且，如果必要，愿意去改变"①。如果科学与人文之间真正像这样展开对话的话，那么，前面所概述的那些相互之间的责难就会自行消除。因为在这个过程中，双方都不再以自己的特性为标准去看待或评价对方，这样，双方就会做到"把他人视为他人，把不同视为不同，其实也就把差别理解为'可能'"。这里所谓"可能"，"意味着感觉到某种相似"，当然，这种相似，"必须被描述为'差异中的相似'（similarity－in－difference），即所谓类比（analogy）"②。

　　总之，经由这种对话之路，科学和人文一定会达成这样的共识：至少就西方的情况而言，双方与宗教一起构成一个三足鼎立的文化整体。由于科学与人文都属于人类文化的范畴，因此，他们之间必定存在着根本目的上的相通之处——促进社会的发展，增进人类的幸福；但是，由于它们毕竟分属于不同的文化范畴，即一是科学的，一是人文的，因此，它们双方之间又必然会演化出如前所述的种种不可化约的差异，并且因此形成各自特定的界域。融合论之所以不可取，是因为只看到科学与人文的根本目的上相通之处而忽略了它们的存在状况及运作过程上的种种差异之处，正像相互之间的责难之所以不可取，是因为双方均被差异遮蔽了眼睛而无法看清从本原上讲双方原属一体一样。当然，这并不是说，科学与人文之间不存在相互借鉴的可能与必要，不，决不是这样。事实上，我所倡导的科学与人文的对话，其作用除了上面所提到的藉此可以使双方明白各自的特点与界域，并且因此不至向对方作出不近情理的责难而外，还包括藉此可以使双方都能够从对方这面镜子里看出自己的不足，并且因此时刻提醒自己千万不要犯一种妄自尊大的毛病。在我看来，在今天，科技专家特别要提醒自己的是，必须像人文知识分子那样始终高度关注人及人的存在；反过来，人文知识分子则很有必要从科技专家那里吸取波普尔所一再强调的批判理性精神，这种精神不但使基于纯粹理性的科学分歧难以演化为互不相让的冲突，而且对以价值理性为驱力的人文文化之间的冲突（这种冲突

---

①　参见［美］特雷西《诠释·宗教·希望》，上海三联书店1998年版。

②　同上。

常常更为激烈，更为极端，并且有时还会导致极为残酷的战争，如宗教战争便是最能说明问题的例子）也具有不可忽视的缓解甚至是消解的作用。原因在于，这种批判理性精神可以使人们对自己所采取的价值取向保持冷静的态度，这种态度至少会让他们明白，这种价值取向不过是众多不同但同样有其存在权利的价值取向的一种。因此，人们一方面固然有充分的权利坚持自己的价值取向，另一方面却没有任何权利否定他人所采取的与自己不同的价值取向。总之，人们会因此明白，在价值理性的系统内，宽容是最最不可缺少的基本修养。此外，同样重要的是，这种由批判理性而带来的冷静的态度，还可以使人们不致由于过于地执着于自己的价值取向而无法看清这种执着很可能会导致与人类某些最高或最终价值取向（如真善美的统一）相悖的结果。例如，海德格尔的归依纳粹以及周作人的归依日伪政权等，很大程度上，都可以从这个角度找到合理的解释。至于前述主要由人文发动的与科学的种种对抗，借助这种诚恳的对话，必定也会有所减弱。因为在这个过程中，人文知识分子以及具有人文倾向的社会公众，可以学会不迁怒，即学会不把由科学在社会中的应用所产生的许多后果所激发出来的不满迁移至科学的本身，学会更加全面的看待科学，看待科学已经发挥的作用以及可能怎样更好地发挥作用。最后，我想以一个极为简单的常识来结束本文：狮子和老虎都是猫科动物，可是他们却有着各自的界域并且过着各不相同的生活。

（原文载《浙江学刊》2002 年第 6 期）

科学引发的六大困惑

　　本文所要讨论的由科学（这里当然主要指自然科学）引发的六大困惑，绝大多数均已被社会科学、自然科学以及人文学科的学者们在不同的场合、以不同的方式谈论过。我的贡献（如果称得上是贡献的话）只在于以下三点。第一，我用困惑一词去指称被这些学者们当作科学对人类生活产生的负面影响、问题或后果而加以谈论的那些东西，这就不但使问题变得更加明了尖锐，并且因此也更具冲击力。第二，许多所谓负面的影响、问题或后果，学者们有的只是约略提及，有的则是不厌其烦的详加论述；我在文章中，对前者施加必要的阐述，对后者则尽量钩玄提要，使之简化。最后第三，经由广泛的阅读及细致的梳理，我将散见各处的种种零星的有关论述汇集一处，并且以《科学引发的六大困惑》为题，敷衍成文；如此一来，也许（的确仅仅只是也许）较能引起广泛的关注，而这无疑是最为重要的。我必须在此稍做声明的是，我决不像某些性急的读者乍一看文章的题目便会猜想的那样，似乎乃是一个反科学主义者。恰恰相反，无论就下述意义中的哪一种——采取唯物主义的一元论，认为理性对促进社会发展及维持正常的社会秩序来说乃是必需的，相信世界是可以认识的以及这个认识过程是永无止尽的等而言，我都是一个坚定的科学主义者，并且对科学怀有由衷的敬意，认为科学的确是人类最为崇高壮丽的事业之一。但是，由于我的职业毕竟是在大学里从事人文学科的教学与研究，也由于我一向坚信凡物有一利必有一弊这一古老的格言表达了永不颠扑的真理，因此，我在像许多人那样对科学高唱真诚的赞歌的同时，自然会倾向于以更加冷静的态度（我以为这实际上也就是科学的态度）去思考科学有可能对人类生活产生出哪些必须尽早加以正视的新的情况。正像上面所说的那样，至少从目前看，我以为科学已经使我们面临着许多难以回避的困惑。如果本文的写作能够唤起更多的人加入这一冷静思考者的行列中来的话，那么本文的目的就算达到了。

困惑之一：科学的成果是一柄双刃剑。这一点已经被许多学者所谈及并且似乎早已成为人们的一个共识。因此这里不拟就此再作过多的阐述，而只想把科学成果的这一特性使我们有可能面临的困惑明白地表述出来：如果说科学成果对社会是带来利还是带来弊甚至是带来害，全看它是被怎样的人以怎样的方式加以利用，而后者几乎是不确定的话，那么，人类似乎就不得不在下述两难情况中首鼠两端，狼狈失措：要么放弃科学事业，那样，社会固然不会随着科学的发展而面临日益增大的种种危险，但是社会的经济及其他各方面的发展同时也将受到极大的限制；要么继续科学事业，那样，社会的经济及其他各方面的发展固然会保持永不衰竭的动力，但是社会却因此会陷入日益增大的危险之中。何去何从，颇费斟酌。以上只是双刃剑的一个内涵所隐含的困惑。正像许多人所知道的那样，双刃剑还包含着另一个内涵，这就是，对科学成果的享用总是要使人类付出相应的代价，享用的程度越高，付出的代价就越大。例如，医学科学的发展固然使人类摆脱了许多疾病的困扰，并且因此增进了健康，延长了寿命，但是人类的许多抵抗疾病的本能却也因此日渐减弱，甚至是丧失殆尽。此外，诸如空调的过度使用必然会减弱人类抵抗高温或低温的伤害的本能、过度饮用纯净水必然会减弱人类自身抗拒细菌作祟的本能、过度依赖小汽车必然会减弱人类步行的本能等，也都是最能说明问题的例子。如果说，双刃剑的前一内涵所引发的困惑乃是外在的，并且因此至少从理论上说似乎存在着避免的可能——既发展科学又不致使人类身陷日益增大的危险之中的话（例如，经由培养德性及完善法规等，科学成果可望被以对人类有利的方式掌握与应用）那么，这里所提及的另一个内涵所引发的困惑，却是内在的，即从哲学上讲乃是必然的和不可避免的。这样，一个严峻的问题便是，面对这一窘境——如果要保持某些生理本能就得拒绝享用某些科学成果，如果要享用某些科学成果就得承受减弱甚至丧失某些生理本能的后果。对此，人类该怎么办？

困惑之二：科学使世界祛魅。提出这一问题的是德国社会学家马克斯·韦伯。韦伯用祛魅这个词所要表明的是，近代科学的发展必然以宗教及传统文化中那些与宗教有着同样魅力的成分，如神话、传说等的祛除为前提，同时反过来又进一步加剧了这个祛除的速度与程度。正像"资产阶级撕去了罩在家庭关系上的温情脉脉的面纱，把这种关系变成了纯粹金钱的关系"① 一样，科学实际上也撕去了罩在世界上面使世界充满魅力的面纱，由此世界便丧失了"在纯粹实用和技术价值之上的任何意义"②，并且因此使之再也不像前此那样充满灵性与魅力，而变成一个纯粹的物理的世界，即一个由分子、原子以及更小的其他什么粒子等所构成的、按照某些必然规律运行的、与人类毫不相关的世界。总之，科学使世界不再像前科学的时代那样存在于人的情感与想象之中，科学使世界还原为世界，科学把恺撒的还给了恺撒。这样，在今天，当人们仰望高悬在蓝天的明月时，就绝不再有可能像苏轼那样写出千古传颂的词作《水调歌头·中秋》了。这并不是因为今天的人们不具有苏轼那样的才情，而是因为不再可能像苏轼那样浪漫地把月亮看成一个满是灵性的世界。因为他们明白，月亮只是一个死寂的、物质的星球，而不是一个居住着嫦娥与吴刚的天上人间！因此，尽管今天的人们依然过着各种各样的传统节日，但是大多只流于完成某些活动而已，至于其中的神髓则基本上已荡然无存。由此带来的一个严重后果便是，今天，人们的生活的确已变得乏味寡趣，似乎已经褪化为纯粹生理的、化学的过程，或即毫无意味的吃、喝、拉、撒。如果上述一切大体符合实情的话，那么人类便面临着这样一个两难的处境：要发展科学事业就得丢失世界的魅力和生活的趣味；要保持世界的魅力和生活的趣味就得放弃发展科学事业。对此，人类该怎么办？

困惑之三：科学否定理念的世界。与科学使世界祛魅紧密相关的是，近代科学革命以及由此所带来的科学的突飞猛进的发展，导致了由柏拉图建构起来的、抽象的理念世界或即所谓形而上的世界的逐渐的消褪与瓦解，因为近代科学的本性乃是所谓实证性，即只诉诸并且只相信形而下的经验的世界，它的任务只在于借助各种方法及各种概念构架，发明各种理论去探索并且解释这个世界的各种现象与运动，以使人们能够对未来的状况作出可靠的预测③。这对科学自身来说当然是必需的，但是，由此带来

① 马克思、恩格斯：《共产党宣言》，人民出版社 1993 年版。
② 参见［英］布洛克《西方人文主义传统》，生活·读书·新知三联书店 1997 年版。
③ 参见［德］胡塞尔《欧洲科学危机和超验现象学》，上海译文出版社 1988 年版。

的一个自然结果就是，世界不再有形而上的理念笼罩其上，世界褪变为纯粹的经验的直观的存在。如果事情仅仅如此尚不很糟。糟糕的是，人类生活也因此失去了理念，而褪化为纯粹的茫无头绪、毫无方向的杂乱的流程。作为其灾难性的后果，生活失去了意义：人们每天如同热锅上的蚂蚁一样地焦躁不安，东奔西走，祈求个人的成功，获取个人的财富；相互之间，除了一点利益上的必要联系外，根本上处于一种形同路人的松散状态。因此，人们无论取得了多大的成功，获取了多大的财富，到头来，内心依然是一片茫然，用现在流行的话说，人们因为找不到精神的家园而往往四顾茫然。刘小枫博士把理念的消失归因于"哲人已死"①，但是，"哲人已死"还有其他原因，这就是科学的兴起。如此看来：如果我们要拥有形而上的理念，以使我们的生活贯注意义，我们就得中止科学的研究；反过来，如果我们要继续从事科学的研究，我们就得丢弃形而上的理念，并且使我们的生活成为一个没有意义的流程。对此，人类该怎么办？

困惑之四：科学研究者总是居于主体的地位。众所周知，科学的兴起与发展还与另一个更为广泛的、以笛卡儿的"我思故我在"的命题以及培根的"知识就是力量"为核心的思想文化运动紧密相连，作为这一思想文化运动的一个最重要的后果，从此人与自然、思想者与被思者，或者更哲学地说，主体与客体就发生了巨大的分裂，正是这一分裂，使科学研究者成为与自然对立的人、与被思者对立的思者，总之成为与客体对立的主体。从此科学研究者便成为作为主体或思者的研究者，其他一切事物或现象，从宇宙到自然，到社会，到其他人等，均成为被研究者。这样，至少就人类的范围而言，由于研究者处于研究的地位并且被认为是真理的探索者与拥有者，因此被认为有权借助各种对被研究者来说完全是陌生无知的方法、仪器、场所等，对被研究者进行各种各样的据说是必要的研究。被研究者（在实验心里学中被称为被试）除了像被统治者对统治者那样地危危悚悚、尴尬无奈地服从与就范以外，一般来说根本上不可能自主地作出其他什么反应（许多来自欧美国家的科幻影视作品为此提供了生动形象的例证）。此外，以科学的名义向人们发出的各种各样、有时前后极端矛盾的指令，如应该吃这个而不吃那个，应该这样做爱而不那样做爱，

---

① 刘小枫：《历史的终结》，《浙江学刊》2002 年第 3 期。

应该这样睡觉而不要那样睡觉，以及应该这样看书不要那样看书等，也使人们日益陷入一个由科学的指令编织而成的、常常令人无所适从的理性之网中。正是基于对这一状况的严肃思考，后现代理论家发现，科学似乎正日渐成为统治他人的一种特殊的权力，即所谓科学霸权。这样，人类便面临着另一个进退维谷的处境：没有研究者与被研究者的分离，就不能有真正意义上的科学研究。就人类的范围而言，不赋予科学家以研究他人的权力就不可能有针对人自身的科学研究，因此也就不可能解开人自身的秘密；要经由科学了解人自身的秘密，就必须有针对人自身的科学研究，就必须有一部分人成为接受科学研究的对象或被研究者，即成为科学霸权统治的对象。对此，人类该怎么办？

困惑之五：科学坚持决定论。尽管决定论或即因果论在哲学上受到了越来越多的挑战与质疑，但是科学家们几乎无一例外的依然坚信有果必有因，有因必有果，换句话说，坚信在经验的或即物质的世界里，没有一个事物、现象或运动的形成与产生是没有原因的，即不是被某一其他事物、现象或运动决定的。科学研究的任务就在于通过种种方法找到这些原因，就在于发现事物之间、现象之间以及运动之间的决定与被决定的关系。总之，在科学看来，一切均是被决定的。本来这一信念或理论对人类所非常看重的精神自由并不构成什么威胁，因为传统的哲学及伦理学坚信，包括人的肉体在内的物质的世界固然受必然律的支配，而人的精神世界或即意志的世界却是自由的，即不受必然律或决定论的支配，用康德的话说就是：星辰在天空，道德在心中。然而，不幸的是，这种精神选择的自由似乎正受到现代科学的严峻挑战。因为按照现代科学的观点，不仅人的肉体及生理的过程受着物理的及化学的必然律的支配，即使人的精神过程也被某些决定因素，如分子、原子的运动，我们的生物性以及我们身处其中的社会环境等控制着，所谓自由意志这个东西，从本性上讲，只不过是"过去人类的幻想和原始残迹"① 在现今的一种反应。如果情况真是如此的话，那么所谓人的责任便将随之而不复存在。"因为只有当一个人能够如他所期望的那样从一开始就自由行动时，我们才能对这些实际上发生的

---

① ［美］里奇拉克：《发现自由意志与个人责任》，贵州人民出版社 1994 年版。

事件追究责任"①。毋庸置疑，这种对自由意志的否定是不能允许的，否则，其结果便只能是个人责任感的丧失以及整个社会的土崩瓦解。但是，要避免这一灾难性的后果，就必须阻止科学所坚持的决定论向精神领域或意志领域的扩展。然而遗憾的是，今天人们还找不出足够的论据来证明精神或即意志不受必然律的支配。即使是存在主义哲学以及东方哲学，"同样没有清楚地说明我们究竟如何选择并委身于个人指导的活动的。其追随者鼓吹存在的自由，但在回答'我们如何能够阐述自由意志的运作'这一问题上，却支支吾吾。最常见的方法就是简单地宣称自由选择是存在的，并且以每个人都有过'改变主意'这种个人的体验作为立论的依据。"② 由此，人类又被推至另一个更加令人狼狈失据的境地：如果接受科学的决定论，那么就必须否定人类的意志自由，而那样一来，所谓个人责任就将不复存在，而社会就将瓦解；反过来，如果坚信人类的意志是自由的，就必须否定科学的决定论，或至少将其排除于精神的或意志的世界之外。但是那样一来，科学研究就无法涉足人的精神世界或意志世界。但我们又凭什么可以作出如此的断言，特别是当我们身处坚信唯物论的一元论即坚信精神的本源是物质的时代？对此，人类该怎么办？

困惑之六：科学研究没有禁区。由于科学研究的本性在于探索有关自然而不是有关自然的某一部分的奥秘，追求有关自然而不是有关自然的某一部分的真理，因此，从逻辑上讲，任何人都没有任何理由去为科学研究划定界域，说这一部分自然可以研究，那一部分自然不属于科学研究的范围。诚然，在科学发展的历史上，科学研究的确常常因为涉足某些领域而遭到强烈的反对，影响最大的当推弗洛依德的对人类的性心理展开研究时招致了近乎激愤的谴责与咒骂，但是，最终弗洛依德还是以探索奥秘、追求真理这一近乎神圣的名义，战胜了种种责难与诽谤，昂首阔步地向着既定的领域与目标前进不歇，并且形成一股声势浩大的性学研究的浪潮。然而，今天，当生命科学把它的研究触角毫无顾忌地伸向了人类生命这一地球上最为神圣、最为神妙的领域时，却遭到了似乎没有任何商量余地的反对。当某些生命科学家们居然宣称要用科学的方法去克隆人类或即复制人

---

① ［美］里奇拉克：《发现自由意志与个人责任》，贵州人民出版社 1994 年版。
② ［英］贝尔纳：《科学的社会功能》，商务印书馆 1995 年版。

类的个体生命时，人们的反应远非当初人们得知有人居然要对人类最为秘密的性行为进行研究时所表现出的惊愕与愤激所可比，因为从传统文化（可以说任何民族的传统文化）的角度看，人的生命之所以值得赞美，最根本的乃是因为每一个体生命都是独一无二的、绝不雷同的。现在居然有人说可以复制出千百个与自己一模一样的生命个体，这的确是任何人都无法接受的。撇开由此会引起巨大的社会混乱不谈，仅仅是当人们想到自己已不再是与他人完全不同的独特的个体，而是千百个相同的个体中的一个个体时，其内心油然而生的一种莫名的惊恐，便会使任何人都会毫不犹豫地对克隆人类的个体生命采取一种毫无保留余地的否定的态度。看起来，决不应该简单地把这种反对或否定归因于人们在思想文化上采取了一种保守的态度，因为，即便是科学家甚至是许多生命科学家自身也决不赞成克隆人类的个体生命。但是，由此就产生出这样一个问题：科学研究有没有不允许其涉足其间的禁区呢？对于这个问题，无论回答有还是没有似乎都是不能令人满意的。如果回答有，那么，第一，这与科学的探索奥秘及追求真理的本性不相吻合；第二，因此，当然也就极大地限制了科学事业的发展，因为人们只要愿意，随时都可以出于各种原因而任意地给科学设置这样那样的禁区。然而，如果回答没有，那么，至少从逻辑上看，就没有理由可以去反对克隆人类的个体生命。但那样一来，又的确会导致对人的尊严及人的生命的神圣性的莫大挫伤与损害。这样看来，问题其实在于：当科学的探索奥秘及追求真理与人的尊严及人的生命的神圣性发生矛盾冲突时，人们的确难以作出或此或彼的选择，因为这两者对于人类来说，具有同等的至高无上的价值。然而不幸的是，今天，由于科学特别是生命科学的迅猛发展，这两个同等的至高无上的价值居然在人类面前摆开了激战的阵势，并且共同向人类发出了同样强烈的吁求：人类，支持我这一方吧！对此，人类该怎么办？

　　正像我是一个坚定的科学主义者一样，我也是一个对文明抱有乐观态度的进化论者。黑格尔说得很好，斫伤的是这只手，医伤的也是这只手。作为人类文明重要方面之一的科学，尽管引发出了上述六个重大的困惑，但是我相信，帮助我们消除这些困惑的，恐怕还是科学自身。我的意思是说，我们决不应该因为科学引发出了上述的困惑，便象当年的英国主教里彭那样，因噎废食地要去关闭"全部物理学和化学实验室"。在这个问题上，罗素的意见特别明智通达，因此特别值得我们真诚地倾听与记取：文明所带来的种种问题，决不能指望返回到前文明的状态去加以解决，解决这些问题的唯一出路，只能是发展出更好的文明。①

（原文载《杭州市委党校学报》2003 年第 1 期）

---

① 见罗素《我的信仰》，东方出版社 1989 年版。

人文学科：从学术到科学

有充分的理由使我倾向于认为，以文学为其核心科目的人文学科，在西方的古希腊罗马时期、文艺复兴时期以及在中国的差不多整个古典时期，基本上均表现为一种学术性的活动，其目的主要在于造就韦伯所谓"有学养的人"，或即中国古典文化传统里的"君子"。然而，随着科学革命在17世纪西方的爆发，随着由此而形成的近代科学在人类社会生活中发挥着越来越大的作用，并且因此日趋成为社会生活中的主导力量，人文学科便由这种学术性活动逐渐变异为一种其目的在于探寻人类精神世界的普遍规律或即皮亚杰所谓"正题法则"（参阅［瑞士］皮亚杰《人文科学认识论》，中央编译出版社1999年版）的科学活动。这一变异引发出的后果是，人文学科，一方面，至少迄今为止，尚未能经由取得某些实质性的进展以证明它在科学的殿堂里理应占有其正式的一席之地，另一方面，更为糟糕的是，就造就"有学养的人"或即"君子"而言，几乎再也不可能发挥什么作用了。

一

如果我们以聚焦点于何物之上作为文化形成的模式的话，那么，正像英国文化史学者阿伦·布洛克所认为的那样，至少就西方而言，人类的文化可以被分成三种：首先是"聚焦点于上帝"的宗教文化，其次则是"聚焦点于自然"的科学文化，最后则是所谓人文文化，这种文化"聚焦点于人，以人的经验作为人对自己，对上帝，对自然了解的出发点"①。

---

① ［英］艾伦·布洛克：《西方人文主义传统》，生活·读书·新知三联书店1997年版，第12、5页。

撒开宗教文化与科学文化不谈，单就人文文化而言，一般说来，它涵盖了诸如文学、艺术、历史、语言、文字、道德以及古希腊罗马意义上的哲学（这里所以要强调古希腊罗马意义，目的在于使这里的哲学与今天所流行的那种科学化的哲学区别开来，详见拙文《科学与人文：差异、隔阂及出路》，载《浙江学刊》2002 年 6 期）等众多的分支领域。有必要强调指出的是，这些众多的分支领域几乎都存在关系甚密但却颇不相同的两个方面，这就是精神成果——比如文学、艺术、历史、哲学等人文文本，以及针对这些成果所实施的接触活动，这种接触活动，正像我在本文一开始就曾指出的那样，在西方的古希腊罗马时期、文艺复兴时期以及在中国的差不多整个古典时期，大体上均表现为一种学术性的活动。因此，从学科的眼光看，一个比如学习文学学科的人，一方面可以是指一个学习如何从事比如诗歌创作的人，另一方面也可以是指一个针对各种诗歌文本展开学术活动的人，当然还可以指集两种活动于一身的人。不过，就上述那些时期的绝大多数的情况而言，讲到人文学科的学习，其所指称的基本上是学习如何针对人文文本展开各种学术活动。这里所谓学术活动似乎也包括关系甚密但却颇有区别的两个方面，即学与术。这里所谓学，指的是经由学习以获取人文知识、人文教益及人文陶冶；至于所谓术，指的则是有助于学的各种方法。因此，就其实质而言，人文学术活动乃是一种全面教育或即教化过程，其根本的目的，正像古罗马的西塞罗所断言的那样，在于"发挥那些纯粹属于人和人性之品质"①，并且使人们成为前已提及的韦伯所说的"有学养的人"，或即中国古典文化传统里的所谓"君子"，或即英国古典文化传统里的所谓"绅士"。这样，人们对"每一个雅典人似乎都具有适应多种活动方式的能力，多才多艺，得心应手"② 这一现象，就无需表示丝毫的惊讶与不解了，原因很简单，因为古希腊的人文教育是非常发达的。此外，文艺复兴时期的人文主义者们所以要致力于复兴古希腊罗马的人文文化传统，也是因为他们普遍坚信，人文学科的教育为的是把人从自然主义的状态中脱离出来并且发现他（她）自己的 Humanists（人

① ［英］艾伦·布洛克：《西方人文主义传统》，生活·读书·新知三联书店1997 年版，第12、5 页。

② ［美］汉密尔顿：《希腊方式》，浙江人民出版社1988 年版，第 94 页。

性），换句话说，这种教育的目的在于"从人的整体观念出发来培养人"①，这一点在当时的意大利有着尤为突出的表现（详细请参阅［瑞士］布克哈特《意大利文艺复兴时期的文化》，商务印书馆 1981 年）。熟悉中国古代文化史的读者们，可以更加轻易地从整个中国的古典时期找到也许是更为有力的证例。试以哲学为例。冯友兰教授曾经就"绝大多数中国哲学家试图解决的问题"作过这样的论述："有各种各样的人，对于每一种人，都有一种人所可能有的最高成就。例如从事于实际政治的人，所有可能的最高成就是成为大政治家。从事于艺术的人，所有可能的最高成就是成为大艺术家。人虽有多种，但各种的人都是人。专就一个人是人说，所有可能有的最高成就是什么呢？照中国哲学家们说，就是成为圣人。"② 因此，一点也不奇怪的是，在差不多整个中国的古典时期，尽管哲学普及的几乎是人人从小就必须研习的科目——例如，正像冯教授极富洞见地指出的那样，"在旧时代……儿童入学后，首先教他读《四书》……《四书》是新编儒家哲学的最重要课本。有时，儿童刚开始识字，就读一种课本，名叫《三字经》……就是它，开头的两句也是'人之初，性本善'，这是孟子哲学的基本观念"③，但是却很少有人把研习哲学视为一种专业，并且因此也就很少有人由此而成为现代意义上的所谓哲学家。事实上，在整个中国的古典时期，除了常常被称为子的哲学而外，其他与子并列的所谓经、史、集以及所谓琴、棋、书、画等艺术科目，其目的也都在于即便不是像哲学那样可以直接使一个人至少也是有助于使一个人成为圣人。要不然，我们就很难解释，为什么在中国的古典时期，上述人文科目特别是琴、棋、书、画常常被称之为"善性之学"。所谓善性，用黑格尔的术语说就是教化，它意味着"一种极其深刻的精神转变"，这种转变的最本质的特点，在于被教化者"放弃欲望的、个人需求的和私人功利的直接性"，并且因此形成一种"对普遍性事物的追求"④。

为了能够真正达致上述善化人性的目的，在前述中国的古典时期以及

---

① ［英］哈伊：《意大利文艺复兴的历史背景》，生活·读书·新知三联书店 1988 年版，第89 页。

② 冯友兰：《中国哲学史简编》，北京大学出版社 1985 年版，第 10、3 页。

③ 同上。

④ ［德］伽达默尔：《真理与方法》，辽宁人民出版社 1987 年版，第 16 页。

西方的古希腊时期、文艺复兴时期的人文学科的学术活动中，就学而言，人们对待各种人文文本基本上采取了如孔子所说的以下两种态度："为己"与"乐之"。就"为己"的态度而言，例如《论语·雍也》曾说："古之学者为己，今之学者为人"。用今天的话说，所谓"为人"指的是所以要从事人文学习，为的是炫耀自己的博学；而所谓"为己"，其所指称的则是与此完全相反的学习目的，即为了领会人生的真理，去从事人文学习。至于所谓"乐之"的态度，人们可以在孔子所说的"学而时习之，不亦乐乎"以及"知之者不如好之者，好之者不如乐之者"这两句广为流传的话语中找到有力的证例。以此两者相衡，我们不得不认为东晋大诗人陶渊明所说的"好读书，不求甚解，每有会意，辄欣然忘食"（见陶渊明《五柳先生传》），的确堪称非常理想的读书态度。事实上，在陶渊明身上所表现出来的这种对待人文文本所采取的"为己"与"乐之"的态度，不过是中国古典时代绝大多数读书人所采取的同样态度的一个典型的代表而已。由中国的古典时代移至西方的古希腊时期、文艺复兴时期，细心的读者也许会发现情况稍稍有所不同，但是从总体上看，人们对待人文文本的态度依然是倾向于采取"为己"与"乐之"的态度。例如，在古希腊的雅典人看来，与人文文本的接触，不但开启了他们自己的人生智慧，更给他们自己的生活带来了莫大的快乐。从《柏拉图对话集》中我们不难发现，雅典人一般决不会放过任何一次与苏格拉底交谈或聆听他的警言妙语的机会，因为他们都把这视为人生难得的享受。品达的"上帝保佑，但愿我们仍旧能够爱一切美好的事物"这一祈祷，如果不能代表所有雅典人的心愿，至少也可被视为绝大多数雅典人的共同的心声，要不然，伯里克里斯怎么可能把雅典人称为"美的爱好者"呢？这样一种对美，对诗歌，对艺术，扩大地说，对一切人文文本所持取的近乎执着的"乐之"的态度，尽管在整个漫长的中世纪差不多几乎一直无所表现，可是到了文艺复兴时期，便立即获得恢复，并且似乎表现得更加强烈而普遍。事实上，在文艺复兴时期，无论是像匹脱拉克这样一种竭力称颂"闲逸生活"的人文主义者，还是其他绝大多数倾向于过一种积极参与公共事务生活的人文主义者以及其他众多的各色人等，都对一切美妙的事物，如自然、人体、语言、讲演、文学、古希腊罗马的遗址以及特别是几乎所有古希腊罗马时期的作家们的所有人文作品，表现出和古希腊罗马人一样的热爱之情或即"乐之"的态度（详细请参阅《意大利文艺复兴时期的文化》）。

就术而言，首先，如上所说，当然在于为这种"为己"的及"乐之"的学习提供方法上的帮助。这个方法，简单地说，就是理解，即理解各种各样的人文文本的写作意图，或即狄尔泰所说的通过阅读人文文本去"分有人们之内在的思想或感情"①。很显然，正是这种对人文文本的作者的"内在的思想或感情"的分有，才使从事人文学术活动的主体的精神获得了莫大的快慰与提升。比如，齐梁时代的钟嵘便正是因为"分有"了东晋大诗人陶渊明经由其诗歌作品所传达出来的"内在的思想或感情"，才情不自禁地发出"每观其文，想见其人德"（见钟嵘《诗品》）的由衷慨叹。再比如，宋代的苏轼也正是因为阅读了陶渊明的散文作品后，才明白了今后的人生追求应该被置于何处："吾于渊明岂好其诗也哉？好其为人，实有感焉！渊明临终，疏告俨等：'吾少而穷苦，每以家弊，东西游走。性刚才拙，与物多忤，自量为己，必贻俗患。黾勉辞世，使汝幼而饥寒。'渊明此语，盖实录也。吾真有此病，而不早自知。半生半世，以犯世患，所以深惭渊明，欲晚节师范其万一也。"（见苏轼《和陶诗序》）正因为如此，当代原型批评的创始人、加拿大的享有世界声誉的批评家诺思洛普·弗莱才竭力"奉劝每一个有志于献身于文学研究的批评家……应该选择一位主要的文学家作为自身的思想导师"②。事实上，这种有关在批评中应该追求理解人文作品特别是文学作品的写作意图或即"分有人们之内在的思想或感情"的批评主张，在整个中国的古典时期一直绵延不绝，代代相传。限于篇幅，这里不拟引录以为佐证。值得在此进一步告诉读者们的是，为了使这种理解得以顺利地进行，在中国的古典时期，人们还发展出许多行之有效的但在今天似乎有可能均被认为是落后过时的种种具体的方法，如吟咏、背诵、反复、抄写及临摹等。关于吟咏的作用，正像朱熹一语中地指出的那样，在于可以"昌之"（用他自己的话说就是"讽咏以昌之"），即通过吟咏使阅读节奏减慢并且因此使阅读的时间得以延长，而这正是达成领悟与感受的一个必要前提。难怪朱熹在

---

① ［英］里克曼：《狄尔泰》，中国社会科学出版社1989年版，第278、13、155页。

② ［加拿大］弗莱：《诺思洛普·弗莱文选》，中国社会科学出版社1997年版，第51页。

"讽咏以昌之"的后面要随之以"涵濡以体之"（见朱熹《诗集传·序》）。这一由"昌之"而达致"体之"的过程，用张裕钊的更为明白的话说，就是"讽咏之深且久，使吾与古人欣合无间，然后能深契自然之妙，而究其能事"。说到背诵，从今天的眼光看，其目的似乎仅仅在于记住文本的有关内容。这样看显然是不全面的。事实上，在古典时期，背诵发挥了比这更为重要的作用：在对文本的有关内容进行反复诵读的过程中，人们不但记住了这些内容，而且还慢慢地领悟并且感受了这些内容，同时人们的精神还慢慢地进入了这些内容。因此，人们有理由相信，当意大利富商之子彼埃罗在把艾尼尹德和李维的许多讲演背诵下来的同时，一定会感受到一种难以言状的与文本两相融合的快乐。① 至于为什么要采用反复的技术，表面的理由非常简单，因为这有助于对文本意蕴的领悟，用中国古典时期的一句极为流行的话说，就是"书读百遍，其义自解"。但是，比这更为重要的是，它还有助于人们感受文本的神髓与美质。可以推想的是，当意大利十五世纪那不勒斯的国王、阿拉贡王朝的大阿尔方索"命人像读李维和塞尼加的作品一样为他读圣经，一直读了十四遍，他几乎能背诵下来为止"② 时，他一定感到了融入文本的神髓与美质的无比快乐。同样，关于抄写，我们也决不应该从复印技术特别发达的今天出发，把它仅仅视为一种无奈之举。不，事实决不这么简单；一个最有力的理由在于，无论是在中国还是在西方的古典时期，人们针对某一文本常常不是抄写一遍而是几遍甚至是无数遍。当然，像宋濂那样迫于家无藏书只得向他人借抄的情况并非没有，但是大量的抄写却完全不是基于这样的原因，特别是修道院与寺庙里面的经书的抄写，其目的可以说基本上乃是为了更好地领悟与感受文本。因此，这就难怪在修道院与寺庙里，这种经书的抄写总是被视为必修的功课，或者必须进行的修练。说到临摹，我们也应该明白，在中西方的古典时期，它的目的也决不只在于习得文本（绘画及书法等）作者的技巧，而更在于借助于一点一画的揣摩与仿效的运动，不但逐渐领悟并且感受到了文本的意蕴、神髓及美质，而且慢慢地心性也受到了陶冶与善化。

---

① ［瑞士］布克哈特：《意大利文艺复兴时期的文化》，商务印书馆1981年版，第221页。
② 同上。

至于术的第二个作用，则似乎基本上在于为他人的阅读理解提供帮助，在这种情况下，所谓术便主要表现为就各种人文文本作出恰当的解释。因此，就前者而言，一般来说不大可能发展出与之相应的系统的方法论，而对于后者来说，却必然要形成一系列被认为是行之有效的方法及自成体系的方法论。因为，正像《狄尔泰》一书的作者、英国学者里克曼所说的那样，在古希腊，这被认为是"教育过程的一个部分，因而他们有一个词来标志其解释艺术的发展，这个词便是 Hermeneutics（解释学），它来源于 Hermes（赫尔墨斯：希腊神话中神的信使）一词，并逐渐意味着解释的方法论，有时则意味着解释实践"①。事实上，一直到文艺复兴时期，解释的方法都是人文学科使用的最基本的方法，并且，事实上，当人们讲到学术活动时，普遍所想到的其实就是以解释为核心的一系列文字行为。熟悉中国学术史的读者都应该知道，中国古典时期的所谓学术活动的确就是围绕解释各种各样的人文文本而展开的。说到这一点，我们首先想到的乃是孟子，因为正是这位儒家的亚圣率先提出了著名的"知人""论世"的解释原则以及"以意逆志"的解释方法，并且由此演化出诸如"列传""纪年""谱"及"笺"等更为具体的并且是广被采用的解释方法与解释技巧。例如，"六朝诗人列传，倣知人而作；六朝诗人纪年，又因论世而起"（吴淇《六朝选诗定论》卷一）；而"谱也者，所以论古之世也；笺也者，所以逆古人之志也"（王国维《玉谿生诗年谱会笺序》）。此外，在对文学文本的解释中，人们还应该不难看出存在着偏于注与偏于释的两个基本的派系。所谓偏于注，指的是侧重于指出某一词语、某一名物的源头为何，而不对这一词语的词义作出正面的解释，当然更不对整篇文本的意义作出正面的解释，唐代李善的《文选注》可以说是这一派系的一个最极端的证例。至于所谓偏于释，顾名思义，指的则是倾向于直接解释词义及文本的大意，可以用作这一派系的最好的证例，乃是清代佚名作者的《杜诗言志》（江苏古籍出版社 1985 年）。在这部著作中，作者对一百多首杜甫诗作的诗义作出了言简意赅的解释，而基本上没有涉及对某一词语、某一名物的来源的追溯。事实上，中国古典时期的另一重要的解释学——经学（即对儒家经典文本的解释之学）中的所谓汉学与宋学的

① ［英］里克曼：《狄尔泰》，中国社会科学出版社 1989 年版，第 278、13、155 页。

分别，其实也就是上述偏于注与偏于释的分别的另一个颇具学术味儿的表述而已。因为正像许多人都知道的那样，所谓汉学，其特点无非是偏于章句训诂方面，其最极端的表现便是所谓万言注一言；而所谓宋学，则与汉学相反，其所注重的乃是对经典文本的大义的直接领会与解释。由此，前者认为后者失之空疏，后者则对前者的烦琐大加贬抑。但不管怎么说，我们都得承认它们的根本目的却是相同的，这就是对经典文本作出恰当的解释。至于清代的所谓乾嘉学派，尽管从今天的眼光看的确颇具科学的实证主义的特点，因为他们所致力的所谓考证乍一看的确似乎与释义无关，但是我们却不能不承认他们的最终目的依然在于更好地解释经典文本。事实上，正是因为他们所从事的考证行为与解释文本表面上看的确相去甚远，甚至几乎是毫无关系，所以他们的工作对于解释来说反而具有更为重要的意义；因此，作为学术活动，他们所从事的工作通常似乎也反而被认为是更为典型的。

二

不幸的是，正像我在本文一开始就曾提及的那样，上述在西方及中国的古典时期主要表现为一种学术活动的人文学科，从西方的 17 世纪开始便逐渐变异为基本上表现为一种科学以及技术活动的人文科学，以致到了今天，人文，除了极偶然地仍被称为一种学科以外，几乎清一式地均被归纳入了科学的范畴，换言之，人文学科在今天几乎全被人文科学的提法所取代了。举例来说，人们只要浏览一下陈列在各大图书馆期刊室里的名目繁多的期刊就不难发现，百分之九十强的学术刊物差不多均被冠以"人文社会科学"的名号。再者，在大学系科的划分中，人文的后面所跟随的通常也是科学而不是学科。当然，最能说明问题的也许是皮亚杰于二十世纪 70 年代初用整整一本书的篇幅为联合国科教文组织所撰写的年度知识报告，这个报告的名称就叫作《人文科学认识论》。

这一把人文学科变异为人文科学的趋势与势力，所引发的第一个重大的变化是，如此一来，人文学科的目的便不再像西塞罗、韦伯以及冯友兰等人所共同强调与指明的那样在于培养"人性之品质""有学养的人"以及"君子"或者作为其最高层次的"圣人"，而是像自然科学或社会科学那样致力于培养各种专业的专家。这些专家，用英国当代著名文化史学者贡布里希教授的话说，往往在许多"很小的事情上面知道得很多"（详细请参阅贡布里希《理想与偶像》人民美术出版社1989年版）。此外，一般来说，他们都具有较强的研究能力，掌握各种先进的研究方法，以及了解对做好研究工作来说很有意义的最新的研究动态。这样，他们就可以针对其专业领域内的各种人文课题进行各种据说是很有价值的研究，并且最终还要能够把研究成果用各种规范化的或者标准化的形式表达出来。由于无论他们对人文文本所拥有的知识还是对人文文本所做的研究，基本上都是一种职业化的行为，因此对其自身的人性状况大体上不会产生什么影响；用海德格尔发明的颇为形象生动的术语说，他们事实上只是人文学科的一些高级的"技术员"而已。因此，正像萨义德所敏锐地觉察到的那样，在今天，真正的文化人似乎并不是各种各样的专业人士而是大量的业余人士（详细请参阅萨义德《知识分子论》，生活·读书·新知三联书店2002年）。也正因为如此，雅克·勒戈夫才把15世纪至16世纪的西方人文主义者看成与中世纪的知识分子相对的另一种类型的学者；他的意思是说，后者"指的是以思想和传播思想为职业的人"①，而前者研究人文文本的目的基本上在于完善自己的人性。

　　作为第二个重大变化的表现，在今天的人文学科的领域，人们对待人文文本的态度也变异为和科技专家对自然存在物一样的态度，即认识、探索与操作。细察一下，人们还不难发现，这种态度其实是以另一个更为基本的态度为其前提的，这个态度就是由马丁·布伯尔早在7世纪初就已指出的"我——它"的态度。这种态度被布伯尔称为经验的态度，"讲的是人在生活中的客观和功能方面的活动，这些活动都有某个'东西'作为目标：要保持、要做、要思想、要繁荣某种东西"，总之，这种态度"让我们看到了有许多客体的世界"（见布洛克《西方人文主义传统》）。把这种态度移置到人文学科中来的一个自然结果就是，人们面对人文文本时，想到的不是如何地亲之、乐之，并且与之达成精神上的交流与融合，而是设法了解它是个什么东西，以及更进一步对之施加各种各样的操作。因

---

① ［法］勒戈夫：《中世纪的知识分子》，商务印书馆1995年版，第1页。

此，一点也不奇怪的是，在今天，许多人可以对有关的人文文本知道得很多，但也就仅仅流于知道而已，换句话说，这些关于人文文本的大量的知识是外在于知识主体自身的人性的，因此不大可能对其人性状况产生多大的影响。对于这些知识主体来说，这些知识的作用，尖刻一点说，大体上只在于使他们显得博学多闻，当然，也许还会为他们赢得相应的声誉与利益。此外，还有许多人则更习惯于以一个"技术员"的身份把人文文本视为供其操作的"持存物"（海德格尔语，意指无个性的、非定在的、持续存在的资源，详细请参阅［德］绍伊博尔德《海德格尔分析新时代的技术》，中国社会科学出版社 1998 年），并且借助各种各样的方法与技能，如分析、解构、重组、复述、压缩等，对之进行任意的改造与加工，其目的，借用罗蒂的话说，在于"将文本锤打成符合自己目的的形状"①，并且因此制造出大量的前述所谓规范的或标准化的研究成果。这样做的后果，正像萨义德所说的那样，人文文本便被这些技术员们给"窄化"了。因此，一个让人啼笑皆非并且颇具讽刺意味的现象是，在今天，人文学科已经变异并且分化出各种各样的人文工业，如西方的拉康工业（Conradian industry）、乔伊斯工业（Joycian industry）、叶芝工业（Yeatsian industry）、狄更斯工业（Pickensian industry）以及中国的屈原工业、陶渊明工业、李白工业、杜甫工业、曹雪芹工业、鲁迅工业等。最为糟糕的是，对于这些人文工业的"技术员"们来说，他们每一次的技术操作，差不多都只是一次"例行公事"（萨义德语）。而这样一来，无论是作为操作者的主体还是作为被操作者的人文客体，便都像海德格尔所指出的那样"作为持存物而被吸收了"，换句话说，双方的本性便都被"耗尽"了，最终剩下的便只是一种技术化的"空洞性"的存在（参阅《海德格尔分析新时代的技术》）。

关于第三个并且也许是此刻我所能想到的最后一个重大变化，我想提请读者们注意的是，在今天，古典时期人文学科所采用的那些教学方法，不但普遍受到了措辞严厉的质疑与抨击，而且大多数均被当作过时的东西废弃不用，取而代之的，则是一系列被认为更为有效的科学技术的方法。举例来说，前述在古典时期非常流行的背诵与抄写的方法，一方面随着被

---

① ［意］艾柯等：《诠释与过度诠释》，生活·读书·新知三联书店 1997 年版，第 30 页。

抨击为死记硬背，不能启发学生的思维及理解，另一方面，随着电脑技术的广泛采用据说人们根本不再用大脑去储存信息，大脑的功能只在于思考，而变得声名狼藉。再比如，作为在中国古典时期文学批评中的一个极为流行而又独特的方法的评点，也被谴责为简单、模糊、缺乏严密的逻辑性及知识的系统性，代之而起的则是由分析、综合、归纳、演绎等构成的严密的逻辑的及哲学的方法。因此，在今天，无论是中学还是大学里的人文教学，到处都充斥着和用解剖刀解剖动物尸体并无二致的对人文文本的解剖与拆卸，这样，原本表现为生命有机体的人文文本便四分五裂为一大堆毫无联系的部分与元素。关于这一点，读者们只要试着去阅读一下结构主义者们对文学文本所作的那些令人眼花缭乱、头晕目眩的分析与研究，就可以了。事实上，今天的人文教学，正像人文研究变成了一种纠缠于细微末节的烦琐研究、一种迂腐的研究一样，也已经变成了一种烦琐迂腐的教学。而过去的那种借助于只言片语的评点以唤起学生自身的领悟与感受的冲动，以及让学生们在吟咏、背诵、抄写以及临摹等的过程中去实现这个领悟与感受的方法，却被视为教学上的无能或逃避——即不善于或不愿意进行长篇大论式的讲解而丢弃了。其结果是，正像贡布里希教授所一再慨叹的那样，今天，在人文院系学习的学生们所能接触到的，主要的已不再是各种各样的人文文本的本身而是大量的针对这些文本制造出来的无以计数的、过剩的"工业产品"，这些过剩的"工业产品"，事实上已经成为横亘在人文学生与人文文本之间的一堵堵庞大无比并且坚不可摧的墙壁（详细请参阅贡布里希《理想与偶像》，上海人民美术出版社 1998 年）。

三

读者们应该记得，我在本文的一开始还曾简要地指明，上述人文学科由其大体上作为一种学术活动而变异为基本上表现为一种科学活动的主要原因，在于 17 世纪的科学革命，现在我将就此作出必要的具体的阐述。众所周知，被公认为实证主义之父的孔德曾经断言，"知识的每个分支必然经历三种不同的理论状态：神学或幻觉的状态；形而上学或抽象的状态；科学的或实证的状态"①。如果不把这一断言绝对化的话，那么，至少它表达了部分的真理，因为自从西方 17 世纪的科学革命爆发以来，西方知识的绝大多数分支，的确均趋向于丢弃对自然现象作出神学的或幻觉的解释（例如，把地震归因于某一神灵在发怒）以及用某种抽象的本质或原因说明某种自然现象（例如，把石头往地上掉落归因于石头具有往地上掉落的本质）的传统，而代之以客观的态度去描述自然现象之间的某种不变的联系或即所谓规律。这一科学的或实证的研究方法的确获得了空前巨大的成功：第一，更准确地描述了自然现象存在的真实状态；第二，因此为人类驾御自然、改造自然提供了很多有用的理论与技术。所有这一切所产生出的一个最直接、最能获取人们关注的结果是，科学极大地促进了经济的发展与财富的增长。此外，一个与此紧密相关的另一个结果是，早先宗教及上帝在社会生活中所具有的支配地位，便逐渐被科学所取代，而科学、科学事业及科学家便因此逐渐成为新的崇拜对象。在英国，例如随着英王查理二世在 1662 年授予旨在鼓励和促进科学研究的皇家学会以特许状，"从事科学者的地位几乎达到了身份等级制的顶点，而在这个位置上向来只有教士代表着知识界"②。而在 19 世纪的法国，这种崇拜似乎更被涂上了非常浓重的宗教崇拜的色彩。例如，在出版于 1830 年的一封《一个日内瓦居民致同时代人的信》中，作为信的作者的圣西门为了复活他的前辈伏尔泰对牛顿的崇拜，"开篇就建议，应当到牛顿墓前捐出一笔钱款，用于一项伟大的'牛顿委员会'计划，每一个捐献者都有权为它提名三个数学家、三个物理学家、三个化学家、三个生物学家……并由得票最多的数学家领导，他们同心协力充当上帝在人间的代表，他们将剥夺教皇、红衣主教、大主教和给他们办事的教士，因为这些人不理解上帝赋予他们的有朝一日能把人间再次改变为天堂的神圣科学。最高牛顿委员会分成不同的部门，由它们来划分世界，各地也要建立类似的牛顿委员会，他们必须组织对牛顿顶礼膜拜的仪式。在各地的牛顿庙中，从事研究和授课"③。事实上，只要约略翻阅

---

① ［英］哈耶克：《科学的反革命》，译林出版社 2003 年版，第 161、136、113、142、218、224 页。

② ［美］科塞：《理念人》，中央编译出版社 2001 年版，第 37 页。

③ ［英］哈耶克：《科学的反革命》，译林出版社 2003 年版，第 161、136、113、142、218、224 页。

一下有关的历史文献，人们就可以非常轻易地发现，这种对科学崇拜的思潮，几乎席卷了 17 世纪至 19 世纪欧洲的几乎所有国家。总之，正像科塞在他的《理念人》一书中所指出的那样，"从此，科学在西方社会的显赫地位就再也没有被剥夺"①。

作为这种崇拜在知识领域里的一个最为自然的结果，人们坚信，一切问题，只要能够得到科学的帮助，就有望获得理想的解决。用哈耶克的话说，"对自然科学成就的这种自豪感，以及对其方法万能的信念，在十八世纪末十九世纪初有着无与伦比的正当性"②。这种信念以及这种正当性最初最有力地体现在圣西门的身上，因为在《对人类科学的回忆》一书中，圣西门所一再感兴趣的问题是，"如何能够用自然科学的方法去研究作为人类科学之一部分的生理学，从而能够从'猜测'的阶段向'实证'的阶段进步中跟上那些科学的步伐。道德和政治科学作为生理学的一部分和它的最高峰，也必须和人的科学一起成为实证科学，因此必须完成'从思考支配着自然科学的不同分支中现象的众多特殊规律，向思考支配着所有这些现象的唯一规律过渡'"③。因此，作为圣西门的第一个并且也是最年轻的追随者的孔德，便率先试图用科学的方法去研究社会，而穆勒也坚决"反对那种认为社会不适于进行科学研究的'直觉主义'观点，并且公开承认，他的《逻辑体系》一书的目的就是系统地阐述一种'道德科学的道路'"，至于斯宾塞则干脆把他的社会学的著作命名为《社会静力学》（以上参阅［澳大利亚］巴斯摩尔《哲学百年·新近哲学家》，商务印书馆 1996 年）。读者们不难发现，上述社会学家所要研究的，"并不是作为一个物理单位的人，而是作为由全人类所构成的'集体有机体'之表现的人类精神的进化"④。这样，当科学冲动及科学方法被从自然界引入社会界以后，原先在作为学术活动的人文学科中被视为对象的、体现在个别人文文本中的独特的精神内蕴，便被作为社会科学活动对象的个体活动之结合体的人类的整体活动所取代了。这一趋势，在十九世纪的德国

①　［美］科塞：《理念人》，中央编译出版社 2001 年版，第 37 页。

②　［英］哈耶克：《科学的反革命》，译林出版社 2003 年版，第 161、136、113、142、218、224 页。

③　同上。

④　同上。

遭到了来自狄尔泰的有力的抨击与批评。在狄尔泰看来，"个人是社会之最终的、具有意义的单位，他们的行动构成历史。无论社会科学家要作出什么样的概括，无论历史家要发现什么样的趋势，对于人文科学来说，个人始终具有内在的和永恒的重要性"，因为"哲学的实际运用——诊断我们所面临的问题、提示我们如何去处理这些问题——是以对人及其世界的理解为先决条件的"①。为此，狄尔泰建议有必要创立一门新的有别于圣西门等人所倡导的社会科学的科学，这门科学的名称可以被叫作精神科学，也可被称之为人文科学（Human studies）。这门科学的对象是所谓Objektivation des Geistes（"精神的各种客观化"）或即所谓Objektiver Geist（"客观精神"），它不仅包括语言、宗教、法规和自然科学，"而且连房屋、花园、工具、机器和装饰品，都属于这种'客体'（Object）"，而就科目而言，则包括文学、历史学、心理学、经济学、法理学、人类学、社会学和政治学等。至于其研究方法，在狄尔泰看来，鉴于其研究对象是有别于作为圣西门的社会科学之对象的社会运动的"客观精神"，因此，决不能简单采用自然科学的实证方法，而只能是被近代自然科学思想一再贬抑的理解。所谓理解，在狄尔泰的理论中，第一可以被"定义为对于人们所说或所写的东西的把握"，第二则是指"对意义的领会"，最后第三还可以被"定义为对人们心灵的渗透"②。有必要提请读者们注意的是，尽管狄尔泰强调精神科学或人文科学（Human studies）的方法应该是有别于自然科学的实证方法的理解，但是和古典时期的人文学科不同的是，他所追求的并不是个别的独特的人文文本的独特的精神内蕴，而是被他称为Objektiver Geist的"客观精神"的普遍规律，用美国当代历史学者唐纳德·R.凯利的话说，他所追求的并不是人文世界的"独特本质"而是"普遍本质"（参阅凯利著《多面的历史》，生活·读书·新知三联书店2003年版）。因此，这就难怪，在狄尔泰那里，正像前所表明的那样，人文科学与社会科学其实已经不存在什么区别，因为在今天被认为属于社会科学的经济学、社会学及政治学等均被他归入人文科学的范畴。总之，从

① ［英］哈耶克：《科学的反革命》，译林出版社2003年版，第161、136、113、142、218、224页。

② ［英］鲍曼：《立法者与阐释者》，上海人民出版社2000年版，第208页。

狄尔泰开始，人文学科就完成了其由古典时期的学术性活动向现代时期的科学性活动的转变。

当然，人文学科在今天所以普遍被视为人文科学，也许还与另外两个原因有关。其一是对自然科学的崇拜导致只有自然科学知识才被认为是真正的以及因此是有价值的知识（培根所说的"知识就是力量"中的知识主要就是指自然科学知识），同时，一切其他知识，只有呈现出自然科学知识的形态才有资格被承认为也是真正有价值的知识。在这样一种时代思潮中，人文学科如果不向自然科学靠拢，就会被视为无用的遗产而被弃置不顾。其二是人文学者日趋职业化，这种职业化使得人文学者们如前所说的那样不论愿意与否都得不断绞尽脑汁、挖空心思去生产（调侃一点说乃是炮制）大量所谓"研究成果"（如规范化的论文与论著），这些"研究成果"绝大多数充满了贡布里希教授所说的千奇百怪的"自命不凡的行话"，以及冗长乏味的论述和花样百出的所谓研究的新方法、新技术等。总之，正像齐美尔早在70年前就已一针见血地指出的那样，这些学者所从事的所谓研究，已经"变成了涉及其自身的方法研究，变成了一种自成一体的研究范围的膨胀，这种规范有其独立的路径，不再与作为一种圆满生活的文化相统一"①。这样，所谓人文学者便完全变异为与科技专家毫无二致的人文专家，或即海德格尔所说的人文"技术员"。

四

然而，在我看来，人文学科决不应该丢弃其作为学术活动的传统而完全变异为纯粹的科学活动。因为，首先，这将会导致善化人性这一目的之实现的不可能。原因在于，一切科学活动之实施的根本前提乃在于，作为从事这一活动的主体与作为这一活动之对象的客体，或者用笛卡儿的话说，便是作为"我思"之主体与作为被"我思"之客体的相互分离甚至是相互分裂，同时所谓主体还必须采取"去主观化"（皮亚杰语）的态度，无动于衷地对客体的存在作出准确的陈述。很显然，这种状态对于人文学科的善性功能的发挥乃是致命的，因为只有当主体怀着乐之、亲之的

① ［英］麦克雷：《韦伯》，中国社会科学出版社1989年版，第21页。

态度投入人文文本中去并且因此使其主观精神与文本的独特的精神内蕴融为一体，或即只有当作为阅读者的主体完全陶醉在人文文本里，他（她）的人性才有可能被善化，否则只能是南辕北辙，戴盆望天。因为明摆着的事实是，一个人越是观察研究文学就越是与文学相距遥远（比如，宋人非常注重对诗歌的研究而唐人于此却不甚措意，然而宋人却远不像唐人那样具有诗歌的气质；同理，这也可以解释，何以许多从事文学研究的专家反而不如普通文学读者或欣赏者那样具有文学的气质），同样，一个人越是观察研究历史就越是不能感受历史的兴味，一个人越是观察研究道德就越是难以成为一个有道德的人。因此，雅斯贝斯认为今天"各门精神科学"（即所谓人文科学——本文作者注）缺乏人文教化观念（参阅雅斯贝斯《时代精神状况》，上海译文出版社 1989 年版），其实并没有击中问题的要害，因为只要对精神展开的活动是科学的，就决不能产生教化观念，当然也就更不能产生教化结果。其次，对那些一心想把人文学科改造为科学学科的人来说，非常遗憾的是，事实上，迄今为止，不但始终未能取得什么实质性的进展以证明人文学科有资格在精密科学的殿堂里占有正式的一席之地，而且还使它在许多方面"有可能陷入最深的谬误"（哈耶克语）。究其原因，最主要的在于：自然科学所面对的是各种自然存在物，这些存在物的运行基本上表现为可逆性与循环性（如太阳的升沉、月亮的圆缺、四季的更迭等），或者就是所谓规律性（规律一词的含义就包含了循环与可逆），并且因此可以用简洁明了的数学语言加以精密的表述，而人文学科所面对的各种文本，特别是文学艺术及历史的文本，由于其主要是对人的不可逆的非循环的经验世界的描述，因此，根本不可能像自然科学那样用数学语言对之进行精密的描述，或即根本不可能从中归纳出所谓规律或皮亚杰所谓"正题法则"。此外，人文学科所以不能成为科学，还因为它所面对的人文文本没有不在客观描述人的经验世界的实然状况的同时还对这一世界的应然状况作出必要的阐述的，正像施洛塞克对朗克（19 世纪德国影响最大的历史学家，他和他的学生都倡导"客观主义"和"科学方法"）所创立的新的"科学的"历史学作出抨击时所说的那样，"历史学家有着对人物和事件加以判断这样一种道义责任"，因此，指望人文学者对充满价值判断的人文文本的解读像科学专家对自然客体的解读那样采取"客观主义"的态度，的确只能是一种可笑的痴心妄想。

第三，这还会导致学科分类上的极大混乱和尴尬。比如，如果所谓人文科学被定义为对人类精神世界所展开的系统研究的话，那么，这就难怪一些学者会坚持认为诸如文学艺术的创作活动也应被视为人文科学活动（参阅朱红文《人文精神与人文科学》，中央党校出版社 1994 年版），任何一个略具常识的人都会认为，这显然是太过荒谬了。再比如，依照这一定义，人们也就很难在社会科学与人文科学之间划出明确的界限。比如，皮亚杰就曾作出这样的断言："同卢梭时代人们的想法相反，没有任何东西能阻止人们接受这样的观点，即'人性'还带有从属于特定社会的要求，以致人们越来越倾向于不再在所谓社会科学与所谓'人文'科学之间作出任何区分了。"①

现在要问的是，该如何解决上述种种令人困惑的问题呢？我认为，最好的办法也许莫过于用人文学科的术语取代现今非常流行甚至几成时髦的人文科学的术语——因为"术语这个小问题看起来可能无关紧要，但若不明确提出的话，也可能导致许多误解"②。这样做的好处是显而易见的。首先，它可以最大限度保持人文学科作为学术活动并且因此发挥其教化功能的优良传统。其次，由于作为人文学科或者作为人文学术活动，其最大的特征就在于它并不是针对普遍的"客观精神"的，它的对象乃是各种人文文本，它是经由阅读、理解及解释这些文本而与这些文本所提供的各种独特的精神内蕴展开交流与对话的，这样，上述把文学艺术的创作活动也列入人文科学的毛病，就可望不再重犯了，因为谁也不至于糊涂到这样的地步，即居然会认为文学艺术的创作活动也是一种人文学科的学术活动。再次，同样非常重要的是，如此，社会科学也就获得了自身非常清晰的规定性：如果说人文学科对体现在独特的人文文本中的独特的精神内蕴感兴趣的话，那么社会科学所研究的对象则不是个体的人的精神世界，而是孔德所说的由千千万万的个体的人出自不同动机与目的的行为所形成的一个其结果与这些目的与动机也许完全不同的社会的整体存在与整体运动，或者用迪尔凯姆的更为具体的话说，乃是对个体的人的思想、情感及行为等施加或隐或显的制约或影响作用的种种"社会现象"（参阅迪尔凯

---

① ［英］麦克雷：《韦伯》，中国社会科学出版社 1989 年版，第 21 页。

② ［瑞士］皮亚杰：《人文科学认识论》，中央编译出版社 1999 年版，第 2、1 页。

姆《社会学方法的规则》，华夏出版社 1999 年版）。因此，比如，正像哈耶克阐述孔德的实证社会学理论时所概括的那样，"静态社会学研究社会现象的共存规律，动态社会学则研究社会的必然进化过程中的顺序规律"①。最后，人文学科这一术语依然可以容纳许多学者将其改造成为科学的强烈冲动，尽管正像上面所说的那样，我对此决不苟同。当然，我清楚地知道，我的这一建议会遭到许多一心想把人文学科升格为人文科学的学者们的反对，他们会认为这对于人文学科的地位来说无异于是一个极大的降格。对此，我将以这样的一句话作为我的回答：难道游鱼必须变成飞鸟才能赢得自身的价值么？

（原文载《东南学术》2004 年第 2 期，该刊特印 20 份抽印本，人大复印报刊资料全文转载）

---

① ［瑞士］皮亚杰：《人文科学认识论》，中央编译出版社 1999 年版，第 2、1 页。

科学与人文：发动机与方向盘

关于科学与人文这两大人类的基本文化的关系问题，长期以来一直是学术界很关注的一个问题。然而，非常遗憾的是，至少直到目前为止，这个问题并没有得到真正的理想的解决。我的意思是说，学者们为此所提出的最具代表性的并且似乎得到普遍认可的所谓融合论，在我看来是很不恰当的。我这样说的理由在于，这种观点没有使人文所具有的独特的并且比科学更高的价值得到应有的凸现。有鉴于此，本文拟就此一似乎较为老旧的问题再作一次深入的讨论。

一

读过斯诺的关于两种文化的讲演的读者，都应该知道，早在十九世纪，赫胥黎就曾建议在科学与人文这两种文化之间建立一种直接的联系。在他看来，"文学应当同化科学陈述本身，这样，科学就能获得'一种有血有肉的形象'。诗人能够告诉我们，'如何用诗的语言来解释含糊不清的传统语言和过分精确的科学教科书的语言，使其成为有用的语言。这样，我们个人的以及同任何人都不相同的经历，就可以同这些经历赖以得到解释的科学假说相一致。'"① 很显然，赫氏的建议赖以给出的前提乃是所谓融合论，这种论调的基本观点是，为了消除两种文化之间的隔阂与对峙，最好的办法是将它们两者融合起来。不过，人们不难看出，赫氏的融合论似乎可以称之为单向度的，因为他强调的是用文学去融合科学，而不

---

① 转引自［德］哈贝马斯《作为意识形态的技术与科学》，学林出版社 1999 年版，第86页。

是两种文化的相互融合。与赫氏提出的解决办法相近的，是科学史家萨尔顿的理想主义的科学观。这种科学观认为："科学简直就是人们智慧和教养不可分割的一部分，当代科学知识也和当代文学知识一样为上流社会所不可缺少……"因此，"应该把科学融化到一般人文主义中去"。他为之提出的理论前提是，"不论科学变得多么抽象，它的起源和发展过程本质上都是同人道有关。每一项科学成果都是博爱的成果，都是人类德性的证据。"① 此外，还有一种单向度的融合论，其方向和上述用人文去融合科学刚好相反，这种融合论是指望以科学融合人文，此刻我所能想到的最好的例子是胡塞尔的科学的现象学。在写成于 1936 年的《欧洲科学危机和超验现象学》这一薄薄的但却非常重要的小册子中，这位对存在主义及其他非理性主义哲学大为不满的哲学家敏锐地指出，欧洲哲学的危机在于它"被实证地简化为纯粹事实的科学"，并且因此"丧失了生活的意义"。为此，他建议必须建立一种全新的绝对真的严密科学——现象学，这种科学，由于它既是严密的但又不是实证性的，即由于它不是撇开人对世界的意向性过程而研究所谓纯粹的客观事实的，因此，它一方面既是科学，另一方面又具有人文学科的功能。在今天中国的大学教育中，广为流行的融合论可以分为两种，一种是以科学为本位的单向度的，另一种则是双向度的。单向度的融合论不像胡塞尔那样指望让科学也承担起人文的任务，而是把科学定位为目的，把人文定位为手段。具体说，在这种融合论看来，在理工院校开设人文课程，有利于培养出有创造力与想象力的工程师与科学家；我们也许可以把这种融合论戏称为"人文搭台，科学唱戏"。双向度的融合论可以被表述为认为科学与人文其实是并且也应该是你中有我，我中有你，他们只不过是同一事物的两种不同的称呼而已；用这种融合论习惯的用语说法就是，"科学是求真的善，人文是求善的真"。

我认为，上述几种融合科学与人文的几种融合论，都是不可取的。赫胥黎的以文学融合科学的要求所以是错误的，正像哈贝马斯所批评的那样，是因为它是"建立在误解基础上的。严格的经验科学信息，只有通过把它使用在技术上，只有作为技术知识，才能进入社会的生活世界。""所以，科学的信息内容对文学中表现出来的社会集团的实践知识来讲，

---

① 转引自［英］贝尔纳《科学的社会功能》，商务印书馆 1982 年版，第 39 页。

没有中介是不重要的"，例如，"诗歌是人们看到广岛的情景的一刹那间产生的，而不是通过对物质的转换为能量的假说的研究"①。而萨尔顿提出的融合论，其理论基础乃是溯源论，即借助追溯事物或现象的起源来寻找其本质或者回答有关的在通常的情况下难以回答的问题。诚然，在许多情况下，这么做是可以收到理想的效果的——比如，要理解艺术的本质，一个重要的方法便是追溯艺术的起源。但是，这种方法，事实上也只能为我们提供对被追溯事物或现象之本质的某一角度的理解，因为，随着时间的推移，起源时的本质完全会发生巨大的变化而产生与之绝不相同的本质，正是基于这一不争的事实，萨特才提出"存在先于本质"这一乍一听似乎是惊世骇俗而其实只不过是说出了一个被人们忽视了很长时间的基本事实的命题。因此，在我看来，萨尔顿所犯的错误不在于他采用了溯源的研究方法，而在于它把经由溯源所看到的视为永远不变的。具体说，我的意见是，尽管科学与人文从其原初的宗旨看都是人道的——或者正像我一直所指出的那样，科学原本属于人文的范畴，但是，一旦两者发生分离以后，它们便都被赋予了不同的对象、功能、方法及目的等，并且这种分离的程度将随着整个社会分工的日益细密而日趋加大，以致从今天的状况看，正像哈贝马斯所说的那样，两者之间的鸿沟乃是不可避免的。而且值得人们一再给予注意的是，这被分离开来的两种文化，正像任何其他不同的文化或力量一样，是"不可能被归结为一个公分母的，它们趋向于不同的方向，遵循着不同的原则"②。再说，断言"每一项科学成果都是博爱的成果，都是人类德性的证据"，也未免过于无视作出与此相反的断言的可能性了。

　　胡塞尔的融合论所犯的错误，和萨尔顿的方向相反但本质却是一样的，即没有看到科学与人文，至少就其分离后的状态而言，的确乃是两种不同性质的文化，换言之，科学根本不可能解决原本只能由人文来加以回答的有关生活的意义的问题，因为谁都知道，无论是纯粹理性还是工具理性，在这个问题上是无可措其手足的。说到中国大学教育中广为流行的两种融合论中的第一种，即把人文当作手段来融合到科学这个目的中去，与

---

① ［德］哈贝马斯：《作为意识形态的技术与科学》，第86页。
② ［德］卡西尔：《人论》，上海译文出版社1985年版，第282页。

"文化搭台，经济唱戏"这一奇怪的口号所表现出来的把文化当作手段融合到经济目的中去，可以说是如出一辙，其荒谬之处都在于否定了人文或者文化自身的许多独立的价值。至于第二种，即认为"科学是求真的善，人文是求善的真"，在我看来，撇开这种看法的确太过简单（如把人文仅仅归结为求善而丢掉求美）不谈，单是就这种表述所反映出来的理念而言，其不当之处也是不言而喻的。理由是，事实上，科学的求真的结果是不确定的，可以导致善也可以导致恶，这全看其求得的真被怎样运用；同样，人文的求善有时也与求真无涉，换言之，有时为了求善恰恰须得求假，如人们经常提及的善良的谎言即是一个有力的例证。总之，我认为，科学与人文的确各有其不同的领域与职责，尽管从根源上讲它们的目的都是增进人类的幸福。

由此可见，上述融合论中的任何一种都不可能真正起到消弭科学与人文的相互责难及对抗的作用，因为他们都忽视了存在于这两种文化之间的种种内在的差异（关于这些差异，我曾在发表于《浙江学刊》2002年第6期上的题为《科学与人文：差异、隔阂及出路》的论文中作过细致的分析与描述，有兴趣的读者们可以检阅，这里恕不赘述），或者他们的观点都是以泯灭这些差异以及忽略某一文化特别是人文文化的独特价值为前提的。事实上，这些差异，由于是内在的，因此是不可能也不应该被消除的，否则科学就将不复是科学，人文也将不复是人文，正像如果泯灭了国画和西画、京剧和西洋歌剧以及男性和女性各自的种种特征或两者之间的差异的话，双方便都不复是其自身一样。

二

因此，我认为，我们也许可以这样来确定科学与人文所应具有的关系。这个关系可以被表述成这样：科学为人文提供依据，人文为科学确定目的。让我们先来对第一句话作出适当的阐述。尽管对作为对真理的探求以及表述的科学以及科学知识，存在着各种不同的观点——比如，实证主义的、逻辑实证主义的、证伪主义的、实在论的、理论解释学的、意识形态理论的、实用主义的以及社会建构论的等，但是有一点是可以肯定的，这就是，各种观点对科学的功能应该在于探求真理以及科学知识应该是对真理的表述的本身，却并不秉持否定的态度。同样，在人文的功能应该在于求善与求美上，不同的理论流派大体上也有着一定的共识。如果上述说法可以成立的话，那么，说科学为人文提供依据，简单地说，无非是指，科学所求之真乃是通向人文求善与求美的路径，换言之，要能顺利地求到善与求到美，必须首先求到真。为能说明问题，请允许我以我年轻时代的一个很平凡的经历为例。年轻时代的我很愿意帮我母亲干些零星的家务活儿——比如买菜、烧饭、洗碗以及搞卫生等，为此，我和母亲都很高兴。可是，有一点却使我和母亲之间时生不悦。这就是，作为一个年事已高的旧式的家庭妇女，我的母亲常爱针对我所干的活儿发些唠叨，无非是这里不妥当，那里不到位等。而和所有对一切世情人事均似懂非懂的青春年华的男孩一样，我天然地对此颇为厌烦，并且因此总是要和母亲说：母亲，您何必为此唠叨呢？您放手让我自己干得啦！可是，母亲却一切照旧，不改半点。为此，好长时间内，我一直郁闷不乐，百思不得其解：为什么我出于孝心的所为却总是不能收到理想的效果呢？终于有一天，我家对门的一位老大爷和我讲的一句话，使我茅塞顿开，恍然大悟。他的话是这样的："文彪，你要懂得这个道理：千孝不如一顺。"这真是一句既简单而又通俗的至理名言。就我们这里所讨论的话题而言，我们可以说，所谓顺就是科学的求真，即了解和把握母亲作为一个旧式的年事已高的家庭妇女在她漫长的人生岁月里所养成的习惯——行为习惯和言语习惯，并且按照她的习惯去干活儿；而所谓孝则是人文的求善，即孝敬母亲。因为，无可否认的事实是，母亲所养成的这些习惯基本上不可改变，而我的相应的习惯尚未养成，既然如此，顺从她的习惯，乃是理所当然。再者，即便我也已经养成我的某些行为习惯，但是，为了使我的孝心能够产生好的效果，即让母亲感到高兴，我也应该尽量作出适当的改变，哪怕为此而使自己委屈一下，也是很值得的。这样，我们似乎可以说：一般说来，孝在顺中；或者，通常只有经由顺的路径，孝才能得到真正的落实。当然，不言自明的是，这里所谓顺并不是指盲目的、无原则的顺从。周作人在他于解放之初所撰写的大量短小的随笔小品文中所提及的一个例子，与我的上述经历颇有异曲同工之妙。这个例子告诉我们：晚清时代的一位官员非常孝敬母亲，因为知道母亲喜欢吃红烧肉，他便专门让家厨烧红烧肉给母亲吃。母亲尽管的确非常喜欢吃，但是缘于年事颇高，只能稍尝即止。这位官员却强迫母亲多吃一些，认为这样才算尽了孝心，但结果却使母亲饱受痛苦。此外，知道母亲喜欢看戏，他便把戏班子叫到家里，专门演给母亲看。由于同样的原因，母亲看到晚上八时就要回房歇息，也是出于同样的孝心，这位官员又硬是要让母亲坚持看完，结果同样也是让母亲大受其苦。很显然，这位官员也由于同样的原因而犯了差不多与我完全相同的错误。由此，我便联想到了胡适之在五四前后所提倡的与古典社会所推行的针对女性的旧"三从、四德"不同的、针对男性的新"三从、四德"。与我们这里所讨论的话题有关的，是"四德"中的这样一个"德"，即对于妻子的心事，做丈夫的一定要"懂得"；因为只有懂得了妻子的心事，做丈夫的才可能更恰到好处地去爱她的妻子。这里所谓"懂得"就是科学的求真，而所谓爱则显然就是人文的求善。就这个意义而言，苏格拉底断言知识就是善，的确是颇有道理的——当然，应该这样理解这句话，即没有知识是不可能获取善的结果的。正因为如此，罗素才认为，古希腊人从事科学研究以了解自然的目的，不是像实证主义哲学家孔德所说得那样为的是去预测和控制自然，而是为了更好地热爱自然，他把这样一种人和自然的关系称之为情人关系：我们所以要了解情人乃是为了更好地爱我们的情人。事实上，即便就孔德所强调的"认识是为了预测，而预测是为了控制"[①]而言，也表明，求真乃是通向求善的路径，只不过这里的所谓求善不是指更好地热爱自然而是指预测和控制自然以使我们的生存环境得到相当的改善。上述观点可以被翻译成马克思的这句广为引用的名言：哲学的任务主要不在于解释世界而在于改造世界。这里所谓哲学，其含义是不同的：其一是指求真的科学，其二则是指求善的人文。因此，他这句话的意思是说，哲学，作为求真的科学对世界的解释远远抵不上作为求善的人文对世界的改造来得那么重要。但是，这句话无疑也隐含了这层意思，即作为求真的科学的哲学，其对世界的解释也是颇有意义的，因为，否则的话，作为求善的人文的哲学也就不知道该如何改造世界。

　　上述求真与求善的这个关系，同样也适合于求真与求美。我的意思是

---

① 转引自贝尔特《二十世纪的社会理论》，上海译文出版社 2002 年版，第 233 页。

说，离开科学的求真，人文——比如文学艺术——的求美也是非常困难的，换句话说，真也是通向美的途径。这里所谓真也有两层含义：其一是指文学艺术以及各种美的创造的规律；其二则是指文学艺术对自然、社会及人生的内在的真的揭示或阐释。关于第一层含义，我们可以简单地说，不能掌握文学艺术及各种美的创造的规律是无法创造出真正的美的文学艺术作品及其他各种美的作品的。正因为如此，人们才有必要对文学艺术以及其他各种美的作品的创造规律展开研究与探求。这一点几成常识，故这里不拟多作阐述。我下面将就第二层含义稍作讨论。让我们从鲁迅的小说《药》谈起。如所周知，正像学者们经常指出的那样，鲁迅借助《药》这篇小说对我国辛亥革命的失败根源作了非常深刻而形象的剖析，与毛泽东的同样主题的政论文具有异曲同工之妙，其区别只在于，前者是形象的表述而后者则是抽象的表述。不管怎么说，这里有一点是非常清楚的，这就是，鲁迅的这篇小说所以能够成为小说作品的经典之作，一个很重要的原因在于，他对辛亥革命的理解和解释达到了深而且真的程度，尽管就小说本身而言的确是一个虚构的并且因此是一个就物理学的意义而言的不真的世界，然而，唯其在物理学上它是不真的，恰恰成就了它在社会——历史意义上的更加深刻的真。其他诸如托尔斯泰的《战争与和平》、屠格涅夫的《罗亭》、冈察洛夫的《奥勃洛摩》、歌德的《浮士德》、萨特的《恶心》、梵高的《向日葵》以及贝多芬的《命运交响曲》等一切称得上是伟大的经典的文学艺术的作品，都是如此。凡此均表明，伟大的经典的文学艺术的作品，所以能成为伟大的和经典的，除了其能在艺术手法、艺术风格以及美学形态上有所创新与突破之外，能否深刻地展示其面对的那个时代的社会——历史的内在真，的确是另一个重要的甚至是更重要的原因。

三

接下来，让我们再来就第二句话即人文为科学确定目的作出适当的阐述。这句话所强调的是，对于人文的求善与求美来说，科学的求真只是手段而不是目的。就这个意义而言，科学的求真的本身是没有价值的，它的价值只在于它有助于达成求善与求美的目的，正像韦伯所指出的那样，如果说科学的求真是有价值的话，那价值也不在于所求之真本身，而在于它是通向求善和美的途径，用韦伯的话说，科学只具有作为手段的相关价值而不是作为目的的直接价值。因此，科学打从它诞生的那一刻起就不是为了自己的而是为了满足它自身之外的某些需要的，简单点说吧，科学不是为科学而存在的。诚然，的确不断有科学家声言"为科学而科学"的观点，其中最典型的也许是伟大的法国科学家昂利·彭加勒所说的这样一句话："如果我们的选择仅仅取决于任性或直接的功利，那么就不会有'为科学而科学'，其结果甚至无科学可言"①。但是，我们细读彭氏这句话以及这句话所出自的《科学与方法》一书就不难发现，他的意思其实是说，对待科学，我们不应提出和采取急功近利的要求与态度，而不是说科学可以或者应该是彻底地非功利的。科学的求真的确只是手段，但是绝不应该把它视为功利的奴隶。科学的目的当然在于谋求功利性的结果——善和美都是功利性的结果，因为他们都有益于人的生存，但是，真正的科学恰恰是经由乍一看似乎是非功利性的求真来达成功利性的目的的。换句话说，它不求功利它反而能求到功利而且是更大的功利，正像中国古代道家学说都强调的那样，不争乃是大争。彭加勒所讲述的历史事实为此提供了挺有说服力的证例："物理学家研究一种现象，也不是要等到物质生活的某种急迫需要使它成为他们必不可少的东西；他们是对的。假使 18 世纪的科学家因为电在他们的眼中只是好奇的玩意儿而没有实际利益，因此忽略电的研究，那么 20 世纪，我们就既不可能有电报，也不可能有电化学和电技术。所以，不得不进行选择的物理学家并没有仅仅以功利来指导他们的选择"②。请注意，彭氏这里所着重强调的是"没有仅仅以功利来指导他们的选择"，而不是说在他们的选择中完全不涉及功利的考虑。我们纵观科学家们的科学研究，还会发现，这种功利性的考虑有时还表现为马赫所看重的科学的这样一个特殊的作用，即"产生思维经济，正像机器产生劳动经济一样"。因此，正像彭加勒所总结的那样，"于是，事实的重要性用它产生的效益来衡量，也就是说，用它容许我们节省的思维数量来衡量。在物理学中，具有最大效益的事实是进入十分普遍的定律中的事实，由于这些实事能够使我们根据定律预见大量的其他事实，在数学中情况正

---

① ［法］彭加勒：《科学与方法》，商务印书馆 2006 年版，第 7 页。
② ［法］彭加勒：《科学与方法》，商务印书馆 2006 年版，第 16 页。

是如此"①。有时，人们会以许多科学家所看重的并不是现实的功利结果——无论是眼下的还是未来的——而是科学发现所呈现的一种特别的美，来对上述观点作出反驳。但是，这个反驳也是站不住脚的。这是因为，科学家们所以会看重这种特别的美，无非是出于以下两种目的：其一，这种美会给他或她带来莫大的审美满足；其二，还是正像彭加勒所指出的那样，"这种审美满足与思维经济密切相关"，因为"在解中，在证明中给我们以雅致感的实际上是什么呢？它是各部分的和谐，是它们的对称、它们的巧妙平衡；一句话，它是所有引入秩序的东西，是所有给出统一的、容许我们清楚地观察的和一举理解整体和细节的东西"②。很显然，无论是哪一种目的都是功利性的：思维经济是功利性的，审美满足是功利性的——当然，这里的功利性的含义是比较宽泛的，即它泛指所有的有益性。

　　说科学的求真只是手段而不是目的，主要的原因在于，所谓真并不就等于善以及等于美，反过来，所谓假也不就等于恶以及等于丑，换句话说，真与假不能被等同于善与恶以及美与丑。如果对此没有清楚的认识，我们常常不是会说出很不得当的话语就是会做出很愚蠢的事情。鲁迅所写的一篇关于说真话很困难的杂文就是一个非常典型的例子；当然，我这里不是针对文章的论点——说真话很难，而是针对鲁迅用以论证这个论点所举的证例。它的证例是这样的：某个人家为其出生一个月的孩子举办喜庆宴会。赴宴的宾客中有的说这个孩子将来肯定会当官的，有的说这个孩子将来肯定会发财的，听到这样的明显虚假的话，主人很高兴；而当听到有一个宾客断言说这个孩子将来肯定会死掉时，主人为此大为恼火，尽管这句话才是一句真话。很显然，鲁迅犯了一个举例不当的毛病。所谓不当，指的是，他没有考虑到说话是受情境约束的。在一个喜庆的情境里，人们应该说一些喜庆的话语，只要话语是喜庆性的，其在科学上是真还是假根本上是无关紧要的：前两个宾客说的是科学意义上的假话，但却是喜庆性的话语，因此是得体的，并且因此是善意的；最后一个客人说的尽管是科学意义上的真话，然而是非喜庆性的话语，因而是不得当的，并且因此至

---

① ［法］彭加勒：《科学与方法》，商务印书馆 2006 年版，第 18 页。

② 同上书，第 19—20 页。

少在主人听来感到是恶意的或者是非善意的。有鉴于此，正像前面所提到的那样，柏拉图才告诫人们说，只要是为了求善，说些谎话应该是被允许的，人们常常把这些谎话称之为善良的谎言。同样，如上所说，艺术所创造的美，常常是以科学意义上的假为前提的；而科学意义上的真，从艺术的角度看，反而很有可能是不美的，甚至是很丑的。难怪王国维会发出这样一个著名的无奈的感叹：可爱者——艺术的美——不可信（在科学上是不真的），可信者——科学的真——不可爱（从艺术的角度看是不美的）！凡此均表明，科学的真并不就是人文的善或美，因此，前者永远只是手段，唯有后者才是真正的目的；离开后者的目的，前者是没有意义和没有价值的。以上所述，可以用伟大的物理学家爱因斯坦的话语作出这样的总结："科学方法所能告诉我们的不过是各种事实是怎样相互联系，相互制约的……但同样明白的是，关于'是什么'这类知识，并不能直接打开通向'应当是什么'的大门。人们可能有关于'是什么'的最明晰最完备的知识，但还不能由此导出我们人类所向往的目标应当是什么。客观知识为我们达到某些目的提供了有力治的工具，但是终极目标本身和要达到它的渴望却必须来自另一个源泉。应当认为只有确立了这样的目标及其相应的价值，我们的生存和我们的活动才能获得意义。这一点几乎已经没有加以论证的必要。关于真理的知识本身是了不起的，可是它却很少能起到指导作用，它甚至不能证明向往这种真理知识的志向是正当的和有价值的。"① 爱因斯坦这里所说的"另一个源泉"，指的就是人文所追求的善与美以及宗教所追求的善。此外，根据爱因斯坦的观察，他发现，不，应该说他向全人类发出警告："手段的完善和目标的混乱，似乎是——照我的见解——我们这个时代的特征"②。这里所谓"手段的完善"指的是科学与技术的高度发达，而"目标的混乱"则显然是指如此高度发达的科学与技术的应用却失去了正确的方向——不但没有造福于人类反而给人类带来了巨大的灾难，作为这一具有讽刺意味的时代特征的最典型的表现的，乃是现代战争。由此所得出的一个最无可辩驳的结论是，科学作为一种知识以及技术作为一种功能是中性的，或即无方向的，用今天最流行的

---

① ［德］爱因斯坦：《爱因斯坦文录》，浙江文艺出版社 2004 年版，第 42 页。
② ［德］爱因斯坦：《爱因斯坦文录》，浙江文艺出版社 2004 年版，第 195 页。

比喻说，是一柄双刃剑。关于这一点尽管学者们已有涉及，但是，为能更好地说明问题，请允许我再就此略作阐述。比如一把刀，所具有的只是锋利的刀刃和切割的功能，但是这把刀到底发挥什么作用，不但刀本身是不知道的，即便制造这把刀的师傅也是无法决定的，他（她）所能做到的只是凭他（她）的技艺把这把刀制造得尽量锋利而已；能够决定这把刀发挥什么作用的，乃是使用这把刀的那个人的人文状况：如果他（她）是好人，他（她）便用刀去做善事，比如切菜；如果他（她）是一个歹徒，他（她）使用刀去做恶事，比如杀人。有必要强调一下的是，不仅自然科学与技术是如此，事实上，在布尔迪厄看，社会科学及其相关技术也是如此。他认为，"社会科学在帮助人们理解社会的同时，也可能给社会造成危险的后果，比如民意测验技术成为统治的工具"。正因为如此，"布尔迪厄在一次对话中，就对当年没有响应戈夫曼的倡导撰写一份反对滥用社会科学的共同宣言而颇有悔意"[①]。因此，显而易见的是，科学的确只是一种手段，唯有人文才能决定它所应发挥的作用或即它应达成的目的。此外，同样显而易见的是，一旦科学不受人文的引导而独自往前发展，或即一旦科学背离了人文所确定的目的而把自己从手段升格为目的，对于人类社会来说，只能是一个灾难。不幸的是，这个状况在今天已经有所呈现，并且种种迹象均在表明其程度似乎有增无减。这个状况最明显地表现在当前整个社会所涌动的科学崇拜或即科学主义的狂潮之中。事实上，我们只要对我国的社会生活略加观察，就不难发现，有一个观点似乎正在成为人们普遍的共识，这就是，只要是科学的就是好的，只要有了科学什么问题都能得到理想的解决。因此，类似"科学理财"，"科学健身"，"科学消费"，"科学旅游"，"科学休闲"，"科学用膳"，"科学娱乐"，以及特别是"科学引领时代"或者"科学引领生活"的口号，在今天的中国社会生活中所以会广为流行，就一点也不奇怪了。然而，这些口号中的绝大多数都是值得商量的，至于最后两个口号则从根本上说乃是错误的。我的意思是说，科学绝不能也绝不可以引领时代或者引领生活，只有人文才能引领时代或者引领生活，科学充其量只能推动时代或者推动生活。

---

① 转引自［法］布尔迪厄《科学的社会学用途》，南京大学出版社 2005 年版，第 10 页。

结　语

　　为使以上所说的"科学为人文提供依据，人文为科学确定目的"这一科学与人文理应具有的关系能够更好地为人们所理解与牢记，作为本文的结束，我将把科学比作发动机而用方向盘来比喻人文。这个比喻所要告诉我们的或者所要强调的是，科学只为我们提供速度（或者动力），而唯有人文才能为我们确定方向。而且谁都一眼就能看出，速度和方向两相组合，大体上可以有以下四种情况：方向对速度快，方向对速度慢，方向错速度慢，以及方向错速度快。如果这里的第一种情况是最为理想的话，那么，第二种情况则稍有遗憾——因为速度偏慢；第三种情况则颇为糟糕——因为方向已错，不过，所幸的是，由于速度偏慢，因此尚来得及纠正；最糟糕的显然是第四种情况——因为不但方向已错而且速度又快，调转方向纠正错误几乎不太可能。因此，方向比速度来得重要；同理，人文比科学来得重要。事实上，只要我们人类社会是沿着人文所确定的善和美的方向往前行进的，那么，科学（包括技术）多一点还是少一点以及因此步伐是快一点还是慢一点，的确是无关紧要的。总之，本文的结论是：科学是发动机，人文是方向盘。

（原文载《光明日报》2004 年 8 月 3 日）

专家与学者

尽管关于知识分子曾经有过许多不同的分类——在葛兰西看来，知识分子可以被分为"有机知识分子"与"传统知识分子"（葛兰西《狱中札记》，中国社会科学出版社 2000 年版）；福科则把知识分子分为"专家性知识分子"与"普遍性知识分子"（福科《"专家性"知识分子》，《东方文化评论》第三辑，北京大学出版社 1990 年版）；而根据凯诺的意见，知识分子则明显存在着功能性与批判性的分别（Kellner，Douglas，"Intellectualsand New Technologies"）；但在今天，最为流行也最一目了然的也许是这样一个分类：根据其所涉猎的知识领域的不同，知识分子通常被分为科技知识分子与人文知识分子（艾尔文·古德纳《知识分子的未来和新阶段的兴起》，江苏人民出版社 2002 年版）。我将依然采用福科的分类且将之略作改动，更为简洁地把"专家性知识分子"称为专家而把"普遍性知识分子"称为学者。

一

在日常生活中，讲到专家一词时，人们心中所想到的基本上就是科技方面的知识分子，至于学者一词，人们一般则是用它来指称人文方面的知识分子。就我对专家和学者所作的社会文化的考察而言，我以为两者之间存在着这一根本的不同：前者指精通某一专业知识或技能的人，后者为我们所描画的则是致力于追求学问的人。由这一根本的不同至少可以引发出以下几个更为具体的差异。

首先，一般来说，学者所向往的乃是理念的王国，并且因此他（她）也总是喜欢构建一个自认为美妙的理念的世界；相反，他（她）对那些现实性的具体的事物、事情或问题则不会发生多大的兴趣。正像本达所说的：
"学者全是这样一种人，他们的活动本质上不追求实用目标，他们是在艺
术、科学或形而上学的思考中，简言之，是在获取非物质的优势中寻求乐
趣的人，也就是以某种方式说'我的国度不属于这个世界'的人"。① 这种
人的理智（intellect）比智力（intelligence）发达，他（她）总是会表现出
"一种摆脱眼前经验的能力，和走出当前实际事务的欲望，一种献身于超越
专业或本职工作的整个价值的精神"。② 哲学学者，无论他（她）属于哪一
流派（柏拉图、黑格尔的理念—本质学派也好，胡塞尔、海德格尔、萨特
的现象—存在学派也好），其所研究的问题都不会与现实事物发生任何直接
的联系。因此，带着解决某一具体的现实问题的愿望去阅读哲学著作的人，
到头来总要以失望而告终。就这个意义而言，古希腊的泰勒斯的女仆嘲笑
她的主人连路都不会走，实在有失公允，因为她的主人对形而上的理念的
世界的兴趣原本就远在形而下的经验的世界之上。此外，像历史学者这样
的人，人们也不应该指望他们的作品能够为你解决某一具体的现实问题提
供什么直接的指导，尽管我们常常认为历史是现实的一面镜子，但镜子毕
竟只是镜子，它并不能成为解决现实问题的手段或方法。因为历史学者致
力于历史的研究的根本目的，原本就像策勒尔所说的那样，只在于一种
"历史的兴味"。③ 正是这种"兴味"使得历史学者不会驻足盘桓于现实的
具体事务之中，而是要游目骋怀于这些现实的具体事务之外。稍加审视便
不难发现，具有这一特性的知识分子，其所涉猎的知识的确大多偏于人文
的领域。但是，为何以上引述的本达的那段话中也提及了科学这一知识领
域呢？我以为，这与科学存在着理论科学与应用科学的分别有关。一般来
说，前者注重的是对现实世界进行抽象的描述，后者的目的则在于探求现
实世界的某一现象的具体原因或运行规律。从事前一种科学研究的人，其
目的多半不在改造世界而在了解世界，并且经由对世界所做的抽象的描述
为自己构建起一个可供精神栖居其中的不变的、永恒的、宁静的世界。从
事理论物理研究的爱因斯坦以及沉溺于数理研究的罗素等便是这种人的典

---

① ［美］科塞：《理念人——一项社会学的考察》，中央编译出版社 2004 年版，第 1 页。

② 同上书，第 2 页。

③ ［德］策勒尔：《古希腊哲学史纲》，上海人民出版社 2007 年版，第 1 页。

型的代表。从事后一种科学研究的人，一般总是怀揣一个非常明确的现实的目的，他（她）的研究工作总是和解决某一具体的现实问题紧密相关，作为这种人的代表，也许没有比从事电学研究的法拉第以及从事蒸汽机研究的瓦特更为适合的了。可以推断，本达所提及的科学一定属于这里所说的理论科学。因此，从事这种研究的知识分子与其被称为科学专家还不如被称为科学学者，因为他们所追求的的确是理念的世界而不是现实的事务。由于专家与学者所提示的主要是这两类知识分子的性质上的差异，他们就不可能完全与科技知识分子及人文知识分子所对应。换言之，专家所涉猎的知识领域既可以是科技也可以是人文，学者也是如此。与学者们大不相同的是，专家们大都只是些胡塞尔所说的"只见事实的人"，或者说都只是些实证主义者，他们对那些"人们在时宽时狭的形而上学概念中所考虑的问题，其中包括一切被不清楚地称之为'最高和最终的问题'"① 普遍没有什么兴趣。在他们看来，那些问题太过玄妙，有点近乎虚无缥缈，并且最重要的是，对它们的回答不会对现实的社会生活产生任何实质性的影响。在他们的心目当中，最值得遵奉的至理名言乃是培根所说的"知识就是力量"，原因在于，这句话所强调的乃是知识（从培根发表这句话的时代社会文化背景看，这里的知识一词所指称的主要是科技知识）的力量性。因此，这就难怪，物理学家卢瑟福当年会发出这样一种颇为骄傲自豪的吼声："这是科学英雄的时代！"② 他发出这样的吼声是有充分的理由的。由于注重对形而下的经验的直观世界的运动及其种种具体问题的探索与研究，科学技术的确对人类社会生活起了极大的推动作用。而这反过来自然又会进一步强化科技专家的这一信念：作为科技专家，他（她）只应该对自然的、社会的及人自身的各种具体的存在及问题展开研究，他（她）的任务，就是去发现有关自然及社会的运动规律，以便对自然及社会的未来作出预测，并且解决有关自然、社会及人自身的种种具体的技术问题。其次，大体而言，用以指导科技专家从事研究工作的基本上是科学理性和工具理性。确实，一个合格的科学家最根本的标志就在于他（她）能够以客观的态度去观察、测量、分析一切作为其科学研究的对象，并且从中归纳出可以用数

① 胡塞尔：《欧洲科学的危机和超验现象学》，上海译文出版社1988年版，第5、9页。
② 斯诺：《对科学的傲慢与偏见》，四川人民出版社1987年版，第9页。

量加以精密表述的各种科学结论。因此，正像皮亚杰所说的那样，作为最典型的自然科学的"物理学的全部历史就是一部非中心化的历史，它把以自我为中心的主体所造成的歪曲减到了'最低限度'，使物理学'最大限度'地听从了认识主体的规律。这就是说，客观性成为可能，客体已相对地独立于主体之外了"。[①] 因此，也正像皮亚杰所说的那样，"一旦人们同意把问题同评价或信念诸问题分离开来并把问题限定起来，使问题的解决从属于人人都能看到、都能检验的事实，科学就开始了"。[②] 把皮氏的这一说法用今天的流行术语重新加以表述，其意思无非是说，科学专家的本质特点在于他（她）是价值中立的，即在于他（她）只对求真或对探索奥秘、归纳规律感兴趣，至于为什么要求这个真或为什么要探索这个奥秘却并不在他（她）的考虑范围之内。换言之，科学专家只致力于回答怎么的问题，而把为什么的问题弃置不顾。用更哲学化的术语说，科学专家奋力遨游的只限于实然的领域而不会由此再进入应然的领域。举例来说，一个化学专家只愿意并且其实也只能告诉你一个水分子是由两个氢原子和一个氧原子构成的，但是我们为什么要知道这一点以及我们知道这一点之后应该干什么，他（她）却无法也无须给予回答。由此，我们可以进一步说，科学专家由于其所遵奉的是科学理性，所以他们所看中的通常只是科学道德而不是公共道德或人文道德。比如，真正的科学家在从事研究时都会尊重客观事实并严格地按照必要的程序展开研究，但是他们对研究成果所可能引起的后果是善还是恶则很少加以考虑。与此十分相似的是，技术专家的功能通常也只"在于寻求达到那个被承认了的'目标'的'手段'"；只是在目标受到不可自由处置的手段的影响，即受既定的环境影响时，目标的选择才进入他的考虑范围。当然，他可能有时候还真的拒绝执行其他人希望他执行的任务，如果他认为这一任务与他的宗教信仰或道德规范是不一致的；或者他可能自愿地执行这一任务，虽然没有受到鼓励或甚至有违他所属群体的立场，只要在他看来这一任务将会进一步实现宗教的、道德的、艺术的、政治的或经济的理想。但是，这只意味着，他使自己的技术专家角色依赖于他作为群体成员或为着某一文化目标的社会运动的领导者或追随者

---

① 皮亚杰：《人文科学认识论》，中央编译出版社1999年版，第21页。

② 同上书，第17页。

这类角色，而不意味着他在自己的角色中包含了宗教、道德或政治圣哲向其追随者提供价值标准的功能。① 用布洛赫的话说，为什么的问题和"历史有什么用"的问题一样，"已经远远超越了职业道德之类的枝节问题"。② 换言之，这个问题已经超出技术的领域而进入了价值与意义的领域，而作为一个技术专家，他（她）的义务只在于做好他（她）的技术工作，至于价值与意义的问题则与他（她）无涉。或者在他（她）看来，这个问题根本不成其为问题或者是一个根本无须回答的问题。当然，这并不是说每一个科技专家都不关心价值与意义的问题。事实上，许多科技专家的活动都会从科学与技术的领域进入社会与人生的领域，并且表现出强烈的价值取向。但是，这并不表明他（她）作为科技专家的性质发生了根本的变化，而只表明他（她）同时扮演了专家与学者的角色。正像萨特的话所指出的那样，一个原子能科学家是可以同时也是一个人文学者（用萨特自己的话说就是"知识分子"）的，但条件是他（她）必须能够在"反对核武器的抗议信上签名"。

与此相反，诸如哲学、文学、艺术、历史、伦理、道德等方面的学者，却普遍表现出明显而强烈的价值取向，他们所感兴趣的主要是应然的问题而不是实然的问题，尽管他们的研究也会涉及实然的领域，但是根本的指归却在于由此作出其应然的结论。哲学、伦理、道德及文学方面的学者③不必说了，因为谁都明白他们的精神劳作总是受着他们独特的价值取向支配的；即使是历史学者，④ 特别是专门致力于对历史史实进行叙述的历史作者，乍一看仿佛只涉及实然及已然的事物、事件、现象等，但是正

---

① 兹纳涅茨基：《知识人的社会角色》，译林出版社 2000 年版，第 59 页。

② 布洛赫：《历史学家的技艺》，社会科学出版社 1992 年版，第 7 页。

③ 有必要在此稍加说明的是，这里提及的文学、艺术这两个学科的学者，主要指从事文学、艺术研究的研究者。当然，也不排除文学、艺术的创作者或即所谓作家、诗人、艺术家等，因为绝大多数成就卓著的作家、诗人及艺术家通常必定在创作的同时也从事着理论的研究。总之，通常他们既是创作家又是研究家，而且和科技专家与学者乃是不同性质的并且因此是不可重合的两种社会角色不同——文学艺术的创作家与学者在一定程度上完全有可能只不过是同一种社会角色的两个不同的称呼而已。

④ 和文学艺术的学者一样，历史学的学者的劳作通常也有两种情况：其一是历史写作，如司马迁；其二是历史学的研究，如刘知几。但是，通常一个从事历史写作的人必定同时也从事着历史学的研究并且有他（她）自己的一定的有关历史及历史写作的理论或观点，只不过这些理论或观点并没有被给予独立的表述而是贯穿或者融化在他（她）的历史写作当中而已。

像克罗齐以及他的高足柯林武德所强调的那样，一切历史其实都是当代史，换言之，并不存在本原意义上的所谓古代史（克罗齐《历史学的理论和实际》，商务印书馆 1997 年版；柯林武德《历史的观念》，中国社会科学出版社 1986 年版）。这是很好理解的。因为对过去某一历史史实的叙述的一个根本前提，是对这一史实的理解，而叙述的本身则又是对这史实的解释，它包含着立场与目的这两个东西，而立场必定是当代的，目的则必定是现实的，因此叙述便总是有选择、有加工、有评价的。孔子的《春秋》寓褒贬于字里行间，司马迁的《史记》辟有游侠与货殖列传，以及陈寅恪替名妓柳如是作传等，为此提供了很有说服力的例证。总之，如果专家的劳作的确如皮亚杰所说的那样是非中心化的话，那么学者的劳作便恰恰是中心化的。

再次，我认为学者从事精神劳作的目的，一方面是为了获取知识、提高自己的学养，并且因此获得一种理想的生存状态，另一方面则是为了以此去教育或者影响大众，以使他们也能像他（她）那样拥有一个美好的人生，用佛教的术语说，真正的学者应该是一个同时追求"自觉"与"他觉"的人。关于前者，孔子在《论语·宪问》中所发出的"古之学者为己，今之学者为人"这一感慨，为我们提供了极好的例证。根据《后汉书》的作者范晔的理解，所谓"为己"与"为人"的不同，在于"为人者，凭誉以显扬；为己者，因心以会道"。撇开"为人"的学者不谈（因为这种学者不属于真正的学者，从本质上说，他们只是一帮沽名钓誉者，他们的生存甚至连专家的层次也没有达到），所谓"为己"的学者，其实就是我这里所讲的与专家相对的学者。孔子把这种学者定性为"为己者"，是想强调要真正达到为人的目的，首先就必须丢掉其基于渴慕虚荣的为人的考虑，而一心一意地获取知识，提高自己的学养。如此，所谓为人才反而是有可能的，因为所谓为人，并不是在别人面前炫耀自我，而是向别人传播知识，以及以自己的学养、人格等去影响别人，使别人也能获得与自己一样的美好人生。结合孔子所说的"朝闻道，夕死可矣"（《论语·里仁》）这句广为流传的名言，结合他一生都在学习各种知识并且向一切愿意成为他的学生的人传播其所闻之道以及其所学得的知识，上述论断应该是可以成立的。事实上，孔子的一生可以说就是一个"古之学者"的一生。除了孔子，中国古代社会的绝大多数人文知识分子，差不多都可以被视为这样的"古之学者"。把我们的视线移至西方的古典社会特别是古希腊罗马时期以及文艺复兴时期，就会发现情况大体上亦复如此，而最为杰出和典型的代表当推与孔子基本上处于同一时期的苏格拉底。苏格拉底毕生都在追求真理，追求一种智慧而美好的人生，并且以此去教导和影响他身边的人们，最后又从容坦然地接受了雅典对他作出的死刑判决而彻底践履了他的人生追求，因此，他的确堪称西方历史上最伟大的同时追求自觉与他觉的"古之学者"。行文至此，有一点也许值得赶紧略说几句，这就是，根据这里所描述的"为己"并且在此基础上或者经由此一途径去为人的特性，同样没有理由把学者仅仅局限在人文知识分子的范围之内，事实上，许多自然科学的知识分子，如爱因斯坦等，也具有与此非常相近的特性。此外，与此紧密相关的是，一个真正的学者的求知是不受所谓专业框架的限制的，在他看来，只要某一知识有助于提高他（她）个人的学养并且因此有助于使他（她）获得一种理想的生存状态，他（她）就会去学习这一知识。因此，许多杰出的学者——就西方而言，除苏格拉底以外，比如柏拉图、亚里士多德、康德、黑格尔、尼采、海德格尔、卢梭、狄德罗、萨特、培根、罗素等；就中国而言，除孔子以外，比如孟子、荀子、老子、庄子、朱熹、二程、康有为、梁启超、王国维、陈寅恪等均具有非专业化的特点，或者反过来说，均具有百科全书式的恢宏宽广的知识视野。与学者大异其趣的是，专家从事专业工作，通常总在于为某一具体的个人、组织或集团——如政治家、领袖人物、企业、政府、学校、军队等提供专业知识与专业技术的服务。就这个意义而言，他们应该属于孔子所说的"为人者"，只不过他们的"为人"不像范晔所说的那样在于"凭誉以显扬"，更与学者的那种追求他觉的为人具有本质的不同。专家的为人具有很强的受雇于人的特性，因此，他们所为的对象是非常清楚具体的某一个人、集团或组织，而作为学者为之服务的他人则是非常不确定的公众。比如，孔子与苏格拉底所服务的对象便是环绕他们周围的对他们的学说、人格及生存状态充满仰慕与向往的，并且愿意倾听他们的警言妙语，接受他们的谆谆教诲的各色人等。尽管就阶层而言，通常他们所服务的对象大体上只限于贵族，不过，从孔子主张"有教无类"中，我们还是可以推断，至少孔子与苏格拉底所服务的对象不是雇用他的某一具体的个人、集团或组织。这一点就使得包括孔子在内的先秦诸子们和战国时期的比如苏秦、张仪之类的策士们判然有别了。说到这些策士们，对照上面所提及的那些特性，他们的确只是一些依靠向买主兜售他们的专业知识的专家。由于他们的知识具有非中心化的特点——构成其知识之核心内容只是有关如何统一天下的各种谋略，因此，他们对他们所兜售的对象并不加以选择，换句话说，谁要都行。因此，从本性上说，他们只是一帮奔走于知识市场的知识制造者与售卖者。诚然，他们也有着他们的道德规范与价值取向，但通常那只是职业道德而不是公共道德或人文道德，而所谓价值取向也只限于技术的层面。事实上，人们只要略加思考便可发现，在几乎一切被称为专家的知识分子的身上，比如导弹专家、电脑专家、医学专家、机械专家、武器专家、建筑专家、经济专家、军事专家等，都具有与上述策士相同的特性。因为用罗宾斯的话说，他们都只是些受人雇用的"仆人"，① 他们遵循的只是职业道德规范而不是人文道德规范，持取的也只是技术价值取向而不是社会价值取向。明白了这一点之后，我们对希特勒的身边居然能够麇集那么多的高级专家就不会感到有什么奇怪了。回答很简单：由于他们仅仅是专家。因此，当他们实施着对犹太人的残酷屠杀时，他们所想到的只是他们"仅仅是在工作"。② 因此，我觉得把韦伯所提出的"天职"与"职业"这两个概念用以描述学者与专家工作的区别实在是再恰当不过了：专家把自己的研究工作仅仅当作一种职业，而学者则视自己的研究工作为一种天职；对于前者来说，研究工作只是一种谋生的手段，而对后者来说，研究工作则是他为之献身的事业。③④

最后，学者对待社会总是持有批判的态度。博格斯在其新著《知识分子与现代性的危机》中说："自20世纪70年代以来，人们可以觉察到学者们对与新运动有关的话题的兴趣：分享民主制、工人管理、性别和种族关系、'和平'研究、城市政治和环境政治、文化批判。当然，这一工

---

① 罗宾斯：《知识分子——美学、政治家与学术》，江苏人民出版社2002年版。

② 同上书，第306页。

③ 鲍曼：《现代性与大屠杀》以及书中所提及的怀思莱西的《希特勒的专家们》一文的题目，译林出版社2002年版。

④ 韦伯：《学术与政治》，生活·读书·新知三联书店1998年版。关于本节所阐述的专家的特性，还可进一步参阅哈贝马斯的有关专家统治的论述。

作的大部分是在占统治地位的技术专家治国论范围以外进行的。"① 事实上在 20 世纪 70 年代以前的很长的历史时期中，学者的这种社会批判性就一直存在着并且也一直为人们所觉察着。与这里学者一词的含义非常相近的知识分子一词，在 19 世纪中期最初在法国、俄国及英国被使用时，尽管其被赋予的含义不尽相同，但是社会的批判者这一含义却是三个国家共同具有的（王增进《后现代与知识分子社会地位》，中国社会科学出版社 2003 年版）。如果读者们能够由此再进一步联想到诸如左拉、别林斯基、车尔尼雪夫斯基以及罗素等由于奋力声张社会正义而名声大振的知识分子的话，这一含义便会显得更为切实可感。就中国的情况而言，尽管令人颇为费解的是汉语"知识分子"一词所包含的"批判"意味远没有上述诸国同一词语来得浓烈，但是近代以来特别是"五四"前后的数量可观的知识分子（其实就是这里所说的学者），如严复、龚自珍、康有为、梁启超、章太炎、鲁迅、周作人、胡适、巴金、茅盾、郁达夫等，差不多个个都是十足的社会批判者。人们常常对学者何以会具有强烈的社会批判性不甚理解——因为这与他们的学者身份（所谓学者身份，指的是他们理应只是些待在书房里面，埋头于浩瀚的典籍之中的人）颇不相符。但是，只要人们明白学者其实并不是生活在典籍里面而是遨游于理念的世界里面，他们身上普遍表现出的这种对现实世界叛逆的态度，就变得很自然了，因为相对于理念，现实总是存在着这样那样的不足之处。专家一般来说不是超然于社会现实之外——如自然方面的科技专家，就是对社会现实采取非中心的研究与操作的态度——如社会方面的科技专家，因为他们普遍不会用某一完美的理念去比照社会现实。总之，如果说学者普遍都是些热情的理想主义者的话，那么专家则基本上都是些冷静的现实主义者。不过，上述专家与学者的种种区别在今天正日益变得模糊起来，并且令人遗憾的是，这种模糊似乎主要不是表现为专家的学者化而是相反的学者的专家化。在今天，越来越多的学者正日益变得越来越不像一个真正的学者而更像一个真正的专家，尽管其所涉猎的知识领域仍然属于十足人文的范畴。

这样说不是没有理由的。首先，相当数量的学者已经不再像他们的前

---

①　博格斯：《知识分子与现代性的危机》，江苏人民出版社 2002 年版，第 21 页。

辈那样执着于美妙的理念世界，而是像专家那样沉湎于经验的直观世界，热衷于研究这个世界里的各种具体的现实问题，特别是其所涉猎的某一人文学科领域里的各种具体的学术问题。举例来说，今天的绝大多数比如文学专业的人文学者面对文学文本时，普遍已经不再像他们的前辈们那样考虑着如何地亲之、乐之并且因此与之达成精神上的交流与融合，而是先如同科学家一样地对之进行冷静的观察与思考，然后以一个"技术员"的眼光把文本视为可供其操作的"持存物"，并且借助各种各样的方法与技巧，如分析、解构、重组、复述、压缩等，对之进行任意的改造与加工。其目的，借用罗蒂的话说，在于"将文本锤打成符合自己的目的形状"，[1]并且因此制造出大量的规范化的或者标准化的所谓研究成果。因此，一个让人啼笑皆非并且颇具讽刺意味的现象是，在今天，文学学科已经变异和衍生出各种各样的文学工业，如西方的拉康工业（Conradianindustry）、乔伊斯工业（Joycian industry）、叶芝工业（Yeatsian industry）、狄更斯工业（Dicksian industry）（鲍曼《立法者与阐释者》）以及中国的屈原工业、陶渊明工业、李白工业、杜甫工业、曹雪芹工业以及鲁迅工业等；由此便又形成了与之相应的拉康专家、乔伊斯专家、叶芝专家、狄更斯专家、屈原专家、陶渊明专家、李白专家、杜甫专家、曹雪芹专家以及鲁迅专家等。这些专家通常会倾其一生的岁月与精力去对相关的对象展开研究与操作，他们赖以安慰他们自己的是，由于他们对某一相关对象研究与操作得非常精深，因此他们对这一对象拥有当然的发言权，换句话说，他们是关于这一对象的当然的权威。然而，遗憾的是，这种所谓的研究与操作的精深，就其实质而言，正像贡布里希教授所讽刺的那样，通常只不过表现他们对"少而又少的东西，知道得多而又多"[2]而已。由此所引发出的一个令人近乎沮丧的后果是，无论是作为研究与操作者的主体还是作为被研究与被操作的文学文本的客体，都像海德格尔所指出的那样"作为持存物而被吸收了"，双方的本性均被"耗尽"了，最终剩下的便只是一种技术化的"空洞性"的存在（《海德格尔分析新时代的技术》）。

---

① 艾柯等：《诠释与过度的诠释》，生活·读书·新知三联书店1997年版，第30页。

② 贡布里希：《理想与偶像》，上海人民美术出版社1989年版，第190页。

其次，由于今天的许多人文学者都已变成了不再执着于美妙的理念世界而是沉湎于现实的经验世界以及学术世界的具体现象与问题的专家，因此，非中心化就理所当然地成为他们所尊奉的座右铭。他们普遍认为，至少从理论上讲，他们应该也可以做到不让他们的研究与操作受到他们作为一个社会的人所具有的道德追求及价值取向的干扰。他们觉得他们所应考虑的只能是如何把作为他们的研究与操作对象的人文文本视作与自然客体无殊的客体，并且如何用他们已掌握的各种研究与操作的方法与技巧对这些客体展开冷静客观的研究与操作。因此，非常自然的，今天的一个文学学者在阅读一篇或一部文学文本时，不论他（她）作为一个一般读者是否可以被这一文本所感动，他（她）此刻作为一个文学学者却可以做到无动于衷、超然冷静。此外，对于一个如此专家化的文学学者来说，阅读什么样的文学文本，决不能从个人的兴趣与口味出发，而只能从能够得到理想的研究与操作结果出发。西方结构主义文学专家们所以居然要致力于研究蒲松龄的短篇小说集《聊斋》，原因就在于《聊斋》里的许多文本便于对之进行结构主义的分析（杰姆逊《后现代主义与文化理论》，陕西师范大学出版社1987年版），正像英美新批评派的文学批评家们出于同样的目的而通常倾向于把诗歌作为他们进行细读与分析的对象一样。就这个意义而言，这些文学批评家的确不再是一个以求知为主的人文学者，而是一个以探索为主的科技专家。

再次，今天的绝大多数人文学者，其所涉及的知识领域已经越来越窄，并且当然也越来越深，原因在于他（她）的求知已经不再像从前那样为了使自己获得"欢乐和充实"，并且以此去给别人"指向一条通向别人心灵创造物的道路"，[①] 而是为了替某一个人、集团或机构提供知识上的服务——比如，为某一名人提供法律知识的咨询，为某一企业提供经营决策的建议，对某一地方政府制定的经济、文化发展规划提出意见与建议等。今天的人文学者们基本上不再像他们的先辈们——比如西方的罗素、萨特等，中国的鲁迅、朱自清、林语堂、陈寅恪等，那样为公众写作了，甚至像杰姆逊这样的当代西方马克思主义文化学者，也"从未去寻找过

---

① 贡布里希：《理想与偶像》，上海人民美术出版社1989年版，第87页。

公众，他的著作是为大学的讲习班而写的"。① 正像米格尔斯所说的，今天的绝大多数人文知识分子已经成为"政策专家"而不再是一个求知并且通过求知以使自己获得"欢乐和充实"的学者。正因为如此，在今天，人文学者的这种由"为己"变异为"为人"的专家化倾向，已经逐渐地具备了制度的形态。最典型的表现是，大量人文学者已经成了长期受雇（用今天的更为时髦也较为文化的话说，则是受聘）于某一个人、组织或机构的某一方面，比如法律、经济、文化等的顾问。与此异曲同工的是，今天的许多人文学者的学术写作，也逐步地由过去的自由而为、即兴而为的形式变异为按照某一组织或机构所下达的课题而写作的形式。可以这么说，随着申报与批准课题成为调控人文学者从事学术写作的主导机制，人文学者就彻底地由"为我"的学者变异为"为人"的专家了。

最后，今天的绝大多数人文学者也已不再像他们的前辈们那样对社会持取非常鲜明而强烈的批判态度。相反，普遍对社会问题表现出一种超然的态度。对于他们生活于其中的那个社会而言，他们已不再是苏格拉底式的另类人物或者波西米亚式的文化人，他们实实在在、的的确确已经成了其中的一个阶层（《最后的知识分子》）。因为他们普遍已习惯于以自然科学家的态度、方法和语言，"试图把人作为昆虫或者计算机一样来讨论"。② 比如，他们会非常冷静地把受到不公正的对待的人们用非常中性的和抽象的社会学术语描述为"弱势群体"或"边缘化群体"等。在这样的描述里，"作为对象的人已经被简化为纯粹的、无质的规定性的量度，因而失去了他们的独特性"，更直截了当地说，"他们已被非人化"了。③ 既然如此，指望作出这种描述的人对被其描述的对象产生道德的同情与怜悯并且对这些对象的处境应付责任的社会产生批判的激情，那无异于戴盆望天、缘木求鱼。在社会科学家眼里，所谓暴力、权力与不平等都只是与自然现象没有本质区别的纯粹的客观存在，他们的任务只是对之进行探索——发现规律与原因并且作出预测及提出对待的办法与方案等。因此，对于作出这样描述的社会科学家们来说，所谓某些人的"'弱势化'

① 雅各比：《最后的知识分子》，江苏人民出版社 2002 年版，第 146 页。
② 贡布里希：《理想与偶像》，上海人民美术出版社 1989 年版，第 273 页。
③ 鲍曼：《现代性与大屠杀》，译林出版社 2002 年版，第 137 页。

或"边缘化"只不过是一个纯粹的社会问题，而且，需要考虑的也只是如何冷静地对之进行科学的分析而不是激动地对之展开人文的批判。说到底，科学与技术是不具有批判功能的，因此，科技专家——无论是自然科学的还是人文社会科学的，也就不可能是一个社会批判者。

三

导致上述学者的专家化的原因无疑很多。首先是人文学科本身的科技化。众所周知，人文学科，就其本性而言，指的基本上是学习如何针对各种人文文本展开各种学术活动。这里所谓学术活动似乎包括关系甚密但却颇有区别的两个方面，即学与术。所谓学指的是经由学习以获取人文知识、人文教益及人文陶冶等，至于所谓术指的则是有助于学的各种方法。因此，从根本上讲，人文学术活动乃是一种全面教育或教化的过程，其目的，正像古罗马的西塞罗所断言的那样，在于"发挥那些纯粹属于人和人性之品质"并且使人们成为韦伯所说的"有学养的人"或即中国古代文化传统里的所谓"君子"。这里当然存在着一个如前所说的"为己"与就其好的意义而言的"为人"的问题。就"为己"而言，其方法差不多都限于理解各种各样人文文本的作者的写作意图；就"为人"而言，则基本上采用解释的方法，即解释各种人文文本的作者的写作意图，目的在于前已提及的贡布里希教授所说的"给他的学生和读者指向一条通向别人心灵的创造物的道路"。无论是理解还是解释，其所针对的都只是各种各样单个的人文文本，并且就其性质而言，均属于胡塞尔所说的"意向性"的诠释而不是结构主义符号学的诠释。然而，随着西方 17 世纪的科学革命的爆发并且由此所形成的现代科学对人类的社会生活产生了无以伦比的促进作用，早先宗教及上帝在社会生活中所具有的支配地位，便逐渐地被科学所取代，而科学以及与之紧密相关的技术便因此逐渐成为新的崇拜对象。这样，正像哈耶克所说的那样，"对自然科学成就的这种自豪感以及对其方法万能的信念，在 18 世纪末 19 世纪初有着无与伦比的正当性"。[1] 这种"正当性"先是表现为诸如孔德、圣西门及穆勒等人坚决主

---

[1] 哈耶克：《科学的反革命》，译林出版社 2003 年版，第 113 页。

张的应该用自然科学的实证方法去研究社会。这样，原先在作为学术活动
的人文学科中被视为对象的、体现在个别人文文本中的独特的精神内蕴，
便被作为社会科学研究对象的个体活动之结合体的人类整体活动所取代
了。诚然，这一趋势在 19 世纪曾经遭到了来自狄尔泰的有力抨击。例如，
在狄尔泰看来，"个人是社会之最终的、具有意义的单位，他们的行动构
成历史。无论社会科学家要作出什么样的概括，无论历史家要发现什么样
的趋势，对于人文科学来说，个人始终具有内在的和永恒的重要性"。①
为此狄尔泰建议，有必要创立一门新的有别于圣西门等人倡导的社会科学
的科学，即精神科学或人文科学（Humanstudies），这门科学的对象是所
谓的 ObjektivationdesGeistes（"精神的各种客观化"）或即所谓 Objektiver-
Geist（"客观精神"），它不仅包括语言、宗教、法规和自然科学，"而且
连房屋、花园、工具、机器和装饰品，都属于这种'客体'"（obect）。②
此外，在狄尔泰看来，鉴于这门科学的对象是有别于作为圣西门的社会科
学之对象的社会运动的"客观精神"，因此，决不能简单地采用自然科学
的实证方法，而只能采用被现代自然科学所一再贬抑的理解与解释。尽管
如此，由于狄尔泰所建议创立的毕竟是一门新的科学，因此，和古典人文
学科的理解与解释的目的在于领悟某一独特的精神内蕴不同，狄尔泰的理
解与解释所追求的乃是被他称为 ObjektiverGeist 的"客观精神"的普遍规
律。用美国当代历史学者唐纳德·R. 凯利的话说，狄尔泰的理解与解释
所追求的不是人文世界的"独特本质"而是人文世界的"普遍本质"（凯
利《多面的历史》，生活·读书·新知三联书店 2003 年版）。因此，狄尔
泰的理解与解释实际上已经具有了今天广为流行的结构主义符号学诠释的
基本特性，这就是探索隐藏在作为人文符号的各种各样的人文文本底下的
某一共同的本质结构。因此，实际上，恰恰是从狄尔泰开始，人文学科完
成了她从传统的学术活动向现代的科学活动的变异，到了今天，这一变异
已经达到十分彻底的地步。这是因为，今天，人文学科的说法几乎完全被
人文科学的说法所取代；人文世界已经从传统的由人写作而成的诸如文
学、历史等人文文本扩展为一切人文存在物；面对人文世界，传统的阅读

---

① 　里克曼：《狄尔泰》，中国社会科学出版社 1989 年版，第 13 页。
② 　同上书，第 117 页。

并领悟某一文本的写作意图已经变异为探索并发现众多文本所反映出来的某一共同规律。由此，传统的人文学者在今天也已相应地彻底变异为人文科学家或人文专家。

其次是学术的职业化与制度化。只要稍加留意便不难发现，今天差不多 90% 的知识分子——无论是科技的还是人文的，都是供职于某一社会机构的专业工作者，换言之，今天的"知识分子越来越不作为独立的作家或诗人而生活了，他们更多的是作为专业集团、利益联盟、或许是一些阶级而存在"。① 因此，"今天的知识分子总是带着履历表和名片旅行，他们靠社会的支持而生存。在大学教师中，常见的首要或次要问题不是'谁?'而是'在哪里?'意思是问某人加入了哪个机构"。② 这种职业化与体制化所导致的一个最明显的结果是，今天，一个比如人文知识分子的学术活动，就不再可能依然像从前那样出于个人的兴趣与爱好，而是相反，基本上受制于他（她）所供职的某一机构的要求。无论他（她）愿意与否，他（她）都得不断绞尽脑汁、挖空心思地去生产（调侃一点说乃是炮制）大量所谓的科学"研究成果"（如所谓规范化的论文与论著），而不是他（她）阅读文本时所获得的精神的快乐与充实之感，因为后者被认为属于个体的内心世界，因而没有多大的社会意义与功利价值。这些"研究成果"绝大多数充满了贡布里希教授所说的千奇百怪的"自命不凡的行话"，以及冗长乏味的论述和花样百出的所谓新方法和新技术。总之，正像齐美尔早在 70 年前就一针见血地指出的那样，"这些所谓学术研究已经变成了涉及其自身的方法研究，变成了一种自成一体的研究范围的膨胀，这种研究有其独立的路径，不再与作为一种圆满生活的文化相统一"。③ 这样，传统意义上的人文学者便完全变异为与科技专家毫无二致的人文专家，或即海德格尔所说的人文"技术员"。

最后是知识的专业化。所谓专业化，指的是每一个知识主体——无论自然科学的还是哲学社会科学的，一般都只在某一有限的知识领域具有较高的造诣，至于其他知识领域（哪怕是十分相近的知识领域），他（她）

---

① 雅各比:《最后的知识分子》，江苏人民出版社 2002 年版，第 96 页。
② 同上。
③ 鲍曼:《立法者与阐释者》，上海人民出版社 2000 年版，第 208 页。

完全可以很少甚至根本不予涉猎。从斯密的分工理论看，这样做的好处是显而易见的：十个什么知识都略懂一点的人所共同拥有的知识总量肯定要比十个只对某一领域的知识懂得很多的人所共同拥有的知识总量小得多，更为重要的是，前者比后者还要浅得多。因此，从斯密的分工理论看，后者中的每一个人都要比前者中的每一个要有意义得多和有价值得多。这一理念又被今天这样一个特别注重功利效果的社会大大地强化了。就解决政治、经济及文化等方面的种种迫切的现实问题而言，一个在某一知识领域具有精深造诣的专业人士肯定要比一个各种知识领域均略有涉猎的有学养的人能够发挥更有效的作用。总之，无论从分工理论出发还是从社会的功利需求出发，对于今天的时代来说，专家肯定比学者更有存在的理由。最明显的证明是，在古典社会，一个知识分子可能仅仅因为是一个学养全面的人而被授予高官厚禄，但在今天，一个知识分子要被委以重任，却必须被证明为在某一知识领域具有相当精深的并且最好是独特的（或即别人难以具备的）造诣，至于他（她）在此之外是否还具备其他什么知识修养，却几乎毫不重要。除此之外，今天的知识领域日趋增多、日趋细微，也迫使一个知识分子在深感庄子的"吾生也有涯，知也无涯，以有涯随无涯，则殆矣"的慨叹乃不易之真理的同时，收敛起原本具有的广阔的求知欲，而将其有限的时光与精力倾注在某一狭小的知识领域。因为他（她）明白，如果不这样，对于他（她）所处身其中的今天的社会来说，他（她）只能是百无一用的书生。因此，对于今天的绝大多数知识分子，特别是那些被认为卓有建树的知识分子来说，只懂科技不懂人文或者相反只懂人文不懂科技，只懂文学不懂历史或相反只懂历史不懂文学，只懂中国文学不懂外国文学或者相反只懂外国文学不懂中国文学，等等，实在是太正常太自然的事情了。因为他们已经变异为如贡布里希教授所说的那种"在很少的方面知道得很多"的专家而不再是在很多的方面都广有涉猎的学者了。

（原文载《学术研究》2005 年第 12 期）

从一元到多元

——关于文化变迁的功能主义社会理论的解读

　　尽管在许多人看来，现代社会（在本文中，现代社会这一概念是被用以指称古典社会或即所谓农业社会结束以后一直到今天的这一历史时段，因此它包括人们通常所说的现代社会与后现代社会或即工业社会与后工业社会，以下如无特别的说明，那就表明我均是在这一意义上使用现代社会这一概念的）的文化所以会呈现出多元化的状态，肯定可以从与尼采、弗洛伊德、德里达、福科、利奥塔以及德勒兹等后现代思想家的工作紧密相关的所谓形而上学、本质主义、真理及主体的崩溃、分裂及退场，语言、符号、模型、幻象等的自主化与独立化，以及历史或即时间的消解、科学权威的衰减等当中找到有力的解释，但是，细想一下便不难发现，上述一切似乎还不能算作对文化的多元化的形成所做的原因的说明，充其量只是对这种多元化的含义的另外几种表述以及对其形成的相关因素的揭示而已。本文的写作可以被视为为弥补这一不足所作的一个尝试。简单地说，在本文中，我将借助于社会理论中的功能学派的基本观点以及诸如功能、整合及社会依赖等核心概念对何以文化会从古典社会的一元化而变迁为现代社会的多元化做出也许是更能说明问题的因果分析与功能分析（尽管正像事实所表明以及许多学者所指出的那样，社会理论中的功能学派的确存在着许多不可克服的弱点；但是同样不可否认的是，相当多的社会现象除了从它那里之外很难从其他社会理论流派那里找到真正有效的说明）并且由此提出几点结论，以期对当代中国社会文化建设的原则的厘定有所裨益。

　　为使后面的论述方便起见，请允许我先对上面所提及的社会理论中的功能学派的几个核心概念略加解释。按照帕森斯的说法，所谓整合乃是作为社会行动大系统的四个子系统之一的社会子系统（其他三个子系统分别是文化子系统、人格子系统以及行为有机体子系统）的四大功能之一（其他三大功能分别是维持模式功能、完成目标功能以及适应功能），其"目的是确保社会子系统中各个部分或各个单位与整个社会必要的协调一致，尤其是社会的整体组织和整体运行"①。就我所赋予的意义而言，所谓整合，可以更简单地被表述为使社会成员一体化。至于功能这一概念，从拉德克利夫——布朗的使用可以看出，其所意指的并且也是我在本文中所采用的含义是，"一个组成部分所具有的同它嵌入其中的整个系统的关系之总和"②，这一定义中的"关系之总和"这个概念，用默顿的话说，其实就是指"适应或调适"③。关于文化这一概念，很显然，在本文的使用中，其含义不可能是广义的而只能是狭义的，换句话说，本文中的文化这一概念其所意指的乃是所谓思想观念，或即马克思主义话语系统中的意识形态。最后，在本文的话语系统中，社会依赖这一概念，正像它的字面所提示的那样，其所意指的是与诸如血缘依赖、家族依赖、组织依赖、制度依赖、权力依赖等均不相同的一种特别的依赖形式，明白地说，它就是指涂尔干所说的社会分工，或即由社会分工所形成的广泛的、整体性的人与人之间的相互依赖。

这样我们就可以来谈谈社会整合了。说到社会整合，人们马上就能想到的乃是涂尔干所提供的一个非常经典的二分法的表述，即古典社会的"机械团结"和现代社会的"有机团结"；所谓团结某种意义上说就是这里所说的整合（当然，也许还可能想到由斯宾塞所提供的"军事社会"和"工业社会"的说法以及由韦伯所给出的集权类型与工业类型的概念，但是，由于这些概念对以下的论述帮助不大，故这里只约略提及而不作阐述）。关于"有机团结"容后再谈。至于"机械团结"，正像涂尔干所说的那样，他使用这个概念意在表明，"凝聚力的形式以信仰和情操的相似性为基础"，所以如此的原因在于在古典社会里"几乎不存在分工"④。这

---

① ［英］胡格韦尔特：《发展社会学》，四川人民出版社 1983 年版，第 29 页。

② ［英］帕特里克·贝尔特：《二十世纪的社会理论》，上海译文出版社 2002 年版，第 53 页。

③ 同上书，第 66 页。

④ 涂尔干：《分工论》，生活·读书·新知三联书店 2000 年版，第 43 页。

里所谓"信仰和情操的相似性"，用本文所提供的术语说，就是一元化的文化。这样说当然决不意味着古典社会的社会整合完全借助于一元化的文化，而与社会依赖或即社会分工以及其他前已提及的诸如血缘、家族、社会组织、制度及权力等社会整合因素完全无关，事实当然不是这样。但是，有一点是十分清楚的，这就是，在古典社会，比起一元化的文化来，这些社会整合因素所具有的社会整合的功能要微弱得多并且因此其所发挥的整合社会的作用也要小得多。比如，正像前引涂尔干的话所揭明的那样，在古典社会，即便存在着一定的社会分工，也是相当粗疏的和相当有限的，换句话说，并不存在工业社会所具有的那种严密细致的并且是广泛深入的社会分工。正因为如此，古典社会的经济形态常常被描述为自给自足的，这种描述所包含的意思是，在古典社会，人们可以不依靠他人而存活，因此社会依赖程度是很低的，指望由这样一种程度很低的社会依赖来整合整个社会几乎是不可能的。此外，像血缘及家族这两个社会整合因素，要说它们一点不发挥整合社会的作用肯定是不真实的，但是，同样非常明显的是，它们所能发挥的整合作用，就范围而言，必定是十分有限的，即只能限于被血缘和家族所框定的极为狭小的范围之内，严格意义说，它们所能发挥的整合作用并不是真正的社会性的。再者，诸如政党、企业及社团等所谓次级群体形式（初级群体形式为家庭、家族等）的社会组织，由于都只是在现代社会里发育和发展起来的，在古典社会里，即便存在也只处于一种萌芽的状态，因此也不太可能在古典社会里发挥什么整合社会的作用，而且纵使能发挥一点作用，也只限于人数极少的人群之内。至于制度与权力这两种相互紧密关联的社会整合因素，肯定比前几种社会整合因素具有强得多的社会整合功能，并且因此肯定发挥了重要得多的整合社会的作用；但是，稍作考察还是能发现，它们所能发挥的整合社会的作用依然是较小的，至少和文化相比是如此。不过，这一点需要给予必要的阐述。首先，有一点是非常清楚的，这就是，无论是制度——如政治制度、法律制度、经济制度等还是权力——如政治权力、军事权力、经济权力等，其所发挥的恐怕并不是如文化一样的整合作用而是控制作用，尽管要在这两者之间作出非常严格的区分有时的确并不太容易——比如，当代美国文化社会学者霍尔和尼兹就倾向于把文化所发挥的整合作用称为控制作用①，但是，我还是坚持认为，文化所发挥的作用是整合而制度与权力所发挥的作用则是控制。我为此提出的理由是，文化的作用是柔性的，而制度与权力的作用则是刚性的，至少与文化相比是如此。其次，正像许多学者的研究成果所表明的那样，至少就中国的古典社会而言，即便硬要说制度与权力所发挥的也是整合作用，那也必须承认，在很大程度上倚重了文化所发挥的更为有效的整合作用。这里说倚重有两层含义。其一，制度和权力所发挥的整合作用的范围其实非常有限——大体上就阶层而言，只限于官僚阶层，而就行政层次而言，似乎也只限于州县以上；至于广大的民众以及州县以下广大的乡村世界，其实是制度与权力很少到达并且因此很少发挥作用的世界。明白地说，无论是对官僚以下的民众来说还是对广大的乡村世界来说，真正发挥整合社会作用的其实主要是文化而不是制度与权力。其二，就制度与权力能够发挥整合作用的那些领域而言，在这种整合因素发挥作用的同时，文化也在发挥着整合作用。作为证据，人们只要想一想在这些领域人们对制度与权力的遵循与服从是多么地"惯习"化，就可以了。所谓惯习，乃是布尔迪厄社会理论中的一个非常关键的概念。布尔迪厄发明这个概念的目的，在于将其所着力强调的实践感和信念这两个概念有一个更为集中的归宿。因此，在他的社会理论的话语系统中，所谓惯习所意指的乃是人的"性情的生成系统"，这种系统"是在童年早期不知不觉中获得的，因而是持久的"，这种"性情生成人的实践、即兴创作、态度或自身的运动"，因此，"惯习提供'游戏感'或'实践感'，允许人们提出无数的策略以成功地应付无数的处境"②。很显然，惯习的形成一方面与一个人从小就接受了某些制度与权力的约束与支配有关，另一方面恐怕更是各种与这些制度与权力相应的文化，如人生观、价值观、伦理观、道德观以及宗教教义等熏陶或教化的结果，正是这些文化因素所施加的潜移默化的作用，制度与权力的约束与支配或即所谓控制，便慢慢地被受控制者从外在的服从变为自觉的遵循，直至司空见惯，习以为常。总之，在古典社会里，的确只有文化具有或者更准确地说

---

① 霍尔和尼兹：《文化：社会学的视野》，商务印书馆 2002 年版，第 54 页。

② ［英］帕特里克·贝尔特：《二十世纪的社会理论》，上海译文出版社 2002 年版，第 32 页。

是替代微弱的社会依赖而具有强健的社会整合功能，并且因此发挥了强健的整合社会的作用。

如果上述说法大体可以成立的话，那么，无论在西方的还是在中国的古典社会，文化或即思想观念均表现出高度的一元性，就非常自然了，而且事实也的确就是如此。让我们先来看看中国的情况。众所周知，齐梁时代的杰出文学批评家刘勰在其所著文学理论的杰作《文心雕龙》"通变"篇中曾经分别把我国的黄唐、虞夏及商周三个时代的文学特点概括为"淳而质""质而辨"及"丽而雅"，刘氏作出这样的概括的目的，原本旨在表明这三个时代的文学是不断变化的，因此各有各的特点，并且总的趋势是由质朴而趋向文雅。但是，无论是"淳而质"还是"质而辨"或者"丽而雅"，都只是一种单一的风格。如果我们承认单一的风格是以单一的内容与单一的形式为基础的话，并且如果我们还进一步承认黄唐、虞夏及商周三个时代的所谓文学与文化并无什么实质的分别的话，那么说这三个时代的文化或即思想观念是单一的或即一元性的，应该说是不成问题的。在稍后的春秋战国时代，乍一看文化似乎表现得非常地多元化，这一点从史学家们通常称这一时代为百家争鸣的时代可以找到有力的证明，并且似乎因此对我们的立论构成严重的威胁。但其实不然。首先，尽管号称"百家争鸣"，但是主要的也就只限于儒、道、法、兵、农等几家，而且更重要的是，所争鸣的也并不关乎总体的理想与目标而只集中在达致某种共同的理想与目标的路径与方法而已①。因此，要说这一时代的文化是多元化的恐怕有点儿勉强。其次，与先前的黄唐、虞夏及商周三个时代以及此后的秦汉至明清这一漫长的时期相比，所谓多元文化的"百家争鸣"，就其占有的时段而言，显然是很短暂的，因此可以说是一个暂时的、非正常的状态，只相当于长河的一个偶尔的回流而已。我们只要考虑一下孔子一生为之奋斗不已的伟大目标只在于恢复周代的礼治，这一点就变得更为清楚明白了。正因为如此，从汉武帝采纳董仲舒所提出的"独尊儒术，罢黜百家"的建议以后，作为整合社会的极端重要的并且几乎是唯一的因素的思想观念或即文化便立即恢复了它的一元性的常态，并且一直持续到有清一代

---

① 参阅冯友兰《中国哲学史简编》，北京大学出版社 1989 年版。

为止。说这一漫长时期的文化基本上是一元化的，可以很简单地从以下这一试验当中得到有力的证明：任何一个对这一时期的文化历史非常熟悉的人，如果要他或她回顾一下这一时期的文化历史的话，那么他或她所能想到的或所能记得的，大概通常不外乎诸如"杀身成仁""舍生取义""学而优则仕""三纲五常，三从四德""穷则独善其身，达则兼济天下""善有善报，恶有恶报"以及"色即是空，空即是色"等为士大夫以及广大民众所普遍遵循和信奉的、为数有限的所谓儒、道、释的宏大叙事或一元话语而已。

　　上述中国古典社会的文化呈现出高度的一元化，换一个角度，还可以从这种文化还总是表现出高度的循环性这一点获得很有力的旁证。比如，在伟大的智者老子看来，"反者道之动"，即大道的运行总是表现为往回复反的状态；而照孟子的意见，"五百年必有王者兴"，即每隔五百年历史就完成一次循环；最后，董仲舒曾经这样描述历史的运动模式，即由"黑统"而"白统"，再由"白统"而"赤统"，然后再由"赤统"而"黑统"，如此循环，永不停歇。应该承认，上述看法不仅对此后的中国古典思想观念发生了巨大的影响，而且事实上也是对其所由以蕴酿的时代的思想观念的一种集中的表达。至于酝酿出这些看法的时代的思想观念所以能够形成，肯定与生活在那个时代的人们所面对的乃是一个到处都呈现出循环状态的自然世界密不可分。确实，四季轮回不歇的更迭、日月周而复始的运行、植物有条不紊的荣枯以及江河起伏有序的涨落，如果不使人们感到世界是循环不歇的，那倒是非常奇怪的了。我们必须承认，如果文化不是一元化的话，那是决不可能呈现出循环状态的。关于西方古典社会的文化的一元性，为节省篇幅起见，我不拟在这里再作冗长的历史引证了，有兴趣的读者可以在任何一本有关西方文化史的著作中找到大量的证例。我以为，在这里只要请读者们考虑一下西方的整个中世纪差不多都是基督教文化所控驭的这一点就可以了。此外，还有一点也是很能说明问题的，这就是，和中国古典社会的文化呈现出高度的循环性一样，西方古典社会的文化也有着同样的特点。比如，贝尔在其所著社会学名著《资本主义文化矛盾》中就曾这样告诉我们："荷马的《得墨特尔颂》就把时间描写成一个环，枯死的植物界每年都有一次新生。这种看法和仪式至少在神秘宗教或俄尔浦斯传统中变成这样一种主题：生与死之后会有复活与新生。这样，人的命运就构成一个圆环。"①

二

前面曾经提及涂尔干所提出的与古典社会的"机械团结"相对的现代社会的"有机团结"，现在请让我就后者展开适当的讨论。细读一下涂尔干的《分工论》，我们可以明白，他所以把现代社会的社会整合称之为"有机团结"，是因为在他看来，在现代社会，"劳动分工的增长意味着，社会个体成员之间相似性大大减少、而维持团结的集体良知出现的可能性也大大降低。但尽管如此，社会并不会就此限于分裂。恰恰相反，正是那个破坏集体良知的过程，如今发挥着满足需要的功能。话说回来，集体良知瓦解后所提供的团结形式还是根本不同的。这是一种有机团结（organic solidarity），不同的社会单位在其中凝聚在一起，因为他们为了整个系统的持续存在而相互依赖。公司经理保持着与消费者、政府管理者、雇员、供应商等各方面的团结，这是因为，即使其中具体的双边关系可能暗含着竞争甚至冲突，但他们也都有一个共同的需要，就是维持系统运行"②。在由澳大利亚当代社会学理论家沃特斯对涂尔干的"有机团结"这一概念所作出的上述解读中，包含着以下两个值得注意的要点。首先，在古典社会用以整合社会的思想观念或即涂尔干所说的"集体良知"，在现代社会已经很难形成，究其原因在于，和古典社会不同，现代社会个体成员间的相似性大大降低了，换一个相反的说法，即相异性大大提高了。确实，和在古典社会人们总体上生存在基本上是由血缘和家族所构成的一个相对静态、简单的世界，因此其所扮演的社会角色非常单一并且也近乎没有什么个性不同，现代社会的人们所扮演的社会角色极其多样，人们所具有的性格也极其丰富，因此，指望现代社会形成在古典社会很易形成的诸如"三纲五常，三从四德"之类的所谓"集体良知"，的确有点近乎迂阔——比如，尽管许多从古典社会生活过来的人经常会以"人心不古，世风日下"来表达其对现代社会缺乏古典社会的某些集体良知的诟病与

---

① 　贝尔：《资本主义文化矛盾》，生活·读书·新知三联书店1989年版，第25页。

② 　[澳]马尔科姆·沃特斯：《现代社会学理论》，华夏出版社2000年版，第147页。

感慨，但是，事实表明再怎么诟病与感慨都无济于事，因为社会发生了根本的变化，或者用社会理论的更准确的术语说，发生了广泛的分化，代替古典社会的"集体良知"，在现代社会，所能形成的充其量只能是"个体良知"（涂尔干语）。其次，这种集体良知或即一元化的思想观念的瓦解，自然会导致其在古典社会所具有的社会整合功能的消解以及所承担的整合社会的任务的脱卸；但是社会却并没有因此而处于分崩离析的状态，恰恰相反，与古典社会相比，整个社会反而整合得更为紧密了。原因在于，细密的社会分工或即高度的社会依赖，替代集体良知或即一元化的思想观念而习得了强有力的社会整合的功能并且因此承担起整合社会的重要任务。这种整合所以被涂尔干称为与古典社会的"机械团结"不同的"有机团结"，是因为它所依靠的不是外在的统驭而是内在的关联。确实，严密的社会分工使任何人都不可能摆脱对他人的依赖而独自生存下去。尽管这种依赖有时是一眼不能看到的或一下子不能感觉得到的，用埃利亚斯的话说，就是不在人们"可以获得经验和意识的范围之内"——比如，"举例说，一个巴西的农民和一个对初级产品进行投机的纽约交易代理商并不必然认识到把他们联系起来的相互依赖的链条"①，但是，事实上在现代社会，一个人只要试着去独自为生马上就会感到被一张广大无边且强大有力的分工之网牢牢地制约着。这与古典社会的情况恰成鲜明的对照：再比如中国的古典社会，人们可以随心所欲的避开他人，占据一块土地，过起为老子、庄子等所十分赞誉的离群索居的隐居生活，而在今天，这根本上是不复可能了——比如，即便是19世纪之初的美国人梭罗，在瓦尔登湖畔也只勉强过了两年零两个月的隐居生活便又匆匆回归了被他所十分厌弃的现代文明社会，而且这两年多的生活也不纯粹是不与他人发生交往和进行生活用品的交换的（参阅梭罗著随笔自转《瓦尔登胡》，徐迟译，人民文学出版社1981年版）。说到这里，有两点也许值得在此补说几句。第一，人们常常认为，现代社会是一个流动性极强的社会，而这一点对现代社会是一个依赖度极高的社会这一说法似乎构成了有力的挑战。但是这一挑战是不存在的，因为所谓流动只是指人们从这一区域流动到另一区域，以及最终为的是从这一分工环节流动到另一分工环节，而不是指对分工关系的

---

① ［法］菲利普·柯尔库夫：《新社会学》，社会科学文献出版社2000年版，第27页。

脱卸。因此，从本质上看，这种极强的流动性反而更有力地证明了人们的相互依赖度是很高的：找不到一个适合自己的分工环节，人们就感到生存面临着巨大的威胁。第二，说现代社会的依赖程度很高并不意味着古典社会完全不存在社会依赖，这一说法所表明的只是这样一种情况，即"在我们更为复杂的现代社会中相互依赖的链条拉长了，个体处于数目更多的相互关系网的交叉之中"而已①。

由此，正像前已述及的那样，人们就不应该惊讶于现代社会的文化或即思想观念呈现出高度的多元化的状态了。当然，这种文化的多元化并不是一蹴而就的。我的意思是说，如果就西方而言的话，尽管从文艺复兴时期以来西方文化便开始发生从过去的一元化向多元化的巨大变迁——比如，正像当代英国文学理论家伊恩·P. 瓦特在其所著《小说的兴起》一书中所说的那样，从文艺复兴开始，西方文化便"以另一种大有区别的图景取代了中世纪时对统一的世界的描绘，从根本上说，它向我们展示了一种发展的、而且是意外的、特定的个人在特定地点获得的特定经验的聚合体"②，但是，事实上，直到工业社会真正形成的17至19世纪或即与后工业时代相对的工业时代，文化似乎尚未真正呈现出为后现代思想家所真正认可的那种多元化的状态。要不然，我们就根本无法理解为什么诸如利奥塔等后现代思想家会把后现代的精神概括为对工业社会意义上的现代社会的"元叙事的怀疑"③了。这里所谓"元叙事"，有时也被称为宏大叙事，其所意指的就是一元化的文化，具体地说，主要是指工业社会意义上的现代社会所坚信和倡导的诸如"精神辩证法、意义阐释学、理性主体或劳动主体的解放、财富的增长"④等思想观念。与之相反，后现代思想家所极力崇尚的则是微型叙事、非中心、非理性以及解构等思想观念。后现代思想家所以依然还要把工业社会意义上的现代社会的文化视为一元化的，也许主要是因为在他们看来它还不够多元化或者还不像他们期望的那么多元化。所以会如此，关键恐怕在于工业社会意义上的现代社会的文

① ［法］菲利普·柯尔库夫：《新社会学》，社会科学文献出版社2000年版，第28页。

② 瓦特：《小说的兴起》，生活·读书·新知三联书店出版社1992年版，第26页。

③ ［法］利奥塔：《后现代状态——关于知识的报告》，生活·读书·新知三联书店出版社1997年版，第2页。

④ 同上书，第1页。

化再多元化毕竟主要是由理性所构建起来的，而后现代思想家受后现代精神的鼓舞，从根本上对理性持取强烈的否定态度。因为在他们看来，理性总是对人施加着压力，尽管针对中世纪的基督教神学的一元的宗教文化对人的压抑，文艺复兴特别是 18 世纪的启萌运动所弘扬的理性，的确使人获得了极大的解放，但这种解放是不彻底的，甚至某种意义上讲只是原地踏步而已，因为代替宗教对人的压抑，理性又给人施加了新的压抑：人用理性为自己构建了一个"囚笼"（韦伯语）。因此，后现代思想家便特别强调非理性以反抗理性，并且以此求得人的彻底解放。在这里，我不拟对后现代精神以及后现代思想家的上述基本思想观点作出具体的评论（这是另外一篇文章的主题），在这里，我只想强调指出，不管怎样，相对于古典社会，包括工业社会意义上的现代社会和后现代社会在内的整个现代社会的文化毕竟是多元化的，尽管后现代社会的文化是更加多元化的。这主要是因为，无论是工业社会意义上的现代社会还是后现代社会，和古典社会相比，两者有着一个共同的特点，这就是，它们都是个人主义的——而古典社会则明显是整体主义的，尽管也许工业社会意义上的现代社会的个人主义中的个人是理性化的而后现代社会的个人主义中的个人则具有强烈的非理性的倾向。这种个人主义，正像瓦特所说的那样，"断定整个社会主要是受这样一种思想支配的——每一个人天生地有别于其他的个人，而且与被称作'传统'的过去时代的思想行为的各种各样的忠诚背道而驰"[1]，因此，"在文学、哲学和社会等领域，古典时期的那种将注意力集中于理想、一般性和全体的状况已经完全改变了；现代人的视野主要被互不相干的特殊性、直接领悟的感觉和自主的个人所占据"[2]。因此，现代社会的文化一定是日趋多元化的。这一趋势在当今的中国社会有着尤为突出的表现。这主要是因为，正像学者们一致强调指出的那样，中国是一个后发现代化的或跳跃式发展的国家，这一后发现代化或跳跃式发展的特点，使得中国当今的文化呈现出古典社会的文化、工业社会意义上的现代社会的文化和某种程度上的后现代社会的文化这三种文化层叠交错这样一种近乎混乱的和捉摸不透的状态，因此，人们普遍感到要对当今中国社会

---

[1] 瓦特：《小说的兴起》，生活·读书·新知三联书店出版社 1992 年版，第 62 页。

[2] 同上书，第 64 页。

的文化作出一个恰当的概括或描述几乎是不太可能的或者起码是十分困难的。比如，特别是就价值观念而言，有谁说得清，究竟有多少种价值观念在当今的中国社会形成着和流行着呢？与这种文化的多元化息息相关或者实际上可以说乃是由其所产生的另一种结果是，今天中国社会的文化，其形式和种类也变得空前地多样化了。比如，就种类而言，当今中国社会的文化有时被学者们分为精英文化与大众文化，有时又被学者们分为高雅文化与流行文化，或者事业性文化与产业性文化、主流文化与非主流文化以及时尚文化与经典文化，如此等等，不一而足。就形式而言，普遍所看到的是，在当今的中国社会，至少存在着诸如文学（文学本身通常又可被分为小说、诗歌、散文及戏剧文学等）音乐、绘画、书法、舞蹈、雕塑以及特别是电影、电视等各种各样的形态与样式。当然，我并没有忘记，今天中国社会的文化日趋多元化也与西方文化的优势性扩展有着相当紧密的关联，但是，这决不表明我们就可以以此去取代从社会依赖程度的提高这一角度对这种多元化趋势所做出的因果性说明。这样一来，和在西方的当今社会一样，在中国的当今社会，文化，至少就其中的某些种类和某些形式而言以及甚至就许多严肃的科学知识而言，实际上某种程度上已经成为多元化和多样化的个人的消费品和享用品①，其目的已经主要不在于整合这些多元化和多样化的个人，而在于为他们提供娱乐、享受、知识、能力与技术等。既然如此，其不呈现出多元化和多样化的状态还会呈现出什么样的状态呢？

三

从上所述，我们也许可以得出以下几点结论。第一，如果我们要把以上所述的内容加以必要的概括的话，那么，当代英国知识社会学的爱丁堡学派的代表人物巴里·巴恩斯教授所说的这句话，也许是最为简洁而明白的了，尽管我下面还要对之略作发挥。这句话就是："哪里存在着相互依

---

① 参阅［英］迈克·费瑟通斯《消费文化与后现代主义》，译林出版社2000年版，及利奥塔《后现代状态》。

赖，哪里对文化的一致性的需求就很少。"① 把这句话反过来说，应该就是这样：哪里不存在高度的相互依赖，哪里对文化的一致性的需求就很高。如果把这两句话的意思合并一起并且略加整理，那么，它们就可以被表述为这样一个定律：社会依赖程度和文化元度成正比，即社会依赖度越高，文化的元度就越高，即越趋于多元化；社会依赖度越低，文化元度就越低，即越趋于一元化。如果要结合本文一、二两个部分的内容对这一定律进行例示的表述的话，那么我们似乎可以这样说：古典社会的社会依赖度很低，所以古典社会的文化元度就很低，即呈现出一元化的状态；反之，现代社会的社会依赖度很高，所以现代社会的文化元度就很高，即呈现出多元化的状态。

第二，现代社会的这种文化上的多元化，对于社会来说，应该被视为一个巨大的进步。不过，做出这样的断言尽管十分容易但要使之真正可以成立，却并不像人们一下子所以为的那么简单。这里至少存在着两个理论上的困难。首先，根据本文以上所述的内容，这种文化从一元化向多元化的变迁，不过是文化早期所具有的社会整合功能被后来的社会依赖所接替的一个自然的结果，作为这一结果的一个附生的结果，文化的功能因此变成主要在于如上所说的为社会成员提供娱乐、享受、知识、能力与技术等，而这只表明文化的功能发生了适应性的变异而已。很显然，要把这表述为社会的进步是十分困难的。其次，说文化从一元化变迁为多元化是社会的一个进步，其实已经预设了一个前提，即一个社会的文化应该是多元化的，或即文化从一元化变迁为多元化乃是一个社会应该趋向的目标。很显然，这个前提本身就是需要论证的，而这个论证也是十分困难的，因为这个前提其实只不过是一个事后的推论而已，换句话说，它只不过是从文化已经呈现为从一元化变迁为多元化这一事实推出结论说文化应该从一元化变迁为多元化，而正像罗素以及爱因斯坦等一再强调指出的那样，我们是绝对无法从实然直接推出应然的。这样看起来，要把文化从一元化变迁为多元化表述为社会的进步，还需另寻他途，或即还需另寻依据。我为之所寻找的依据是看这个变迁到底造就出了一个什么样的社会：如果造就出的这个社会比先前的社会更为理想或者常识所说的更好，那么，我们就可

---

① ［英］巴恩斯：《局外人看科学》，东方出版社 2001 年版，第 35 页。

以把这一变迁表述为社会的进步；反之，则不可以。值得庆幸的是，文化的多元化所造就出的比此前的文化的一元化所造就出的的确是一个更好的社会。要讲明这一点，我们还需回到前已提及的涂尔干所提供的"机械团结"与"有机团结"这两个概念上来。如前所述，借助这两个概念，涂尔干把古典社会与现代社会作了非常明显的区分：尽管两种社会都具有相当的整合性（即团结），但古典社会的整合是机械性的或即个体同一性的，而现代社会则是有机性的或即个体差异性的。把这一区分转译成中国传统文化的话语，我们可以说，古典社会只是"同"的社会而现代社会则是"和"的社会。"同"的社会与"和"的社会的区别在于：前者是同一的社会但不一定是和谐的社会，后者则不但是和谐的社会而还是非同一的社会。因此，比起前者，后者是一个更好的社会。因此，说文化的多元化是社会的一个进步，是可以成立的。

第三，如果上述两点结论可以成立的话，那么，接下来的结论则是，今天的社会文化的建设，就无须过分追求其同一性而应该更加放手地让其呈现出更高程度的多元性。因为追求文化的同一性不但是不可能的而且也是不必要的。说不可能，是因为文化趋向于多元化，如上所述，乃是历史的必然。至于说不必要，其理由则在于这不会导致社会的混乱，因为有高度的社会依赖在更有力地整合着社会。

第四，当然，这样说决不意味着今天的社会文化的建设可以完全不必顾及其一元性或同一性。可以为此提出的理由也许有如下几点。其一，说今天的文化功能已经主要不在于社会整合而在于为社会的成员提供娱乐、享受、知识、能力与技术等，并不意味着今天的文化已经完全不再发挥整合社会的作用，恰恰相反。大量的事实均表明，仅仅由社会依赖来整合社会是远远不够的——无论今天的社会依赖是多么地高，它终究不能独立地将社会整合得完美无缺，因为社会的依赖对社会的整合无法涉及社会成员的价值以及意义的层面。而如果社会整合一点都不涉及社会成员的这些层面的话，那么，社会的矛盾与冲突（社会的矛盾与冲突常常是由价值判断与意义领悟的不同所引发的）依然随时可以表现为剧烈的和激烈的状态，而这样的社会显然不可能被视为和谐的社会。其二，在任何时代，文化的这一功能——即引导功能，总是社会的一种必不可少的需要。换句话说，在任何时代，一个社会总是需要由文化来对社会成员发挥使之趋向于对真、善、美的引领作用，而这个作用是社会依赖所永远无法发挥的，因为它根本就不具有这个功能。其三，一个时代的文化要让人真正感到是多元化的，也必须具备一定的一元性，否则，这个时代的文化非但不会呈现出真正的多元化，反而会因此给人以一种混乱之感。因为多元永远是相对于一元而存在的，正像多永远是相对于一而存在的一样。许多中国城市的建筑所以会令人感到眼花缭乱而一点不觉得和谐美观，主要就在于它们相互之间只有区别而没有统一，因此除了使人仿佛在忍受建筑的噪音之外根本无法产生任何的愉悦之感。同样，今天的中国社会的成员的种种言谈举止所以除了让人感到杂乱之外很少让人觉得和谐，主要原因之一，恐怕也就是因为他们的文化除了不同之外还是不同，而缺乏某种程度的一致性或统一性。综上所述，文化的相对的同一性，对于今天的中国社会来说，的确依然是不可缺少的。

（原文载《江苏行政学院学报》2006 年第 3 期）

三大世界与三大科学

长时间以来，我国的学者们——哲学的、社会科学的、人文科学的以及少数自然科学的——在探讨有关科学与人文的相关课题时，并没有将人文世界与人文科学严格地区分开来，这主要表现为他们总是非常随意地和不加说明地使用人文一词。比如，在有些学者那里，人文一词指的是人文科学，而在有些学者那里，人文一词指的则是人文世界；甚至同一个学者在使用人文一词时，有时其内涵是人文科学的，有时其内涵则是人文世界的。再比如，有些学者是在广义上使用人文一词的，而有些学者则是在狭义上使用人文一词的；甚至在同一个学者的同一个学术文本中，人文一词也有可能一会儿是广义的，一会儿是狭义的。其结果是弄得许多探讨十分混乱，难有结果——尽管今天学者们大多对这类课题的探讨似乎不再有什么兴趣了，但这并不表明过去的探讨已经使许多问题达成了共识，很大程度上这恰恰成为我国学术界普遍相当浮躁的一个有力的见证，即学者们很少有人愿意屏心静气地潜心地就某一个课题进行长期的、深入的研究。有鉴于此，本着分析哲学的宗旨，本文拟就此做一点补苴罅漏的工作，希望对解决上述问题能够有所裨益。

一　广义的人文与狭义的人文

要弄清人文世界与人文科学的区别首先要弄清人文一词的广义与狭义之别，而要弄清人文一词的广义与狭义之别，又必须先弄清到底什么是人文。因此，我首先来谈谈什么是人文。我在我此前的许多学术文本中都对这个问题作过详细的回答。本来我完全可以只提示几篇文本以供读者们查阅即可，但是，这样做，第一会给读者们带来巨大的烦难，第二也极为有损本文逻辑上的完整性。为此，我将依然就此一问题略说几句。我以为，要能给人文一词以恰当的阐释，关键在于首先要明白什么叫文。依照《说文解字》的解释，文的本意原指"错画也"，即"象交文"。这个解释的确十分精当，因为文的小篆体"𣜩"原就是指初民胸前的纹身。由此，在章太炎看来，文、彣、章、彰四个字乃是异形而近义。大体说来，"命其形质曰文，状其华美曰彣，指其起止曰章，道其素绚曰彰"[①]。我认为，章太炎用形质一词去表述文的含义是很恰当的。如果我们把形质一词转译成现代学术语言的话，那么，我们便可以将文定义为"人的精神的外在的展现"，这里"人的精神"就是指内在的"质"，而"外在的展现"则是指外在的"形"。当然，这里所谓内在与外在不应该从它们的词汇含义上去加以理解，我的意思是说，不应该把质与形一分为二地看成两个不同的事物，严格地说来，它们二者只是同一个事物的两个不同的表述而已，换言之，它们是异名而同实的。这样说的理由在于，所谓内在的精神并不像荣格所认为的那样乃是一个独立存在的实体[②]，事实上，人的精神乃是由各种符号建构而成的——正因为如此，主体才被认为是被建构而成的，因为所谓主体，其本质的内涵不过就是指精神性的生命体而已——因此，离开其赖以建构的各种符号，所谓精神其实是不存在的，这一点可以从婴儿是不存在精神的这一事实得到有力的证明。当然，这里所说的符号是泛指的，即它指的是诸如语言、文字、文学、艺术、宗教、道德、哲学、科学、技术以及各种物质产品等几乎所有的"人化物"（《知识与文明》一书的作者巴里·艾伦语），正是经由这些"人化物"所施加的各种各样的影响与作用，一个人才逐渐地由一个毫无精神的婴儿——或即生命个体成长为一个有了精神的成人——或即社会主体。此外，当一个人的精神被建构而成之后，他决不可能一直被动地接受这些符号所施加的影响与作用——尽管这些影响与作用事实上一直伴随着他，直到他离开这个世界为止，我的意思是说，他的已经被建构起来的精神也会有所作用，即他也

---

　　① 章太炎：《文学总论》，转引自陈曾虎《"文"的再认识：章太炎文论初探》，北京大学出版社 2009 年版，第 36 页。

　　② 参阅［瑞士］荣格《分析心理学的基本假设》，荣格《心理学与文学》，冯川等译，生活·读书·新知三联书店 1987 年版。

必定会参与他生活其中的那个群体的共同的生产劳动中去，并且参与到对那些符号——或即那些"人化物"的再生产中去。无论是从小就对他施加影响与作用的那些在他来到这个世界之前就已经由他所来到的那个人类共同体所生产出来的那些符号或"人化物"，还是他成为社会主体之后作为同一人类共同体的一名成员而参与生产出来的那些新的符号或"人物化"，从本质上看，都是包括他在内的人类共同体的精神的各种展现，或即狄尔狄所说的那个人类共同体的"客观了的精神"（Objekoiver Geist）或者"精神的各种客观化"（Objektivvation des Geistes），而狄氏所说的"客观了的"或者"客观化"就是我这里所说的文。

　　由此可见，所谓文一定是人之文，换言之，在人之外谈论文纯属无稽之谈。因为唯有人，才可能有精神，而唯有精神的"客观化"才可以被称之为文。由此进一步，我们完全可以这样说：只有并且但凡人的身上或者从人那里所流露出来的、所表现出来的、所生产出来的一切的一切，或者更笼统地说，只有并且但凡与人相关的一切的一切，才可以并且都可以被称之为文。至于中国古代在人文之外尚有道之文、动植之文以及天之文的说法，那只是天人感应的文化模式和类比思维、类比推理所使然，其落脚点或者侧重点依然是人文。比如，被认为最早提及人文一词的《易·贲》之所以先说"观乎天文"然后再说"观乎人文"，主要是因为，第一，《易·贲》的作者相信这两种文是相互呼应的，第二，因此在作者看来，先说"观乎天文"再说"观乎人文"才显得顺理成章，颇为自然，但是其重点还是落在人文的上面。再比如，在《文心雕龙》"原道"篇中，作者刘勰为了强调人必有其文，便先说道有其文——用他的话说就是，"夫玄黄色杂，方圆体分，日月叠璧，以垂丽天之象；山川焕绮，以铺理地之形，此盖道之文也"，再说动植也有其文——用他的话说就是，"傍及万品，动植皆文：龙凤以藻绘呈瑞，虎豹以炳蔚凝姿；云霞雕色，有踰画工之妙；草木贲华，无待锦匠之奇"，最后便断然地得出结论说，"夫以无识之物，郁然有彩；有心之器（即指人——本文作者注），其无文欤"！[1]。

　　由此可见，人文一词最初一定是广义的，即泛指一切"人化物"。这

---

① 范文澜：《文心雕龙注》，人民文学出版社1978年版，第1—2页。

个"人化物"或者广义的人文，总体上看可以被分成群体的客观的和个体的主观的这样两大类。前者指的是某一人类共同所创造的或者所形成的所有成果，后者则是指某一人类共同体的成员的身上所呈现出来的三大要素，这就是能力、知识及习惯（这里的习惯不应被只限于行为举止方面，事实上它涉及了除能力和知识之外的所有方面，比如思维、思想、观念、语言、行为、生活等）。

我必须马上就要强调指出的是，这两大类的广义的人文或即"人化物"，就其内容而言，并不是截然分离的，而是相互关联的——因为两者之间原就是相互转化的，明言之，前者往往通过后者表现出来，用哲学的术语说，前者是普遍的，后者是个别的，前者为一，后者为殊。其次，撇开后者不谈，单就前者而言，则通常又可以从两个角度——即形态的和功能的作出以下两种分类。第一，从形态的角度看，广义的人文表现为物质的、制度的以及行为的三种形态。第二，从功能的角度看，广义的人文则可以被分为求真的科学、求善的伦理以及求美的艺术这样三类（详细可参阅收入本文集的拙文《文的内化与外化的循环系统——关于文化本义的新阐释》）。

二　三大世界与三大科学

在我们专就人文世界与人文科学的区别进行阐述之前，先来谈一下三大世界与三大科学的问题也许是不无裨益的。

稍加分析便不难发现，任何一个人都生活在三大世界里面，这就是自然世界、社会世界与人文世界。尽管这三大世界都是属人的世界，但是我们必须承认，其属人的程度显然是不相等的，简单地说吧，从自然到社会再到人文，属人的程度是依次提高的。让我们首先来看自然世界。诚然，这个世界，正像马克思所睿智地指明的那样，"并不是一个外在于社会的领域，它……和社会之间的关系是一种辩证的运动——通过实践而呈现"[①]，但是，我们依然很清楚，除了在神话、宗教以及文学艺术这些极

---

① 转引自［英］吉尔德·德兰狄《社会科学——超越建构论与实在论》，张茂元译，吉林人民出版社 2005 年版，第 70 页。

端移情的领域中，自然毕竟是一个沉默的世界，或即无法与人达成文化上的交流的世界；不唯如此，对实证主义者来说，自然甚至还"多少是一个被社会所主宰的"世界①。尽管我们今天也许会对实证主义者如此地看待自然持取反对的态度，但是，除了在比喻的意义上，硬要说自然是一个和人一样的世界，也是我们所难以接受的。就这个意义而言，生态伦理的提法，似乎存在着把伦理过于泛化的毛病。总而言之，在我看来，尽管自然的状态的确是通过我们的社会实践而呈现的，但是说到底，它也的确只是人类赖以生存的一个场所——我们从中获取阳光、水、空气及食物等。

其次是社会世界。什么是社会？对这个问题，学者们曾经给出过许多不尽相同的定义。据迪尔凯姆的意见，社会似乎是一个有如康德所说的"物自体"，因此是无法认知的，我们所能对之展开认知的其实只是各种"社会现象"，用他的话说，就是各种"集体性的信仰、倾向和守则"②。在韦伯看来，社会其实就是各种"社会"行为，而所谓"'社会'行为，则是根据行为者所附加的意向而与他人行为有关并在其过程中针对他人行为的一类行动"③。在鲍曼的《通过社会学去思考》一书中，这位当今似乎最具影响力的英国著名的社会学学者，也把社会归结为与韦伯相近的"人类行为"，在他看来，这种"人类行为"可以被视为"广泛的整体结构的要素，也就是说，在相互依靠的错综复杂的关系中紧密相连的行为者的随机集合"④。看来，没有必要再罗列更多的学者所给出的有关社会的定义了，因为仅此相近的三个定义，已经足供我们从中得出有关社会的以下几个基本的要点。首先，它是由人组成的而不是由非人的自然物组成的。其次，尽管组成它的是许多个人，但是对于每一个个人来说，社会似乎是一个既与他相关但又外在于他的客观的存在。再次，社会当然是可以被认知的，但是其可被认知的并不是每一个个人的内在的、丰富的心理，而是某种群体性的并且是带有某种意向性的事件或现象。因此，显而易见的是，尽管对于每一个个人来说，社会的确具有相当的外在性，但是它的

---

① 转引自［英］吉尔德·德兰狄《社会科学——超越建构论与实在论》，张茂元译，吉林人民出版社 2005 年版，第 70 页。

② 迪尔凯姆：《社会学方法的规则》，胡伟译，华夏出版社 1999 年版，第 8 页。

③ 韦伯：《社会学的基本概念》，胡景北译，上海人民出版社 2000 年版，第 1 页。

④ 鲍曼：《通过社会学去思考》，高华等译，社会科学文献出版社 2002 年版，第 8 页。

属人程度当然比自然世界要高得多。

最后则是人文世界。按照我前面对人文一词的广义与狭义之别所作的阐述，毫无疑问，所谓人文世界就是指广义的人文，换言之，就是指某一个体及其生活其中的某一人类共同体的精神的所有的外在展现的世界，或即某一个体及其生活其中的某一人类共同体所创造的或者所形成的所有"人化物"的世界。这个世界包罗万象，囊括与人相关的一切的一切，比如物质、制度、行为、科学、伦理、艺术以及能力、知识、习惯。和前两个世界相比，这个世界的属人的程度显然是最高的，换言之，它是一个真正意义上的人的世界，这个世界的最大特点是它的丰富性、微妙性，这种丰富性与微妙性是前两个世界根本无法比拟的。很显然，从与本文的论题特别相关的角度看，我们可以说，这个世界就是旨在求真、求善及求美的科学的、伦理的及艺术的世界。由此，狭义的人文世界其所指就变得非常清楚了，即它专指旨在求善及求美的伦理的及艺术的世界，或者换一个说法，它指的是除了求真的科学之外的人的精神的外在的展现的那个世界。由此可见，平常学者们探讨科学与人文的关系时，所说的人文理应指这个狭义的人文世界，因为唯有这个世界才与科学处于对峙的态势当中，并且因此才真正成为一个值得探讨的重大的理论课题。

有必要强调指出的是，这三大世界之间并不是泾渭分明、互不相干的，事实上，它们是相互渗透的。比如，自然世界通常不仅仅是经由社会世界而呈现出来的，而且也是常常被人们通过人文世界而加以领会和认识的，换言之，也是打上了人文世界的烙印的；关于这一点，人们只要回想一下大量的文学、艺术作品是如何描写和刻画自然世界的，以及自然世界常常就是被人们按照这种描写和刻画而接受的，就可以了。再比如，人文世界也不但一定是在社会世界中形成和发展起来的——比如，文艺社会学、科学社会学以及知识社会等，其研究的旨趣就在于探索文艺、科学以及知识等是怎样被社会性地建构起来的，而且也常常是仿照自然世界而形成和发展的，中国古代文艺理论中的师法自然的说法，为此提供了非常有力的证例。再比如，一方面社会世界的运动明显地从人文世界获得了强大的动力——如中国的五·四运动以及法国的大革命等，另一方面，社会结构的确定也每每是从自然世界获取启发或者寻求参照的——比如，中国古典社会的三纲基本上就是以自然世界的阴阳为依据而建构起来的：由于太阳为阳地球为阴、乾为阳坤为阴，因此，君为阳臣为阴、夫为阳妻为阴、父为阳子为阴，因此君为臣之纲、夫为妻之纲、父为子之纲。凡此种种，不一而足。

　　正是由于这三大世界的存在，三大科学才自然地形成并且发展起来，这三大科学分别是针对自然世界的自然科学、针对社会世界的社会科学以及针对人文世界的人文科学。现在的问题是，这三大科学是同时还是有先有后地诞生的呢？回答当然是后者。但我们马上又要问：先后的顺序是怎样的呢？说到这个问题，人们肯定立刻就会想起孔德就此所作出的这样一个回答："在人类历史中，较为一般或单纯的科学实际首先产生，发展得也更为充分；然后才是较为复杂和严格的科学"① 这一说法，看似颇有道理，但实际上是与事实不相符合的。真实的情况是，正像怀特所说得那样，"在决定人类行为方面影响最为微弱，与人的关系最为疏远的那些领域内，科学总是最早出现和最先成熟起来，反之，我们发现，在那些最为直接和最强有力地制约着人类行为的经验部门中，科学产生得很晚，成熟得也最慢"②。因此，正像科学史所表明的那样，我们先有了自然科学——因为自然世界"与人的关系最为疏远"，因此，将自然世界与人分离开来并且使之成为人的认知对象是最容易的；接着（当然是经过了较长的时间之后）我们便有了社会科学——因为社会世界与人的关系比自然世界与人的关系要密切一些，因此，要使社会世界与人分离开来并且成为人的认知对象，显然要困难一些；最后（即差不多迟至 19 世纪）我们才最终有了人文科学或精神科学——因为人文世界或精神世界比社会世界与人的关系又要密切一些，因此要使这一世界与人分离开来并且成为人的认知对象，无疑是最困难的。

　　因此，可以想象，社会科学与人文科学的形成，其过程肯定是曲折的、艰巨的，并且是充满着争论的。事实也的确是如此。由于本文的主题并不在于讨论与此相关的问题，故我不拟就此多费笔墨。尽管如此，我以为对此略加触及也许并非纯属多余。首先，在一些学者看来，"人类社会

---

　　① 转引自 L. A. 怀特《文化的科学——人类与文明研究》，沈原译，人民出版社 1988 年版，第 3 页。

　　② 同上书，第 68—69 页。

的事实本质上与物理学（'精密科学'）有别，实际上不宜对之加以科学
处理，因此，社会科学实际上根本不是科学，它不是而且也不可能是
'科学的'①。比如，胡顿就曾用颇带讥讽的语调不无尖刻地说："……
我认为社会科学就像一只威尔士的兔子——实际上根本就不是兔子"②。
其次，人文科学或精神科学或文化科学，其遭到的否定与反对则尤为激
烈。这是因为"有宗教信仰的人难免对把人当作自然物并像对其他事物
一样加以研究，以及将道德事实当成自然事实而感到厌恶"③，事实上，
直到今天，依然有不少学者坚决认为人文科学不应该被称为科学或者不能
被称为科学。我必须承认，我自己过去一度也曾有着与此相同的观点④。
不过，我过去不赞成把对人文世界的研究称为人文科学，主要并不是不赞
成对人文世界展开研究而是不赞成简单地用自然科学的方法进行人文科学
的研究。

　　但是，在今天，社会科学以及尤其是人文科学的概念已经赢得了普遍
的认可。其原因主要在于以下这一事实，即"科学在将自己的全部潜能
充分释放出来之前，不可能中断它的发展，而这就意味着在它把握和征服
人类经验的全部本领之前，决不会停止其拓展运动"⑤。今天，我所以不
再像过去那样对人文科学的说法持取否定的态度，主要因为我对科学的看
法发生了变化。简单地说，我不再认为，科学就是像过去我们一直所认为
的应该像自然科学那样仅仅是用数学的语言对世界进行坚硬和精密的说
明；正像怀特所说的那样，科学其实只是一种与艺术迥然有别的处理人类
经验的方式与过程。如果我们可以这样理解科学的话，那么，我看不出我
们有什么理由可以反对把这一旨在求真的处理经验的方式与过程引入到人
文世界中来。因为，原则上说，没有什么现象不能成为科学的对象，因为

---

　　① 转引自 L. A. 怀特《文化的科学——人类与文明研究》，沈原译，山东人民出版社 1988
年版，第 5 页。

　　② 同上书，第 5 页。

　　③ 迪尔凯姆：《社会分工论》，第 93 页。

　　④ 参阅拙文《人文学科的本性及其科技化变异》，《学术研究》2003 年第 7 期；《人文学
科：从学术到科学》，《东南学术》2004 年第 2 期；以及《学养、学术与科学》，《浙江省委党校
学报》2005 年第 1 期。

　　⑤ 怀特：《文化的科学——人类与文明研究》，沈原译，山东人民出版社 1988 年版，第 111
页。

任何现象都能被观察。当然，这种处理应该因其对象的不同而采取不尽相同的方法；事实上，许多学者就是这样认为的。比如，由于社会世界是一个和自然世界很不相同的有意义的世界，因此，对它一般只能做出适当的解释（如韦伯、吉登斯等）；至于人文世界，由于它是一个比社会世界更有意义的并且是带有相当的主观性和个别性的世界，因此处理有关这个世界的经验的方法，最理想的乃是理解（如维柯、狄尔泰、海德格尔、维特根斯坦、迦达默尔等）。

由于人文世界存在着广义与狭义之别，理所当然地人文科学也就存在着广义与狭义之别。广义的人文科学的研究对象乃是广义的人文世界，狭义的人文科学的研究对象则是狭义的人文世界；广义的人文科学通常又叫精神科学（如在狄尔泰、皮亚杰、卡西尔等那里），或者文化科学（如在 L. A. 怀特那里），狭义的人文科学则一般就叫人文科学（如在今天我国的高等院校的人文学院那里）。因此，毫不奇怪的是，广义的人文科学（或者精神科学或者文化科学）也必须把科学作为自己的研究对象——不但是自然科学，还包括社会科学以及人文科学（广义的和狭义的），当然，通常主要是自然科学，因为自然科学一直被视为科学的典型与样板，因此，在广义的人文世界里，它便自然地居于一个非常显赫的地位，而成为十分重要的研究对象。如果说自然科学的任务在于探索自然，社会科学的任务在与探索社会的话，那么，广义的人文科学的任务则在于探索广义的人文世界，即探索人特别是人的精神世界，至于狭义的人文科学，其任务则主要在于探索狭义的人文世界，即探索人特别是探索诸如文学、艺术、历史等人文文本的意图以及文本形成与发展的因素、原因及规律等。

三　人文科学与人文世界

毋庸置疑的是，这里的人文科学与人文世界皆是狭义的而非广义的。因此，这里的人文通常主要是指语言、文字、文学、艺术、历史、伦理以及哲学等的世界，而这里的人文科学通常就是指针对这个人文世界所展开的科学的研究，这个研究的目的，一方面和广义的人文科学一样在于了解人，另一方面，更为普遍的乃在于了解诸如语言、文学、艺术等的形成与发展的规律——比如艺术创作的规律等。乍一看，两者——即人文科学与人文世界的区分颇为明显，即后者是研究对象，前者是针对后者的研究，但是，事情并不如此简单，一旦涉及到某一具体的方面，情况就会复杂起来，换言之，它们的界限就变得非常模糊了。当然，诸如艺术、历史、伦理、语言、文字等比较好办，我们只要在这些语词的每一个后面加上一个学字，就可以使两者的区别昭然若揭。因此，很显然，艺术是人文世界而艺术学则是人文科学，历史是人文世界而历史学则是人文科学，如此等等不一而足。但是，事实上，即便如此，问题依然存在。比如，究竟如何区分历史和历史学，就是一件很不容易的事情。究其原因主要在于，作为对过去史实的叙述的历史，其中一定夹杂着两种冲动，即科学的冲动与人文的冲动。就科学的冲动而言，史家总是要追求其叙述的真实可信（那种故意伪造历史的史家另当别论，严格说来他们根本就不配被视为真正的史家）。为了使这种历史能够达到最大限度的科学意义上的真，实证主义的史家们倾向于在其对史实的叙述中，尽量祛除那些被视为"繁琐哲学的遗迹"的"思辨性的概念"，而采用"朴实简洁的经验主义词语和单意词语"，尽管这样的词语会"使读者感到不快"。例如，在逻辑经验主义的学者纽拉特看来，"一群人杀死了另一群人，并且摧毁了他们的建筑物和书籍"这一历史陈述，就远比"历史的使命推动着这个民族把文明传播到世界各地"这一陈述要理想得多①。就人文的冲动而言，史家又总会在其叙述中表现出他个人的价值取向：或者是明显的——如司马迁在《史记》的"太史公曰"中直接对某一事件或某一人物作出个人的评论，或者是暗示的——如孔子的《春秋》"寓褒贬于一字之中"，或者是隐含的——如司马迁在《史记》中为游侠及货殖撰写列传。就这个意义而言，正像英国文艺理论家伊格尔登所说的那样，一切事实陈述其实也都是价值判断（参阅伊格尔登《当代西方文艺理论》，中国社会科学出版社1988年版）。正是基于上述认识，克罗齐以及他的英国的学生柯林武德才共同坚信，"一切历史都是当代史"（参阅克罗齐《历史学的理论和实践》，商务印书馆1997年版；柯林武德《历史的观念》，中国社会科学出版社1986年版）。这里所谓"当代史"，显然包含两层含义：其一，它是真实的，因为它是"史"；其二，它又是有倾向的，因为它是"当代"的。有

---

① ［澳］奥托·纽拉特：《社会科学基础》，杨富斌译，华夏出版社1999年版，第10页。

必要提请读者们注意的是，历史陈述的这两种冲动，常常是交织一起、难分彼此的。举例来说，我们显然决不能因为孔子的《春秋》和司马迁的《史记》具有价值的判断，便认为这两部著作不是真实可靠的信史。反过来，那种用纯粹的"经验主义词语"所作的历史陈述难道就完全祛除了价值判断吗？回答恐怕是否定的。因为，按照伊格尔登的说法，事实上，并不存在纯粹的事实陈述，换句话说，任何所谓的纯粹事实陈述中都隐含着价值判断。比如，在上面所提及的"一群人杀死了另一群人"这一历史陈述中，其实就隐含着这样一个价值判断，即这一史实对人类的文明发展来说，是一个值得关注的重大的事件。正因为如此，要在科学的和人文的历史当中划出一道十分清晰的界限，有时的确是相当困难的。但是，这决不表明，历史陈述当中不存在这样两种不同的冲动或倾向。因此，历史无疑既是历史又是历史学，即既是人文世界也是人文科学。这是因为，用更为专业的话说，所谓历史就是历史作者对历史事件的一种叙述，其目的是使这个事件转化成事实，而一件历史事件转化成事实，它就得到了解释，而解释肯定是主客观交融一体的。

至于历史学，情况也同样较为复杂，这是因为历史学通常也可以被分为两大方向。其一是关于探寻历史真实的方法、手段或技术的研究的历史学，如考古学、文献学等。其二是关于历史理论研究的历史学，这个方向的历史学，就其基本旨趣而言，大多在于表达历史学家对历史的总体看法——比如，什么叫历史，历史有无方向，研究历史的目的是什么，历史的价值到底是什么等，黑格尔的《历史哲学》、克罗齐的《历史学的理论和实际》、柯林武德的《历史的观念》、鲁宾逊的《新史学》、格鲁内尔的《历史哲学》等都是这一方向的历史学作品。由于这种历史学的作品大多表达了历史学家对历史的不同的总体看法，因此，与其把它划归人文科学还不如把它视为人文世界，如果要给它一个恰当的称呼的话，那么很显然，历史哲学当为首选。不过，我们必须明白，要把历史和历史学截然区分开来，看来也不是那么容易的事情。细加思考便不难发现，历史和历史学的区别反而远不如历史中的科学的历史与人文的历史的区别以及历史学中的科学的历史学与人文的历史学的区别来得那么清楚。这是因为，科学的历史和科学的历史学都属于人文科学，而人文的历史和人文的历史学却都属于人文世界。这样看来，历史和历史学的区别的关键倒并不在"学"

字上而在方向上，换句话说，在于它们的旨趣是科学的还是人文的。

关于伦理学和道德现象的区别，应该说还较为清晰的。正像彭加勒所说的那样，"伦理科学看起来将纯粹是描述性的；它将教导我们做人的道德，它将告诉我们道德是什么、而不说道德应当是什么"，因此"伦理科学不是道德体系，它将永远不是道德体系；它不能代替道德，正像论述消化生理学的专著不能代替美味佳肴一样"①。

此外，像文学和哲学，由于它们被称为什么学，乍一看，它们似乎都属于科学的范畴——事实上，当康有为和严复率先用科学一词去翻译英文的 Science 一词时，所指称的无非就是各种分科之学，但是事情并不这么简单。让我们先来看看哲学。如所周知，哲学一词，就其古希腊时代的含义而言，当指对智慧的追求。因此，它肯定首先旨在探寻世界的真实状况。就这个意义而言，它当然属于今天所谓科学的范畴。而且，由于它的探寻不但指向自然世界而且也指向社会世界及人文世界，因此，它不但是自然科学，而且也是社会科学及人文科学。这一点从自然哲学、社会哲学以及伦理哲学、艺术哲学等各种学科的名称中，可以非常清楚地看出来。不过，它和一般意义的所谓实证科学还是颇有不同。这个不同主要表现在，它注重的是宏观地把握这些世界的真实状况，而不像实证科学那样，侧重于微观地寻找这些世界里的某一方面的某些事物、现象之间的因果关联，或即皮亚杰所说的事物之间的"正题法则"，以及怀特所说的事物之间的"函数关系"。因此，同是对自然世界的研究，那时的哲学更多地被称为形而上学而并不称为自然科学。同样，艺术哲学及伦理哲学和艺术学及伦理学之间也存在着这样一个非常重要的、尽管有时也是相当模糊的区别。但是不管怎么说，艺术哲学也好，伦理哲学也好，既然它们均是对有关艺术的经验及有关伦理的经验的处理，因此，正像当代德国学者马库阿德所说得那样，"哲学很大部分——虽然不是全部——属于人文科学"②。但是，作为对智慧的追求的哲学，显然并不仅限于探寻世界的真实状况，更多的时候它还会表现出对某种价值的向往或企盼，换言之，更多的时

---

① 彭加勒：《伦理与科学》，见任定成主编《科学人文高级读本》，北京大学出版社 2006 年版，第 122 页。

② ［德］U. 伯姆：《思想的盛宴》，王彤译，浙江人民出版社 2001 年版，第 20 页。

候，它还要直接做出某种价值判断——比如，哲学会经常讨论有关人生观、价值观的问题，而所谓人生哲学，通常并不像自然哲学那样指称对有关自然世界真实状况的探寻，而是指称某一种生活态度、生活目的及生活方式等，因此，很显然，这个意义上的哲学应该属于人文世界的范畴，这就难怪罗素要把哲学定位为介乎宗教与科学之间的一片特殊的领地（参阅罗素《西方的智慧》的"自白"部分，知识出版社 1992 年版）。因此，毫无疑问，哲学既指人文世界也指人文科学。至于文学，这个词的使用的麻烦在于，它兼指文学评论与文学创作，比如，一个人如果宣称他是搞文学的，那么，很有可能他是位诗人或作家，也很有可能他所从事的是文学研究的工作，毋庸置疑，前一种文学所指称的是人文世界，而后一种文学则属于人文科学的范畴。

尽管在柯林武德看来给概念以一个超越文本语境的定义乃属愚人之举（参阅［英］柯林武德《精神镜像——或知识地图》，广西师范大学出版社 2006 年版），但是这决不表明柯氏从根本上反对给概念下定义，否则的话他自己倒反而会成为他所嘲笑的愚人了。我这样说无非是想表明，给一个概念以相对清晰、稳定和统一的内涵依然是可能的，而且也是绝对必要的，要不然，任何学术研究便都无法进行了。当前，我国学术界凡与人文概念相关的论题的讨论，之所以收效不大，原因之一就是因为人文这个概念以及与人文相关的许多其他概念——比如本文所讨论的人文世界及人文科学的概念缺少相对清晰的、稳定的和统一的内涵。为此，我坚决建议，今后，学者们在探讨到与人文这一概念相关的论题——比如"科学与人文"时，首先要明白这个概念是在广义上还是在狭义上被使用的；因为唯有是在狭义上被使用的，诸如"科学与人文"这样的论题才是有意义的，反之则是非常荒谬的。这是因为，广义上的人文原本就包括科学，而那样一来，此一论题便蕴含了"科学与科学"的问题，而那显然是毫无意义的。其次，如果人文这一概念是在狭义上被使用的，那么，还必须明白它指的是人文科学还是人文世界。因为如果所指是前者，那么论题同样会颇涉荒谬，因为这样一来，论题便蕴含了"人文科学与人文科学"的问题——这是必然的，因为如前所说，科学原本就包括了自然科学、社会科学及人文科学。再次，如果人文这一概念是在狭义的人文世界的意义上被使用的，那么，还必须对诸如文学、历史、哲学、伦理等概念做一些必要的说明，即说明它们所归属的是人文世界的范畴还是人文科学的范畴，因为就这一点而言，这些概念乃是模棱两可的，即既可以归属于前者也可以归属于后者。最后，如果人文这一概念是在人文科学的意义上被使用的，那么还有必要明白，它是指广义的人文科学还是指狭义的人文科学。作出这个区分的必要性在于，如前所说，两种人文科学不但其研究的对象存在着广狭之别——广义的人文科学的研究对象是广义的人文世界，狭义的人文科学的研究对象则是狭义的人文世界，而且其研究旨趣也是不尽相同的：前者重在对人特别是人的精神世界的探索，后者则重在对诸如文学、艺术、历史等人文文本的意图的领悟以及对文本形成与演变的因素、原因及规律的了解，尽管这两种旨趣有时是交叉融合的，但毕竟颇有不同，因此将两者适当区分开来仍然是有意义的。

（拙著《科学与人文：关于两种文化的社会学比较研究》第一章第三节，学林出版社 2008 年版，该书获评浙江省委党校建校 60 年来最具影响力的十大科研成果之一）

科学、人文与社会形态

　　如果我们对人类的文化形态和社会形态进行宏观的考察的话，我们将不难发现，它们之间存在着相当的关联，或者进一步说，存在着相当的对应（尽管丹尼尔·贝尔非常肯定地宣称他发现，"在当今社会，社会结构［技术经济秩序］和文化之间存在着惊人的根本分裂"[①]。但是，他的发现和本文的发现不在同一个层面之上，因此，两者不构成真正的矛盾）。就我们这里所谈及的科学与人文这两大文化而言，我们可以看到，它们似乎分别对应着不同的社会形态：科学对应着工业社会，而与人文相对应的则是农业社会。当然，这并不是说，在工业社会完全不存在人文文化以及在农业社会简直一点也找不到科学文化的踪影。这样说不但与事实不相符合，而且从理论上看也根本站不住脚。理由很简单：无论是科学文化还是人文文化，既然是人类社会的产物，就必定存在于能被以社会相称呼的那个人类生存的结构或组织之中。此外，和社会一样，任何文化都存在着无法消除的绵延性或即传承性。因此，科学与人文这两大文化，就根本不可能被截然切断在不同的社会形态里。话虽如此，这种不可切断性，并不妨碍它们在总体上存在着与不同社会形态的相当程度的对应性。以下我将首先对这种对应作出简略的描述，然后我将集中笔墨对导致这种对应的原因作出较为详细的分析。

一

　　说人文文化主要与农业社会相对应而科学文化则与工业社会相对应，

[①]　贝尔：《资本主义文化矛盾》，江苏人民出版社 2007 年版，第 37 页。

是符合事实的。确实，我们只要约略翻阅一下人类农业社会的历史——无论是西方的还是中国的，我们都会发现，除了某些科学文化的萌芽之外，人们的确都是生存在人文当中或者人们都是人文地生存着的。试以中国的古代农业社会为例。首先，就物质形态的文化而言，在中国古代农业社会，无论是房屋还是服装以及还是其他诸如饮食、器物等，的确都无不具有很浓烈的人文的色彩。凡稍稍对中国古代房屋作过研究的人，都不难发现，和今天的房屋特别注重从科学的角度考虑如何给居住者以最大限度的肉体的舒适与满足颇不相同的是，中国古代房屋建造的出发点，基本上是伦理的和审美的，当然特别还是政治的。最明显的表现是，中国古代房屋的等级性是非常突出的。因此，正像人们都看到的那样，在中国古代农业社会，宰相的府第无论是在规模上还是在使用的材料、装饰的图案以及特别是在由此所表现出来的气派上，都不能超过皇帝的宫室，否则即被视为有觊觎之心。循此原则，宰相下面的各级官员的住宅也必须依序降低其规模、材料以及气派的档次。人们不难注意到，这一原则也充分体现在他们使用的交通工具上——耐人寻味的是，这一原则在今天我国的党政系统里竟然依然被严格地遵循着，只不过用以区分等级的标准发生了些许变化而已，比如，区分住宅等级的标准变成了多少平方米，而区分交通工具的等级的标准则从过去的几匹马拉的车变成了多少排量的小汽车等，这似乎从一个具体的方面为文化的绵延性提供了一个很好的佐证。此外，正像人们普遍所了解的那样，在中国古代农业社会，对饮食的要求主要不在其营养如何，而在其能够提供怎么样的美味，换句话说，对待饮食的态度是偏于审美的而不是偏于科学的。其他诸如各种餐具及生活中使用的各种器具，同样除了必需的方便性之外，对审美性的考虑的确也处于非常突出的位置。就制度形态的文化而言，在中国古代农业社会，像"三纲、五常、三从、四德"这样一套规范要求，显然注重的是伦理的应然性，而很少顾及到对科学的实然性的考虑。最后，也许观念情感形态的文化最能表明人文文化与农业社会形态的确存在着相当的对应关系。人们随便翻阅一下中国古代的各种文献，所见到的无非是经、史、子、集这四大门类的文本。这里的所谓经，主要指儒家的各种经典文本，这些文本的内容基本上限于伦理的、文学的、哲学的以及历史的范围。至于史、子、集的内容，大体上也与经的内容差不多，只不过他们被认为不具有经所具有的经典性而已。此外，中国古代士大夫在阅读经、史、子、集之余所经常摆弄的琴、棋、书、画，则显然纯属艺术或即人文的范畴。

与以上所述恰成对照的是，在今天的中国社会里，尽管人文文化依然存在着，甚至就某些局部的情况而言，还特别为人们所青睐——比如，有关书店图书的销售情况的报导经常传递出这样一个信息，即人文书籍始终最受读者的欢迎，但是客观地说，无法否认的是，科学文化的确处于绝对的优势，这一点可以从今天的学校教育基本上是科学教育得到无可辩驳的证明。此外，还有一个事实也为此提供了同样有力的证明，这就是，代替古代翰林院的是今天的最具权威性的科学院和工程院。再者，与此相应，在今天的中国，从事科学研究所得到的来自官方的及社会的鼓励，和从事人文研究相比，其区别可以说不啻霄壤。当然，科学文化在今天中国社会的大受青睐，同样体现在制度的安排以及物质的生产上。就前者而言，很能说明问题的一点是，今天的各种制度的设定安排，明显地表现出一种宽容的趋势，所以会如此的原因主要在于，人们普遍认为对人的行为的规范性要求不应该以压抑、否定甚至是牺牲人性为代价。举例来说，许多在过去被视为道德上的不洁行为或者甚至是犯法的行为，如窥阴癖、同性恋、偷窃女性的文胸及内裤等，在今天，更多地被认为是某种精神性疾病的表现，与之相应，一般倾向于不给予道德的谴责或者法律的制裁，而是施以必要的医学的治疗。甚至是在过去一直被一致以非常激烈的态度给以否定和指责的婚外恋，在今天，某种程度上似乎也得到了一定的理解，尽管还没有受到普遍的支持和鼓励。这是因为，至少有相当一些人倾向于认为，这种行为也有理由被视为基于人性的某种正当的需求。这种趋势的形成，如果没有心理科学的普及，显然是不可思议的。至于物质的生产，我们只要对我们身处其中的这个物质的世界略加环视，我们立刻就会感到被一种很强的科学的气氛笼罩着，以致我们完全可以说，我们简直就是生活在科学之中。确实，在今天，我们居住的房屋、我们乘坐的交通工具、我们每日吃下的三餐等，几乎没有一样不是按照科学的原则、采用科学的方法制造出来或生产出来的。有一句人们在今天经常可以看到或者听到的话语，为此提供了非常恰切的表达，这句话语是"科技引领生活！"尽管今天也颇为强调科技的人文化，但是引领生活的毕竟是科技而不是人文！总之，正像美国当代社会学学者丹尼尔·贝尔所指出的那样，在工业社会，"世界变得技术化和理性化。机器占统治地位，生活步伐追随机器节奏；时间是有年代顺序的、技术的、由时钟分割而平均分配的。能源取代了原始体力劳动，为生产力的飞跃——即构成了工业社会特色的标准化产品的大批量生产——提供了基础。能源和机器改变了工作的性质。技能被分解成一个个更简单的成分，而过去的工匠被两种新人取代：一种是工程师，他负责工作的设计和流程；一种是半熟练工，他就如维持机器运转的齿轮，直到工程师的技术创造力发明出一个新机器取代他为止。这是一个充满计划和程序的世界，所有组成部分准时集合到位，被装配起来。这是一个协调合作的世界，人、材料和市场像榫头般锁合在一起来生产和分配商品。"①

　　以上所述也许尤为适用于西方社会。如所周知，尽管科学在古希腊罗马时代已经初露端倪，到了中世纪以及特别是文艺复兴时代更是有了明显的和长足的发展，但是，事实上，一直到近代工业社会彻底形成之后，科学才真正进入一种制度化的状态，或即才成为现代意义上的科学。正像当代美国著名的科学哲学及科学社会学的学者史蒂芬·科尔所说的那样，"科学是现代社会最重要的制度之一"②。因此，一点也不奇怪的是，几乎每一个研究西方科学史的学者，都会以近代社会的形成作为西方科学制度化的起点，以致许多学者撰写的相关著作就是以此为其书名的，比如怀特海的《科学与近代世界》就是一个非常典型的例子。我必须提请读者们稍加注意的是，不能把对应之前的"大体""基本"或者"总体"等限定词给忽略掉，那样一来将会使这种对应被绝对化，而这是不对的。因为，这将会使人们误以为在工业社会人文似乎完全不复存在了，或者彻底销声匿迹了。事实上，既然人文是人类的两大文化之一，那就根本不可能出现这样一个时代，这个时代竟然是一个人文文化的真空时代！但是，这样一个时代却是可能出现的，在这个时代，占主流地位的不是人文文化而是科学文化，比如今天这样一个工业化的时代就是这样的时代。今天的学者们经常会发出弘扬人文精神的呼吁，为此提供了一个最能说明问题的反证。

---

① ［美］丹尼尔·贝尔：《资本主义文化矛盾》，江苏人民出版社2007年版，第156页。
② ［美］科尔：《科学的制造——在自然界与社会之间》，上海人民出版社2001年版，第2页。

事实上，科学与人文大体上对应于工业社会和农业社会，除了可以像上面那样从时间的维度加以陈述之外，从空间的维度也是可以给出同样有效的陈述的。简单地说就是：科学与西方社会对应，而与人文对应的则主要是东方社会——比如印度、中国等。这里所谓西方社会，准确地说，应该是西方近代社会，而所谓近代社会其实就是指工业社会。同样，这里诸如印度、中国等所谓东方社会，其实也就是指农业社会。当然，这并不是说，西方的古代社会也是工业社会以及东方的当代社会也是农业社会，情况肯定不可能是这样。但是，鉴于工业社会的来临以及农业社会的结束，在西方比在东方要早得多，因此，通常笼统地把西方社会称为工业社会以及把东方社会称为农业社会，并不是完全不可以。何况这么说，也并不包含以下这层含义，即西方的工业社会完全没有农业的成分，而东方的农业社会也根本上与工业毫不沾边。总之，以上这一陈述，其根本旨意，依然只是想借此进一步强调科学与工业社会的对应性以及人文与农业社会的对应性而已。如果这两种对应性大体可以成立的话，那么，李约瑟提出的那个经典问题，也就不难从中找到颇有价值的答案了。李约瑟的问题是这样的："为什么现代科学只在欧洲文明中发展，而未在中国（或印度）文化中成长？"[①]。对于这个问题，学者们曾经给出过许多的答案，在这许多的答案中，有一个答案基本上是大家共同认可的，这就是工业的需求、鼓励与支撑。伟大的法国科学家与哲学家昂利·彭加勒曾经说过这样的话："人们只要睁眼看看，工业成就虽然为许多实际家促进，但是假如只有这些实际家，而没有下面一些人（按指许多杰出的科学家——本文作者注）在前面做出的无私贡献，那么工业成就将会暗淡无光"[②]。这句话似乎只在强调科学对工业成就所作出的非凡贡献而没有肯定工业也对科学的发展提供了强大的推动。但是，第一，彭氏的这段话，至少表明科学与工业存在着非常紧密的内在关联，第二，大量的事实还表明，这种关联绝不仅仅表现为工业对科学的依赖，相反或者同时也表现为科学对工业的借重，而且这种借重还表现出明显的日趋加重的态势。

---

① ［英］李约瑟：《东西方的科学与社会》，转引自吴刚《知识演化与社会控制——中国教育知识史的比较社会学分析》，教育科学出版社 2002 年版，第 2 页。

② ［法］彭加勒：《科学与方法》，第 8 页。

二

　　现在我们要问：为什么科学与人文所对应的社会形态大体上分别是工业的与农业的呢？关于这个问题，我以为也许可以从以下几个方面给予必要的回答。首先，我想这肯定与这两种社会形态的思维模式存在着很大的差异有关。我们只须略加考察就不难发现，无论是古希腊农业社会的思维还是中国古代农业社会的思维，大体上都表现为时间性的，只不过不是一条永不反转或即不可逆的直线，而是一个永远循环的圆圈。关于这一点，人们可以从荷马的《得墨特尔颂》，苏格拉底在谈古希腊城邦的不同政制时所打的比喻，以及老子、董仲舒等所提出的有关政治的命题中得到很好的证例。比如，在《得墨特尔颂》中，荷马把时间描写成一个枯死的植物界每年都有一次新生的一个环（参阅〔美〕丹尼尔·贝尔《资本主义文化矛盾》，江苏人民出版社 2007 年版）。而在苏格拉底看来，希腊城邦的斯巴达和克里特政制、寡头政制、民主政制以及僭主政制，一方面都是"从城邦公民的习惯里产生出来的"，另一方面，它们还像春夏秋冬四季那样交替出现，循环不歇。再比如，在老子看来，"返者道之动"，而孟子和董仲舒则分别把政治统治的运行表述为"五百年必有王者兴"和"黑统""白统"及"赤统"三统循环的历史模式。

　　与农业社会的思维相比，近现代工业社会的思维虽然也表现为时间性的向度，但不同的是，它不是永远循环的圆圈，而是一条矢量性的直线，驱使这条直线一往无前、义无反顾的最大动力在于"要画出知识的轨迹"（参阅同上书）。情况的确就是如此。因为我们在几乎所有西方近现代思想家那里都可以发现一种历时性的思维模式在制约着他们的思考过程。这种历时性的思维模式通常表现为两大基本的冲动：其一是追溯事物的起源并且以此去对事物的本质或本性作出最终的解释；其二是描述社会的演化过程或即贝尔所说的"轨迹"，同时借助这个描述揭示事物发展的规律。可以为读者们提供有力证例的是，恩格斯的《家庭私有制和国家的起源》、卢梭的《论人类不平等的起源》、达尔文的《物种起源》、格罗塞的《艺术的起源》，以及拉马克、斯宾塞、孔德、海克尔、牛顿、摩尔根、维柯、黑格尔、马克思等诸多现代思想家关于自然、社会提出的各种相关命题（关于以上内容，拙文《后现代诸理论及其空间向度》，《中共浙江省委党校学报》2001 年 5 期有着颇为详细的阐述，有兴趣的读者可以参阅，这里恕不赘言）。非常清楚的是，这种思维模式的确只能植根于工业社会，或者反过来说，不大可能由农业社会蕴育出来。这是因为，农业社会提供给人们的比如物质的环境与工业社会的具有很大的不同：前者基本上是自然性的，后者从总体上看则是人工性的。当然，正像我所一再强调的那样，这只是指一种总体上的特征，而不是说在每一个具体的方面情况都是如此。就自然性的环境而言，如上所说的循环性是非常突出的——比如，四季的轮回、草木的荣枯、阴晴的更迭、江河的涨落、太阳的升沉以及月亮的圆缺等，凡此种种的循环状态的自然现象必然会使人们的思维趋于时间上的循环性，不可能相反趋于时间上的矢量性。说到物质环境的人工性，我们必须承认，这的确是工业社会的最基本的特点。和在农业社会不同，在工业社会里，我们的确日益被从一个自然性的环境挤压进一个人工性的环境里。构成这个环境的最常见的是如下的事物：摩天大楼、封闭公寓、高速公路、快速铁轨、火车、飞机、汽车、电灯、电视、电脑、手机以及大量的人工食品等。由于这些事物都是人工的产品，因此理论上说有着无限的可改善性——比如大楼可以盖得更高，公寓可以造得更舒适，火车可以行驶得更快，电视机可以收到更多的频道，食品可以更富营养的价值等。很显然，这种可改善性所展示出来的轨迹决不会是时间上的循环而只能是时间上的前进。

第二，毋庸置疑的是，这种对应性还与两种社会形态的经济类型有着相当密切的关联。我们从工业社会与农业社会的语词就很容易看出，就两种社会形态类型而言，前者总体上以工业为主，后者则基本上以农业为主。所谓农业，简单点说，就是以农为业。而所谓农，其本义指的是在田地里从事劳作。既然是在田地里劳作，那么，劳作者就必须正视以下这一事实，这就是劳作的效果如何主要不决定于自己的愿望而取决于包括田地本身在内的诸多自然条件——比如阳光、雨水等。换句话说，劳作者明白，收成的状况基本上只能由自然决定，个人的劳作所能发挥的只是一定的辅助作用。人们可以从孟子所讲述的拔苗助长这个寓言中找到有关这一思想的最典型的表述：庄稼的生长是一个自然的过程，受自然的支配，对这个过程的干扰，所导致的结果只能是事与愿违。这一思想所以会产生，是因为，在中国古典文化传统里，自然一词不但指称所谓的自然界，同时还意指我们今天所说的客观规律，或者借用心理学的术语说，就是客观意志。这种规律或者意志，我们顶多能够对之形成某种认识，但是绝对无法对它加以某种利用，换句话说，我们只能顺应它而不能利用它去改变自然本身，正像道家学者经常所强调的那样，我们只能顺其自然。正因为如此，在中国古代的农业社会，农民们所指望的只是风调雨顺，以及由此所带来的五谷丰登。这种指望有两点值得给予充分的注意：第一，五谷丰登的前提是自然的风调雨顺而不是有违自然的人的努力；第二，风调雨顺充其量只能使五谷丰登，而无法使五谷的产量不断地提高、提高、再提高。当然，守株待兔式的无为等待也不为人们所赞赏。然而，有一点是人们所普遍相信的，这就是"一份耕耘，一份收获"。这个说法的主导意思是，我们不应该指望一份耕耘可以获得超过一份之外——比如二份甚至三份——的收获。很显然，在这样一种经济类型以及与之相吻合的理念当中，旨在发现自然的规律并且以此去控制自然以使产量不断提高的科学技术，的确不可能受到重视并且得到鼓励与支持。非但如此，在中国古代农业社会，科技总是不断地受到指责与批评，正像冯友兰教授所总结的那样，"农民的生活方式是顺乎自然的，他们赞美自然，谴责人为"①，因为人为的就是"伪"的或即不自然的。

　　和农业社会就是以农为业一样，工业社会，顾名思义，也可以基本上被解读为以工为业。但是和农是自然性的在田地里从事耕作不同，工乃是在某种非自然的环境里进行劳作。因此，整个工业便表现为一个摆脱自然的束缚而在一个人工的环境里进行运作的独立的系统。这个系统的最大特点，是为人的努力与创造提供了无限的可能性，同时，这种无限的可能性中的每一个可能性的实现，反过来又会大大地激发出人们的努力与创造的欲望。作为这两者的有机结合的结果的，便是工业产品的品种、质量以及数量的不断丰富、提高与增加。但是所有这一切均与两个东西有关，这就是科学与技术。这是因为，在使无限的可能性转化为现实性的过程中，经常会遇到许多棘手的问题，而这些问题仅靠人的双手以及有限的经验或者智慧是无法解决的。美国科学社会学学者默顿的《十七世纪英国的科学、

---

① 冯友兰：《中国哲学史简编》，北京大学出版社 1988 年版，第 34 页。

技术与社会》一书，为此提供了许多生动而有说服力的证例。比如，据默顿说，十六十七世纪英国的采掘及冶金工业曾经遇到许多新的技术问题，"其中的一个主要问题就是对深部矿床的有效开采，不断提出的解决这一问题的要求表明了这一点。进行这一种开采的主要困难有三个：矿井出水、新鲜空气的供给限制以及难以将矿石提升到地面"。"这些问题使得构成了一个广泛而富于社会影响的企业主阶级的煤矿主们大伤脑筋。他征求甚至要求人们发挥创造性能力来解决这些问题。这一时期的专利统计数字汇编清楚地表明，与煤矿有关的问题在多大程度上吸引着发明家的注意力。在1501年到1688年间英国公布的317件专利中，约有75%与煤矿工业的某个方面有关联（43%直接相关，32%间接相关）"。"人们可能会注意到，在总数为317件的专利中，有43件，即约占14%的专利是解决矿井排水问题的。普赖斯（Price）也发现，在1620年间获得专利的发明中，约有20%是提水、排水装置方面的。这有力地说明，这个困难在多大程度上吸引着发明者的注意力"①。默顿这里所谈及的虽然是英国16—17世纪的情况，但却具有很强的典型性，换句话说，在几乎所有的工业社会，情况都无不如此：工业的发展需要科学技术为其解决不断遇到的新问题，反过来，这也刺激了科学技术本身的快速发展。这一点，越到今天越是有着突出的表现。

由此我们还不难发现，无论是就战争而言还是就所需要的知识而言，工业社会与农业社会也分别表现出相当的与科学和人文的对应性。简单点说，正像人们通过文献、实物以及哪怕是极其零星的影像资料所了解到的那样，在农业社会，交战的双方要赢得胜利，所依靠的主要是高明的谋略及指挥的才能，当然，所谓正义以及将帅个人的优良品德也是非常重要的因素。正因为如此，诸如被认为汇集了最杰出的军事思想与谋略的《孙子兵法》，符合儒家正统观念的君主刘备，以及鞠躬尽瘁、死而后已的指挥家诸葛亮，才一直受到人们的普遍称羡。与之不同的是，在现代工业社会，战争的胜负主要决定于双方的军事工业以及军事科技的水平。因此，在现代工业社会，战争与其说是在战场上摆开阵势，互相厮杀，不如说在军事工厂以及军事学院里展开不见硝烟的拼搏。至于所需要的知识，同

---

① ［美］默顿：《十七世纪英国的科学、技术与社会》，第217—219页。

样，我们也很容易看到，农业社会所需要的主要是人文知识，而对于工业社会来说，科技知识当然具有很强的被需求性。这是不难理解的。究其原因，主要在于两种社会形态所面对的问题具有很大的不同：对于农业社会来说，主要的问题并不是发展经济（因为农业经济是自然性的，因此不具有多大的可发展性）而是社会稳定，正像孔子所告诫的那样，"君子不患贫而患不均"；反之，对于工业社会来说，由于其经济具有非自然性，或即无限的可发展性，因此发展经济就会很自然地成为人们的几乎是最强列的冲动。同样，由于主要问题在于社会稳定以及与之相关的对人的教化，因此人文知识自然就受到普遍的欢迎；由于主要问题在于发展经济，因此科技知识就自然地受到高度的重视，因为科技被认为是第一生产力。这一切皆是顺理成章之事。同样，我们还可以看到，在农业社会，那些人文方面的饱学之士，一般总是能占据较高的社会地位，而那些能工巧匠却只能在下层社会依靠一身薄技勉强糊口——请注意，象张衡这样的人，用今天的眼光看，可以被视为科技人才，但是，在他所处的那个时代，其所以能跻身于上层社会，其实并不是由于他是一个科技知识分子，而是因为他是一个精通人文典籍的人文学者。因此人们不难发现，他的所谓天文知识是被纳入到皇权系统以及与之相关的人文系统之后才被视为是有价值的知识的。因此，至少在中国的古代的农业社会，读书人总是被舆论以及制度鼓励成为一个具有很高人文学养的君子或贤人。而在现代工业社会，代替人文学者而成为最被需求的，乃是科技知识分子或即所谓科技专家。这一点也不奇怪：对于发展经济以及巩固国防来说，人文学者所能发挥的作用，即便不被认为是与零无异至少也是被认为是极其微弱的。

　　第三，科技与人文所以会基本上与工业社会和农业社会对应，还与以下这一点有关，这就是，对于社会整合来说，不同形态的社会显然会倚重不同的文化：大体说来，工业社会倚重的是科学文化，而农业社会倚重的则是人文文化。说到社会整合，其含义无非是指使社会成员一体化。但是，由于农业社会和工业社会存在着由涂尔干特别肯定地指出的以下这一明显的区别——农业社会是无机团结的社会，工业社会是有机团结的社会，因此，用以整合两种社会的因素便相应地有着很大的不同。据涂尔干的意见，由于农业社会不存在严密细致的社会分工与劳动分工，因此，社会成员之间不存在内在的关联，要把他们整合起来，需要一种集体精神或集体良知。这里所谓集体精神或集体良知，主要是指某种统一的或一元化的核心价值体系，很显然，它的内容不是人文的就是宗教的，或者是两者兼而有之的——无论如何，它们不大可能是科学的，用政治学的或文化学的术语说，这便是所谓的意识形态，比如中国古典社会的"三纲、五常、三从、四德"，"万般皆下品，唯有读书高"，"穷则独善其身，达则兼济天下"，"杀身成仁"，"舍生取义"，"善有善报，恶有恶报"等。要使这些思想观念成为真正的意识形态，便需要以此为核心内容对社会的每一个成员从小进行长期的不间断的灌输，这就难怪，在中国古典社会，文化一词的含义基本上就是指教化，这与英文 Culture 一词的含义大体相同——英文 Culture 一词的含义，第一是指培育、培植等，第二是指修养、教养等。

　　与农业社会相反，在涂尔干看来，由于工业社会存在着严格细密的社会分工与劳动分工，因此，全体成员之间便存在着一个天然的和紧密的内在关联，尽管这种关联有时有些是显性的，有时有些则是隐性的，换言之，有时有些是不为社会成员所清晰地感知的——比如，"一个巴西的农民和一个对初级产品进行投机的纽约交易商并不必然是认识到把他们联系起来的相互依赖的链条"①，但是，这个关联或者这个链条的确是存在的。正因为如此，即便是十九世纪之初的那位充满着隐逸气质的美国人梭罗，在瓦尔登湖畔也只是勉强过了两年零两个月的隐居生活后便又匆匆回归了被他所十分厌弃的现代文明社会，而且哪怕是在这短短的两年零两个月的时间里，他也不是完全与他人互不往来的。因此，对于整合社会来说，以人文和宗教为其核心成分的所谓集体精神或者集体良知就成为非必需的了，用社会学的功能学派的术语说，它不再具有整合社会的功能并且因此不再承担整合社会的任务了，因为有一个比它要有效得多的东西代替了它，这个东西就是内在的关联或链条。与此一替代相应的是，在工业社会，集体精神或者集体良知逐渐地演变成为个体精神或个体良知；既然是个体的，它必然是多元的——价值观也好，意识形态也好，无不如此。美国著名社会学理论家丹尼尔·贝尔把上述转变称之为"从同质性向异质

---

① ［法］菲利普·柯尔库夫：《新社会学》，社会科学文献出版社 2000 年版，第 27 页。

性、同一性向多样性的运动"①，的确言简意赅，颇为中肯。有鉴于此，人们就不应该为以下这现象而深感大惑不解，这就是，在工业社会——无论是西方的还是中国的，科学与技术的确受到高度的重视和普遍的欢迎，而人文却逐渐地式微下去，并且日趋沦为人们的消费品或享用品，其目的基本上只在于给人们提供娱乐和享受。究其原因，主要在于以下这一点：既然工业社会的社会整合已经转而由内在关联或链条来承担了，那么，整合社会便不再能够使政治精英为之操心不已了，他们所关心的便自然地转向了发展经济和提供娱乐。这样一来，科技的登台和人文的卸妆便成了一个势不可当的社会潮流。

　　这种状况，就我们这里所涉及的主题而言，其实可以作出另外一种解读或者评论。我的意思是说，从表面上看，这种文化的多元化状况似乎表明，在当今中国这样一个非十足的工业社会——所谓非十足，指的是，如前所说，这个社会还有很多农业的遗存以及工业仅处于初期状态，人文文化有着非常丰富的存在，而这无疑对我所强调的科学文化与工业社会的对应性，构成了有力的证伪。但其实不然。如上所说，对于今天包括中国在内的现代工业社会来说，人文文化实际上并发挥不了多大的整合社会的作用——否则的话，它根本就不可能呈现出上面所说的多元性的状态。由此可见，今天的人文文化实际上处于一种悬浮状态，换句话说，它并没有渗透进或融化进社会的整个有机体内。这一点和古代农业社会恰成鲜明的对比：在比如中国的古代农业社会，诸如三纲五常、三从四德等伦理道德的规范，事实上，社会的每一个成员差不多都习惯性地遵循着它们，换句话说，这些规范和整个社会的确称得上是水乳交融，难分彼此。除此之外，说人文文化在今天的工业社会处于一种悬浮状态，还指在今天人文文化对人们的日常生活事实上基本上已不再能发挥什么影响，更遑论发挥什么指导作用了。上面曾说，在今天的中国社会里，几乎存在着无数的和驳杂的人生观和价值观，换言之，绝大多数人实际上乃是一任生命本能的驱使而无理想、无信仰地，混混沌沌、糊糊涂涂地活着而已。反之，我们倒不难发现，今天的中国社会的成员几乎每一个都是按照理性——特别是经济理性和工具理性的原则生活着。换言之，尽管绝大多数人的人生是非理想性

---

① ［美］丹尼尔·贝尔：《资本主义文化矛盾》，江苏人民出版社 2007 年版，第 96 页。

的，但是他们却都表现出一个共同的特点，这就是理性化。可以为此提出的最能说明问题的证例也许是，今天的几乎每一个人，差不多都是按照凡事必须权衡利弊得失——两害相权取其小，两利相权取其大，利害相权趋利避害——的原则去处理他（她）的日常事务的。所谓理性化，除此而外，还表现为一种技术化的生存方式。确实，在今天，有关生活的意义的问题基本上已经不再为人们所关注和思考，代之而起的乃是有关生活方式的问题；换句话说，为什么的问题已经被怎么的问题所替代。由此再进一步，有关生活方式的问题又都基本上具体化为若干相关的技术性问题——比如，如何理财，如何按揭购房、购车，如何选择最佳旅游线路，如何瘦身（或即减肥）增高，如何择偶、择校，如何分辨商品的真假优劣，如何促进身心的健康，以及如何延长房事的时间并且因此获取更多的快感等。与之相应，相关的专家便有如雨后春笋般地应运而生，以负责对上述各种问题作出专业性的回答。总之，在今天，人们普遍地相信，生活就是由不断解决这些层出不穷、具体而微的技术性问题构成的；所谓生活的意义问题，要么是一个伪问题，要么就是一个没有意义的问题——许多人甚至会援引弗洛伊德的理论认为，谁想回答这个问题，谁的精神就有了问题；而所谓生活方式，事实上也基本上被具体化为解决各种各样的具体问题的具体方法。正像英国当代著名社会学家汤普森在谈到韦伯对现代社会的理性化所作的考察时所概括的那样，"传统行动的纯个人的、自发的和感情的因素都被有目的的理性筹划和技术效能的要求所挤走"①。

作为本文的结尾，我想强调一下的是，以上就科学、人文与社会形态的对应关系所作的描述与分析，所采取的是文化社会学的角度，即致力于阐述作为人类两大文化的科学与人文，它们的形成与发展是如何地受到社会的强烈制约的；但这绝不意味着它们是完全被动地被社会建构的，事实上，它们反过来也对社会施加至少是同样强有力的影响，换言之，它们也建构着社会。总之，文化与社会是相互建构的。在文化与社会之关系的研究中颇为流行的单向决定论——社会决定论特别是经济决定论或者文化决定论，的确都不但与事实不符，而且在理论上也是站不住脚的。但这样说，也并不意味着在研究中完全不可以选择或者以社会为视角或者以文化

---

① ［英］约翰·B. 汤普森：《意识形态与现代文化》，译林出版社 2005 年版，第 87 页。

为视角。尽管有些学者基于弥补单向决定论的研究方法之不足的考虑而竭力提倡一种现象学的研究方法，即不把理解看成"韦伯所说的外在于行动本身的科学理解，而是现象学意义上的那种嵌入行动之中的体验和表述"①，但是，这种研究同样有其自身的局限，即它容易导致结果的混沌与粗糙。而单项视角（请注意：只是单项视角而不是单向决定论！）的研究，固然有着失之机械论的风险，但是它却可以使研究变得深入和细致。总之，在学术研究上，依我之见，没有最好的研究方法，有的只是对最理想的结果的追求。总之，在这个问题上，"条条道路通罗马"这句话依然是适用的。

（原文载《文化艺术研究》2009 年第 3 期）

---

① 刘珺珺、赵万里：《知识与社会行动的结构》，天津人民出版社 2005 年版，第 50 页。

文的内化与外化的循环系统

——关于文化本义的新阐释

自从人们对文化发生兴趣并且展开研究以来，有关文化的定义真可以说是层出不穷，众说纷纭。这些定义，有时出入很大，有时则仅有些微的区别；但由此所引发的混乱却足以令人头晕目眩，无所适从。与此相关或者作为这些混乱的一个自然的结果，有关文化与文明的关系及区别也可以说是歧见迭起，莫衷一是（由于本文的主题是对文化的本义作出我的新阐释，为节约篇幅起见，关于这些混乱的具体情况这里恕不赘述，有兴趣的读者可以去翻阅陈序经先生写于 20 世纪 40 年代的《文化学概观》的第一册第一编）[①]。有必要强调指出的是，这个情况在今天并未得到根本的改变，相反却似乎更为严重起来，以至于我们完全可以说有一个文化学的学者就有一个关于文化的定义。这一状况，一方面，固然可以说给文化研究注入了相当的活力，另一方面，却不能不承认对文化研究以及文化建设和文明建设也带来了极大的损害。导致这一状况的原因大概主要在于以下这一点，即文化一词在今天尚未被锤炼成为一个真正意义上的概念，而始终只不过是一个弹性极大、模糊性也极大的语词，因此，它并不具有明确的指称对象并且因此也就不具有清晰的和稳定的内涵与外延。由此，不同的人完全可以从他自己的喜好和需要出发赋予文化以很不相同的含义（当然，喜好和需要只是表面的原因，从知识社会学的角度看，它们的后面还隐藏着诸多社会性的因素）。

纵观这些千差万别的有关文化的定义，正像陈序经先生所概括的那样，它们的不同无非表现为以下几种情况：有的把文化看成物质的有的

---

① 　此书由中国人民大学出版社于 2005 年重新出版。

则把文化看成精神的；有的把文化视为动态的有的则把文化视为静态的；有的把文化理解为某一类事物或某一些领域有的则把文化理解为另一类事物或另一些领域；如此等等，不一而足。而"文化的本身，正如泰罗尔所说，是一个复杂的总体。所以从文化的成分或是静的方面来看，它是含有物质和精神各方面（我必须马上指出的是，陈先生的这一看法其实也是有问题的，尽管比起那种在物质和精神这两个层面之间作出截然划分的说法的确要高明得多，因为它兼顾了精神与物质这两个层面。但是在我看来，文化，不，应该说是文只能是精神的而绝不可能是物质的，所谓物质的只是精神的一种形态而已，其内核依然是精神的）。从文化的发展或是动的方面来看，它是含有变化与累积的过程。若是从文化的整个或是这两方面——动的与静的——来看，它是一个复杂的整体"。总之，在陈先生看来，文化一词包括三个方面的要素，即"静的方面、动的方面与整个方面"①。可惜的是或者令人遗憾的是，陈先生在他的《概观》一书中并未从这三个方面建构起他的有关文化的理解体系，他的有关文化的理解似乎匆匆开了个头便戛然而止了。为弥补此一遗憾，本文将依照陈先生所提及的这三个方面作出我对文化含义的新阐释。简单地说，依据我的意见，文化的静的方面指的文化中的文，而动的方面则是指文化中的化，这里所谓化就是指文的演化，而文的演化又可以被分为内化与外化两个方面，由此构成文化的整体。总之，文化就是文的内化与外化相互循环的一个有机的完整的系统。尽管柯林武德对于定义之事持有近乎生理性的厌恶——比如，在他看来，"只有愚人才会设想自己能够把类似艺术、宗教或者科学的某种东西压缩进可以从上下文中寻摘出来却仍有意义的一句警句里"②，但我依然不得不说，对于学术研究来说，给一个语词以相对清晰和稳定的含义总是非常必要的，不然的话，这个语词就不能成为一个从分析哲学的角度看真正有意义的概念，并且因此而使学术研究沦为纯粹的个人的自说自话或即个人的喃喃自语。

---

① 《文化学概观》，第 24 页。

② ［英］柯林武德：《精神镜像——或知识地图》，广西师范大学出版社 2006 年版，第 102 页。

一 客观之文与主观之文

下面我将对上述理解作出必要的阐释。不过，在正式地阐释之前，先就我赖以阐释的原则略说几句，也许并非纯属多余。我的原则有两点。其一是从文化这个语词的构成的本身出发，因为，倘非如此的话，用文化这个语词作为文化的概念就变得毫无意义了。事实上，即便是比如物理学这门极为典型的自然科学的各种概念，由于它们几乎都是通过对生活中的一些自然语词的锤炼而形成的，因此自然语词本身的含义一定是它们作为科学概念的含义的根本来源，只不过由于不断的锤炼，它们的含义变得更清晰、更稳定罢了，如力、场、惯性等都是极有力的证例（关于这个问题，有兴趣的读者们可以参阅［澳］纽兰特《社会科学的基础》)①。其二是对文化研究、文化建设及文明建设颇有裨益。

有鉴于此，我将先来谈一下文这个字的含义。在被认为是我国最早的一部字典的《说文解字》中，文这个字被解释为"错画也"；字典的作者、东汉文字学家许慎为此所提出的理由是"象交文"，即有如交错的纹路。确实，我们看文这个字的小篆体"𝌆"，它所呈现的的确就是交错的纹路。许慎的这个解释沿袭了《周易·系辞下》的解释，即"物象杂，故曰文"。事实上，在中国古代的各种典籍中，文基本上就是在这意义上被使用的。比如，《礼记·王制》就曾说"东方曰夷，被发文身"，《庄子·逍遥游》也曾用"断发文身"去描写"越人"，王充《论衡·言毒》则把蝮蛇的特点归结为"多文"。正因为如此，在古代的作者的笔下，文这个字常常又被写成纹或彣。至于诸如"文字"（许慎《说文解字·叙》："罢其不与秦文合者。"）、"文辞"（《韩非子·五蠹》："儒以文乱法。"）、"文献典籍"（司马迁《史记·伯夷列传》："《诗》、《书》虽缺，然虞夏之文可知也。"）、"文章文辞"（刘勰《文心雕龙》："昔人篇什，为情造文。"）、"韵文"（刘勰《文心雕龙·总述》："今之常言，有文有笔。"）、"法令条文"（司马迁《史记·酷吏列传》："与赵禹共定诸律令，务在深文。"）、"撰述"（陈抟《太一

---

① 此书由华夏出版社于 2000 年出版。

宫词》："帝亲纹其碑，以彰神异。"）、"文采华丽"（《论语·颜渊》"君子质而已矣，何以文为？"《论语·雍也》："文质彬彬，然后君子。"）、"文饰掩饰"（《论语·子张》："小人之过也，必文。"）以及"柔和"（蒲松龄《聊斋·陈锡九》："此名士之子，温文尔雅。"）等，均是从"错画"这个本义引申而来的。纵观以上各种含义，并且从本文的主题出发，我们也许可以把文化中的文这个字的含义归结为以下几点：与内里相对应的外表、与质朴相对应的华美以及与粗俗相对应的雅致。凡此，均得力于这样一个根本前提，即人类精神世界的形成。如果这样说大体不错的话，那么，我认为我们可以把文定义为精神的外在展露（因此，实际上，所谓文就是人之文）。这个展露又可以被分为客观的和主观的两大方面。客观的方面，借用狄尔泰的术语，指的是"精神的各种客观化"（Objektiv ationdes Geistes）或即所谓"客观精神"（Objektiv Geist），它是人类创造出来的和逐渐形成起来的。而主观的方面，按照我的说法，则指的是这种"精神的各种客观化"或所谓"客观精神"在作为生物性的个体的人身上的各种体现，正是这各种体现才使得生物性的个体的人被建构成社会性的主体的人。

说到客观方面的文，我认为可以被表述为人类所创造出来的和逐渐形成起来的一切成果。这些成果太过富丰，简直无法加以述数。不过稍加分析我们还是不难看出，它们大体呈现为以下三种形态：物质的——比如房屋、家俱、服装、日常用品、交通工具、各种工艺用品及纯粹的艺术制品等，制度的——比如道德规范、法律法规以及各种特别的规章制度等，行为的——比如日常生活性的行为举止、礼仪性的行为动作及纯粹艺术性的表现表演等。有必要强调指出的是，不管是哪一种形态的，它们的本质都是一样的，即它们都是精神性的，或即它们都是精神的外在展露。我的意思是说，即便是一只小小的仅供用以喝水的水杯，也有着精神的成分，因此也起着展露精神的作用。这是因为，人类动手制造任何物品，都绝非纯粹的肉体行为，其间一定渗透着精神的要素。当然，由于目的不同，展露的程度便不尽相同。举例来说，就比如物质形态而言，比起纯实用的房屋、家俱、服装、日常用品以及交通工具来，工艺用品的展露程度要高得多，而与这两类物品相比，纯粹的艺术制品则又要高得多。同样，就作为行为形态的而言，礼仪性的行为动作当然比日常生活性的行为举止要高得多，而比起这两类行为，纯粹艺术性的表现表演当然又要高得多。至于制度形态的，似乎并不存在这样的区分，因为任何制度的设定或安排都是某种精神的相当明确的表达。此外，客观的方面还可以以功能为标准划分为这样三种，即求真的科学、求善的伦理以及求美的艺术。如果把三种形态和三种功能的客观之文结合起来加以考虑的话，那么，我们将不难看出，每一种形态的客观之文都可以包含三种功能的客观之文。比如，物质形态的客观之文既可以是求真的科学——实验室、实验设备、物质性的科技成果等，也可以是求善的伦理——各种道德的资助物质等，当然还可以是求美的艺术——雕塑、建筑、绘画、书法等艺术作品；制度形态的客观之文以及行为形态的客观之文，亦可作如是观。因为非常明显的是，无论是求真的科学的客观之文还是求善的伦理的客观之文或者求美的艺术的客观之文，均有着相应的制度设置，同时也均有着相应的行为表现。至于说每一种功能的客观之文都可以表现为三种不同的形态，读者们可以仿此推想，这里恕不一一赘述。

顺便说一句，今天的学者们通常都习惯于把行为形态的文（按照他们的习惯说法便是文化，以下仿此）称之为观念形态或精神形态。这不但在学理上是说不通的——因为，观念或者精神本身并不是一种可以和物质及制度并列而提的一种形态，并且也很容易导致严重的误解，即似乎物质形态的文及制度形态的文是与精神无涉的，而这显然是十分荒谬的。究其原因，主要在于以下这一点，即这些学者都像陈序经先生那样犯有一个共通的毛病，这就是都把文化一分为二地分为物质的和精神的这两大类，尽管比起那些被陈序经先生批评过的在物质的和精神的这两者之间或者只承认为是物质的或者只承认是精神的学者们来，这些学者及陈序经先生本身已经算是有一个很大的进步。但是，在我看来，和前者比，这只不过是五十步与百步的区别而已。因为，从本质上说，任何文都是精神性的。因此，世界上只有一种文，即作为精神之展露的文；换言之，离开精神便没有文！这样看来，今天颇为流行的所谓物质文化遗产与非物质文化遗产的说法都是不恰当的，即都会使人们产生文化可以是非精神性的这一严重的误解。此外，有时学者们还习惯于把客观之文分为由内到外的三个层面，即最外面的物质层面、中间的制度层面以及最里面的精神层面。这样一种划分貌似合理，其实依然颇有问题。其一，如果这三个层面是互不关联的，那么，这势必就表明制度与物质是与精神无关的，而这显然是荒谬的。其二，如果说这三个层面是紧密相关的，即由内往外依次渗透的，那么，这也会带来这样一个问题，即最里面的精神层面似乎就可以单独作为一个层面而存在，而这是绝不可能的，因为精神本身总是依附于某种载体上的，否则就会像飘忽的幽灵那样不可捉摸！因此，比如人的肉体和精神便是不可分离的；说存在着一种与肉体无关的精神与说存在着一种与精神无关的肉体，同样是荒谬得近乎古怪与疯狂的说法。

就主观的方面而言，依照我的研究，大体上包括这样三大要素，即能力、知识和习惯（或布尔迪厄所说的习性）。所谓能力指的是一个人能够从事某种行为的力量，比如唱歌、跳舞、写字、画画、弹钢琴、拉二胡、游泳、爬山、跳高、跳远、驾驶飞机、从事研究、进行管理等。这些能力从哪里获得？通过学习而获得。人为什么能够学习？因为人有本能性的模仿力，而学习从本质上说就是模仿。因此，某种意义上完全可以说，能力不过是模仿力的具体化而已。当然，作为一种本能，人的模仿力是有差异的，比如有强弱的不同及侧重的不同。通常这些被称为人的禀赋。所谓知识，不过是指人对事物有知有识，即知道它并且能够识别它。人怎么会有知识的？因为人有语言，而语言有大量的语词，而语词则构成大量的概念。实际上，从本质上说，知识不过是指事物被概念化了而已，即被人用概念加以表述或指称。由于概念总是指称类的并且因此总是抽象的，因此，人才可能从单一的感觉以及作为综合的感觉的知觉的层面超越到普遍的知识的层面。至于习惯，用我的话说或者简单地说，就是指因习成惯。这里习指反复，而惯则指惯性。需要强调指出的是，习惯包括许多方面，比如思维方式、思想方法、生活态度、世界观、人生观、价值观、情感表达以及行为举止等。因此，我们也许可以把习惯表述为人的方方面面的模式化。需要补说一点的是，习惯，若是就个体的人而言，则是指一个人的风格，若是就群体的而言，则通常它便表现为一个民族的民族性、一个国家的国民性以及一个地方的风俗民情等。我必须强调指出的是，文的主观方面的三要素中当以习惯为最重要；事实上，可以说习惯处于非常关键的地位（囿于本文主题及篇幅的限制，这里不拟展开，有兴趣的读者可以参阅拙著《科学与人文——关于两种文化的社会学比较研究》中的有关章节)①。如果我们把主观的方面和客观的方面对应起来的话，那么，有一点还须强调一下，即主观方面的三大要素中的每一个要素事实上都可以被分为与客观方面的三种形态相对应的三种。明白点说，任何一个接受过中、高等以上教育的人都具有求真的、求善的及求美的三种能力，都具有科学的、伦理的及艺术的三种知识，同时也都具有科学的、伦理的及艺术的三种习惯。以上只是大体的划分，落实到每个具体的人身上，其间的差别之细微与丰富简直无法用语言加以表述。

二　文的内化（教化）与文的外化（创化）

前面曾说，所谓文的演化就是文的内化与外化或即教化与创化这样一个相互循环的有机的完整的系统。针对这一表述，也许会提出这样的问题：从顺序上看，这两种演化（即教化——内化与创化——外化）哪一个在先呢？我的回答是，宏观地看，它们几乎是同时展开的，无法分出先与后，正像宏观地看鸡与蛋哪一个在先是无法分清的一样。然而，微观地看，或即从某一具体个人的角度看，则显然是教化——内化在先，创化——外化在后。这一点是毋庸置疑的：任何刚刚诞生下来的个人是没有任何上面所说的能力、知识及习惯这些文的，只是当社会对之实施了教育之后，他才可能慢慢地获得或者形成这些文。这里所谓获得或者形成，其过程其实就是由物质的、制度的以及行为的三种形态的文和科学的、伦理的以及艺术的三大种类的文所构成的他赖以成长的环境对他进行渗透、影响以及最终同化的过程。作为这个同化的过程的结果，他在生物性之上又获得了人性——当然是不尽相同的人性。之所以会不尽相同，是因为"在新生的有机体与他所降生的文化类型（我再强调一下，其实是客观之文的类型）之间并没有必然的联系，他可能降生在某一种文化传统中，也可能降生在另一种文化传统中，他可能生于西藏文化中，也可能生于美国或因纽特（爱斯基摩）文化中。但是，从行为连续性的观点看，任何一件事都取决于新生婴儿被导入的文化类型。如果婴儿在一种文化环境中诞生，他将按一种方式思维、感觉或行动；如果他诞生在另一种文化环境

---

① 此书由学林出版社于 2008 年 5 月出版。

中，他的行为也将相应地有所不同"①。进一步说，即便生活在哪怕是一个完全相同的客观之文的类型以及更小一些的环境或者单元里，由于不同的人在生物有机体的层面上毕竟存在着各种各样的差异，比如气质、体质及健康状况等的不同，因此，不同的人还是会作出不同的反应——比如接受、逃避或者反抗等，并且因此会获得不尽相同的人性或即我所说的能力、知识和习惯（以上仍可参阅拙著《科学与人文——关于两种文化的社会学比较研究》的有关章节）。

事实上，这个过程，用阿尔多塞的理论加以表述，就是作为生物性的个体被物质的、制度的、行为的以及科学的、伦理的、艺术的意识形态"质询"（或即今天人们常说的建构）成社会性的主体的过程（关于阿尔多塞的相关理论，可以参阅他的《意识形态与意识形态国家机器》一文②以及《意识形态的崇高客体》一书）。这个过程，还可以按照齐泽克借助拉康精神分析的理论所形成的有关意识形态的理论，被表述为生物性个体从前镜像阶段开始经由镜像阶段而进入最后的俄底浦斯阶段的过程。其实说白了，这个阶段就是社会学所强调的生物人变成社会人的过程。由此不难看出，我这里所用的意识形态这一概念与阿尔多塞的不同而与齐泽克的颇为相近。因为前者坚持认为科学与意识形态具有本质的不同，而且非常坚决地要把带有褒义的科学理论与带有贬义的意识形态理论区分开来，尽管他也认为科学理论始终被意识形态理论伴随着；而在后者的理论中，意识形态基本上是一个中性的泛化的概念，因此，这就难怪，在他看来，由社会形成的几乎所有的观念都属于意识形态的范畴，换言之，它们都不过是意识的各种形态而已。实际上，在齐泽克看来，所谓人所生活其中的实在世界就是由意识形态构建而成的，正像人作为一个主体也是由意识形态建构成的一样（有关齐泽克的意识形态理论，可以参阅他的《意识形态的崇高客体》及他和阿多诺等人合作的《图绘意识形态》这两部著作）③。我要特别顺便强调的一点是，阿尔多塞本人以及后来的几乎所有

---

① ［美］怀特：《文化的科学——人类与文明的研究》，山东人民出版社 1988 年版，第 121 页。

② 此文的中文译文载《外国电影理论文选》，上海文艺出版社 1995 年版。

③ 前者的中译本由中央编译出版社于 2002 年出版，后者的中文译本则由南京大学出版社于 2002 年出版。

的持后现代立场的或者倾向于结构主义以及解构主义的理论家，都坚持认为主体是不存在的，甚至连人也是不存在的，纯属矫枉过正之举。我的意思是说，从前的人道主义传统所推崇的那种先验性的或者绝对的、普遍的、抽象的所谓主体的确是不存在的，但是，经由意识形态的教化而建构起来的经验的、具体的、变化的主体，当然是存在的，否则的话，一切社会的运动便都成了有如幽灵一样的结构的神秘演运，而那决计是不可思议的。

毋庸置疑的是，当一个生物性的个体被意识形态性地建构成一个社会性的主体之后，作为社会的一员，通常他就必须谋求职业，参加工作，从事劳动以维持他的生计。而工作与劳动的过程也就是一个有意无意的创造过程；在这个过程当中，他作为一个主体所具有的能力、知识，便会通过他的习惯由内向外转化成前面所说的物质的、制度的、行为的以及科学的、伦理的、艺术的客观之文。这个向外转化的过程，用马克思的习惯用语说，就是精神生产的过程，只不过在马克思那里，精神一词是被狭义地使用的，即专指观念形态的文，比如文学、艺术、历史、哲学、伦理、宗教等，而在本文中，正像前已述及的那样，精神一词则泛指诸如物质形态、制度形态以及行为形态的或者科学的、伦理的及艺术的（作为人的精神之外在展露的）所有精神性的存在形式和表达形式。既然如此，可以肯定的是，大体说来，一个生物性的个体被建构成什么样的社会性的主体，就会在诸如政治的、经济的等社会因素的框架当中从事什么样的精神产品的生产，这一点不但体现在个体身上也体现在群体身上。因此，正像人们都已看到的那样：诗人当然总是会生产诗歌产品，而小说家、画家、音乐家、舞蹈家则总是会生产小说、绘画、音乐及舞蹈产品；唐代的文人大多数都是诗人并且热衷于诗歌产品的生产，而宋代和元代的文人则大多数分别是词人和"伶人"，并且分别热衷于词和曲的产品的生产。我国先秦时代的智力阶层由于普遍都是诗人或者散文家，因此他们不是倾向于生产诗歌产品（如《诗经》所收集的诗歌文本）便是倾向于生产散文产品（如先秦史传散文以及诸子散文文本），而西方古希腊时代的智力阶层，由于普遍都具有史诗、戏剧及哲学的气质，因此他们不是生产史诗产品（如荷马史诗文本）就是生产戏剧产品（如希腊悲剧及喜剧文本）以及哲学产品（如苏格拉底、柏拉图、亚里士多德等的哲学文本）；西方自从工业社会以来，知识分子普遍对科学技术有着浓烈的兴趣，因此便生产了大量的科学及技术的产品，而我国尽管在长期的农业社会里读书人基本上属于人文方面的文人，因此所生产的基本上是如上所说的人文产品，但是，自从进入八十年代以来，由于整个社会的价值取向变成了发展工业、发展经济，因此，绝大多数读书人便基本上也变成了科技知识分子，并且倾其全力生产科学及技术的产品。这些被生产出来的作为客观之文的精神产品，在最宽泛的意义上，也可以说就是被生产出来的新的"意识形态"。这个新的"意识形态"又会对后来被抛入其中的新的生物性的个体展开教化并且将之建构成新的社会性的主体；然后这些新的社会性的主体又会创化出新的"意识形态"，如此等等，循环往复，永无底止。只要人类存在一天，这样一个由内化与外化或者教化与创化所构成的文的演化系统便会存在一天。事实上，正是这个系统的持续存在以及正常运作，整个社会才得以不断地进行阿尔多塞所说的生产力和生产关系的再生产。

三　文化与文明（及其他）

经过了上面的探讨，现在我们就可以对某些流行的说法及倾向进行必要的矫正了。首先我要作出矫正的一个流行的表述是有关文明与文化的区别的。如前所说，关于文明与文化的区别，人们提出了许多不同的说法。不过大体说来不外以下几种情况：认为文化是精神的而文明是物质或者相反认为文明是精神的而文化是物质的；认为伦理道德是文明而科学技术是文化；认为文化是文明的一部分或者相反文明是文化的一部分；认为文明是人类较高的阶段的标志；认为文明与城市相关而文化与乡村相关；认为文明与野蛮对立而文化则与自然对立；等等。按照我对文化含义的阐释，我认为，这些说法都是成问题的。其实，文化与文明的区别非常简单：首先，它们与文有关，即都是对文的述谓。所不同的是：文化所强调的是文的运作，即文的演化；而文明所强调的则是文的作用，即因文而明。说到底，文明与文化只不过是对文的不同方面的描述而已。因此，它们是两个交差的圆：交叉的部分是文，不交叉的两个部分，一个部分是化，一个部分是明。所谓文明与文化的区别，的确仅此而已。学者们所以会把这个问题弄得那么复杂，主要原因在于他们普遍不是从概念的语词结构本身入手去寻找概念的内涵，而是常常从自己的学术倾向出发，抓住一点，大加生发，弄得流宕忘返，歧见迭出。并且许多学者还自以为所发表的乃是什么高妙之见，而其实仍属大谬不然。比如，令人惊讶的是，居然有学者提出了这样的观点，即香港人守秩序、讲公德、重礼仪等，只表明他们是文明的，而不能因此说他们就是有文化的，原因是香港人没有创作出文学艺术等方面的高级作品。这么看问题，除了表明当事人对文化与文明的理解颇成问题之外，是不能表明其他什么的。

接下来我要矫正的是所谓精神文明与物质文明二分法的流行表述。这个表述的最大的毛病在于会使人产生这样一个误解，即有一种文明是与精神文明对等的，它是纯粹物质性的或即与精神无关的。按照本文上面所给出的有关文的定义，这显然是极其荒谬的。何谓文明？文明者，因文而明也。这就是说，人只是因为有了文，他才开明了或者明白了，这就如同屋子因为开了天窗才明亮了一样；所谓文其实可以被比喻为人为自己所开的天窗。人怎么会有文的？因为人有了精神世界。因此，从来就不曾存在过纯粹物质性的文明——过去不曾，今天没有，将来也永远不可能。明白地说，人类只存在一种文明，即精神文明。因此，某一存在者是否可以被视为文明，关键并不在于它是否是重要的，而在于它是否是由人生产出来的。举例来说，太阳对于人来说的确具有无可比拟的重要性——没有太阳人就不能存活，但是，由于太阳只是一个非人工的自然物，所以太阳不能被视为文明，因为它的里面不包含人的精神要素；相反，打火机，尽管其所具有的对人来说的重要性要比太阳小得无法估量，然而，由于它是人生产出来的，并且因此它的里面包含了人的精神要素，因此，打火机却绝对是文明性的存在者，因为它是精神的客观化或者它是客观化了的精神。由此我们可以得出这样一个结论，即人类只有一种文明，即精神文明，因此，如果我们把通常人们所说的物质文明理解为精神文明的一种形态即物质形态的话，那么，物质文明的说法是可以成立的；但是，如果我们把物质文明就理解为纯粹的物质的文明，那么，这个说法便是很糟糕的说法，因为它会遮蔽文明的精神性这一本质的要素。为免生误解起见，我建议把物质文明这一说法从我们的话语当中彻底清除出去。说到这里，我还必须强调指出的是，还有一个非常流行的关于文明的划分的说法，即文明可以被分为由里到外的三个层面——最里层的是精神文明，中层是制度文明，外层是物质文明，事实上，这也是很成问题的。因为这也很容易使人认为制度的和物质的不过是把精神包裹起来的两个包裹层面而已，它们自身都不具有精神性。如果一定要坚持这一划分的话，那么，我的建议是必须附加这样一个说明：最里层的精神文明是放射性的，即它会放射到制度层面，也会放射到物质层面，并且因此使制度与物质都包含精神的要素，或即都成了精神的展露。尽管如此，有一个问题依然存在。这就是，最里层的精神文明似乎可以是纯粹的精神而无须任何的载体；如前所说，这是不可思议的。此外，今天还有一个流行的有关文明的划分法——即把文明划分为精神文明、政治文明、物质文明、生态文明，据我的意见，也不是很科学的，因为它同样会导致误解。比如，生态文明似乎就是指良好的生态本身，而这显然也是不恰当的。因为生态文明的本质，乃是指人们对生态状况对人类的生存具有重大的意义的体悟与认知，以及因此而表现出一种对良好生态的渴望与维护，而这显然属于精神的范畴。否则的话，就只能被称为生态而不能被称为生态文明了。同理，政治文明的含义也应该是指政治制度所体现出来的政治精神，而不仅仅是政治制度本身。不过，由于在今天精神文明一词有着非常特别的含义——比如专指人的道德素质、思想境界、礼仪礼貌等方面的状态，因此，把精神文明作为文明的一个方面来和物质文明并列而提，似乎也并非绝对不可以；但是，必须作出必要的说明。不管怎么说，上述有关文明的诸种划分的确都是不太妥当的，因为它们的确都很容易导致误解。为此，我建议：既然如上所说文化与文明的区别只在化与明这两个词素的不同上，那么，文明便同样可以像文化那样被划分为客观的与主观的两大方面：客观的文明可以被分成物质的、制度的以及行为的这样三种形态；主观的文明可以被分为能力、知识及习惯这样三种表现。不管是客观的三种形态还是主观的三种表现，它们都是精神的外在展露。因此，人类的确只有一个文明，那就是精神文明。

最后但绝非最不重要的是，我还要对以下这一流行的倾向进行坚决的矫正。这个倾向是，在今天，讲到文化时，人们不是强调它的以文教化的含义就是放大它的以文创化的含义。结果是，人们普遍把教育从文化当中分离出来并且与之并列而提，如文化教育。表现在行政建制上，就是今天有两个部门是并列的，它们是教育部门与文化部门：前者主管教育，后者主管文化，即前者主管文的教化，后者主管文的创化。其实，教育部门不应该和文化部门并列而应该属于文化部门，因为教育原是文化的一个方面。因此，准确的说法应该是，作为一个系统的文化，它既包括文的教化或文的内化也包括文的创化或文的外化。因此，文化建设应该是教化与创化或者内化与外化同时展开的过程。把这两个过程分离开来的任何做法，都会导致文化一词含义的分裂，并且因此都会对文化建设的伟大事业造成巨大的损害。

（原文载《学术研究》2009 年第 6 期）

现代社会的教化：难题与出路

如果文化一词的含义的确如我所一向竭力强调的那样指的是以文教化，并且因此今天的文化建设工作便理应以此开展的话，那么，有一个问题便首先必须予以必要的回答了。这个问题是：在今天这样一个民主的现代社会里，到底该怎样发挥文化的教化功能，或者更简单地说，到底该怎样进行教化？

中西教化的区别

以上问题所以会产生并且所以会非常重要，首先与以下这一情况有关，这就是，在今天中国的话语系统里，教化一词基本上是在中国传统的含义上被使用的。为能讲明这一点，请允许我先简略地从西方谈起。说到教化一词，在西方，正像伽达默尔所指出的那样，"它最初是在中世纪神秘主义中诞生，以后被巴洛克神秘主义所继承；再后演变成由克罗勃斯托克的《救世主》而来的主宰了整个时代的宗教上的唯灵论；最后这个词在赫尔德尔那里成了'达到人性之完满'这个基本概念"（伽达默尔《真理与方法》，辽宁人民出版社 1987 年版）。由此可见，在西方的话语系统里，教化指的是一种旨在使人发生"极其深刻的精神转变"并且因此"达到人性之完满"的训化活动。至于"人性之完满"中的人性的含义，主要是指理性。这一点早在古希腊时代就已经被确定下来了，苏格拉底、柏拉图以及亚里士多德的哲学的主要冲动在于探求真知，为此提供了极好的证例。事实上，此后，西方学者们基本上就是依循这个传统而看待和对待教化的。比如，在文艺复兴时代，人文主义者们所致力的工作，主要就是通过教化去培育人的理性，以反抗中世纪的盲目的宗教信仰加在人们脖子上的牢固的枷锁。至于 18 世纪的启蒙运动，正像人们都知道的那样，它的最根本的目的，就是唤醒人的理性并且培育人的理性的自决能力。至于理性本身到底意味着什么，后来的黑格尔给出的回答是所谓普遍性。比如，在黑格尔看来，所谓教化就是指"向普遍性的提升"，这个提升"要求为了普遍性事物而舍弃个性，然而对个性的舍弃却是否定性的，即对欲望的抑制以及由此从欲望事物中的解放和自由地驾驭欲望事物"（伽达默尔语，见同上书）。正因为如此，在黑格尔看来，"谁沉湎于个别性，谁就是未受到教化"（见同上书）。

　　和西方大不相同的是，在中国，尽管在先秦时代法、道两派的教化分别强调"以法为教"和"无为而治"，但是秦汉以后，随着儒家的学说基本上占据了主流的地位，情况便发生了很大的变化。如所周知，儒家的教化基本上是伦理的和政治的，这种教化有着强烈的伦理政治的诉求。这种诉求，一方面表现为对"内圣外王"的境界的期望，另一方面则表现为对"化民成俗"的状态的向往。这种以伦理政治的诉求为基本内容和根本目的的教化，在此后的漫长的岁月里所以能够绵延不断、长盛不衰，主要是因为它与小农封建经济和大一统的专制政治需要是非常契合的（参阅黄书光主编《中国社会教化的传统与变革》，上海教育出版社 2005 年版）。因此，毫不奇怪地或者非常自然地，所谓"三纲、五常、三从、四德"以及"忠、孝、节、义"，"礼、义、廉、耻"等，便成了儒家教化的基本内容。

　　有必要提醒一句的是，类似上述中国古典社会的道德规范和价值取向的教化在西方并非不存在，只不过不是在世俗的社会里而是在宗教的系统内实施的。很显然，西方的那种理性教化和宗教的道德规范和价值取向的教化常常会产生剧烈的摩擦和冲突。关于这一点，人们只要回想一下，雅典城邦所以会处死苏格拉底，主要是因为他对青年所实施的旨在使他们获取智慧判断力的教化扰乱了城邦既有的伦理规范，就可以了。

教化在现代社会所面临的难题

　　由于如上所说，在今天中国的话语系统里，教化一词基本是被在上述中国传统的含义上使用的，因此，在今天，说到教化主要就是指道德的以及价值观的训化，而不是理性的培养。这样一来，下述问题便油然而生了：在今天，谁是教化主体，谁是被教化的对象以及由谁来确定教化的内容呢？这个问题，无论在西方社会还是在中国古典社会，基本上都并不称其为问题。就西方而言，这样说的理由有两点。其一，如上所说，所谓教化主要是指培养人们的理性特别是普遍性，而随着与之相关的自由、平等、民主以及公平、正义等差不多早已成为人们共同的价值取向和自觉追求（用我的术语说，就是习惯），这个教化的任务，基本上已经完成，很大程度上，我们完全可以说，今天西方普遍实行的民主政体就是实施这个教化所导致的一个自然结果。第二，今天，不，实际上应该是从西方开始步入现代社会以来，随着科学的不断发展与壮大，与上述旨在使人们养成理性与普遍性的教化不同而与中国古典社会相近的那种旨在指导人们如何做人的教化，按照传统继续由宗教负责实施，而原先一直承担着理性与普遍性的教化的职能的知识精英，则基本上仅仅负责知识的生产与传播工作，这一点非常清楚地体现在韦伯在学术与说教之间所作的严格的区分之中。依照韦伯的意见，学者所应从事的工作只能是生产和传播知识，至于说教或即教人以如何做人的道理，则应该是牧师的事情。而由牧师来进行说教，则既不存在如何确定教化主体和被教化的对象的问题，也不存在如何确定教化内容的问题：牧师，由于他的身份以及他获得这个身份的条件——比如，他具有很高的道德修养以及他言行一致、表里如一等，便天然地是教化主体，而信徒则自然地是被教化的对象，至于内容则无疑是有关的宗教戒律或训诫。就中国古典社会而言，这一切也是非常清楚的。众所周知，中国古典社会是一个自上而下的集权的和专制的操控系统。因此，孔子，由于被认为是一个伟大的圣人——所谓圣人就是道德上处于最高境界的人和有着最可取的价值取向的人，所以他当然可以成为教化主体。此外，由于君王理论上说应该是内圣外王，因此，也有理由成为教化主体。这样，很自然地，对与孔子来说，皇帝、官员以及民众都自然地成了被教化的对象；而对于天子来说，臣下及万民也都自然地成了被教化的对象。此外，由于丈夫、父母及老师被认为比妻子、孩子及学生具有更高的道德境界及更可取的价值取向，因此，同样很自然地，前者是教化主体后者则是被教化的对象。再者，就中华帝国与四夷两者而言，由于前者被认为在文化上处于高级的阶段而后者则处于低级的阶段，因此，前者理应成为教化主体而后者则理应成为被教化的对象，这一点最明显地体现在《易·贲》中的"观乎人文以化成天下"这句话中。与之相应，教化的内容理所当然地是教化主体特别是孔孟及天子来确定的。正像上面所提及的那样，这些内容无非就是"三纲、五常、三从、四德"以及"礼、义、廉、耻"，"忠、孝、节、义"等。

然而，凡此在今天的确都成了问题。这是因为，在今天中国这样一个现代的民主社会里，一个人也许可以宣称他比别人具有更多的专业知识——比如，因为他拥有某一专业的博士学位或者他是某一专业的教授等——或者更强的工作能力——比如，因为他正在从事某种别人不能胜任的工作或者完成某一别人不能承担的任务等，但是他却不能因此而宣称他比别人具有更高的道德境界或者他的价值取向比别人的更为可取。这种情况不但存在于领导干部与普通民众之间，也存在于上司与下属、老师与学生以及父母与子女之间。比如，一个领导干部也许的确比普通民众具有更多的知识及能力，但是他却不因此便自然地具有比普通民众更高的道德境界和更可取的价值取向，情况似乎常常反而相反，他的道德境界以及价值取向可能比普通民众更低以及更不可取。这样一来，试问：谁有资格担任教化主体，谁只配当被教化的对象，教化的内容该怎么确定，以及到底该怎么实施教化等，的确便成了有待回答的问题。比如，在今天，一个知识分子也许可以回答相关领域的专业问题的咨询，但是，他却无权对咨询者进行人生观、价值观、生活方式或即如何度过一生的指导与说教，因为他与咨询者在后一方面处于平等的地位，在逻辑上，他并不比咨询者具有更多的优势。

现代社会依然需要教化

那么是否可以取消有关道德规范及价值取向的教化呢？回答当然是否定的。诚然，按照涂尔干的理论，由于古典社会是一个机械团结的社会，因此特别需要经由教化以形成某种相似的信仰与情操或即所谓"集体良知"去整合社会；然而，与古典社会不同的是，现代社会是一个有着严密细致的分工的有机团结的社会——换言之，分工已经使社会成员之间形成一张相互依赖的网络，对于整合这样的社会来说，相似的信仰与情操或即所谓"集体良知"就不太需要了。正像当代英国著名的知识社会学学者、爱丁堡学派的重要成员巴恩斯所简要地总结的那样，"那里存在着相互依赖，哪里对文化的一致性的需要就很少"（巴恩斯《局外人看科学》，东方出版社 2001 年版）。的确，中国当代社会在文化上所以会呈现出一种多元的状态，或者用涂尔干的术语说，在文化上所以会出现大量的不同的个体良知取代了过去的某种相同的"集体良知"的状态，很大程度上，就是因为今天的中国社会也是一个分工非常严密和细致的社会。然而这决不表明，今天的中国社会不再需要某种相同的"集体良知"了。理由很简单：任何社会都少不了这种"集体良知"，否则社会就将难以维持，更加难以达成和谐，古典社会是如此，现代社会也是如此，唯一不同的只是需要的程度不同而已。既然这里讲到社会和谐，那么，姑让我们就此稍作阐述。说到社会和谐，今天学者们普遍认可的表述乃是孔子所说的"和而不同"。这里所谓不同，通常是指社会成员在性别、年龄、身份、地位、阶层、收入以及与此相关的人生观、价值观、道德观等方面的差异；学者们普遍认为，正是这些差异成了社会和谐的前提，正像五音乃是曲调和谐的前提、五味乃是菜肴调和的前提一样。但是，有必要提请人们注意的是，这里的不同乃是相对的，它是相对于同而言的。如果它是绝对的，那么，不要说社会的和谐即便是社会的维持都将是不可能的。我的意思是说，一个社会要能达成和谐的状态，社会的成员必须在某些方面是相同的，比如，他们必须都是人并且因此都具有人应该具有的基本的属人的东西，否则的话，社会和谐是根本无从谈起的。哈贝马斯鉴于现代社会在文化上是多元的这一基本特点，提倡在公共领域展开沟通与对话。这无疑是一个很好的建议。但是有一点似乎为他所忽略了：要达成沟通与对话，有一个前提是不可或缺的，这就是社会成员都必须具备基本的理性，或即德国当代哲学家赫尔德所说的"公共性格"（参阅赫尔德《世界现象学》，生活·读书·新知三联出版社 2003 年版）——比如沟通与对话者必须都能讲道理，守规范，尊重他人，尊重事实等。而这个前提只有经由教化才能获得。

教化在现代社会的出路

作为本文的结束，我拟就在今天的中国社会如何实施教化的问题提出几点建议。首先，我以为，有必要把教化的外延加以适当的扩展，明白点说，应该把西方的理性教化视为教化的一个重要的方面。究其原因在于，理性的启蒙在中国并未完成，其主要表现是人们还普遍缺乏理性的决断能力——稍后我们将会看到，这个教化任务的完成对于道德及价值的教化在今天的实施所碰到的难题，将能提供一个可行的出路。这个教化所以可以先行加以实施还有一个好处，即它不大会碰到道德及价值教化所碰到的那些难题，换言之，其主体、对象及内容都是非常明确的，因为它基本上是科学理论的讲授和科学知识的传播。其次，说理性教化将为道德及价值教化提供可行的出路，主要在于这种教化可以使社会成员养成作为沟通与对话的展开所必需的前提的"公共性格"。而只有基于"公共性格"的沟通与对话，才能解决道德及价值教化在现代社会所遇到的主体、对象及内容难以确定的难题。比如，借助理性的沟通与对话，人们可以共同商讨和确定在今天这样一个多元化的社会里，哪些道德规范和价值取向应该是大家共同遵循与秉持的。这样做的好处在于，由于内容是大家商讨的结果，因此它便成了一种集体意志，并且因此它便有理由要求人们的自觉遵循与秉持，而这是符合民主的精神的，正像由于法律规范是公民集体商讨的结果，因此它虽然强制人们服从它但却并不违背民主的精神一样。一旦教化的内容如此确定下来之后，那么其他的问题便都迎刃而解了。这样说是很好理解的：正像在法律面前人人平等一样，在这样确定下来的教化内容面前理应也是人人平等的，如此，社会的每个成员便都既是教化主体又是教化对象，换言之，每一个成员都既有权教化他人也都有义务听从他人的教化。从根本处说，这种教化其实是一种间接的自我教化，因为教化的内容是得到自我认可的。尽管如此，由于今天的中国社会毕竟依然是一个科层制的社会，因此，不可否认的是，各级党政机关和党政领导干部以及学校的教师、家庭的父母等乃是实施教化的关键。而这就要求他们必须能够率先遵循和秉持作为共同商讨之结果的道德规范和价值取向，特别是要能够把这一切落实和体现在他们的工作、学习及生活的具体行为与细节当中，并且以此去感染和引导广大民众、学生以及孩子。毕竟身教远胜过言传。

（原文载《杭州市委党校学报》2009 年第 6 期）

因文而明与因明而文

——关于文明本义的新阐释

我撰写本文的缘由应该归于我此前所撰写的题为《文的内化与外化的循环系统——关于文化本义的新阐释》的一篇论文。[①] 在那篇论文中，我特别强调，文化应该被理解为一个动态的过程，即客观之文与主观之文相互转化的循环系统。我自信，我的这个阐释不但是独特的——因为学术界迄今尚未有人像我这样阐释文化的含义，并且也是贴切的——因为我所给出的阐释与文化一词的本义是相符的。但是，我很快就发现有一个问题却被我给忽略了，那就是到底该如何理解文明一词呢？尽管我在有关文化本义的那篇论文中也曾对此稍有涉及，但委实太过简略了。我所以觉得有必要专门就文明一词的含义问题作出适当的讨论，主要是基于以下两个原因：其一，文明与文化是关系至密的两个概念，既然我就文化的本义问题撰写了专门的文章进行讨论，当然就没有理由不为文明的本义问题做同样的工作。其二，尤为重要的是，尽管今天和文化一词一样，文明一词也是非常地流行，但是同样和文化一词一样，它也被赋予了非常多的不同含义。换言之，人们——学者们、党政干部们以及一般的社会人士们等，往往是在很不相同的意义上使用文明一词的，而且通常都是与对文化一词的不同理解两两成对的。具体可参阅拙文《文的内化与外化的循环系统——关于文化本义的新阐释》，兹不赘。

其实，这一情况并非今日始，早在 20 世纪之初，随着西学东渐，即随着西方的社会学、文化学、人类学等理论迅速引入国内，无论是文化一

---

① 文载《学术研究》2009 年第 6 期。

词还是文明一词，其含义便均已纷纭多样，莫衷一是了。① 这种状况引发了许多严重的后果，其中最为紧要的是人们压根儿就不知道所谓文明建设究竟是怎样一种建设，或者说，究竟是建设什么。最典型的例子也许是当前谈得最多的生态文明建设。细心的人们不难发现，生态文明建设到后来似乎就只剩下了低碳经济这么一点技术性的考量与操作，以至于在今天，低碳经济几乎已经成为生态文明的一个代名词了。此外，细心的人们还不难发现，生态文明在今天似乎已经失去了自身的价值，而仅仅被视为经济的新增长点或发展经济的新途径，用一个流行的词语说，所谓生态文明其实就是指生态经济。这种科技主导的以及经济主导的对生态文明的理解，显然是浅表的、狭隘的并且当然是不恰当的。

所以，还是让我赶紧来对文明一词的含义作出我的阐释吧。

一　错画谓之文

在正式地阐释之前，我想有必要先就我所采用的方法略说几句。简单地说，我的方法就是章太炎先生曾经用过的方法，即小学的方法或即文字学的方法。人们也许会认为章先生采用这个方法乃是基于他的文字学家的偏好，作为方法似乎并不太恰当，因为这很容易导致简单的望文生义。事实上，许多学者就是这么认为的，最有力的证明就是章先生的这个方法的确没有得到广泛的响应。然而我却不得不说，这实在乃是一个莫大的遗憾。我的意思是说，今天我国学术界对文化与文明这两个词语的含义的理解之所以会出现如上所说的众多分歧，这个方法的未被采用至少应该负有很大的责任。这是很好理解的：既然在汉语学术群体里人们用文化这两个汉字所构成的语词与西文比如英文的 Culture 这个单词对应，用文明这两个汉字所构成的语词与西文比如英文的 Civilization 这个单词对应，那么人们就理应从文、化、明这几个汉字的本义入手去理解由它们所构成的文化与文明这两个语词的含义。因为，毋庸置疑的是，文、化、明这几个汉字绝不是信手拈来、任意挪用的，而是经由细心的考量而加以审慎抉择的结

① 这一情况在陈序经先生写于 20 世纪 40 年代的《文化学概观》一书中有着非常详尽的叙述，有兴趣的读者可以参阅。此书于 2005 年由中国人民大学出版社出版。

果，否则的话，它们就是毫无意义的，并且因此是可以随意替换的。有鉴于此，我相信，只要人们都能经由理解文、化、明这几个汉字的本义去理解文化与文明这两个语词的含义，纵使也许仍然会有所不同，但可以肯定的是绝不可能像今天那样地枝蔓横生，茫然无绪。此外，我必须说明的是，我对文明一词含义的阐释与我此前对文化一词含义的阐释一定会发生相当的交叉与重叠——这是因为文明与文化这两个词语，就其语法结构而言，均是主谓结构的短句，具体点说，两者的主词均是文，所不同者只是它们的谓词不同而已，即一为明，一为化，前者所强调的是文的功能，即文而明之，后者所强调的则是文的状态，即文而化之，但是我将竭力使交叉与重叠降至最低限度。

好了，现在我们要问：那么，什么是文呢？或者说文的本义究竟为何呢？依照《说文解字》的解释，文的本义原指“错画也”，即“象交文”。确实，文的小篆体“”原就是指初民胸前的纹身。由于章太炎将著于竹帛的文字视为文学的本质含义，因此，在他看来，文、纹、章、彰四个字乃是异形而近义，用他的话说就是“命其形质曰文，状其华美曰纹，指其起止曰章，道其素绚曰彰”①。我认为，章先生用形质一词去表述文的含义是非常精当的。如果我们把形质一词转译成文化学术语的话，那么我们便可将文定义为“人的精神世界的外在展现”，这里“人的精神世界”就是指内在的质，而“外在展现”就是指外在的形。不过，我必须立即就要强调指出的是，不能把“人的精神世界”和“外在展现”一分为二地看成两个事物，正像不能把“形”与“质”一分为二地看成两个事物一样。事实上，它们两者是交融一体的，或者说它们是异名而同实的，它们只是同一个事物的两个不同表述而已。这么说的理由在于，精神并不像荣格所认为的那样乃是一个独立存在的实体，② 而是由各种符号建构而成的——正因为如此，主体才被认为是建构而成的，因为所谓主体，其本质的内涵不过就是指精神性的生命体而已——，因此，离开其赖以建构的各种符号，所谓精神其实是不存在的。这一点可以从没有被符号化的

① 陈曾虎：《“文”的再认识：章太炎文论初探》，北京大学出版社 2008 年版。

② 荣格：《分析心理学的基本假设》，《心理学与文学》，生活·读书·新知三联书店 1987 年版。

婴儿是不存在精神世界的这一事实得到有力的证明。当然，这里的符号是泛指的，即它指的是作为人的存在所呈现出来的所有东西，比如语言、文字、文学、艺术、科学、哲学、道德、法律、物质产品以及言谈举止等。以上所述可以更为简洁地被表述成这样：文是展现了的精神，精神则是尚未展现的文。如果把精神换成内容一词，把文换成形式一词，那么，这个表述便又可以被转换成这样：形式是外显的内容，内容是内敛的形式。再者，如果把精神换成道之一词，那么，按照我国齐梁时代杰出的文学批评家刘勰的说法，这个表述还可进一步被转换成这样：道以文明，文因道生。刘勰在《文心雕龙·原道》中曾经就道与文的关系作过这样的断言，即"道沿圣以垂文，圣因文而明道"①，意思是说，客观的绝对精神经由转化成圣人的主观精神而展现为各种文，圣人的主观精神则通过各种文来洞明客观的绝对精神。因此，有一个结论应该是不可置疑的，这就是所谓文只能是并且一定是人之文，因为，离开人就不存在精神，没有精神就不存在哲学、人类学、社会学以及文化学意义上的所谓文。凡此，用刘勰的话说就是，唯有"有心之器"（即人）才有"其文"，至于"无识之物"（即自然之物）只不过"郁然有彩"而已。② 有必要补说几句的是，由于人的本质正像马克思所强调指出的那样在于在一切社会关系中人所从事的一切实践活动，因此，这些实践活动便同时也就是这里所说的人的精神与文的表现与被表现的伟大戏剧所赖以演出的舞台。在我看来，离开这些实践活动来谈论精神与文的表现与被表现，不是会堕入主观主义的唯心主义的泥淖，就是会沦为客观主义的唯物主义的窠臼。因此，无须多作提醒，读者们应该明白，我在下面的篇幅中就精神与文这两个事物所作出的所有阐释，都是以这里所提出的这个命题为根本前提的。

就这个文的存在而言，我们可以把它分成两大类，即群体的与个体的：前者相对而言是普遍的、客观的和社会性的，后者相对而言则是特别的、主观的和个人性的。所谓群体的文可以被表述为某一社会化的群体所创造的以及所形成的所有成果。这些成果数量多得无法计数，但是稍加分析就不难看出它们大体上表现为三种形态，即物质的、制度的及行为的。

---

① 范文澜：《文心雕龙注》上册，人民文学出版社 1978 年版，第 3 页。
② 同上。

细心的读者们将不难发现，这里所提到的三种形态和今天非常流行的三种形态存在着一个看似细小但却事关重大的区别：今天非常流行的三种形态的第三种形态不是我这里所说的行为的而是精神的（或者观念的）。我认为，这样一种划分在逻辑上是混乱的。首先，精神的（或者观念的）原本就不能被视为一种形态；其次，把精神的（或者观念的）和物质的、制度的并列而提必然会导致这样一个结论，即物质的和制度的这两种形态的文是不含有精神的（或者观念的）内核的，而这显然与上面所说的文的本义大相违背。因此，精神的是不能被视为和物质的及制度的两种形态相并列的第三种形态的，因为它原是后两种形态的文所共有的内在的特质。有鉴于此，我用行为的取代了精神的（或者观念的）这一通常的说法。这有三个好处：其一，行为的确是一种形态；其次，它可以与物质的和制度的并列而提；第三，它的确也是或许更是精神的一种外在的展现。需要说明的是，行为形态的群体的文可以随着精神表达的程度不同而被分为以下三种，即日常生活的、礼仪仪式的以及艺术表演的。很显然，一般而言，它们精神的表达程度是依次增强的。准此，物质形态的群体的文也可以大体上被分为这样三种，即日常用品的、工艺制品的以及艺术作品的。至于制度形态的群体的文，虽然似乎也可以被分为比如道德的、法律的以及规矩的这样三种，但其划分的标准显然与精神性的强度并无多大的关系；换言之，它们差不多具有同样强度的精神性。此外，就所具有的功能或者所发挥的作用而言，这个群体的客观之文还可以被分成求真的科学、求善的伦理以及求美的艺术这样三大种类。

所谓个体的文，顾名思义，指的是单个的人自身所呈现出来的精神的表现形式，大体说来，它们可以被划分为三大要素，即能力、知识及习惯。关于能力和知识这两大要素，这里不拟辞费，这里所要稍加讨论的是习惯。所谓习惯，顾名思义，可以被表述为因习成惯，即由于反复而形成的某种惯性。这里所谓惯性，翻译成较为学术化的语言，就是指反应模式。既然是反应模式，人对之就几乎毫无知晓，事实上，它和人是融为一体的。正因为如此，我倾向于把它称为人的第二本能。随着人的不断成长，这个本能所包含的方面将日臻丰富，我的意思是说，诸如思维、思想、观念以及日常生活、行为举止、语言表达等皆会成为它的构成方面。必须强调的是，这个本能绝不是一旦形成便凝固不变的，事实上，正像布尔迪厄所强调的那样，它乃是一个生成系统。说到这里，似乎有必要提及一下作为布尔迪厄的生成结构主义社会理论的核心概念的习性一词。如所周知，布氏提出这一概念"最初是想通过同时躲避解释行动的客观主义和主观主义倾向来解释最低级形式的实践（如仪式、婚姻选择、日常生活的世俗经济行为等）"。他这么做是因为如他所说，"客观主义倾向通常把行动理解为'没有行动者'的机械反应，而主观主义倾向则把行动描绘成对有意识的意向性的蓄意追逐，把行动描绘成任由良心摆布自己的计划，描绘成通过理性计算来最大可能地发挥功效的自由计划"①，而在他看来，这两种解释都是不恰当的。他认为，人的社会行动乃是基于人的习性对其所处的场域所作出的策略性的反应。至于他所赋予习性这一概念的内涵，则可以被简洁地表述为"性情的生成系统"②。毋庸置疑，布氏的习性这一概念的提出，正像他谈到杜威把习惯这一概念置于中心地位时所指出的那样，的确"拒斥了所有概念性的二元论，而几乎所有后笛卡尔主义哲学都是建立在这种二元论的基础之上的：主体与客体、内在与外在、物质与精神、个人与社会，等等"③。很显然，在相当的程度上，我所提出的习惯的概念与布氏所提出的习性的概念是相近的。只不过由于我这里讨论的是作为个体的精神的外在展现的文而不是个体的社会行动，因此，我更愿意强调外在的表现这个层面，并且因此把习惯表述为"作为反应模式的第二本能的生成系统"。

至于上述两种文——群体的客观之文与个体的主观之文之间的关系，正像文化一词中的化字所表明的那样，乃是相互转化的关系。简单地说，就是群体的客观之文内化成个体的主观之文和与之相反的个体的主观之文外化为群体的客观之文；前者所经由的途径是教育，所以可以被表述为教化，后者所经由的途径是创造，所以可以被表述为创化。不消说，两个化是循环的，而且是永不停歇的，只要人类存在一天，这个循环就会运行一天。关于这个方向相反的转化的具体情况，前面所提及的拙文《文的内化与外化的循环系统——关于文化本义的新阐释》有着详尽的描述，有

① 《文化资本与社会炼金术——布尔迪厄访谈录》，上海人民出版社 1997 年版，第 168 页。
② 贝尔特：《二十世纪的社会理论》，上海译文出版社 2002 年版，第 32 页。
③ 《文化资本与社会炼金术——布尔迪厄访谈录》，上海人民出版社 1997 年版，第 170 页。

兴趣的读者可以查阅，这里恕不赘言。

二　因文而明

现在我们可以来谈谈所谓因文而明了。由于文存在着群体的客观的与个体的主观的基本分别，因此显然存在着两种不同的因文而明。首先是针对群体的客观之文的因文而明。简单地说，这个因文而明指的是，群体的客观之文使作为群体性的社会表现出程度不等的集体精神的明亮。举例来说，旨在求真的科学的形成与发展，无疑是一个社会的集体精神不断走向明亮的过程。比如，正像人们都知道的那样，就西方社会而言，由于自然科学的形成与发展，人们对自然世界有了和以前完全不同的认识：以前笼罩在自然世界之上的宗教的神秘外衣被揭开了，自然世界向人们呈现出它的本来的面貌；特别是由于牛顿的科学理论的诞生，原先无序得令人恐怖失措的自然世界也把它的内在的奥秘或即它的规律展现在了人们的眼前。总之，原先对人类来说是暗昧不明的自然世界一下子变得光亮透明了，而光源则是作为科学创造者的社会的集体精神。这里所以不把光源归于某一个科学家自身的精神，是因为，从知识社会学的角度看，任何科学知识的生产者，从根本上说，都不是个体性的科学家而是群体性的社会；换言之，科学家的科学研究绝不是个体性的而是社会性的。就这个意义而言，我们可以说，科学上的每一个进步都应该被视为社会的集体精神变得更为明亮的一步。自然科学是如此，社会科学以及人文科学也莫不如此。比如，随着人文科学的不断发展，随着人文科学对人的研究的不断深入，人们对人也就从不太明白不断地变得更为明白。举例来说，今天之所以会强调管理的人性化，难道不是表明今天人们对人性有了比以前更为清楚的认知吗？再比如，人们所以会对今天整个社会的人生观、价值观日趋多元化这一趋势表现出淡然不惊的态度，难道不是因为随着社会科学的发展，随着对社会考察的日趋深入，人们对社会分工与思想文化之间的关系有了这样的认识："哪里存在着相互依赖，哪里对文化的一致性的需求就很小"[①]吗？这里所引录的英国爱丁堡大学巴恩斯教授的这句话，实际上是对涂尔

---

① 　巴恩斯：《局外人看科学》，东方出版社 2001 年版，第 35 页。

干关于社会分工与思想文化之关系的理论所作的一个简单概括。按照涂尔干的理论，由于古典的农业社会的分工太粗，因此必须借助某种一元化的思想文化或即"集体良知"——比如中国古典社会的"三纲、五常、三从、四德"来整合社会，这样的社会便表现出一种"无机团结"；和古典的农业社会迥然不同的是，由于现代工业社会的分工很细，因此整个社会存在着一个由分工所形成的紧密的内在关联，这个关联有如一张无形的网络一样使社会得到天然的并且是有力的整合，由此，社会便表现出一种"有机团结"。很显然，在这样的社会里，思想文化便不再承担整合社会的功能了，细密的社会分工已经代替它承担了这样的功能，而且发挥了更大的作用。既然如此，一元化变成多元化或即"集体良知"演变成"个体良知"便顺理成章了。最后，今天，无论是道德还是法律或者整个社会舆论对于诸如窥淫、露阴、同性恋以及偷窃女性的内裤文胸等行为均表现出比过去宽容得多的态度，难道不是因为随着心理学特别是性心理学的不断发展，人们对有关性的问题有了比以前要明亮得多的认识吗？

同样，伦理的群体的客观之文也应该被视为群体性的社会在求善方面所表现出的集体精神的明亮，而且，其明亮的程度同样也随着这个文的不断变化而不断增强。让我们试以交通规范的演变为例。比如，早期的交通规范一般被称为交通规则，但后来则被称为交通法规。从规则变为法规，虽仅一字之差——则变成法，但却意味着一个非常重大的变化并且因此意味着整个社会对交通的更为明亮的认识：由于现代交通（这里主要指汽车交通）对人的生命所具有的威胁远远超过了过去的自行车交通，而人的生命，从今天的价值观念来看，乃是至高无上的和不可替代的，因此，必须相应地增强交通规范的刚性程度。再比如，很早的时候，曾经有一些城市出台过地方性的交通规范，其中有一条的大意是，机动车撞伤撞死行人，只要司机没有违反交通规则而行人违反了交通规则，那么司机不负任何责任，简单地说就是撞了白撞。但是，后来却将之来了个彻底的翻转，即改变为机动车撞了行人，不管该行人是否违反了交通规则，司机均要负全责。从这样一个针对某一交通规范的矫枉过正的调整中人们不难看出，整个中国社会的集体精神的确变得更为明亮了，因为它把生命的价值看得高于发展的价值了，而不是像以前那样与此相反。此外，在我本人所居住的城市里，有一个专门针对公交车司机的交通法规不久前正式付诸实施了。此法规规定，公交车在驶至斑马线前时必须慢行或者停车以便行人走过街路。此一法规的制定与实施也充分表明，至少在我所居住的城市里，整个社会的集体精神比以前又明亮了许多，即它明白了这样一个道理：车强人弱，因此车应让人。另外，人们从我国的死刑执行从过去的使用"弹头"到今天的使用"针头"这一重大变化中也同样不难看出，我国社会的集体精神的明亮程度在法的领域里也比以前提高了许多。如果说过去它认为对死刑犯执行死刑是为了报复和震慑的话，那么今天它认为这样的目的显然是不恰当的。关于艺术的群体的客观之文，大体上亦可作如是观。比如，那些致力于通过审美的形式去表达对美好人生的渴望的艺术作品，相比于那些竭力宣扬暴力、色情、悲观厌世以及颓废主义、虚无主义的艺术作品（如果也能被称为艺术作品的话），其所表现出来的艺术的集体精神应该说是健康的和明亮的。不过，由于旨在求美的艺术有着相当的特殊性，因此事情有时并不这么简单，特别是当我们注目于艺术的演变历史时就更是如此了。换言之，我们似乎很难说在后的艺术作品就一定比在前的艺术作品表现了更为明亮的艺术精神，有时情况似乎反而相反，即在后的和在前的相比反而黯然失色。最典型的例子有两个：其一是在马克思看来，古希腊的《荷马史诗》乃是后代诗人不可企及的高峰和典范；其二是，中国古代的《诗三百》或即《诗经》同样也一直被认为是中国古典诗歌的不可企及的高峰和典范。究其原因，也许正像韦伯所指出的那样，"学术工作和一个进步（Fortschdtt）的过程不可分离；而在艺术的领域中，没有进步这回事，至少不同于学术上所说的进步。我们不能说，一个时代的艺术作品，因为这个时代采用了新的技巧方法，甚或新的透视法则，就比那没有采用这些方法与法则的艺术作品，具有更高的艺术价值——只要后者的形式充分表现了它所要表达的题材。也就是说，对于题材的选择与处理，即使未使用这些新的方法与条件，也能充分掌握艺术特性。一件真正完满的艺术作品，永远不会被别的作品超越，它永远不会过时。欣赏者对其意义的鉴赏各有不同；但从艺术的角度观之，人们永远不能说，这一件艺术作品会被另一件同样'完满'的作品'超越'"①。但是，韦伯的此一论述与我所强调的艺术之文所表现出来的集体的艺术精神

---

① 韦伯：《以学术为业》，《韦伯论大学》，江苏人民出版社 2006 年版，第 101 页。

存在着亮度的差异这一观点，并不冲突。事实上，我也对韦伯的论述表示高度的认同，因为，的确，这种亮度的差异与时间的先后并无直接的关联；换言之，我们绝不能说凡在后的就一定亮过在前的。但是亮度上存在着差异这一点却是绝不能予以否认的。

就个体的主观之文而言，我所说的因文而明将更易理解。比如，难道人们竟会认为一个人的后天所获得的各种各样的能力纯属生理性的？尽管如此，适当的阐述似乎依然是必要的。前面我曾把群体的客观之文以其所具有的功能之不同而分成三种，即求真的科学、求善的理论以及求美的艺术，现在我要说——其实，读者们也应该可以推想，一个成熟的个人所获得的三种个体的主观之文的每一种便相应地可以进一步细分为三种。如此一来，事实上，这个人便拥有了三种能力——求真、求善及求美，三种知识——科学、伦理及艺术，三种习惯——理性的、德性的及情性的。当然，这个划分是极为粗糙的；换言之，只是就其大体而言的，实际的情况远比这个划分要复杂得多。仅以知识而言，谁都能一眼看出，迄今为止人类所生产出的知识早已远远超出了这里所说的科学、伦理及艺术这三种所能容纳的范围，而且大量的新的知识还正在不断地被人类生产出来。话虽如此，如果我们把人类所生产出的知识比作一棵巨大的高树的话，那么我们就必须承认，科学即诉诸事实的知识、伦理即诉诸规范的知识以及艺术即诉诸审美的知识，依然有理由被视为撑起这棵大树的三根粗壮而坚实的树干。好了，让我们赶紧回到本题上来。既然我们说一个成熟的个人所获得的能力总体上是求真、求善与求美的，那么我们就没有任何理由认为他的这三种能力是纯粹生理的而与他的精神完全无关，谁要是这么说，除了表明他的无知之外是什么也不能表明的。让我们试以集这三种能力于一体的人类的生产劳动为例。如所周知，通常人类的生产被分为三大类，即物质生产、精神生产以及人自身的生产（按照阿尔多塞的说法还有一类的生产，即社会关系的再生产。但这个种类的生产似乎不是和这三大类的生产相并列的第四类的生产，而应该被视为包含了这三大类的一个唯一的总的生产，即人类的生产）。必须提请读者们注意的是，这里所谓的物质、精神以及人指的是被生产的产品，而不是三种性质不同的生产。换言之，三大种类划分的标准是产品而不是性质。我的意思是说，就其性质而言，他们都是同一种生产即都是人类的生产，进一步说，都是精神性的生产。

不管我们生产的是物质产品、精神产品还是人这样一个特别的产品，生产本身都是精神性的，都是生产者精神的一种外在展现。因此，说一个人在从事生产、从事劳动仅仅是肉体在劳作、躯体在运动，显然是荒谬绝伦的。关于这个问题，马克斯曾经有过非常著名的论述，让我将之征引如下以为一证："实际创造一个对象世界，改造无机的自然界，这是人作为有意识的类的存在物（亦即这样一种存在物，它把类当作自己的本质来对待，或者说把自己本身当作类的存在物来对待）的自我确证。……动物只是在直接的肉体需要的支配下生产，而人则甚至摆脱肉体的需要进行生产，并且只有在他摆脱了这种需要时才真正地进行生产……动物只是按照它所属的那个物种的尺度和需要来进行塑造，而人则懂得按照任何物种的尺度来进行生产，并且随时地都能用内在固有的尺度来衡量对象；所以，人也按照美的规律来塑造物体"①。这里所谓"意识"、所谓"类的存在物"、所谓"摆脱肉体的需要"以及所谓"按照美的规律"，如果不是指精神那会是指什么呢？因为，用马克思自己的话说，个体劳动所表现出来的差别除了全部自然的和社会的之外，就是精神的。② 事实上，不但以上所说的人的从事生产劳动的能力是精神性的，人的任何一种能力——比如哪怕是诸如下棋这样一种追求快乐的能力，也是人的精神的一种外在展现。如果说一个人的能力可以作如上观的话，那么，他的知识就更应该作如上观了。这一点同样极易理解并且因此也是毋庸置疑的，故这里不赘言。现在的问题是：难道习惯也是精神性的么？回答依然是肯定的。读者们想必能够记得，我曾在前面结合布尔迪厄对习性这一概念所下的定义把习惯表述为"作为反应模式的第二本能的生成系统"。这里第二本能相当于布氏所说的"性情"，而生成所强调的则是动态性，至于系统则意在表明这个性情是全方位的，大体上包括思维方式、思想方法、生活方式、行为方式、言谈方式以及世界观、人生观、价值观等。由此可见，所谓习惯涉及了人的由精神到肉体、由观念到行为的各个方面。如果说肉体行为是外在的话，那么精神和观念则是内在的。但是由于所谓外在乃是针对内在而言的，或即乃是作为内在之展现而言的，因此所谓外在与内在原是合二

---

① 马克思：《1844 年经济学哲学手稿》，人民出版社 1979 年版，第 50 页。

② 同上。

为一的，是一个事物的两个层面。因此，我们完全可以说，习惯就其本质而言乃是精神性的。举例来说，一个作家的写作风格，通常被表述为他在长期的写作生涯中所逐渐形成的独特的并且是相对稳定的总体性的写作习惯，这个习惯可以被分解为诸如他的取材习惯——比如鲁迅总是以底层民众或即所谓小人物的生活作为他的小说创作的题材，结构习惯——比如托尔斯泰的小说，一般是以两条线索平行发展作为其常用的结构，语言习惯——比如鲁迅杂文的行文特别喜欢用诸如或者、也许、大概、恐怕、然而、但是、况且等表示转折、不确定、猜测等的关联语词，修辞习惯——比如李白的诗歌特别喜欢用夸张的修辞格等，凡此种种，不一而足。撇开精神性非常鲜明的写作风格这样的习惯不谈，即便是诸如走路、爬山、跳跃、干活儿等似乎纯粹是肉体性的行为的习惯，我们也必须承认，它们也是精神性的。总而言之，有一个命题有理由成为一个不可置疑的命题，即与人有关的一切，都是人的精神的一种外在展现，因为人的本质就在于他是一种精神性的生命。

三 因明而文

如果说因文而明所强调的是由于任何文都是内在精神的外在展现，因此经由这个文人们可以推想其精神的明亮程度的话，那么，这里的因明而文所要强调的则是，无论是群体的客观之文还是个体的主观之文，都是明亮程度不等的某种精神的产物：就前者而言是集体精神的产物，就后者而言则是个体精神的产物。我必须马上就指出的是，这里的所谓集体精神与个体精神并不是截然有别的两种不同的精神，事实上，它们之间的关系，用中国传统哲学的术语来说，乃是一与多的关系，简单地说，就是所谓的理一分殊：这里的一可用以指称集体精神，而殊则可用以指称个体精神。换言之，群体精神是大量的不同的个体精神所具有的那些共通的方面，而个体精神则是群体精神在不同的个体身上的独特表现。举例来说，鲁迅的精神，至少就体现在他的小说作品和杂文作品中的而言，乃是一种独特的为鲁迅个人所特有的精神，但是，谁要是认为鲁迅的精神仅仅或者纯粹是鲁迅个人所独有的而不同时也是中华民族精神的一种特有的表现或者而不同时也是由中华民族精神所滋养出来的话，那就太无知了。因为从社会学的角度看，正像马克思所一语中的地指出的那样，"如果说人是一个特殊的个体，并且正是他的特殊性使他成为一个个体和现实的、单个的社会存在物，那么，同样地他也是总体、观念的总体、可以被思考和被感知的社会之主体的、自为的存在，正如在现实中，他既作为社会存在的直观和对这种存在的现实享受而存在，又作为属人的生命表现的总体而存在一样"。① 现在让我们回到正题上来。前面我曾把群体的客观之文分成物质的、制度的以及行为的三种形态，同时又把它分为求真的科学、求善的伦理以及求美的艺术三大种类。现在我可以说，任何一种形态的以及任何一个种类的群体的客观之文的确都是作为群体的集体精神之明亮的产物，并且明亮为自变量而产物则为因变量。比如，在中国的古典社会，由于天子或者皇帝被认为是龙之子，因此龙袍便只能是专为天子或者皇帝生产的并且当然只能为他们所专用；但是在今天的中国，随着天子或者皇帝乃是龙之子的观念的消失，随着天子或者皇帝的消失，龙袍这一物质形态的文，除了偶尔被作为戏曲的使用服装而被有限地生产着而外，基本已经退出了现实的物质生产系统。再比如，根据鲁迅的《孔乙己》这部短篇小说我们知道，在中国的古典社会，长衫是专为士大夫阶层生产的，而短衣则是专为劳动者阶层生产的。之所以如此，如果不是因为那时整个社会认为士大夫阶层比劳动者阶层尊贵并且因此需要借助比如作为日常使用物品的衣服的不同来加以区分，还能是因为什么呢？此外，诸如因为集体精神认为上帝、如来佛等是至高无上的，因此通常教堂、寺庙等建筑便被建造得庄严而神秘，由于集体精神认为法律是神圣的，因此通常法院的建筑也被建造得严肃而凝重，由于集体精神认为大学是追求真理的，因此大学校园通常被建造得优雅而安详，由于今天中国的集体精神高度看重速度与效率，因此今天中国的交通工具被设计和制造的时速越来越快，中国的道路也相应地越来越宽并且越来越能保障高速的交通工具的理想行驶，由于今天中国的集体精神特别看重经济增长，因此今天中国各地几乎都在快速地开发工业园区、高科技园区等，也都是非常能够说明问题的证例。再者，由于中国古典社会的集体精神强调伦理而今天的集体精神看重舒适，因此中国古典社会所建造的房屋通常是通透的和群体性的，中国当代社会所建造的

---

① 马克思：《1844年经济学哲学手稿》，人民出版社1979年版，第76页。

房屋一般是封闭的和独体性的等，作为例证也是颇为有效的。仿此，我们同样可以这样说：今天，公交车上所以会设置年轻人应该主动为老年人、孕妇、病人以及孩子让座这样一条道德规范，乃是由于今天的集体精神认为强者应该谦让和关爱弱者。此外，就作为行为形态的客观之文中的书法行为而论，古代所以总是那么地缺少变化——比如基本上是用毛笔在宣纸上进行中规中矩的书写（草书尽管表现为龙飞凤舞，其实也遵循了其特有的规矩），今天却总是那么地富于变化——比如今天书法家们居然会用毛笔在女性模特的白色着装上即兴地泼墨挥毫，难道不是因为古代的集体精神强调的是修养与传承而今天的集体精神所强调的乃是创新与娱乐吗？

至于科学、伦理、艺术这三大种类的群体的客观之文，说它们是集体精神之明亮的产物，则更为清楚，以至于哪怕置其一词似乎也属多余。尽管如此，为能使我的命题更能为人们所理解，我依然想冒辞费之嫌而就此略说几句。如所周知，中国古代四大发明之一的火药，从其被发明出来之日起直至古典社会的结束，它始终被用于制造烟花爆竹，而一旦被传至西方，便立即被用于制造弹药。究其原因，正像周作人所曾指出的那样，在于中国古代的集体精神是偏于审美的而西方的则是偏于功利的。此外，按照美国科学社会学家默顿的研究，西方的近代科学之所以能够迅速发展起来，很重要的原因之一，乃是作为集体精神的清教伦理精神中的"赞颂自然界的伟大创造者"、谋求"人类的安逸"、看重理性论和经验论等给了科学家们致力于科学和技术的研究以强大的动力。① 再者，科学史上所发生的那么多的多重发现现象②也有力地表明，正像培根所说的那样，"所有创新，无论是社会创新还是科学创新，都是时代的产物，时代是最伟大的创新者"。比如，在他看来，"他自己推进知识中的贡献，与其说是智慧的产物，毋宁说是时代的产物"③。培根这里所强调的时代，就是指一个特定的时代所具有的诸多因素，其中既有科学自身的因素，当然也包括非科学的其他各种社会因素。毋庸置疑，这些各种社会因素中，时代精神肯定占有很大的比重。因此，有一点是可以肯定的，即某一科学发现

① 默顿：《十七世纪英格兰的科学、技术与社会》，商务印书馆 2002 年版。

② L. A. 怀特：《文化的科学》，山东人民出版社 1988 年版，第 165 页。

③ 默顿：《科学社会学》下册，商务印书馆 2004 年版，第 479 页。

绝不是偶然的，很大程度上，乃是时代精神的产物，是时代精神所达到的某种明亮程度的一种自然或即不可抗拒的表达。这似乎带有很大的必然性，以致人们——比如英国勋爵麦考莱竟会断然认为，"没有哥白尼，我们也会有太阳中心说；没有哥伦布，美洲也会被发现；没有洛克，我们也会有关于人类思想起源的正确理论"①。因为，从文化的角度看，正像美国当代著名文化人类学家 L. A. 怀特所说的那样，"发明者个人只不过是这个过程（用怀特自己的话说就是"日渐增长、彼此互动的文化过程"——本文作者注）的表现手段"②。这里所谓的"文化过程"，很大程度上，应该可以被理解为集体的时代精神。顺便说一下，伟大的马克思也有着与此非常类似的观点。至于伦理的和艺术的这两种群体的客观之文乃是集体精神之明亮程度的产物这一点，由于前面就制度的和行为的这两种形态的群体的客观之文乃是集体精神之明亮程度的产物进行阐述时所举例证，同样能给予有力的证明，故这里恕不赘言。

当我们把阐述的对象转向个体的主观之文时，我们的任务将会变得轻松许多，因为我所提出的命题在这个对象身上有着更为明显的体现。比如，就能力而言，难道一个现实的具体的个人获得某种能力——比如唱歌、跳舞、开车、登山、阅读、演讲、写作、计算、研究、管理等，纯粹是环境使然而不同时很大程度上也是他的以其人生观、价值观为核心要素的精神之明亮程度的特别的产物？尽管一个现实的具体的个人的精神并不纯粹是个人的——如前所说，很大程度上它也体现了时代的集体的精神，或者说打上了时代的集体精神的烙印——但是，要说前者就等于后者，那显然也是不能成立的。因为，事实上，那就无异于说个别的就是一般的、杂多的就是同一的，而这显然是荒谬的。因为，毕竟"个人生活的存在方式"只不过"必然也是人类的生活的较为特殊的表现或者较为普遍的表现"③。正因为如此，我们才能有幸看到，在一个社会的某一时代里，尽管人们对能力的追求表现出某种共同性或者趋同性，但是不同的人毕竟在追求着不同的能力。比如，在中国社会的现时代，由于社会注重发展经

---

① 默顿：《麦考莱勋爵杂文集》，《科学社会学》下册，商务印书馆 2004 年版，第 485 页。

② L. A. 怀特：《文化的科学》，山东人民出版社 1988 年版，第 165 页。

③ 马克思：《1844 年经济学哲学手稿》，人民出版社 1979 年版，第 761 页。

济并且因此注重与发展经济紧密相关的科学技术、经济管理、公共管理等，人们普遍对获得这三种充满功利色彩的能力表现出浓烈的兴趣，但是我们决不能否认，今天依然有许多人对这三种能力不感兴趣，他们很可能致力于获得在绝大多数人看来简直近乎毫无意义的或者太不入时的其他各种能力，比如鉴赏并且写作古典诗词、阅读哲学著作并且进行哲学思考等。人们应该承认，这种在对能力的追求上所表现出来的差异性，很大程度上乃是个体精神——特别是其中的人生观与价值观的差异性所使然。

　　如果说这个说法可以成立的话，那么，把它应用到知识这个要素上，就显得更有理由了。这是因为，和能力相比，知识的获取尤其应该被视为个体精神的不同明亮程度所导致的结果，这一点特别可以从自然科学、社会科学以及人文科学的不同流派的学者所采用的研究方法、所具有的研究旨趣、所用以生产问题的问题式以及由此所生产出来的问题等的不同上非常清楚地看出来。举例来说，为什么马克思所采用的研究方法是从抽象到具体以及历史的和逻辑的统一，所具有的研究旨趣是解放全人类以及因此首先解放无产阶级，所用以生产问题的问题式是科学的历史唯物主义，所生产出来的问题正如恩格斯所提出的那样是诸如什么样的劳动形成价值、为什么形成价值以及怎样形成价值，商品和商品交换怎样和为什么由于商品内在价值的属性必然要造成商品和货币的对立，货币是怎么向资本转化的，剩余价值到底是怎么形成的呢？难道不是由他所具有的某种独特的精神之明亮所决定的吗？再比如，为什么培根会认为知识就是力量而波普尔却特别强调知识所具有的使人获得解放的功能呢？难道不正是因为作为不同时代的两位学者的精神的明亮是迥不相同的——比如前者明于彼而后者则明于此吗？再比如，即便是在今天这样一个功利主义和实用主义广为流行的时代所以依然会有些人喜欢学哲学、有些人喜欢学文学、有些人则喜欢学历史，难道不也正是因为这些不同的人有着各自独特的作为其精神之明亮的核心要素的价值观念吗？凡此，我想，应该是不言自明的。

　　关于习惯，由于按照我所赋予的含义涉及一个人的由精神到肉体的内与外的两大方面，因此，说一个人的各种外在的习惯乃是人的内在的精神之明亮状况的自然结果，也就很好理解了。事实上，我们仅从惯这个字的意之所在的形旁为竖心这一点就不难看出，习惯的本质的确是它的精神性。因此，借用一种更为学术的术语，我们可以说，人的习惯表现为精神与肉体的同构性；换言之，有什么样的精神就会有什么样的与之相应的习惯状态。举例来说，当一个人有着随地吐痰的习惯时，我们难道能够说，这仅仅不过是一种惯性化的行为？恐怕不能！理由很简单：这个人所以会随地吐痰，从根本上说，乃是因为他的精神里面尚不具有随地吐痰是不应该的这样一种明亮的意识。同样，当同一个人，或者因为他的生活环境发生了彻底的改变——比如，由肮脏变为清洁，或者因为受到了强硬制度的约束——比如，随地吐痰一次罚款 100 元等，而摒弃了随地吐痰的习惯，我们难道能够说，这也仅仅不过是一种行为的变化而已？恐怕也不能！理由也很简单：因为他的习惯的改变是以他的精神的改变为前提的，换言之，是以他从不具有随地吐痰是不应该的明亮的意识变成具有这样做是不应该的明亮的意识为前提的，尽管他具有了新的明亮的意识对他来说也许是无意识的，正像他具有旧的不明亮的意识对他来说可能也是无意识的一样。总之，这两种习惯——随地吐痰与不随地吐痰皆应该被视为他的两种处于不同明亮程度的意识的产物。人的其他外在的肉体方面所表现出来的种种习惯以及它们的转变——比如，从在公交车上不给老人让座变为后来的给老人让座，从在公共场合高声讲话变为后来的不高声讲话，从随地乱扔垃圾变为后来的不随地乱扔垃圾等，均可作如是观。

四　精神文明是相互评价的

这样看来，所谓文明，其本质端在于它的精神性，即只不过是指精神的不同明亮程度而已。由此，有一个结论应该是不言自明的，即所有的文明其实都是精神性的，都应该是精神之明。因此，今天流行的许多有关文明的说法——例如物质文明、精神文明、政治文明、制度文明以及生态文明等，是颇成问题的。这当中，只有精神文明的说法是成立的——即便如此，我也必须提请读者们注意，这个语词中的精神其实是多余的，因为所有的文原本都是精神性的，因此，仅仅文明一词就已经把意思表达得很清楚了。但是，鉴于目前人们普遍习惯于说精神文明，因此，我也觉得没有必要违拗众惯而另创新说，否则的话，我倒显得有点迂拙不化了——，其他的说法皆不恰当，都会导致对文明本质的误解。比如，物质文明的说法似乎表明，有一种文明是纯粹物质的，与精神无关，而这显然是荒谬的。因为就其本义而言，所谓文明就是指因文而明，而所谓文又只不过是指人的精神的外在展现而已，因此，没有精神就没有文——当然，反之没有文也就没有精神，因为从来就不存在没有文作为载体的抽象的精神——而没有文就没有明，说到底是精神使人生活在与动物不同的并且是存在着不同程度的明亮之中的。因此，物质文明的概念应该被这样理解才是恰当的，即它是指物质形态的精神之明，或者更准确地说，它是由物质形态的文所展现出来的精神之明。比如，火车便应该被理解为由火车这样一种物质形态的文所展现出来的现代工业社会的一种群体的客观的精神之明。再者，像生态文明的概念，也不应该仅仅把它理解为良好的生态以及与之相关的各种有效的技术——这样的理解实在是太过肤浅了，而应该把它理解为由良好的生态以及与之相关的各种有效的技术等文所展现出来的一种群体的客观的精神之明，具体点说，它们表明今天的人们普遍地对人与自然的关系有了比以前更加明白的认知，对良好的生态对人类的生存与发展所具有的意义有了比以前更加深入的领悟。其他几个有关文明的说法均可仿此而论。

现在我们要问这样一个问题：群体的客观的精神文明与个体的主观的精神文明之间、不同个体的主观的精神文明之间以及不同群体的客观的精神文明之间，是完全一致的吗？回答当然是否定的。就群体的客观的精神文明和个体的主观的精神文明而言，它们的不一致性，决定于它们的相互的转化——即内化与外化或教化与创化总是演变性的。这种转化之所以总是演变性的，其原因大概有如下几点。首先，最关键的一点在于作为相互转化之核心环节的个人的生物学上的差异几乎是无限的。因此，不同的两个婴儿，即便在完全相同的群体的客观的精神文明的环境里被教化成人，他们各自的主观的精神文明也不可能与这个客观的精神文明完全一致；同样，反过来，他们当然也绝不可能创化出完全相同的客观的精神文明。其次，就同一个人而言，由于他有可能是到处流动的——比如从乡村流动到城市、从甲城市流动到乙城市、从一国流动到另一国等，因此，对他来说，作为他生存其中的群体的客观的精神文明的社会环境是不断变化的，而这必然导致他被内化而成的主观的精神文明对任何一个群体的精神文明来说，都是不一致的。再次，作为个人生存其中的群体的客观的精神文明，在现代社会，随着个体的人的流动性越来越强而处于越来越快的变化之中，因此，就生存于其中的较老一辈的人的主观的精神文明而言，两者之间的差异之形成及加剧自然也势所难免。无须多说，这里提到的几点原因同样可以表明个体的主观的精神文明同样会存在着众多的差异。至于群体的客观的精神文明之间所以不可能是完全一致的，那就更好理解了。简单地说，那基本上是因为它们是在不同的区域为了应对不同的自然环境而形成的。

正是上述这种差异的存在使这些不同的精神文明——客观的与主观的之间、不同的客观的之间以及不同的主观的之间产生了强弱不等的张力，并且由此引发出程度不等的矛盾与冲突。这些矛盾与冲突的最温和的表现是相互之间的批判。首先是个体的主观的精神文明对群体的客观的精神文明所展开的批判，通常这主要表现为某一时代的某一社会内的某些先进分子把他们所身处其中的那个时代的那个社会批评为落后的、愚昧的、野蛮的社会，由于这些落后、愚昧、野蛮的表现是全方位的，因此他们的批判也是全方位的，即既针对那个社会的物质形态的文，也可能更针对那个社会的制度形态的文以及行为形态的文。这些例子多得无法列举，故只需提及以下几个就可以了。比如，法国启蒙运动时期的先进分子——他们被后人称为启蒙主义者对那个时代的法国社会所展开的批判以及中国五四运动期间的先进分子对那个时代的中国社会所展开的批判。仅以后者而论，人们不难发现，这些先进分子所展开的批判的确是全方位的。比如，他们批判了那个时代中国社会所流行的传统的建筑物品、生活用品、政治制度、道德规范、思想观念、艺术形式、语言文字、生活方式、思维方式、行为举止等，并且他们的批判所真正针对的乃是这些各种形态的文中所体现出来的被以传统相称的中国封建社会的群体的客观的精神。在他们的批判中，这些精神被认为是晦暗的或不明亮的，应该被唯有批判者自身才具有的真正明亮的精神所取代。当然，同样也存在着方向相反的批判，即作为某一时代的某一社会的群体的客观的精神文明的拥护者们——通常他们被称为保守主义者，对那些被他们视为激进主义者们所展开的批判，这样一种反向批判，通常总是会发生在处于剧烈变革状态的某一时代的某一社会之中。最典型的例子是，五四时期通常被归入传统的卫道者们对被他们视为激进分子所展开的同样是尖锐激烈的批判。

比上述批判较为温和一点的批判，一般发生在个体的主观的精神文明之间，这个时候，所谓批判应该被称为批评。比如，当一个人对另一个人随地吐痰表示不满时，通常他会说这样做太不文明了。稍加分析便可以发现，批评者的批评很可能是基于两个不同的立场，或者是他个人的，或者是群体的。如果是后一种立场，那就表明他是在替社会作出批评，或者他是以社会通行的精神文明作为他赖以作出他的批评的依据的，这个时候，他似乎俨然是以社会的代言人而自居的；如果是后一种立场，那么他基本上是以个人的身份在作出他的批评，他所以这么做主要是因为他的主观的精神文明超过了那个时代生活在他周围的那些男男女女们。至于发生在不同区域的群体的客观的精神文明之间的互相批评，有时比较温和——即流于一般的相互批评，有时则要剧烈一些——即表现为相互之间的诘问或责难，有时甚至剧烈到表现为尖锐的、不可调和的军事冲突，即战争，例如西方中世纪的宗教冲突以及由此所引发的宗教战争。

大量的迹象表明，在今后相当长的时间之内——至于究竟有多长，恐怕谁也无法估算，不同文明之间的差异及由此所引发的矛盾与冲突将会一直存在着。尽管随着现代化的速度日渐加快以及幅度日渐加宽，这些差异也的确正在日渐减弱，但是，至少在目前，还没有人能够料定大概到什么时候这些差异会减弱至零。因此，坦然面对应该是最为明智的态度。但是仅仅如此是很不够的，我的意思是说，我们必须设法使文明的差异不致引发出无谓的剧烈的矛盾与冲突——尽管一定的矛盾与冲突的存在对一个地区、一个国家以及整个人类来说未始不是一件好事，因为它有助于社会生活充满着勃勃生机。因此，不同文明之间展开哈贝马斯所倡导的沟通与对话就变得非常重要。不过，有一个问题至今似乎尚未得到令人满意的回答。这就是：如果说沟通对话的前提在于一种现代的公共理性的话，那么，这个公共理性应该由谁以及怎么来加以培养与塑造呢？本文上面对文明一词的含义所作的解释肯定会存在许多有待商量之处——事实上，我压根儿就没有打算为文明这个概念下一个最完美的定义；我相信，这大概是任何人都做不到的事情。我所作出的阐释的意义只在于为人们提供了一个理解文明一词含义的新途径，即语文学的路径。我相信，只要我们是用文明这两个汉字来表示文明的含义的，只要我们是借助汉语和中文进行我们的学术研究和学术写作的，那么，这个路径显然就是恰当的和必要的。

（原文载《文化艺术研究》2010 年第 4 期）

科学的殖民化及其人文主义根源

　　科学主义，从它的名称可以看出，其本质在于它是一种主义；而主义，顾名思义，无非是指一种主要的（主）的应然的（义）的追求。换言之，对于科学主义者来说，科学乃是他们的最高价值取向，正像人文对于人文主义者来说一样。正因为如此，在科学主义者心目中，比起科学以及由之所衍生出来的一切，其他社会人生中的方方面面，都是无足轻重的；总之，从他们的角度看来，人活在这世界上，其意义就在于永不停歇地追求科学。说得更加直白一点，所谓科学主义，就是指把科学当作至高无上的事物来加以崇拜，正像宗教的信徒把某一事物当作至高无上的神物来崇拜一样。这种崇拜，就目前的情况而言，大体上表现为以下三个方面的殖民化。

　　一、手段的殖民化。凡对科学（包括与之关系甚密的技术）进行过较为深入的思考的人都明白，旨在求真的科学的确只是用以求善与求美的手段，打一个比喻，的确只是一座通往善与美的彼岸的一座桥，既然是一座桥，它本身就不是目的，而只是达到其他目的的手段。然而，文化发展的一个似乎难以避免的趋势，恰恰就在于手段总是会慢慢殖民化为目的，用韦伯的术语说，就是"工具理性"总是会殖民化为"目的理性"。这一趋势在今天显得尤为突出。正像西美尔早在 19 世纪就曾指出的那样，"手段对目的的殖民化是任何较高等的文化都具有的主要特征与问题之一"①。事实上，这种殖民化的趋势并不仅仅限于科学，许多原本是手段的东西似乎都极有可能慢慢地升格为目的。比如创新、开会、赚钱以及文章的谋篇布局等。科学主义的这一表现，换一个说法，就是只问怎么而不

---

　　① ［德］西美尔：《时尚的哲学》，文化艺术出版社 2001 年版，第 103—104 页。

问为什么。的确，在今天，人为什么要活在世界上的问题已经基本上被人怎么活在世界上的问题所取代了，并且因此基本上具体化为各种各样的细微的技术问题，比如，怎么炒股、怎么购房、怎么使用家用电器、怎么填报高考志愿以及怎么出国、怎么就医等。这一情况，正像西美尔当年所描述的那样，使得"人所面临的更大的危险是深陷在手段的迷宫之中而不得出，并因此忘记了终极目标为何物。于是，生活所有领域的技术越是人工化，越是有结构，越是相互交织——这根本上意味着单纯手段与工具的系统——它就越来越强烈地被认作在本质上能令人满足的终极目的，而人们不再有能力去探寻超乎其上的东西"。西美尔把这一状况视为"最极端的内在危险，它威胁着一切高度发展的文化，也即生活的全部被众多分层的手段所覆盖的一切时代。把某些手段当成目的，可能会使这种状况在心理上变得容易接受，但实际上，它使得生活变得越没有价值"①。这一殖民化形成的原因主要在于以下这一事实：对于达成某一目的来说，手段的确是非常重要的；既然如此，人们就会对手段本身投以极大的关注，这也是方法论的研究所以会被启动起来的原因之所在。而一旦对手段的关注或者对方法的研究被启动起来，它就会产生内在的驱力并且形成自身的逻辑。由此，正像一架机器一旦被开动起来就会不停地运转一样，这种关注或者研究也会不停地往前发展，其结果之一就是对目的的淡忘甚至是彻底的丢弃，并且从这种关注或者研究当中还会孳生出自身的价值。换言之，科学的求真的价值，如前所说，原本只在于作为手段它有助于达成人文的求善与求美的目的，但是到了后来，求真的本身便被赋予了独立的价值，并且成了人们追求的直接目的。一切形式主义——比如工作的形式主义、学习的形式主义、生活的形式主义等——的形成，都可以从这里找到它们的根源。某种意义上，我们甚至可以说，形式主义不过是手段僭越为目的这个意义上的科学主义的一个变种而已。

以上意义上的科学主义，具体点说，就是指人们（当然主要指科技专家）普遍相信，真的就是善的和美的，或者更简单点说，真就等于善与美，求到真就等于求到善与美；因此，求真就是目的。总之，凡科学的就是值得我们追求的。正是在这样一种观念的支配下，科学（包括技术）

---

① ［德］西美尔：《时尚的哲学》，文化艺术出版社 2001 年版，第 104 页。

在今天的几乎所有的国家都得到了全力的支持与快速的发展，而且人们在支持和发展科学技术的时候，一般很少想到如此这般其意义与价值到底何在，对增进人类的幸福到底有何作用；人们认为这根本就不是一个需要加以考虑的问题，或者这根本就不成其为一个问题。的确，对于科学主义者来说，支持和发展科技根本就不需要任何理由，因为科技的发展本身就是理由，正像工作的本身就是工作的理由一样。因此，在今天，楼层被造得越来越高，火车被开得越来越快，桥梁被建得越来越长，人们的生活也被用各种方法催逼得越来越紧张……人们认为这一切都是值得的，理由是，这一切都是科技发展的最明显的标志。

二、知识的殖民化。我这样说指的是，今天，人们不断地被告知，唯有科学知识特别是自然科学知识才是真正的知识，而人文知识——比如伦理的和审美的知识则不能被算作真正的知识，人文知识要能被视为真正的知识，唯有设法使之具有自然科学知识的形态，总之，在今天，自然科学知识的形态几乎已经成为知识的标准的甚至是唯一的形态；至于个人的经验、常识等，则根本上更是为科学所不屑一顾。从文化史的角度看，这种情况赖以形成的根源，也许可以追溯到古希腊的柏拉图。因为，正是柏拉图坚决认为，唯有对抽象的理念实在的认识才构成真正的知识，至于对具体的现实事物的认识，则只能被视为意见。因此，尽管在柏拉图的思想中，有关正义及善的知识是最为重要的，但既然被称为知识，也只能是指对正义及善的实在的认识，而不包括对正义行为、善的行为的认识，这些认识依然只能被视为意见（以上可参阅柏拉图的《理想图》）。人们的确不难发现，在今天的科学知识的殖民化与上述柏拉图的知识理论之间，的确存在着非常清晰的历史的关联。但是，很显然，这种关联不应该被过分地加以强调。这是因为：首先，今天意义上的所谓科学，就其本性而言，是与柏拉图的哲学相冲突的，事实上，正像许多学者都已指出的那样，近代科学，就某种意义而言，乃是经由不断弱化早期的哲学特性而逐渐形成的；其次，反过来，依照纯粹的柏拉图的思想，"一切其他的（即一切非哲学智慧的——本文作者注）技术科学则完全或是为了人的意见和欲望，或是为了事物的产生和制造，或是为了在这些事物产生出来或制造出来之后照料它们；至于我们提到过的其余科学，即几何学和与之相关的各科学，虽然对实在有某种认识，但是我们可以看到，它们也只是梦似地看见实在，只要它们还在原封不动地使用它们所用的假设而不能给予任何说明，它们就还不能清醒地看见实在"①。

因此，我的看法是，自然科学知识的殖民化，在今天，主要得力于近代社会开始以来它在经济、社会的发展中发挥了日益重要的作用，并且因此逐渐被视为最为有效的知识。撇开这些不谈，不管怎么说，我们必须说，这种状况是很成问题的。比如，正因为如此，中华医学的地位与价值便一直很难得到真正的承认，原因只在于，它所提供的知识不具有西方科学意义上的医学所具有的知识形态。这种对中华医学的知识所存在的偏见，可以说根深蒂固，以至于即便在中国本土，它也常常遭到来自自然科学家们以及西医专家们的激烈的抨击与反对，尽管它在实际的医疗实践中一直发挥了许多重要的独特的作用。受过西方自然科学或具体点说西方医学科学文化洗礼的人士，所以会对此不屑一顾，更为具体的原因也许在于，在他们看来，中华医学诚然是有疗效的，但是它的知识形态决定它不便于发展与传播，因为它是经验性的并且因此常常是个人性的。举例来说，中华医学的诊断方法中的把脉，的确就具有高度的只可意会性。因此，一个医生要能娴熟地以此去作出准确的诊断，只有依靠临床的长期——十年、二十年，甚至三十年时间的实践才能逐渐获得一种无法明言的灵敏的直觉能力，这个能力使他不但能够感觉到不同脉搏的细微区别，而且还能将之解读为某种相应疾病的表征。毋庸讳言，这样一种知识当然存在很大的局限——比如个人性以及无法言传性，但这决不意味着它因此就是一种低级形态的知识，并且因此应该被鄙视与丢弃。相反，在布兰尼看来，"对这种意会知识的拒斥，（rejection）就意味着对一切知识的拒斥"②。他作出这样的断言的理由植根于他的革命性的知识理论。根据这个知识理论，"人的知识分为两类。通常被说成知识的东西，像用书面语言、图表或数学公式来表达的东西，只是一种知识；而非系统阐述的知识，例如我们对正在做的某件事所具有的知识，是另一种形式的知识。如果称第一种为言传（ecplicit）知识，第二种为意会知识，就可以说，我们总是意会地知道，我们在意会我们的言传知识是正确的。"因此，这种

---

① 柏拉图：《理想图》，郭斌和、张竹明译，商务印书馆1995年版，第299—300页。
② 布兰尼：《科学、信仰与社会》，南京大学出版社2004年版，第111页。

缺少公共性和客观性的意会知识，"实际上是一切知识的主要源泉。抛弃它，就等于自动抛弃了任何知识！"总之，"意会知识是逻辑地在先的！"①。不管怎么说，现在看起来，把自然科学的知识形态奉为人类知识的样板形态，的确是很不得当的。特别是，如果正像今天到处都能看到的那样，人们又进一步把能否用数学的语言加以表述作为衡量某种认知结果是否可以被称为真正的知识的标准，那就更加糟糕了。因为，按照这个标准，迄今为止人类所创造的绝大多数的认知结果，的确都没有资格被归入知识的范畴之内，而这显然是十分荒谬的。

在这个问题上，我以为，实用主义的知识理论还是颇为可取的。按照这种理论，任何知识，不论其表现为何种形态，只要有助于解决问题并且有助于增进人类的幸福，就是有价值的，而且它们之间是不存在高低贵贱之别的：如果舍勒把科学知识划归知识的最低等级（比它高级的知识依次是形而上学知识和宗教知识，参阅舍勒《知识社会学问》，华夏出版社2000年版）是不太可取的话，那么，今天，人们普遍让具有所谓普遍意义的科学知识高居一切知识之上，并且还进一步让它的形态去挤兑一切其他的知识形态，就更是不可取的了。就社会科学而言，这种不可取性显得尤为突出。究其原因在于，这很容易导致社会科学理论的暴力性。这种暴力性的最突出的表现是，用具有所谓普遍性的"正常性"去否定不具有普遍性的"不正常性"，用"正常人"否定"不正常人"，更简洁地说，就是"否定异己（alterity）的存在。所谓异己，就是一种不同于'我们'存在的形态，这与所谓的 other（他者、对象）不完全一样。异己其实是'我'（self）自己存在的另一种可能性，可是这种形式却是'我'不愿意承认的；而 other 是'我'所认知存在的，other 和'我'不一样，所以变成'我'的对象，'我'通过和'他者'的互动而产生了对自我的形象。换言之，self 与 other 是相互构成的。异己还包括根本是'我'不愿意看到的东西，因为在我的经验中，'我'根本不承认'异己'作为经验主体的可能性。有的异己是一种超出经验范畴的存在，这种存在否定了范畴之内的经验有必然性与普遍性，使经验中的'我'失去对经验的垄断，产生遭到异己的消灭的恐惧，故'我'不愿意相信自己会变成'异己'。

①　布兰尼：《科学、信仰与社会》，南京大学出版社2004年版，第13、14页。

譬如说当前同性恋不可以取得公民权与婚姻权，否则同性恋将与异性恋共享在政治本体上同一种生存的身份，如此同性恋沦为一种偏好，而不是必然的存在，在异性恋居于主流的社会科学理论中，因而强烈倾向要去诊治同性恋。如此，'我'永远不可能变成'他'，'我'就不需要去证明，'他'必然可以作为异性恋存在，从而在认识上只认为是同性恋生病了，如此定义便把异己消灭掉了。社会科学家找到社会上绝大多数人已学会的性倾向，然后研究那些性倾向不同的人为何偏差，去治疗他们"[①]。就这个意义而言，社会科学（相当程度上包括自然科学）的知识和宗教知识没有多大的差别，因为某种宗教信仰，比如基督教信仰，也把不具有被具有这种信仰的成员视为人类的普遍信仰的人视为异类或者另类。为了使这一信仰成为真正普遍的信仰，其办法是，或者迫使那些少数的异类或另类皈依这一信仰，或者干脆就是彻底把他们消灭掉。

三、意识的殖民化。这一殖民化，用较为通行的话说，就是意识形态化。不过，这里所谓意识形态和马尔库塞用以批判西方工业资本主义的意识形态的内涵略有不同。简单地说，在马尔库塞那里，意识形态和在马克思那里一样是被作为批判手段而使用的，换言之，在马尔库塞那里，科技作为一种意识形态，是资本主义用以维护其统治的一个话语系统，意识形态这一概念被强调的乃是它的维护统治阶级的统治这一政治性的内涵。至于我对这一概念的使用，所强调的则是它的价值取向的普遍性与自然性。当然，这种普遍性与自然性的确有助于维护统治阶级的统治，因为这有助于使它的统治变得自然与合法：既然科学所表述的是真理，那么，人们当然应该服从真理；既然统治者拥有真理，那么它的统治当然是合法的。尽管如此，我依然愿意更多地从知识社会学的角度去看待科学在今天的意识形态化这一明显而普遍的趋势，换言之，在这里，我是把意识形态概念作为一个中性的概念（意识形态，在齐泽克里那事实上也是一个带有本体论色彩的中性的概念，有兴趣的读者可以阅读齐氏的有关作品）使用的，或者说，在这里，意识形态这一概念是被我在通常所说的时代精神这一意义上加以使用的。我的看法可以很简单地被归结为这样一句话：在今天，整个社会借助各种方法、通过各种途径，比如教育、宣传、制度、权力

---

① 石之瑜：《社会科学知识新论》，北京大学出版社 2005 年版，第 28 页。

等，使科学成为人们普遍认可的一个最重要的价值取向，以致人们几乎是一致地认为，无论是工作还是学习还是生活都应该按照科学的原则加以组织和安排。人们认为，应该科学地工作、科学地学习、科学地生活，用今天通行的话说，凡事应该讲科学；如果一个人不讲科学，就很有可能被斥责为愚昧和落后。因此，在今天，如果一个人还不会用电脑打印文稿、获取信息、下载文件、发收邮件等，那在一般人看来简直就是一个科盲。同样，在今天，什么样的管理方法被认为是可取的呢？回答很简单：科学的！作为这一理念的一个最突出的表现是，在今天，最流行的用以考核工作与学习（包括学术研究）的成效的方法就是所谓量化，因为量化的据说就是科学的。

　　如果我们对今天的社会稍作观察和分析，我们还会发现，这种对科学的高度的和普遍的崇尚还引发出许多与之相关的价值取向。比如，就对人的评价而言，普遍看重的乃是一个人所拥有的科技知识与工作能力，至于他（她）的人文学养特别是他（她）的德性状况则很少予以考虑。此外，整个社会到处都能看到对速度与效率的近乎疯狂的神经质般的倡导与追求，韦伯当初略带隐忧地指出的"合理化"这一趋势，在今天，不但被人们完全乐观地和正面地接受了，而且还被人们仅仅理解为其目的就是要加快速度与提高效率：因此城市规划要合理，工作安排要合理，学习过程要合理，甚至诸如婚姻、旅游等原本与合理很少沾边的日常生活也被要求要合理。整个社会似乎在不停地向人们发出这样一个信息：速度快、率效高就是好的，就是我们应该追求的目的本身！再者，今天，人们还不断地被社会鼓励在工作、学习与生活中不断地获得成功，不断地获得超越，比如，人们经常被来自不同途径的信息鼓励着要去不断地挑战自我，挑战极限！因此，在今天，比如体育这样一个健身运动实际上早已与体育运动的原始意图相去十万八千里：作为在柏拉图看来原本是为了增强体质的一种形式，实际上也已经异化为追求竞技的成功以及战败他人并且因此获取胜利的一种力量性的较量与比拼。

　　当然，有时这种科学的意识形态也会表现为某种人文的价值取向，但是，从根本上看，它依然是科学的价值取向。让我们试以城市的绿化工程为例。在比如本文作者居住的城市里，一度以来，道路两边的行道树纷纷被政府的规划部门将过去的梧桐改换成香樟。规划部门所提出的主要理由是，梧桐树秋冬要落叶，如此一来，首先会弄脏路面，其次不能保持四季常青；而香樟树则可免去这两个毛病。很显然，这个理由骨子里还是科学的而并是非人文的，具体点说，还是从效率的角度考虑问题的：换上香樟树，第一便于保持路面的整洁，第二有助于延长看到绿色的时间。总之，如果我们要用几个语词来描述今天中国社会所具有的以科学为核心价值取向的意识形态的话，也许下面这些语词得入其选：科学、技术、经济、速度、效率、超越、追求、成功、财富等。事实上，这种科学意识的殖民化并非仅仅为中国当代社会所独有，早在 20 世纪 20 年代初，这个倾向就已经有所显露，发生在那个时代的"科玄之争"，为此提供了很好的证例。进一步说，某种程度上，我们甚至可以说，一部中国的现代史就是科学不断被意识形态化的历史（参阅［美］郭颖颐《中国现代思想中的唯科学主义》，江苏人民出版社 1998 年版）。至于在西方社会，这种科学意识的殖民化的倾向同样有着颇为突出的表现。举例来说，作为西方新马克思主义的健将的阿尔都塞，如所周知，他的学术工作的主旨之一就是保卫马克思，而他用以实现这个主旨的方法，就是削去马克思主义的人道主义的成分而竭力强调它的科学的特性。换言之，在他看来，真正能够代表马克思思想的精髓的，乃是他于 1845 年之后在其学术研究中经由对意识形态的告别而建立了一门堪称为科学的历史唯物主义的历史观（以上可参阅阿尔都塞《保卫马克思》的论文集）。很显然，阿尔都塞对马克思进行保卫的出发点，的确是科学主义的：在他看来，如果马克思主义仅仅是某种人道主义的构想的话，那么，它的价值势必要大打折扣；而一旦它被视为一门科学，它就是普遍的真理，人们就没有理由不对它心悦诚服。由此可以看出，阿尔都塞对马克思的保卫，实际上乃是指望以科学的意识形态取代人道主义的意识形态。

从民主政体的角度看，把科学建构成一种普遍的意识形态，其不恰当之处大概有如下几个方面。首先，正像马尔库塞所指出的那样，如此一来科学就会变异为一种更为隐蔽但也更为有效的统治工具，而这显然有悖于民主政体的根本精神。其次，如我所一再强调的那样，科学的真并不就是善或者并不一定就能导致善，因此，要人们普遍按照科学去生活行事，实际上也隐含着许多的风险：人们很可能因此生活得并不快乐和并不幸福，而社会也很可能因此而弊端丛生。更何况许多所谓科学陈述并不真确，甚至相互矛盾，朝三暮四，在这种情况下，要人们服从科学就更无异于对民众的极大的愚弄。实际上，民众靠常识和经验作出的判断常常比专家们和知识分子们所提供的建议更为可行和有效。因此，毫不奇怪的是，法伊阿本德要对所谓专家或者知识分子进行态度强硬的抨击，因为这些所谓专家或者知识分子，常常为了谋求一己的名利而不惜信口雌黄；他们实际上已经与当权者或者企业家达成了一种共谋关系——今天中国的许多所谓的经济学家就是他们的典型代表。最后，即便某一科学陈述是真确的，并且的确可以导致善的结果，也没有理由强迫人们一定要循此生活或行事。因为，首先，关于何者为善，人们所怀有的标准可能是很不相同的；其次，这并不能说明除此之外，其他的方式和途径就一定不能导致同样的善的结果。

总之，正像法伊阿本德所强调指出的那样，科学只是人类众多文化传统中的一个传统，这个传统再怎么被证明是有利于社会的进步的，第一，也无法由此否认其他传统同样具有这样的作用；第二，因此，也没有任何理由可以用这个传统取代其他传统。不管怎么说，在一个民主的社会当中，人们有权利选择符合他的价值观的生活方式。同样，法伊阿本德下述建议也是颇有道理的：一个人为了治疗疾病，可以选择看西医，也可以选择看中医，甚至只要他愿意也可以选择求助于巫术，当然，他必须自己承受这个选择所导致的一切可能的后果。总之，一个民主政体所应关注的问题应该是如何建构为民众所认可的法律制度和道德规范，并且设法使这些制度和规范真正得到落实与贯彻，至于价值观念、生活方式以及个人信仰等，则应该由民众自己去选择，在这些事情上，政治权力没有理由去越俎代庖。因此，一个人的价值观念、生活方式以及个人信仰，如果尽管不是科学的但却没有触犯法律制度和道德规范，就应该是被允许的。不但如此，一个由政府启动的公共工程，无论其方案在政府看来是多么地科学合理，也应该允许民众加以推翻或者另行选择为他们所更为喜欢的方案。第一，这是民众的权利，关乎民众自己的事情当然得由民众自己做主。第二，民众在许多情况下比政府所雇用的所谓专家们更清楚什么样的方案更能增加他们的快乐与幸福。举例来说，如果民众认为行道树还是梧桐好，政府就应该采纳这个建议。这是因为：第一，民众有权利选择他们所喜欢的树种，因为植树的费用原本就来自民众所上交的税款；第二，民众的建议常常比专家们的建议更有道理。比如，将梧桐换成香樟之后，固然地面不会飘满落叶，而四季也的确皆是满眼绿色。然而，没有落叶的飘零，四季的变换就将不复分明；而且四季皆是满眼的绿色，也就不再能感受到绿色的可爱。总之，把梧桐换成香樟之后，人们将不再能感受到城市生活的人文性的情韵与况味！而对于人的生活品质来说，这乃是一个极大的损害。

现在有必要问一下，科学主义或即科学的上述三种殖民化的形成，其原因何在。在我看来，尽管原因肯定是多方面的，但是发端于西方的人文主义肯定是根源性的。这么说，人们一定会颇感惊讶，因为通常的看法是，人文主义乃是对科学主义的一个反动。但其实不然。首先，人文主义的产生在时间上大大早于科学主义；其次，人文主义的本质中恰恰隐含了科学主义的因素（人们所以会产生上述误解，主要是因为人们把人文主义混同于今天所强调的人文精神。尽管后者与前者紧密相关，但后者的实质与前者并不完全相同。具体一点说，人文精神这一提法意在倡导对以人为本的精神的尊重与培育，而人文主义则并不仅仅如此，详见下文）。说到人文主义，它是一个早在 19 世纪的德国即已出现和流行的语词；而且，如果说科学主义这一语词的出现及流行基本上植根于如上所说的对科学在当今的急剧扩张展开批评与抨击的话，人文主义却是一个褒贬不一的词语。正像《牛津哲学辞典》所解释的那样，"人文主义（humanism）在最普遍的意义上是指任何强调人类的福祉和尊严、对人类的独立理解力有十足的信心的哲学思想。具体地说，它指的是以文艺复兴为代表、与采用新方法研究古希腊罗马文学有关的运动。后来，这个词语被挪用来指代反宗教的社会政治运动。到了 20 世纪后期，后现代主义者常常把它看作贬义词，用来描述一些具有共同特征的哲学思想，这些特征包括信赖自治的、具有自我意识的、理性的、单个的自我，不理会个性和动机从本质上来说必然是分裂的、破碎的、受具体历史条件制约的"①。此外，作为贬义的人文主义一词还被赋予了"杂乱无章、人文学士的性质"，并且因此常常遭到比如迪尔凯姆这样的社会学家的反感与厌恶（参阅［英］帕特里

①　［美］保罗·博维：《权力中的知识分子——批判性人文主义的谱系》译者注，江苏人民出版社 2005 年版，第 2 页。

克·贝尔特《二十世纪的社会理论》"迪尔凯姆的贡献"，译文出版社2002年版）。

其实，作为起源于文艺复兴时代的意大利并且其后不久便席卷了整个西方国家的声势浩大的文化思潮的人文主义，就其当初被赋予的含义而言，主要包含以下两个方面的要点：其一，强调个体的人相对于神以及此世相对于彼世而言的重要性（所以只说重要性而没有说根本性，是因为，在文艺复兴时代，神以及彼世并没有遭到彻底的否定，关于这一点可以参阅［俄］别尔嘉耶夫的《历史的意义》，学林出版社2000年版），以及与此相关，强调个体的人在此世自由地创造他的幸福与快乐的无限可能性。其二，强调教育的重要性，并且坚信，只有经由教育，上述一切才能得到真正的实现。在文艺复兴时代以及19世纪的德国，这两个含义主要是通过一个特殊的知识群体而得到落实的，这个群体通常被称为人文主义者。毋庸置疑，从世俗的角度看，上述意义特别是第一个意义上的人文主义应该得到正面的评价，因为它表达了对人自身此世存在的充分肯定。但是，靠什么来创造这个快乐而幸福的人间天堂呢？人文主义者们事实上并没有给出十分具体的答案，可以这么说，人文主义者们只不过表达了一种以人为本的、强调此世的重要性的新的价值取向。但是，正是这个新的价值取向，很自然地引发了此后的其声势更为浩大的启蒙运动。说到启蒙运动，正像人们都知道的那样，它的目的在于开启理性。为什么要开启理性？康德所给出的回答最有代表性。在康德看来，唯有开启理性，人类才能真正成熟起来；用他的话说，就是才能"走出他自己造成的未成年状态"①。这里所谓"成熟"，指的是从恐惧、迷信的桎梏中解放出来，并且因此能在不受任何外在的监护的情况下，作出他自己的判断。由此，人便成了他自己的主人，成了他自己的目的，而不是达到其他什么目的，比如神的目的。但与此同时，正像霍克海姆和阿多诺在他们所合著的《启蒙的辩证法》一书中指出的那样，人类中心主义便由此逐步地确立起来——人类成了世界的主宰，万物皆为了人类而存在。尽管康德一再告诫人们理性不是万能的，因为理性无法解决由它所导致的二律背反的悖论，但是，此后

---

①　转引自［德］耶格尔《阿多诺：一部政治传记》，上海人民出版社2007年版，第163页。

的人们不但对这一告诫很少在意，反而对理性越发充满信赖。因为，此后，被纳入人类中心主义中的理性，事实上，已经狭窄化为纯粹的工具理性或即科技理性，而这个理性使人类拥有了此前根本无法想象的巨大的力量，并因此促进了西方经济社会的快速发展。可以相信，当培根断言"知识就是力量"时，他的心情应该正是那时西方社会普遍具有的心情——对理性、对科技理性的无限的赞赏。试问：在这样的情况下，如果不是科学那又会是什么能够代替原先的神而成为人们的新的崇拜对象呢？

当然，正像人们都知道的那样，这一新的崇拜所导致的后果，是十分糟糕的：从此，自然界便成了人类借助科学技术而任意宰割的对象，并且科学以及技术便被无限制地发展起来，然而，其后果则是人被从自然中孤离出来并且成为科学与技术的奴隶，这一点在文艺复兴时代便已初露端倪。比如，"达·芬奇虽则从自然界中寻找艺术和认识的完美形式的源泉，并且也许比别人更多地经常谈到这一点，但他是人类生活机械化和机器化的未来过程的造因者之一，凭借这一过程终究使文艺复兴时代朝着自然界的转向消极起来，把人同自然隔离开来，按新方式把机器置于人和自然之间，把人类生活机械化，并且把人封锁在这一时期所创造的矫饰的文化中"①。因此，"如果说人从前依附于自然界，人的生活因之贫乏，那么，机器的发明以及随之而来的生活的机械化，一面使人发财致富，一面造成新的依附和奴役，这种奴役较之人从对自然界的直接依附所感觉到的那种奴役要厉害得多。某种神秘的力量仿佛与人和自然界作对，进入人类生活；某种既非自然的也非人类的第三个环节获得威风凛凛的权柄，对人和自然界进行统御"②。对这一颇具讽刺意味的状况，《启蒙辩证法》的作者们作出过与此异曲同工的描述："正是人们用来巩固自我安全的统治让自己变得多灾多难。通过对自然的统治，《启蒙辩证法》说，人类虽然保证了自己的直接生存，但同时也抑制了自己，扭曲了自己，要为幸福而费尽心机"。③

撇开这些讽刺性的后果不谈，由上所述，人们应该不难看出，很显

---

①　［俄］别尔嘉耶夫：《历史的意义》，学林出版社 2002 年版，第 122、121 页。

②　同上。

③　转引自［德］耶格尔·阿多诺《一部政治传记》，上海人民出版社 2007 年版，第165 页。

然，人文主义与科学主义的确存在着非常密切的内在关联。两个主义的共同之处在于都对人的改造世界的必要性和可能性给予了过度的肯定与鼓励：因为要改造世界，便要寻找力量；因为要寻找力量，便要尊崇科学，因为"（科学）知识就是力量"。如此便实现了科学从手段向目的的僭越，并且因此实现了科学的如上所说的种种殖民化。如此看来，尽管作为人类的两大基本文化的科学与人文乃是人类所创造出来的两个最美好的事物，但是，作为它们的变异物的科学主义与人文主义，却都是极不可取的，因为，如上所说，它们的确都使人类社会面临着极大的隐忧。

（原文载《中共浙江省委党校学报》2009 年第 6 期，人大复印报刊资料全文转载）

关于知识学养价值的思考

　　一个无可置疑的事实是，今天，知识（主要是科学特别是自然科学知识）正受到整个社会的可以说是空前的重视，人们普遍把知识视为推动经济社会发展的强大动力，以致许多人把今天的社会称为知识社会，把今天的经济称为知识经济。透过这个重视，人们不难发现，知识从根本上是被当作力量来看待的，而且，这样看待知识的价值乃是由来已久。笔者认为，仅仅把知识看成力量是很成问题的。事实上，知识还有着比力量重要得多的价值，即它也是包含着智慧、谦虚、理性、宽容等在内的一种学养。

一

　　为什么长期以来人们总是习惯于从力量的角度去看待知识？笔者以为，原因大概在于以下几点。

　　首先，这与最初正式作出"知识就是力量"这一表述的人是培根是分不开的。理论观点的命运，很大程度上并非决定于它自身而是与它的最初的提出者为何许人有着非常密切的关联：如果提出者只是某一寻常的无名之辈的话，那么，哪怕此一观点堪称深妙独特的洞见，也不会引起丝毫的关注，更遑论被普遍认可、接受与传播了；但是，倘若相反，最初的提出者为某一声名显赫的杰出之士的话，那么，情况便很不相同，哪怕此一观点不过是一极为普通的常识，也会很快被人们广泛认可、接受与传播，用洛克的术语说，这乃是"权威尺度"所使然。^① 总之，人的分量与言的分量的确是成正比的：人轻则言轻，人重则言重。"知识就是力量"的观

---

　　① ［英］洛克：《人类理解论》（下册），关文运译，商务印使馆 1981 年版，第712 页。

点所碰到的便是第二种情况。平心而论，在培根的时代，把知识视为力量乃是西方社会广为流行的一个近乎大众性的看法，① 培根的工作不过是对之作了正式而凝练的表述而已。但是，由于表述者乃是培根这位被马克思称为"近代实验科学的真正始祖"的圣奥尔本子爵，因此，它的可信度与真理度便极大地提高了，换言之，它便从一个大众性的看法升华为一个关于知识价值的经典性的断言。事实上，在培根之后，力量几乎已经成了人们解读知识之价值的唯一视角。

其次，知识的确可以产生并且一直产生着巨大的力量。稍稍接触过科学的人都知道，作为科学成果的知识的最大特性是，它是对事物之规律的精确说明，这个说明通常表现为对某种函数关系的描述性陈述，这个陈述表明，自变量怎样因变量便会跟着怎样。据此，人们便可以发展出各种相应的技术装置并且因此产生出相当的力量，以达到操纵或者改造世界的目的。事实上，正像哈贝马斯所指出的那样，人们从事科学技术的研究去获取各种相关的知识，其原初的旨趣就在于操纵或者改造世界。② 就这个意义而言，我们完全可以说，一部人类的科学技术史，就是人类不断生产知识获取更多力量的历史。这里的科学尽管主要指自然科学，但无疑也包含了社会科学。当然，社会科学知识作为一种力量，主要表现为引发各种社会的运动，用马克思的话说就是，它是通过掌握群众而爆发出巨大力量的。此外，无论是自然科学还是社会科学知识，它们都在这个意义上成为一种力量，即它们都有助于人的自我解放。比如，西方的文艺复兴及启蒙运动时期，这两种知识都有力地使人们从神学的和迷信的统治与奴役中快速地解放了出来。

最后，更为重要的是，这实在乃是时代需要所使然。一个事物的价值的展现，通常不是由事物的自身决定的，而是由对待这个事物的人决定的，换言之，不同的人会解读出它的不同的价值，用流行的一句中国话说，就是"见仁见智"。不同的时代，由于有着不太相同的时代需要，对于同样的事物所看到的以及所看重的价值无疑大不相同。自从文艺复兴以

---

① 参见［英］哈耶克《科学的反革命——理性滥用之研究》，冯克利译，译林出版社 2003 年版。

② 参见［德］哈贝马斯《认识与兴趣》，郭官仪等译，学林出版社 1999 年版。

来，西方便开启了向现代社会迈进的进程；而与古典社会相比，现代社会的一个最突出的特点便是它的发展性，特别是经济社会的发展简直成了它的一个最根本、持久且强烈的冲动。发展靠什么？当然靠力量！而知识恰恰能够产生这种用以发展的力量。因此，可以断言，哪怕培根没有作出"知识就是力量"的断言，知识也会被人们主要从力量的角度加以认识和加以对待。中国社会，自从改革开放以来，情况大体上也是如此。

二

这样看待知识是很成问题的，最为重要的是，它引发了许多严重的后果。

首先，这不但使得知识的价值被单一化了，而且最令人遗憾的是，知识还因此被实用主义地彻底工具化了。事实的确如此。今天，还有什么机构、什么组织、什么人不把知识看成用以使自己强大起来并且因此获取更多的利益的工具呢？人们从今天非常流行的诸如"知识可以改变命运"、"知识可以使人成功""知识可以增加财富"等口号或提法中，除了感到一种彻底的功利主义的知识观之外，还能感到别的什么呢？可以这么说，有用性而且是功利意义上的有用性，已经成为今天人们看待知识的唯一视角。由此所引发的另一个更为糟糕的后果是，在许多人那里，知识事实上已经沦为一种用以战胜他人的狡计或权谋，《孙子兵法》被许多学术人士和企业人士视为用以在商战中制胜的秘笈以及《三国演义》中的那些有关斗智斗谋的情节特别为一些人所津津乐道，为此提供了绝佳的例证。

其次，这样一来，知识的外延便被大大地窄化了，以至于在今天，知识一词事实上仅仅指称科学知识特别是自然科学知识，至于其他诸如人文知识以及经验、常识、直觉等，则基本上被从知识的范畴里给排除殆尽了。因此，在今天，说到知识一词时，其实就是指科学知识特别是自然科学知识。这一点从以下这一现象中可以非常清楚地看出来，这个现象就是，今天，几乎所有的有关知识论的作品，其所探讨的知识大都只限于自然科学的知识，无论其探讨的角度是哲学的还是心理学的或者还是较新的社会学的。由此，有一个现象也就很好理解了，在今天的中国，绝大多数西医以及各种专业的自然科学的专家，基本上都对中医持否定的、贬抑的或者最起码是不信任的态度。究其原因，也主要在于，在他们的心目当中，中医所提供的不能被视为真正的知识。尽管这种把科学知识特别是自然科学知识视为唯一的知识的倾向与趋势也遭到了一些人的坚决的抵制，比如，在布兰尼看来，对人类来说，最基本的也是最重要的知识恰恰不是可以言说的自然科学知识，而是那些无法言说的"默会意知"的经验、直觉等，这类知识有如汪洋大海，而自然科学知识不过是这个汪洋大海上面偶尔泛起的几朵浪花而已。① 但是，看起来，这种抵制不但势单力薄而且收效甚微。需要指出的是，把知识的外延给窄化为自然科学知识的趋势当然不自今日始，事实上，早在西方的 17 世纪之后，随着科学革命的爆发以及牛顿成为人们普遍崇拜的另一个上帝以来，这一趋势便已有所表现了，今天的这个状态不过是那个趋势的日渐强化的一个自然的结果罢了。

再次，如此还会导致人与自然以及人与人的紧张与冲突。这几乎是必然的：既然知识仅仅是力量，那么，人们求知就只不过是为了获取力量；既然获取了力量，那就必然要显示这个力量，而显示必然导致较量，否则这个力量就变得毫无意义了。因此，具有关于自然的知识，人类便获取了用以和自然较量的力量，当然人类便要和自然展开持续的较量，因此人类便要不断地征服自然、改造自然，并且随着科学的不断发展，人类获取的力量便将越来越强，而人类对自然的征服与改造也必将会向着更大的深度和广度推进，推进，再推进。如此，人类与自然的紧张也必将会日趋加剧。② 同理，某些人既然有了关于人类和社会的知识，某些人便获得了控制人类与社会的力量；某些人既然获取了这个力量，某些人当然便会和他人、社会展开较量，否则这个力量也将变得毫无意义。纵观社会主义社会形态之前的人类的历史（史前史不谈），从某一个角度看，其实不过是精英分子不断地操控大众与社会的历史。这个操控从宏观上看，大体上表现为两个相反的维度，即维护既定的社会秩序和颠覆既定的社会秩序：前者依靠的是国家机器以及作为国家机器的意识形态，后者仰仗的是乌托邦以

① 参见 ［英］布兰尼《科学、信仰与社会》，王靖华译，南京大学出版社 2004 年版。
② 参见 ［加］莱斯《自然的控制》，岳长龄等译，重庆出版社 1993 年版。

及作为乌托邦之实现途径的社会巨变;[①] 前者表现为规训民众,后者则表现为激发民众。[②] 不管属于哪一种情况,它们都是作为力量的知识在发挥作用的结果。此外,不管属于哪一种情况,它们都使人与人之间处于严重的紧张之中:就前一种情况而言,这种紧张主要存在于规训者与被规训者之间;就后一种情况而言,这种紧张则主要存在于维护与颠覆这两种相反的力量的冲突之间。

最后,也许更为深刻的是,这种单一视角的知识观,还使得作为主体的人的存在发生了极大的异化。一旦人只把知识看成力量,人便使包括作为对象的一切存在物和作为主体的人自身均进入了一种技术的状态,换言之,人便只能技术性地对待一切存在者。如此一来,不但作为对象的存在者被异化了,而且作为主体的人自身也被异化了,而且两种异化是同时展开的。关于第一种异化,主要表现为对对象的存在的排除。因为正像绍伊博尔德在论述海德格尔有关新时代技术的分析时所指出的那样,"技术世界中的事物没有其他的存在,而无非是'要立刻到位',如此而已,它们只对技术操纵来说才有意义。处在这种状况中的东西就从根本上被剥夺了,在思想上不再是对象,因为对象在它的对立中总是还有某种程度的自身性、反抗性、相异性、不可捉摸性;而这些东西在日益增长的技术展现中已经看不到了"。比如,"从事技术的人认为,自己面对的不是给予蛋、牛奶、肉的动物,而是单纯的蛋、牛奶、肉的提供者,不是也减轻人的劳动的河流,而是水压提供者;不是给予煤和矿石的土地,而是煤床和矿床。到处产生了同样的过程:事物消解为技术要求的单纯的基准点。只有能进入这样一种关系的东西现在才是重要的,才被看做是存在的"。[③] 至于作为主体的人的异化,则表现为在这种技术的框架之内,人只能从纯粹的技术需要的角度来对待事物,这样,人自身便成了纯粹的技术性的存在。具体说,尽管依然存在着主体与客体之间的关系,但是,"并非一方

---

① 参见 [德] 曼海姆《意识形态与乌托邦》,黎鸣等译,商务印书馆 2000 年版。

② 参见 [法] 福柯《规训与惩罚》,刘北成等译,生活·读书·新知三联书店 1999 年版;福柯:《疯癫与文明》,刘北成等译,生活·读书·新知三联书店 1999 年版;福柯:《知识考古学》,谢强等译,生活·读书·新知三联书店 1998 年版。

③ [德] 绍伊博尔德:《海德格尔分析新时代的技术》,宋祖良译,中国社会科学出版社 1993 年版,第 76 页。

面是主体，另一方面是对象，而是需要和需要满足者这两极的关系"，"在此关系性质中，主体和客体都作为持存物而被吸收了"。① 被什么吸收了？当然是被技术吸收了。如此看来，在技术的框架之中，主体实际已经沦为一种技术性的需要者，他只作为这种需要者的持存物而存在着；换言之，他只是一个只有技术需要的"持存物"，其他什么都不是，正像一个经济人只是一个只有经济需要的"持存物"而其他什么都不是一样。

三

这样看来，我们的确不应该仅仅从力量的角度来看待知识，我们还需要从另一个角度来看待知识，这个角度就是学养。所谓学养，顾名思义，就是指基于学问或知识的涵养，它与舍勒所说的"教养"非常相近，尽管的确也存在着不小的区别。在舍勒那里，所谓学问或知识主要指与科学知识迥然不同的形而上学知识，这种知识"对于人们从理智方面和精神方面对个人进行的全部教养过程来说，也是主要的杠杆，因为人们在任何时候都不断重新把它用来考察这个世界的各种方式，运用到所有各种具有偶然性的事实上去。这种情况与其他知识领域（即实证科学的知识领域——本文作者注）的那些不断变化的结果形成了对照，因为这些其他知识领域首先关注的并不是'教养'（就这个词的真实的和有充分依据的意义上说），而只不过是'成就'而已——它们正是通过这种'成就'为从根本说是无限的科学进步过程服务"。② 但是，正像舍勒特别强调指出的那样，"其他知识领域只有在它们的各种问题触及哲学本身的范围内，它们就个人的'教养'而言才是有价值的"。③ 由此可见，事实上，在舍勒看来，任何知识都有可能是基于提高人们的"教养"而被人们去探求的，换言之，即都有可能成为人们的"教养"。但是有一个前提是不能或缺的，这就是，它们必须"触及哲学本身的范围"，进一步说，它们必须

　　① ［德］绍伊博尔德：《海德格尔分析新时代的技术》，宋祖良译，中国社会科学出版社1993年版，第76—77页。
　　② ［德］马克斯·舍勒：《知识社会学问题》，艾彦译，华夏出版社2000年版，第109页。
　　③ 同上书，第109页。

像形而上学那样"既是对实在的知识，也是关于绝对价值观念的理论"。①考虑到近代的实证科学原本就是从古老的形而上学当中逐步地孤立出来的，因此，实证科学或即实证的自然科学知识毫无疑问地可以被从与力量不同的角度即学养的角度加以解读，换言之，它的确不仅可以给我们带来力量，还可以增强我们的学养，它的内容大体上包括智慧、谦虚、理性及宽容这4个方面。②

（一）知识使人智慧

针对作为学养的也许是最为重要的方面的智慧，它的根本要旨在于恰当地对待有关自然的规律。而从智慧的角度看，有关自然的规律应该被视为我们必须遵循的伟大的法则，而不是任由我们操弄的工具；而力量的思路则刚好与此相反。毋庸置疑的是，前者可以促成人与自然的和谐，而后者则一定会导致人与自然的紧张。因此把有关自然的规律视为必须遵循的伟大的法则是明智的，而把它当作任由我们操弄的工具却是愚昧的；前者是哲学的，后者乃是非哲学的或即技术的。实际上，有一点是非常清楚的，即技术总是非哲学的。说到哲学，它的本义原就是指与一般的知识很不相同的智慧，所以罗素才把他的关于西方哲学史的一部简明著作命名为《西方的智慧》。因此，哲学家所指称的也不是一般意义上的有知识的人，而是像苏格拉底那样的哲人或者智者。而作为智慧的哲学，它的最突出的特点在于它的思维方式是辩证的，即它总是会在对立的两极当中看到高度的统一性以及两极的相互转化的可能性。一个具有这种辩证思维的人，绝不可能把有关自然的规律仅仅视为可供我们由之转化成各种技术并且因此去无节制地操纵自然的工具，因为他明白，这么做也许眼下的确给我们带来了相当的力量，并且使人类成了自然的主宰，但是长久地看，情况必定会发生根本的逆转，即自然反而成了人类的主宰。人们从黑格尔对主奴关系的精彩描述中应该不难看出这个转化的必然性，尽管黑格尔对这个关系的描述的目的原本是为了阐述他有关绝对精神的异化史思想的。不仅如

① ［德］马克斯·舍勒：《知识社会学问题》，艾彦译，华夏出版社2000年版，第108页。
② 下文中的知识一词的外延不应该仅限于我们一直谈及的实证的自然科学知识，无论从学理的或事实的层面看，它都还应该包括社会科学、人文科学、哲学的知识以及我们日常生活的常识等。

此，更具讽刺意味的是，事实上，即使是技术所产生的本来应该被人类用以操纵自然的力量的本身，也会反转过来成为统御人类自身的一种异己的力量。① 总之，大量的事实都在表明，人类依靠技术的发展在某一方面为自己增添一份力量的同时也就因此而在另一方面削弱了自己的一份力量，所谓"成于此则必毁于彼，得于此则必失于彼"者，即此之谓也。有鉴于此，一个富于哲学智慧的人，一定会主张把有关自然的规律看成人类必须加以尊重和遵循的伟大的法则，这样看待有关自然的规律，人类固然不会不断地从各种新发明的技术装置中获取日益增大的力量，但人类却会因此始终与自然保持一种必需的平衡。

技术思维却与此完全不同，它往往是片面的和单一的，它在事物的对立的两极当中总是只看到利的一极而看不到不利的一极，当然更加看不到两极的相互转化的可能性。这种思维坚信，依靠不断进步的技术，人类将不断地增多利而减少弊；如果眼下还有许多弊存在的话，那是因为技术还没有充分发展的缘故，只要技术进一步发展了，这些弊是完全可以消除掉的。因此，这种思维当然会把科学看成为技术服务的奴婢，这个奴婢必须不断地为它提供有关自然的各种规律的陈述，以供它从中发展出各种技术力量去操纵自然。总之，这种思维必然会"将自然视为一种文明化的异物，而不是作为我们自己可能需要在某些方面去学会效法的同盟者"。② 因此，毫不奇怪的是，从这种思维的角度看，所谓哲学的思维不过是一种毫无用处的玄思。但是，很显然，这种基于技术旨趣的看法，是很成问题的。这样说的理由在于，它评价事物的标准只在有无实际的功用。但是，正像罗素所指出的那样，人不应该只生活在"现实"当中，人还应该生活在"心灵"当中。因此，在他看来，"只有在心灵的粮食中才能找到哲学的价值"，这个价值就在于它使我们能够去冥想，而"在冥想中，从非我出发，通过非我之伟大，自我的界限便扩大了；通过宇宙的无限，那个冥想宇宙的心灵便分享了无限。这个无限的最大意义就在于它造就了伟大的公正，而这个公正，乃是追求真理的一种纯粹欲望，是和心灵的性质相

---

　　① 参见［俄］别尔嘉耶夫《历史的意义》，张雅平译，学林出版社 2002 年版。

　　② ［英］凯蒂·索珀：《人道主义与反人道主义》，廖申白等译，华夏出版社 1999 年版，第 78 页。

同的，就行为方面说，它就是公道，就感情方面说，它就是博爱；这种博爱可以施及一切，不只是施及那些被断定为有用的或可尊崇的人们"。①

（二）知识使人谦虚

说知识可以使人谦虚，理由在于知识具有无限的可生产性和可积累性。对于任何一个求知的个体来说，他所能获取的知识一定是极为有限的。究其原因在于以下这一铁一般的事实：从时间上看，他的生命是极其短暂的；而从空间上看，他所能接触的范围也是相当狭小的。一个人指望能够获取天下所有的知识，他不是发疯就一定是发狂，正因为如此，任何一个稍稍明智的人，都会在无限的人类的知识面前感到自己的渺小性与有限性，而且随着他在求知的道路上走得越远他的这个感觉也会变得越加强烈，以至于到了后来，他很有可能会掉入绝望的深渊之中而对求知一事感到心灰意懒，这一点也许最典型地体现在庄子所发出的"吾生也有涯，而知也无涯；以有涯随无涯，殆矣"（《庄子·养生主》）这一广为流传的千古一叹之中。不过，要以此断言庄子在知识问题上是一个彻底的绝望者，似乎也有点冒失。人们如果细读《庄子》这部著作，一定不难感觉到在知识的问题上，庄子还有另一个积极的方面，这就是，他非常看重或者说非常强调小大之辩，用他的话说就是"小知不及大知，小年不及大年"。从这里可以引申出两个基本的观点。其一，尽管他认为一个人要想以有涯之年获得无涯之知注定要以失败告终，但这绝不表明一个人可以在求知一事上自甘沉沦，自甘堕落，相反，他可以或者应该不断地超越小知去获取大知。其二，与我们这里所阐述的主题有关的是，一个人在求知一事上必须保持谦虚的态度，即应该明白自己所知者永远是有限的，换言之，永远存在着比自己更有知识的人：井底之蛙的所知固然不如河伯，可是河伯的所知又怎么能抵得上海诺呢？就这个意义而言，我们可以认为庄子是一个很有学养的人，因为他在有关知识的问题上持取了一种非常低调的态度。与庄子的这一态度遥相呼应的另一位智者乃是古希腊的苏格拉底。从柏拉图的《理想国》对苏格拉底所作的各种叙述来看，苏格拉底并不是一个有如他的再传弟子亚里士多德那样以拥有百科全书般的知识而

---

① ［英］罗素：《哲学问题》，何兆武译，商务印书馆1999年版，第134页。

见长的学者，而是一个致力探求真理——比如何为善、何为正义等的智者，当然他肯定也是一个非常有知识的学者。正因为如此，他总是觉得自己所知甚少，他能够确信为他所真正拥有的知只是这样一个知：他知道他是一个一无所知的人。事实上，类似于庄子与苏格拉底的学者可以说是不可胜数，比如，梁启超与爱因斯坦便是近代中西方的两位特别为人们所称道的典型的例子。关于大圆与小圆的比喻——一个人所拥有的知识有如一个圆，圆周越大他所不知的部分也越大，反之亦然——就是出自作为伟大的物理学家的爱因斯坦，而据说作为一个学富五车的历史学者，梁启超因为是一个秃顶的人，便总是很低调地把自己所拥有的知识比作他秃顶上所剩无几的几根毛发。由此，人们常常用伟大来称呼梁氏与爱氏。在笔者看来，他们之所以是伟大的，一方面固然是由于他们在学术上所作出的杰出的贡献，另一方面，更是因为他们都有着令人崇敬的特别的谦虚的品格。而他们之所以都非常的谦虚，恰恰是因为他们都是非常有知识的学者。因此，如果不嫌绝对的话，可以说，正是渊博的知识造就了他们的谦虚的品格。

（三）知识使人理性

这里所说的理性有着较为具体的含义，即它专指波普尔所特别看重的为真正的科学研究所必不可少的批判理性，说白了，就是允许批判的一种科学精神。批判理性和科学研究或即探寻真知这两者是相互依存的：前者只有在后者的展开的过程中才能习得，而后者的顺利展开则有赖于前者的习得。就后一种情况而言，可以为之提出的理由在于以下这一事实：正像波普尔所指出的那样，任何科学研究所得出的科学命题，其实质都只不过是对世界的运动与变化所作出的某一猜想而已。作为这个猜想的基础乃是经验性的归纳（这正是近代实证科学区别于传统的形而上学之所在），因此，作为猜想之结果的表现形式的某一科学命题——通常这被认为是对某一规律的陈述——必然是或然的和可错的或即非绝对的，并且因此应该是允许反驳的。一旦被反驳了，这个命题就被推翻了，用波氏的术语说就是被证伪了，这时便有另外的科学家再提出新的猜想以供其他科学家的反驳。因此，说到底，科学研究乃是一个不断地经由证伪而逼近真理的过程。就前一种情况而言，毫无疑义的是，的确唯有那些长期从事科学研究并且因此获取了丰富的相关科学知识的人，才有可能习得这种批判理性。

波普尔把这种批判理性一直追溯到古希腊的苏格拉底。正是苏格拉底最早地表现出了这一伟大的品格。人们从前面所提及的苏氏所作出的他——一无所知的著名表述不难感到，其中除了体现上面所说的谦虚的品格外，同时也隐含了对任何知识都具有不确定性的一种认知，或者可以反过来说，正是这种认知使他不得不认为自己是一无所知的，如果所谓知识指的是有关世界之实在的一种非绝对性的陈述的话。这种批判理性，换一个说法，就是一种怀疑的精神，当然，这里的怀疑是适度的而不是毫无节制的。正是这种适度的怀疑的精神才有可能使得一个学者既不会屈从于某一所谓的科学权威，更不可能把自己视为某一知识领域的权威，因为他明白，任何知识都是或然的和可错的或即相对的。作为这种批判理性的一个最重要的收获或者最突出的表现，乃是波普尔所特别看重的冷静的品格，这种品格使得一个人有可能从根本上避免狂热的毛病，而狂热至少是绝大多数（如果不是全部的话）人类灾难的根源之一！

（四）知识使人宽容

宽容与批判理性有着非常密切的关联，它其实是从批判理性中引发出来的一个自然的结果。在西方的中世纪，人们根本没有宽容的意识，当然就更不会有对宽容的提倡与实施了，因为那是一个诉诸信仰的非理性的时期；宽容意识的萌生以及对宽容的提倡与实施，乃是随着中世纪的告退和以文艺复兴为标志的现代社会的开始而慢慢形成的一种现代精神所导致的结果。这种精神的本质乃在于她的理性化。正是在以倡导理性为其根本宗旨的启蒙主义时代，宽容才成为学者们广泛谈论的一个热门话题，这些谈论成果中颇具代表性的大概要数伏尔泰的《论宽容》。在这部10多万字的小册子的末尾，这位欧洲最富宽容精神的伟大的思想家发出了这样的呼吁："但愿人人都能记住，他们彼此是兄弟！他们厌恶对人施行的暴虐，如同他们憎恶掠夺行为，即借助武力抢劫别人的劳动和安详的技艺的成果一样！虽然战争的灾祸难以避免，但是我们在和平环境中却不要互相仇恨，彼此诋毁；让我们利用有生的瞬间，从暹罗到加利福尼亚，以千百种不同语言同样为你仁慈地赐予我们这一瞬间祝福。"从这段言辞恳切的话语中，人们可以很清楚地看出，在伏尔泰的思想中，所谓宽容就是指人们都能像兄弟那样地友好相处。兄弟之所以能够友好地或即宽容地相处，是因为他们之间存在着血缘的纽带以及基于这个纽带的天然的情感，通俗地说就是所谓手足之情。但是，现代社会里的人和人之间毕竟不是兄弟的关系，因此，要他们能够相互宽容只能依靠人们的另一个心理要素，这就是这里所谈论的理性。正因为如此，包括伏尔泰在内的启蒙主义的思想家们才几乎无一例外地致力于宣扬和开启理性。

但是，什么是理性呢？或者说，所谓理性，它有什么特点呢？黑格尔所给出的问答可以说最中肯綮。按照他的说法，理性的本质在于经由教化而超越个别性。比如，在他看来，"谁沉湎于个别性，谁就是未受到教化"。正是这个对包括自身在内的个别性的超越，才使得一个人进入普遍性的层面，这样的一个人才有可能把自己当作一个客体而加以审视，加以反思，加以批判，并且因此发现自身的种种局限与不足。总之，一个理性的人会看到这样一个显而易见的事实：任何人都有其所明和所暗，都有其所长和所短（但是对于一个沉湎于个别性的人来说，这个事实却是隐而不明的）。基于这样一种理性的认识，一个人，一方面会保持对他人的批判态度，另一方面同样会乐于接受来自任何人的对自己所展开的批判；一个人不会用自己之所明去较他人之所暗，用自己之所长去较他人之所短；当然，一个人更加不会对在某一方面不如自己的人提出只有自己才能胜任的要求，并且允许他人存在各样的不足，犯各样的错误；总之，一个人才会具有宽容的精神，才会对他人持取大度的姿态。这样一种理性的人，对于西方中世纪的那种基于盲目的信仰和无知的偏狭而经由消灭异端的肉体来达到消灭他们的思想的行径，以及在今天的某些与中世纪的西方社会相似的社会里所常见到的对非主流的、非正统的思想所采取的表面上似乎比较文明（即不消灭思想者的肉体）但骨子里同样非常野蛮的扼杀与控制的做派，一定会感到触目惊心，匪夷所思。毋庸置疑，这样一种理性或者文明的批判理性，对于今天的中国社会来说显得尤为重要。这是因为，和谐社会的构建肯定离不开哈马斯所倡导的公共性的沟通与对话，而要能顺利地展开这个沟通与对话，沟通者与对话者必须具备德国哲学家黑尔德所特别看重的"公共性格"。不用说，这个性格是由理性养育而成的；而理性只有经由对知识的探求与获取才有可能形成。

需要补充说明的是，作为学养的知识并不绝对会形成这里所说的智慧、理性、谦虚以及宽容，有时它也很有可能导致与这些方面截然不同甚至是完全相反的结果，比如权术、奸计、狡诈、偏狭、嫉妒等。有鉴于此，笔者觉得有一点必须借此特别强调一下，即德性其实比知识更为重要，因为离开德性的引领，知识所发挥的作用很有可能不是善而是恶。就这个意义而言，中国古代的仁、义、礼、智、信"五常"，把仁置于首位而把智置于第四位，的确是颇有深意，值得玩味。

（原文载《思想战线》2010 年第 5 期）

问题式的两大类型：科学的与意识形态的

由于早先的韦伯以及特别是晚近的波普尔、库恩等人的竭力倡导和有力论述，今天，如果不是所有至少也是绝大多数从事学术研究的学者们都知道并且因此都强调，学术研究，若想取得理想的研究成果，必须从问题——当然还必须是真问题出发。我深表赞同。但是，我必须立刻就指出的是，仅仅如此是远远不够的。我的意思是说，有一个比问题更为重要的因素似乎被学者们普遍给忽略了，这个因素就是问题赖以产生的方式，简单地说，就是问题式。问题式所以更为重要，是因为所生产的问题是真问题还是伪问题，乃是由问题式决定的。明白一点说吧，只有科学的问题式才能生产出真问题，而非科学的或即意识形态的问题式通常只能生产出伪问题。由此，一个显而易见的结论就是，作为一名社会科学的学者，必须尽力采用科学的问题式而摒弃意识形态的问题式。

一 问题是被生产出来的

关于什么是问题式，我将在本文的后面做出详细的阐述；出于行文的需要，此刻我只拟简要地说一下，所谓问题式，顾名思义，指的是问题的生产方式。但这样说势必就意味着问题是被生产（通行的说法是建构，囿于论述的需要，本文采用"生产"一词）出来的，而这显然和问题是被发现出来的这一通行的说法形成了尖锐的冲突。因此，理所当然地我必须首先对此作出适当的解释。我的解释将从什么是问题开始。从语义上看，所谓问题不过是指追问的某一主题或者反过来说是针对某一主题的追问，很显然，这里的关键语词是追问。仅此一点就足以表明，问题并不是一个纯粹的客观存在，而是某一相关追问的结果（通常用"什么""怎么"以及"为什么"等疑问词加以表示)。由此可见，离开人的追问，是不存在什么问题的。换言之，如果没有人或者基于亚里士多德所说的天性般的好奇或者出于其自身的某种需要的考虑而发出某一追问的话，整个社会世界只不过表现为由无数社会事实构成的一个浑然一体、茫然一片且变化万千、无始无终、无边无际的客观存在而已，正像如果没有人由于同样一些原因而发出追问，自然世界就只不过是一个毫无问题的自然世界一样。但是，人们马上也许就会发问道："难道'有人在偷东西'不是一个问题吗？"对此，我的回答是：就"对象语言"而言或即就这个反问的对象——"有人在偷东西"而言，那只是一个社会事实；而就"原语言"而言或即就整个反问——"难道'有人在偷东西'不是一个问题吗？"而言，那当然是一个问题①。同样，苹果往地表坠落只是一个自然事实，只有当牛顿发出"为什么苹果往地表坠落而不是往天空飞升？"的追问（据说牛顿并没有作出这个追问，这个传说纯系后人的杜撰，但这无碍于这里的论述）后，这个自然事实才转变成一个有关自然的问题。由于追问是人的一种劳作，因此我们可以说问题是有限制地被建构起来的，或者正像阿尔都塞所强调的那样，是被生产出来的。这个结论还可以从以下这一事实得到有力的证明：针对同一个社会事实，人们可以发出不同的追问并且因此形成不同的问题。举例来说，针对"有人在偷东西"这一社会事实，不同的人可以经由不同的追问而生产出以下众多不同的问题：偷东西的这个人是个什么人？这个人是怎么偷东西的？这个人为什么要偷东西？这个人为什么只偷东西而不偷钞票？这个人为什么只偷东西而不干脆去抢东西？这个人为什么只是自己一个人去偷东西而不是和别人合伙去偷东西？另外一件失窃案是否也是这个人干的？这个人偷东西会引发什么社会后果、产生什么社会影响？怎么逮到这个偷东西的人？等等。事实上，可以生产出来的问题几乎是无穷的。人们之所以把这个社会事实视为一个社会问题，简单地说，是基于对问题这个语词的误用，而且，这个误用应该说是非常普遍的。这一点可以从诸如能源紧缺、土地流失、就业困难、交通

---

① "对象语言"与"元语言"的概念是由艾尔佛雷德·塔尔斯基提出的，其目的是要解决诸如"我从不说真话"这样的表述所导致的吊诡，关于这两个概念的含义，可参阅［英］A. F. 查尔默斯《科学究竟是什么》，商务印书馆 2007 年版。

拥堵以及人口性别比例失调等均被人们称之为社会问题上非常清楚地看出来。然而，从学理上看，这些所谓社会问题其实都只能被归入社会事实的范畴。

说问题是被发现出来的之所以是不恰当的，是因为这个说法把问题混同为事实——当然是被什么东西给遮蔽住了的事实，因此，学者的任务就是从这个遮蔽物的底下把它给找出来，正像捉迷藏的游戏中捉迷藏者要把那个迷藏给找出来一样，而这显然不但与问题的本义相悖而且也与科学研究的真实的过程相违。与此相关，对某一追问的回答或即教科书所说的科学说明，理所当然地也应该被视为一种建构或者一种生产。有鉴于此，波普尔才坚决认为，科学规律不是被发现出来的而是被发明出来的①。

事实上，就连我们一直所谈及的社会事实本身以及自然事实本身，从知识社会学的角度看，很大程度上，也是被建构出来或者被生产出来的。这样说的理由在于，"'看'这项活动并不是一个与认知无关的事情"，因此，准确地说，我们"不是'看见'一杯牛奶，而是把'它''看作'一杯牛奶，其中的'它'并不是一个我们可以用一个理论中性的词典分开来描述的东西"②。因此，正像 A. F. 查尔默斯所断言的那样，"认为事实命题是通过感官而进入大脑的是荒谬的"，因为，"被阐述为命题的适当的事实，是以相当多的相关知识为先决条件的"③。总之，借用索绪尔的话说，就是"观点创造客体"④。为能说明问题，且让我仍以"有人在偷东西"这一社会事实为例。稍加审视便不难发现，这个社会事实是由人、东西以及偷这三个要素构成的。三个要素中的人与东西属于社会事物的范畴，仅仅这两者是不能构成一个命题的，因此当然也是不能构成一个社会事实的，使这两者能够结合起来并且构成一个社会事实的关键因素，乃是用以陈述它们之间的关系的"偷"这个陈述词。而说到对"偷"这个词的使用，显然决不是与使用者自身的情况完全无关的，换言之，它是

---

①　参见［英］波普尔《猜想与反驳——科学知识的增长》，上海译文出版社1986年版。

②　［美］亚历克斯·罗森堡：《科学哲学——当代进阶教程》，上海科技教育出版社2004年版，第189页。

③　《科学究竟是什么》，第24—25页。

④　转引自［法］布尔迪厄《科学之科学与反观性》，广西师大出版社2006年版，第862页。

以使用者所具有的"相关知识为先决条件的"。由于作为相关知识的这个先决条件的不同，同样的社会事物显然也会被人们陈述为或即生产为不同的社会事实，当然，这里的不同决不是完全任意的——为了杜绝科学陈述的任意性或即主观性，任何专业的科学家们都要建构一些为这个专业所特有的高度清晰、明确的通用术语。但是，任凭他们怎么"折腾"，他们永远也只能有如孙悟空始终翻不出如来佛的手心一样地无法彻底消除"相关知识"对陈述所产生的主观性的影响，他们充其量只能把这个影响降低至最低限度。究其原因在于，正像纽拉特所指出的那样，"在构成（科学家们）的'通用术语'时，（科学家们）往往是从日常语言开始的，并且通过探究科学家、小说家、形而上学家、神学家以及世界各地人们所使用的那些词汇而进行"①。因此，要在科学术语和日常语言之间划出绝对的界限，一定犹如要把流水切成两截一样，只能是一种无望的妄想，因此，绝对客观的事实陈述是根本不可思议的，正如同绝对主观的事实陈述也是根本不可思议的一样。我的意思是说，我并不认为问题完全是由研究者纯主观地建构起来或者生产出来的，我只认为很大程度上是如此罢了，正像我在前面所说的那样，建构或者生产是受客观因素的限制的；换言之，在我看来，所谓问题（包括社会的和自然的）只能是科学因素与社会因素或者说客观因素与主观因素共同发生作用的结果。总之，在这个问题上，我既非强硬的建构论者也非强硬的实在论者，大体上，我所持取的是与美国当代科学社会学及科学哲学学者史蒂芬·科尔相近的实在论的建构主义立场②。

二　关于症候式阅读

　　既然如上所述所谓问题是由研究者受限制地生产出来的，那么，生产问题的方式是什么样的就变得至关重要了。现在就让我们来看看所谓问题式到底指什么。说到这个问题，我们立刻就会想到法国著名的结构主义的

---

　　①　［澳］奥托·纽拉特：《社会科学的基础》，华夏出版社 2000 年版，第 13 页。

　　②　参见［美］科尔《科学的制造——在自然界与社会之间》，上海人民出版社 2001 年出版。

马克思主义理论家阿尔都塞，因为问题式的概念正是由这位被誉为巴黎高师的几代知识分子的精神之父率先提出的。如所周知，阿尔都塞一生的学术工作的主要目的，如他自己所一再表明的那样，就在于保卫马克思，在于让真正的马克思能够"重见天日"。为此，他写了两部极其重要的文本，即《保卫马克思》和《读〈资本论〉》。他所以要这么做，是因为，在他看来，马克斯的真正重要的方面，在他那个时代，已经被人们彻底误读了和遮蔽了。这个误读和遮蔽表现为两个相反的极端：其一是斯大林的教条主义把马克思的思想扭曲为一种简单的政治意识形态；其二则是随着马克思的两部早期著作——《巴黎手稿》（又称《1848年经济学哲学手稿》）和《德意志意识形态》（与恩格斯合作）的面世，一些对教条主义十分反感的学者，则坚决认为马克思不是一个政治意识形态的建构者而是一个哲学人道主义者。然而，在阿尔都塞看来，马克思既不属于前者也不属于后者，他认为马克思是一个伟大的科学家，《资本论》则是这位伟大的科学家写成的一部伟大的科学著作，要认识真正的马克思必须从阅读这部著作入手。为了有助于人们领会《资本论》的科学精髓，阿尔都塞特别推荐了一个被他视为真正科学的阅读方法，即症候式阅读。在他看来，马克思正是采用这个方法去阅读亚当·斯密以及大卫·李嘉图这些英国古典经济学家的著作才取得了重大的收获的。所谓症候式阅读，又被阿尔都塞称为"负罪的阅读"，这种阅读和通常的又被他称为"无辜的阅读"的不同之处在于，前者是主动的，后者是被动的，前者与弗洛伊德以及拉康的精神分析的理论极为相近，后者则基本上植根于经验主义的认识论传统。所谓经验主义认识论指的是这样一种认识论，这种认识论坚信，现象表现了本质，所谓认识就是经由现象去透视本质。作为这种认识论在阅读上的一个表现就是，坚信文本表达了意图；由此，所谓阅读就是经由构成文本的语词、句子以及段落等领会意图（不管这个意图是属于作者本人还是属于文本本身），就像通过花园的栅栏去观看里面的园景一样。很显然，这样的阅读是高度依赖文本的，因而是被动的、接受的和无辜的。在阿尔都塞看来，这样的阅读是难以把握文本的真正意图的。因为按照精神分析的理论，真正的意图或即最隐秘的意图或即潜意识的意图是不在场的，换言之，是无法直接从文本的语词、句子以及段落当中读到的。要能读到这个意图只能另寻他途，这个他途就是文本与文本的缺漏或沉默的结合之处，而这就需要借助于被阿尔都塞视为科学的即症候式的阅读方法。作为精神分析理论的一个术语的症候，按照齐泽克的理解，应该被设想为"白点（white spots），设想为主体历史的非符号化的想象性因素，而分析的过程就是将其予以符号化的过程，就是将其融入主体的符号世界的过程：分析将为一开始表现为无意义的踪迹的事物，回溯性地提供意义"①。因此，正像杰拉斯所阐述的那样，"通过症候阅读法把明确论述与那些欠缺部分、空白点和沉默之处结合起来读。后者是一种'未曾言明的论述'，它们正是潜藏在原文中未被人意识到的问题式的许多症候。正确地理解和实践的读法，也像一切知识那样，不是想象力，而是理论性的劳动和生产"②。既然是劳动和生产，当然是一种主动的建构，并且对于被阅读的文本的作者来说，似乎也的确可以说是负罪的；但在阿尔都塞看来却是科学的和有效的。

为能说明问题，阿尔都塞以马克思对古典经济学的一个著名命题的解读为例，作了颇为精细的阐述。这个命题是这样的："劳动的价值等于维持和再生产劳动所必需的生活资料的价值。"乍一看，这是一个非常客观而真实的命题。但是，马克思一眼就看出了这个命题所存在的根本的毛病。这个毛病在于"（命题的生产者）不知不觉地变换了场所，用劳动力的价值代替了迄今为止一直是它研究的明显的对象的劳动的价值。劳动力只存在于劳动者的身体内，它不同于它的职能即劳动，正像机器不同于机器的运转一样。因此，分析的进程不仅不可避免地从劳动的市场价格推导出劳动的必要价格或劳动的价值，而且把所谓的劳动的价值化为劳动力的价值，从而劳动的价值今后只应该被看作劳动力的价值的现象形态。因此，这种分析得出的结果不是解决了在出发点提出的问题（按指劳动的价格为何——本文作者注），而是完全改变了它的用语。"由此，马克思进一步指出，"古典经济学从来没有能发现这种混乱，它只是把全副精力用于研究劳动的市场和劳动的价值之间的区别，研究这种价值同商品的价值、同利润律的关系，等等。它越是深入分析价值一般，所谓的劳动的价

---

① 齐泽克：《意识形态的崇高客体》，中央编译出版社 2001 年版，第 183 页。
② 转引自张一兵《问题式：症候式阅读与意识形态——关于阿尔都塞的一种文本学解读》，中央编译出版社 2003 年版，第 81 页。

值就越是使它陷入无法摆脱的矛盾"①。在阿尔都塞看来，马克思的意思是说，矛盾的根源就存在于这个命题本身，因为这命题压根儿就是一个没有意义的命题。为什么呢？阿尔都塞是这样解释的："什么是维持劳动和什么是劳动的再生产，是没有任何意义的。要使它们有意义，它们中的劳动均必须改成劳动者，这样一来，命题就变成"劳动的价值等于维持和再生产劳动者所必需的生活资料的价值"。"但是，因为劳动者并不等于劳动，所以句子末尾的术语'劳动者'和句子开头的术语'劳动'就相互矛盾。它们不具有相同的内容，因此，句子中的等式就不成立了，因为工资购买的不是劳动者而是劳动"②。因此只有把句子开头的术语劳动也改成劳动力，即只有把原先的命题像马克思所做的那样改成"劳动力的价值等于维持和再生产劳动力所必需的生活资料的价值"，这个矛盾才能得以消除。但是改造以后的命题又是古典经济学所无法接受的，因为，不加思索地看，工资所购买的的确是劳动而不是劳动赖以实施的劳动者。但是，如果句子开头的术语劳动不作改动，那么，两者的关系便不是相等，而是，用阿尔都塞的话说，"相互矛盾"。这个矛盾是怎么产生的呢？这个矛盾是古典经济学无意识地生产出来的，明白一点说，是古典经济学家经由资本家是按照市场原则购买劳动的这一声言而使实际上是作为劳动力的工人无可奈何地被资本家雇佣这一事实没入沉默之中而制造出来的，尽管古典经济学家对此也许并无清醒的意识，但是他们这么做乃是必然的。因为，要不然，资本家对工人的剥削的秘密就会昭然若揭：发给工人的工资或即用以维持和再生产其作为劳动力所必需的生活资料的价值，假设工人每天只用 4 小时的劳动便已生产出来；然而，工人每天通常不是劳动 4 小时而是 6 小时甚至是 10 小时、12 小时或更多的小时。而这更是古典经济学家在无意识中所不愿意面对和承认的。由此，阿尔都塞认为在这个命题中的作为症候的两个术语劳动的后面理应都加上一个力字，而马克思正是通过没有加上力字的缺漏以及命题的沉默读出了古典经济学家的问题式。

---

① 马克思：《资本论》法文版第一卷，中译本，第 556—557 页；转引自［法］阿尔都塞《读〈资本论〉》，中央编译出版社 2008 年版，第 9 页。

② 《读〈资本论〉》，第 11 页。

三　作为问题生产方式的问题式

　　细加玩味不难看出，上面提到的古典经济学的命题原是对"劳动的价格是怎样决定的？"这一问题的回答。但是，这个问题是怎么生产出来的呢？马克思发现，它是"古典政治经济学事先丝毫不加检验就天真地从日常生活中借用了'劳动的价格'这一范畴"[①] 而生产出来的。这里的"丝毫不加检验"可以被理解为不加分析及不加批判，而这里的"日常生活中"则可以被理解为作为资本主义社会的主导意识的资产阶级的某种既定的意识，简单地说，就是资本主义的意识形态。因此，在阿尔都塞看来，古典政治经济学的问题式是资本主义的意识形态。因此，他便竭力建议人们也采用这个阅读方法去阅读马克思的《资本论》，因为，如他所认为的那样，只有这样，人们才有可能对《资本论》的重大价值有一个真正的认识。事实上，据阿尔都塞的意见，《资本论》的最伟大的贡献，就在于它为我们提供了一个独特的并且是科学的问题式，即历史唯物主义。所谓历史唯物主义，依照阿尔都塞的理解，它的根本之处在于，从由生产力和生产关系所构成的生产方式的结构性的变更来考察和描述人类社会的发展过程，并且从中总结出发展所遵循的客观规律，这种问题式或者这种总理论（顺便说一句，阿尔都塞有时也把问题式称为总理论，有时还会以总问题来代指问题式）的精神在于，强调作为一种客体的结构对人类社会的发展所具有的决定性的意义，而淡化从主体的自由意志以及由此所引发出来的行动等主观性的因素去解释社会的变迁。正是基于这样的观点，阿尔都塞才特别看重写作《资本论》的后期的马克思而对写作《德意志意识形态》以及《巴黎手稿》的早期的马克思则颇有微词，因为在他看来，早期的这两部著作还有着很浓的费尔巴哈的人本主义的色彩，即倾向于从抽象的普通的人性的角度去展开研究，他为此所提出的依据是，这两部著作特别是《巴黎手稿》谈得最多的话题乃是主体、自由、异化等。但是，凡此在《资本论》中便烟消云散、荡然无存了，这表明后期的马克思已经成为一个真正的伟大的科学家了（阿尔都塞这样阐释马克

[①] 《读〈资本论〉》，第 8 页。

思、这么强调结构对社会变迁所具有的重要意义受到了许多人的质疑。比如，被称为法兰克福第二代代表人物的德国当代著名哲学家、社会学家的施密特就曾在他的《历史和结构——论黑格尔马克思主义和结构主义的历史学说》一书中对阿尔都塞的漠视历史以及割裂历史和结构的做法作出了措辞尖锐的批评。事实上，正像施密特所说的那样，在当时的欧洲，围绕如何解读《资本论》、如何看待马克思，在阿尔都塞以及他的学生与著名作家如萨特、列斐伏尔以及伽罗第之间曾经爆发过一场非常炽烈的争论。由于对阿尔都塞的全面评价并非本文的主题所在，因此此刻我不拟对此发表过多的意见，我只想说的一句话是，不管怎么样，阿尔都塞强调马克思在《资本论》中注重从结构的角度去研究社会的变迁，应该被视为对《资本论》的研究以及扩大地说对马克思的研究的一个非常重要的成果，因为至少他起到了告诫人们要充分关注结构的作用的作用，鉴于此前学者们的确普遍都忽略了这个问题，他的这个强调便显得弥足珍贵了）。要不然，马克思是根本不可能生产出诸如什么样的劳动形成价值、为什么形成价值以及怎样形成价值，商品和商品交换怎样和为什么由于商品内在价值的属性必然要造成商品和货币的对立，货币是怎么向资本转化的，剩余价值到底是怎么形成的等[①]为古典经济学家所根本生产不出来的诸多重大的学术问题的。现在我们可以做出这样的总结：如前所说，所谓问题式就是问题的生产方式，这个方式大体上表现为某一独特的总理论或者总问题。问题式所以如此地重要，关键是正像阿尔都塞所指出的那样，在于它导致了视域（或即问题域）的不同，正是这个视域的不同使得学者们即便有着同样的生产问题的能力也不可能生产出同样的问题，因为由于视域的不同，对甲学者来说是视而可见的而对乙学者来说则完全可能是视而不可见的。就这个意义而言，阿尔都塞所提出的问题式的概念，很大的程度上，也许可以类比为库恩所提出的范式的概念。

说到范式这个概念，正像 A．F．查尔默斯所指出的那样，"缺乏精确的定义是范式的本质"，不过，他也强调，"对某些将会构成一个范式的典型的组成部分加以描述还是有可能的"。根据他的研究，这些组成部

---

① 参见恩格斯《资本论第二卷·序言》，序言见《马克思恩格斯全集》第24卷，第20—30页。

分大体上包括这样几个方面，即"陈述明确的基础定律和理论假设"、"把那样基础定律应用于各种类型的情况的标准方法"、"使范式的定律对现实世界产生作用所必需的仪器创造和仪器使用技术"以及"一些非常普遍的形而上学原则"①。这样看来，范式与问题式的确是高度相似的。因此，亚里士多德范式、牛顿范式、量子力学范式、爱因斯坦相对论范式、燃素化学范式、拉瓦锡氧化还原化学范式、非进化的生物学范式、达尔文的进化论生物学范式等，事实上皆可以以某某总理论相称。至于范式的最大的特点，在库恩看来，则在于它的不可通约性，正因为如此，用他的话说，在某种意义上，相互竞争的范式的支持者们"生活在不同的世界之中"②。比如，在科学研究的常规阶段，同一个范式的科学共同体的成员们的研究工作，大体上只限于在这范式的框架之内从事各种各样的解题活动，这些被解的各种各样的题（即问题或谜题），不管它们可能是多么地不同，但这个不同总是有限的，即总是只限于这一同一个范式所提供的空间之内，换言之，它们只是大同小异罢了。这一点充分体现在科学教科书中。正像美国当代科学哲学家亚历克斯·罗森堡所说的那样，"常规科学以教科书为标志，教科书虽然有很多不同的作者，却传播了几乎同样的材料，具有相同的事例、实验和类似的实验室手册。常规科学的教科书在每章的后面通常包含同样类型的习题。解答这些谜题，实际上是教育科学家如何对待他们以后遇到的作为一些谜题的研究议程"③。但是，当这个范式被新的范式取代之后（库恩把这个取代称为科学革命），情况便发生了根本的变化，按照新范式从事研究的学者们所解的谜题与此前的相比可以说是全新的。总之，不同的范式使学者们所解的谜题具有根本的不同，关于这一点，人们只要回想一下同样的宇宙天体以及它们的运行在地心说的天文学总理论中和在日心说的天文学总理论中是被多么不同地认知的并且被生产出多么不同的问题的，就可以了。范式是如此，问题式也是如此。为能说明问题，让我以对以科技为对象的研究为例：如果我们以科技是第一生产力的理论以及市场经济的理论为问题式的话，我们肯定会要

---

① 《科学究竟是什么》，第 135 页。

② 同上书，第 141 页。

③ 《科学哲学——当代进阶教程》，第 187 页。

问哪些因素制约了科技向生产力的尽快转化？倘若我们展开研究的问题式是人文主义的文化理论的话，那么，我们就一定会对科技的快速发展对人的生存到底产生了怎样的影响的问题产生强烈的兴趣。很显然，这两个问题是迥不相同的。再者，即便都是哲学学科的研究者，像加缪这样一个以人的存在为其问题式的人，注定只会发出"生活是否值得经历"的追问，而对于以语言为其问题式的维特根斯坦来说，追问语言的本性为何则似乎同样是必然的。由此可见，问题式与范式两者的确可以说是曲异而同工。不过，有必要提醒人们的是，两者之间依然存在着比曲异要重要得多的区别：尽管有着许多不同的范式，但可以很肯定地说它们都是科学的，即都是用以展开科学研究的总理论，换言之，至少就本质功能而言它们不是意识形态的，因此，范式的完整名称应该是科学研究的范式；而问题式则与此颇不相同，尽管它也是一种总理论，但是，它不但可以是科学的也可以是意识形态的，而且很有可能是意识形态的。正是这一点使得范式不可能完全等同于问题式。

四　科学的问题式与意识形态的问题式

前面曾说，为能获得理想的研究成果，研究者仅仅具有问题意识是远远不够的，他还必须具有问题式意识。现在我要进一步说，仅仅具有问题式意识也是远远不够的，他还必须对问题式存在着科学的与意识形态的区别这一点有着非常清醒的认识。令人遗憾的是，相当长的时间以来，我国的社会科学的许多研究者的表现委实不能令人满意，他们常常把意识形态的问题式误当作科学的问题式，并且把用前者生产出来的意识形态的问题误当作科学的问题来加以研究。我认为，很大的程度上，这可以解释何以相当长的时间以来我国的社会科学研究事业表面上相当繁荣而实际上却乏善可陈。有鉴于此，在下面的篇幅中，我将对科学的问题式与意识形态的问题式的区别作出必要的阐述，我希望这对推进社会科学研究事业的发展将会有所助益。按照阐述的逻辑，我将先来回答这样一个问题，即什么是科学以及什么是意识形态。由于要给科学和意识形态各下一个完全令人满意的定义几乎是不可能的，同时也由于本文作者有理由假定阅读本文的读者对于科学和意识形态的含义应该均已有了大体的了解，因此，我将不拟在有关这两个概念的定义的问题上花费太多的精力。我这里只先对科学和意识形态作出这样的表述：科学大体上可以被视为对经验世界的抽象性说明，意识形态则基本上可以被看成维护既定社会秩序的观念系统。接下来，我便要集中笔墨去描述两者所分别具有的各种突出的特征。我必须预先强调指出的是，由于不管是科学还是意识形态都属于社会意识的范畴，因此，这些特征上的不同决不表明科学和意识形态的区别像阿尔多塞在《读〈资本论〉》中所认为的那样是绝对的。此外，我还必须声明一点的是，在本文中，意识形态作为一个概念，并不全是贬义的，而基本上是在像列宁、卢卡奇以及葛兰西等所取的较中性的意义上被使用的——比如，在本文中，意识形态并不完全等同于虚假意识，换言之，有时它也可以是非虚假意识。在本文中，判定某一思想观念是否是意识形态的，主要不是看它虚假与否，而是看它的功能是否在于如曼海姆所说的维护既定的社会秩序，总之，标准主要是社会学的而非认识论的。当然，本文也认为，由于意识形态的功能在于维护既定的社会秩序，因此它往往很容易是虚假意识。

根据以上所述，我们可以把科学与意识形态所具有的互不相同的特征概括为以下四个方面。首先，科学致力于探索未知世界，而意识形态则倾向于巩固已有的各种观念。其次，科学的所有结论都应该是可以被反驳的，而意识形态的各种观念则是无法加以反驳的。再次，与第二对不同特征紧密相关的是，科学的所有结论都是可以被批判的，而意识形态的各种观念则是不允许批判的。最后，科学总是会不惮于揭露各种社会矛盾，而意识形态则总是会竭力掩盖各种社会矛盾。由此，科学的问题式与意识形态的问题式便产生了与这些不同特征大体——请注意，只是大体对应的区别。首先，科学的问题式所产生的问题是没有预设的答案的，而意识形态的问题式则与之相反。这里所谓预设的答案指的是预先确定好的结论。确实，在意识形态的系统里，无论生产出多么多的和多么不同的问题，其答案总是同一的和不变的，就其本质而言，这些问题乃是根据既定的答案而生产出来的，或者这些问题的生产是由既定的答案决定的。这样一种问题式，正像阿尔都塞所认为的那样，"其基本结构因此是封闭的、环形的和自我肯定的：无论人们在其中向何处运动，最终总是要回到确知的事物，其中不知道的只不过是一种延伸或重复。永远也不能让意识形态感到吃惊，因为就像在法律诉讼中诱导证人的辩护律师一样，它们在问题的形式中显示了可以看着是能够接受的答案的真东西"①。比如，无论基督教的神学所探讨的问题是多么地纷纭复杂、花样繁多以及有时甚至是多么地针锋相对——比如神秘神学与教理神学的争论，但是有一点一定是没有分歧的，即它们都承认上帝是存在的，或者说，它们的争论原本都只不过是为了证明上帝是存在的。再比如，中国古代的所谓经学中的汉、宋之争以及朱、陆之争，不管他们的争论是多么地尖锐、多么地难以调和，但是，有一个信念在所有争论者的心目中均是不可动摇的，那就是儒家经典中的那些思想观念是不可质疑的，他们的争论所在只不过是如何更准确地把握那些被视为绝对真理的思想观念而已。再比如，无论西方古典经济学的理论是多么地不同，它们之间的分歧是多么地巨大，但是有一个最终结论乃是它们共同认可的，即资本主义的经济制度是最理想的，因为它给了所有人以自由、民主与平等。但是，在科学的系统里，"一种科学的盖然性是以开放性结尾为特点的：随着新的科学对象的出现和新的问题地平线的展开，这种盖然性是可以被'革命化的'。科学是一种真正意义上的探索性追求"②。因此，科学的问题式乃是一个开放性的结构，这就是说，科学的问题式对问题的生产是往前推进的——而不像意识形态的问题式那样是往后退却的，因此是不断形成新结论的。比如，马克思对资本主义的研究，所以是科学的研究就是因为他没有为自己的研究预设结论，他的种种结论特别是他的剩余价值的理论是在开放性的研究中逐步形成的。

　　其次，科学的问题式总是不断地生产出新的真问题，而意识形态的问题式则总是会生产出乍一看是新的其实却是旧的伪问题。关于前者，波普尔本人的学术工作为我们提供了很好的例子。在《猜想与反驳——关于科学知识的增长》一书中，波普尔为人们描述了他的大量的新的学术问题是如何从老的学术问题中产生出来的。比如，为了完善他的批判理论，他对频率的概念论发生了兴趣，但是，鉴于频率的概念论缺乏普遍性，因此，他提出了逻辑概率的概念，其目的在于形成一种形式的概率论。由于

　　① 转引自［英］伊格尔登《西方马克思主义中的意识形态及其兴衰》，见斯洛文尼亚·齐泽克、［德］阿多尔诺等《社会意识形态》，南京大学出版社 2006 年版，第 212 页。

　　② 同上。

概率是统计性的，而量子论又必须做统计性诠释——偏偏他对量子论早就发生了兴趣，由此便产生了一个问题，即统计陈述的可反驳性问题。此外，由于他不得不面对假说的简单性的问题，因此他便连带地对假说的专一性和专一性的程度的问题加以思考，由此，他还必须对解释性假说的层次问题给予必要的关注。这样一来，他就不得不把探讨的目光投向了解释本身的问题，并且因此不得不正视社会科学方法论问题这个广阔的领域，尤其是历史预言问题、历史主义和历史决定论问题以及历史相对主义等问题，所有这些问题最终又使他不得不面对科学的客观性这样一个更为根本和更为重大的问题①。上述这些问题显然都是有意义的真问题，因为对它们的回答会导致新的结论。与之相反，由比如西方的经院哲学这样的意识形态的问题式所生产出来的问题，所以至少绝大多数都是些无意义的伪问题，是因为它们通常并不能导致与其所预设的答案——上帝是绝对的存在相左的或者哪怕是相异的结论，由此，作为问题，它们表面看上去尽管五花八门，但是，就其实质而言它们却是相同的，换言之，它们只不过是老问题披上了不同的新外衣而已。当然，这并不是说经院哲学的问题式完全没有生产出有意义的真问题，这样说肯定是不符合事实的，因为正像许多研究所表明的那样，像逻辑学这样的学科，在西方的中世纪，正是为了满足经院哲学对许多问题的论述的需要而获得了与古希腊以及现代相比毫不逊色的发展，特别是源自亚里士多德的辩证法更是在托马斯·阿邦奎那里取得了许多令人瞩目的成就②。但是，就经院哲学的总体而言，人们却决不能作出同样的结论。究其原因，除了上面所提及的上帝是绝对存在的这样一个总答案是被预设好了的而外，正像罗素所指出的那样，"经院哲学作为一种运动，以事先限定其结论而不同于古典哲学。它必须在正规的轨道内行事。它的守护神在古人之中是亚里士多德，亚里士多德影响逐渐代替了柏拉图。在方法上，它倾向于遵循亚里士多德的分类观点，是用辩证的论证而很少顾及事实"③。试想：很少顾及事实的问题式怎么可能生产出新的有意义的真问题来！

---

① 见《猜想与反驳——关于科学知识的增长》，第84—89页。

② 参见［英］吉尔比《经院辩证法》，上海三联书店2000年版。

③ ［英］罗素：《西方的智慧》，世界知识出版社1992年版，第195页。

再次，就科学的问题式而言，问题的生产主要取决于学者的学术研究本身以及学者自身所具有的各种因素，比如他的性格、风格、气质、爱好、价值观念、研究方向、知识结构等；而就意识形态的问题式而言，问题的生产则基本上决定于控制意识形态的运作的相关的权力因素。本文上面所提及的波普尔对他的研究问题的生产过程所作的陈述，可以为前一种情况提供最好的证例。事实上，在科学的系统里，即便是对问题式的选择，通常也是由学者自己决定的，尽管有关这个选择的机制到底为何至今似乎尚未有人能够给出令人满意的回答，至少像库恩那样把它说成是一种近乎宗教般的神秘的皈依①，从科学的角度看，是不能令人信服的。至于后一种情况，证例太多，这里只提请人们回想一下"文革"期间那些大量的所谓社会科学的研究问题是怎么不断地从在上的权力机构下达给相关的各级研究机构以及研究人员的，就可以了。我想，凡从"文革"过来的人，大概没有人不会对以下这一点留下深刻的印象，这就是，诸如批林批孔、评法批儒、《水浒》研究、《红楼梦》研究以及批判资产阶级法权思想等，其所评所批以及所研究的那些观点、那些思想以及特别是那些问题，几乎没有一个是研究人员自己生产出来的！

最后，科学的问题式具有失效的可能性，而意识形态的问题式却不具有可失效性。确实，在科学的系统里，作为某一总体理论或者某一研究范式的问题式，随着研究的不断展开，随着越来越多的新问题无法依靠它作出合理的解答，最终完全可能被早先采用它的研究人员或者科学共同体所摒弃，而某一新的问题式会因此而取代它的位置，就自然科学而言，如前所说，这一现象被库恩称为科学革命。作为证例，本文前面曾经有所陈述，这里恕不赘述。我想提请人们注意的是，事实上，在社会科学的系统里，情况也是如此，尽管在社会科学的系统里这种问题式的被更替不像在自然科学的系统里表现得那么泾渭分明，那么地干净利落——换言之，通常它总是呈现出一定的模糊性以及回环性，但它毕竟处在不断的更替当中。比如，仅就20世纪的社会理论而言，其各种新问题式的产生就几乎未曾停歇过，比如，结构主义之后有生成结构主义，功能主义之后有新功能主义，然后诸如符号互动论、拟剧研究、常人方法学、结构化理论、考

---

① 参见［美］库恩：《科学革命的结构》，北京大学出版社2003年版。

古学与系谱学、批判理论、理性选择理论以及实证主义、证伪主义、实在论等纷纷登场，各显其能，各逞其强①。然而，这种情况在意识形态的系统里却的确几乎是不可一见。举例来说，在前面已经提及的西方的中世纪的公元 5 世纪晚期之前，基督教神秘神学和教理神学一直是基督教教父神学的研究所采用的两大问题式，在这很大一段历史时期当中，这两大问题式，始终被它们的采用者认为是有效的。当然，它们根本上就不可能是无效的，因为前者可以借助内心的沉思、后者可以经由理性的思索把任何现象感知为和推论为上帝存在的见证。事实上，这种诉诸内心的沉思和理性的思索的方式，乃是整个中世纪的基督教神学赖以展开的两大基本范式。可以想象的是：如果不是文艺复兴以及特别是此后的启蒙运动的兴起导致了科学理性的形成，对于论证上帝是一个绝对存在这一神学论题来说，这两大问题式恐怕仍将是有效的，并且因此仍将发挥它们生产各种无意义的伪问题的重要作用。

作为本文的结尾，我想强调指出的是，尽管必须承认意识形态的问题式并非绝对不能生产出真问题和真知识，但是，同样不可否认的是，凡此均是偶然性的，正像波普尔所说的作为伪科学的占星术偶尔也会切中真理一样；与此相反，在通常的情况下，意识形态的问题式所生产出的只能是些无意义的伪问题以及无意义的伪知识——如果这些也能被称为知识的话。因此，没有什么理由允许我们说问题式也可以是意识形态的。特别是如果我们的确希望经由学术研究去生产出真问题和真知识的话，我们就更应该尽我们的最大努力去确保我们的问题式是科学的，因为，唯有科学的问题式才能使我们的这个希望被放置在一个坚实而可靠的基础之上。然而，令人深感不安的是，许多学者对此都缺乏清醒而明确的认识；此外，比这也许更为糟糕的是，今天，随着学术研究日益被卷入政治的和经济的等各种社会因素的裹挟之中，问题式的意识形态化的可能性已经比以前大大地增强了。改变这一令人遗憾的局面的途径，就我此刻所能想到的而言，大概有这样两条。其一是不断地对自己的学术研究进行布尔迪厄所倡导的反观，即不断地把自己的学术研究当作对象进行审视，经由这个不断的审视，一般我们总能明白我们所采用的是什么样的问题式，而这乃是确

①　参阅［英］贝尔特《二十世纪的社会理论》，上海译文出版社 2002 年版。

保我们的问题式是科学的而非意识形态的一个根本前提。其二是不断地重复那句老话，即学术研究应该是自律的而不应该是他律的，或者至少说是不应该太过他律的。这样说的理由在于，尽管从事学术研究的科学家们不应该是"某个出类拔萃的僧侣阶级，这个阶级从前在别处从事它自己的玄奥的神秘活动"，但是，"在科学家的许多工作中，他需要孤立和隔离，这样才能使他以充分自主的方式从事真理的探究，免受各种超科学关系的压力和影响"①。诚然，凡此实践起来确有很大的难度，但是因此而放弃我们的信心和作为也并无多大的理由。因为有一点毕竟是无可置疑的和不言自明的，这就是，如果我们的社会发展尚且应该是科学的，那么，科学研究本身就更没有任何理由不应该是科学的了！

（原文载《中共浙江省委党校学报》2010 年第 3 期）

---

① ［美］M. W. 瓦托夫斯基：《科学思想的概念基础——科学哲学导论》，求实出版社1982 年版，第 29 页。

圆圈·直线·立体

——人类文化演变所经历的三种形态

如果我们按照时间和空间这一对范畴来考察人类文化的历史演变的话，那么，在笔者看来，前现代的农业文化基本上表现为一种时间性的圆圈倾向，而现代的工业文化主要表现为一种时间性的直线倾向，至于后现代的后工业文化，总体上看则表现为一种空间性的立体倾向。当然，实际的情况绝不像这里所说的这么简单。由于无论是社会还是文化都处于不断的演变之中，因此，三个社会阶段、三种文化形态之间以及三个社会阶段和三种文化形态之间，决非如此地泾渭分明和一一对应。换言之，人们在三个社会阶段的任何一个阶段里都可以看到三种形态的文化的这样那样的表现。但是，这决不表明我们完全不可以就三个社会阶段的文化形态提出如上的观点，只要我们是就宏观而言的而不是就微观而言的即可。此外，在本文中文化一词是被较为狭义地加以使用的，简单说来，其含义大体上相当于某一个时代某一个人类共同体所具有的作为其不证自明的或即本能化的认知框架的基本观点——这个基本观点，在曼海姆那里被称为"总体意识形态"或"集体无意识"①，而在美国当代历史学家卡尔·贝克尔那里则被称为"舆论气候"②。这个人类共同体通常就是经由这个观点去理解、认知以及看待自然、社会以及人生的，并且也正是在这个观点的指引下去生活、劳作、创造的。因此，对这个人类共同体来说，这个观点所展示出来的世界往往既是实然的也是应然的，换言之，这个观点往往既决

---

① 参见［德］卡尔·曼海姆《意识形态与乌托邦》，艾彦译，华夏出版社2001年版。

② 参见［美］卡尔·贝克尔《启蒙时代哲学家的天城》，何兆武译，江苏教育出版社2005年版。

定了这个人类共同体如何去陈述事实，也决定了它如何去判断价值，而且这两者总是交融一体和难分彼此的。

一　圆圈：时间性循环的前现代文化

这里的圆圈这一喻体所欲表明的是，在前现代社会，人类共同体总体上都倾向于按照时间的范畴把世界看成一个圆圈式的存在。就中国而言，凡对儒、道、释这三大思想文化流派有所涉猎的人，对此一定都不难形成非常深刻的印象。让我们先从儒家谈起。大体说来，儒家的圆圈式的观点可以被分为天地的、五行五德的、三统的以及文质的等几种。关于天地的圆圈式的观点，人们可以从《易·大传》中找许多颇为典型的表述。比如，据《易·大传》的意见，天与地这一相对的所谓两仪或者两极是相交的，并且当然也应该是相交的，因为只有"天地交而万物通也"（《易·泰·象》），"天地交，泰"（《易·泰·象》），"天地不交而万物不通也"（《易·否·象》），"天地不交而万物不兴"（《易·归妹·象》）。至于如何相交，则在大传的作者看来，一般表现为"下济"与"上行"的形式，即"天道下济而光明"，"地道卑而上行"（《易·谦·象》）。这里的"上济"与"下行"所以得以实现，在大传的作者看来，关键在于天与地作为宇宙的两扇门总是处于按时的辟与阖的循环之中，用《大传·系辞》的作者的话说，就是"阖户谓之坤，往来不穷谓之通"。而就天与地因相交而形成的天地之道而言，在《易·大传》的作者看来，那毫无疑问，当然也表现为一种循环状态，用《易·九三·爻辞》的话说，就是"无平不陂，无往不变"。《易·泰·象》认为"无往不变，天地际也"。这里所谓际，据高亨先生的意见，"当读为蔡"①，而蔡，据《尔雅广诂》的解释，乃是"法也"。所谓法，用今天的话说，便是法则；惟其因为循环是天地之法则，所以它才是永恒的。正像《易·恒·象》所说的那样，"恒，亨无咎利贞，久于其道也。天地之道恒久而不已也。'利有攸往'，终则有始也。"再者，单就天道（或即天行）本身而言，从大传作者的观点看来，其运行同样也呈现出一种循环的状态。比如，日与

---

① 　高亨：《周易大全今注》，齐鲁书社 1979 年版，第 150 页。

月的运行便是最好的例证："日往则月来，月往则日来，日月相推而明生焉。寒往则暑来，暑往则寒来，寒暑相推而岁成焉。"不但如此，据易本经作者的意见，这个循环性的运行还有其固定的周期，这个周期乃是七天，即"先甲三日，后甲三日"（《易·蛊·卦辞》）。这里所谓甲指的是我国上古历法中的每月每旬（十日为一旬）的第一日（第一日之后依次为乙、丙、丁、戊、己、庚、辛、壬、癸），这样，甲前三日至甲后三日共计七日。《易·蛊·象》认为，"先甲三日，后甲三日，终则有始，天行也"，意谓天道之运行始于一而复于七，终则又始，往复循环。

至于五行五德的圆圈式的观点，《礼记·礼运》的下面这句话为我们提供了绝好的证例："五行之动，迭相为竭也；五行四时十二月，还相为本也"。此外，还有些说法比这个更详细并且也更具体，这就是所谓的五行五德相胜相生说，或即通常所说的五德终始说。五行五德相胜说的创立者被认为是战国时代的齐国人邹衍。按照邹衍的文章《主运》的说法，"五德从所不胜，虞土，夏木，殷金，周火"[1]。至于五行五德相生说，其创立者据说是西汉末叶的刘向、刘歆父子。按照刘歆所著《世经》的理论，"从伏羲的木德为始，以五行相生说为次"，"如此以母传子，以子承母，代代相生，五行之运，周而复始"[2]。事实上，早在西汉武帝的时代，董仲舒便认为五行的运行有如父子那样地周而复始，用他的话说便是"木，五行之首也；水，五行之终也；土，五行之中也。此其天次之序也。木生火，火生土，土生金，金生水，水生木，此其父子也。"[3] 这样一种五德相生的观点在整个汉代非常地流行，比如，东汉的班固、王肃等都对之持有非常坚定的信念。[4] 所谓三统的圆圈式的观点，简单地说，就是坚信"历代的帝王是分配在三个系统里的，这三个系统各有其制度。他们说：夏是黑统，商是白统，周是赤统，周以后又轮到黑统了"[5]。不管是五德终始论还是三统论，它们都表明，"那时的人的历史观念和我们不同。他们以为如果不会复现便不成其为历史。他们觉得历史是走马灯，

---

[1] 《文选·沈休文·故安陆昭王碑·李善注引·邹子》

[2] 顾颉刚：《秦汉的方士与儒生》，上海世纪出版集团2005年版，第140页。

[3] 董仲舒：《春秋繁露·五行之义》。

[4] 参阅苏舆《春秋繁露义证》，中华书局1992年版，第321、166页。

[5] 顾颉刚：《秦汉的方士与儒生》，上海世纪集团2005年版，第2—3页。

来了又去，去了又来。五德说主张五个德循环，三统说主张三个统循环，就是这个观念的具体表现"①。事实上，这一历史循环的观点，差不多乃是整个中国古典社会有关历史的基本观点。最能说明这一点的例子是，"近三百年来一般人认为正统史书的《纲鉴易知录》"，仍旧是依据这个基本观点而被写成的。②

　　说到文质的圆圈式的观点，人们马上就会想到董仲舒，因为他在《春秋繁露》中对"春秋何三等"的问题所作的回答，就是以文与质的循环为基本观点的。据他的意见，"王者之制，一商一夏，一质一文。商质者主天，夏文者主地，《春秋》者主人，故三等也"③。其实，以文质的周而复始来说明政治的演变，在汉代也是非常流行的。比如，据刘向《说苑·修文》的意见，"文，德之至也，德不至则不能文。商者，常也，常者质，质主天。夏者，大也，大者，文也，文主地。故王者，一商一夏，再而复者也，正朔三而复者也。味尚甘，声尚宫，一而复者。故三王术如循环。"再比如，据伏胜《尚书·大传》的意见，"王者一质一文，据天地之道"④。此外，在《礼·三正》的作者看来，"质法天，文法地也。王者必一质一文者何？所以承天地，顺阴阳。阳之道极则阴道受，阴之道极则阳道受"⑤。再者，班固在其所编辑的《白虎通德论·三正》中也认为，"帝王起始，先质后文者，顺天地之道，本末之一；先后之序"。而《桓·十一年注》的作者则认为，"故王者始先本天道以治天下，质而亲亲而不尊。故后王起，法地道以治天下，文而尊尊。及其衰也蔽，其失也尊尊而不亲，故反之于质"⑥。

　　以上所讨论的五行五德循环论以及三统循环论、文质循环论，就其本质而言，都属于历史政治的循环论。人们有理由相信，它乃是中国整个古典社会中儒家有关历史政治的基本观点：往远处说，大概在孟子以前就已经有所萌发，并且在社会上广为流行，要不然我们就很难解释，何以孟子

---

①　顾颉刚：《秦汉的方士与儒生》，上海世纪出版集团 2005 年版，第 75 页。

②　同上书，第 71 页。

③　董仲舒：《春秋繁露·三代改制质文》。

④　引自苏舆《春秋繁露义证》，中华书局 1992 年版，第 205 页。

⑤　同上。

⑥　同上。

会发出"五百年必有王者兴，其间必有名世者"① 这样一个感叹；反过来往近处说，至少直到明清时期，人们依然相信历史政治的运行是循环性的，要不然，我们就很难解释，何以《三国演义》第一回的第一句话乃是"话说天下大势，分久必合，合久必分"。

接下来我们再对道家及释家的圆圈式的观点稍作浏览。在道家那里，这种观点最集中地体现在老子所提出的"反者道之动"这样一个命题里。的确，作为中国古典社会最具哲学气质的学者的老子，他的所谓辩证思想的核心，乃是认为相反的两极总是会相互转化的，换言之，它们的运行是周而复始的，比如祸与福、难与易、柔弱与坚强、正言与反言等都是如此。他所以这样认为，是因为他坚信，有一个"先天地生"的被他叫作"道"的混成之物，总是在"周行而不殆"。这个"周行而不殆"的"道"，如果勉强给它起个名字的话，那只能把它称作"大"，这个"大"的特点是"大曰逝，逝曰远，远曰反"。正是基于这样一个坚定的信念，老子总是会告诫人们说，你若想在某一个方面获得成功，最好的办法是从乍一看与成功完全相反的方向入手，倘若你反其道而行之，那么，其结果一定是事与愿违，用他的话说就是"为者败之，执者失之"。至于释家，其循环论的思想观点也许尤为突出。说到释家，作为一种佛教的宗教哲学，其最初的理论多半源自古印度的婆罗门教，而婆罗门教的教义中最重要的内容，除了"梵我同一"之外便是所谓的"轮回与解脱"。这里所谓轮回指的是，"人的行为会产生业力，这种业力将对人死后我（阿特曼）的趋向（即人的再投生的形态）有影响。轮回状态有好坏之分。人死后我获得的新的形态的好坏直接取决于其先前行为的好坏。善有善报，恶有恶报。""从总体上看，在中国历史上，轮回之说在民间有着广泛的信众基础"② 。笔者相信，凡对阿Q在临刑前曾经略加考虑后便脱口唱出"过了二十年又是一个……"的情景稍有一点印象的人，都会对此深表认可。此外，根据佛教的因缘说的理论，世界的存在也是循环性的。因为，如所周知，依照佛教的因

---

① 《孟子·公孙丑下》。

② 姚卫群：《佛教入门——历史与教义》，中国人民大学出版社 2009 年版，第 4、145 页。

缘说，万物乃是互为因果的，因此世界从整体上看始终处于一种永无休止的循环当中。①

　　决非巧合的是，这一圆圈式的基本观点同样为古希腊人所具有。比如，正像美国当代著名社会学家丹尼尔·贝尔所指出的那样，"荷马的《谷神得墨忒尔颂》把时间描写成一个圆环，在这圆环中，枯死的植物界每年都有一次新生。在神秘传统和奥菲士神话传统中，这种看法和仪式至少转变成这样一个主题：生与死之后是复活和新生，人的命运由此构成一个完整的圆环"②。这个观点对于那时的人们来说是并不奇怪的，因为那时颇有一些人原本就倾向于把世界的存在看成循环性的。比如，在这些人看来，"如果历史演进没有被外来的原因所打断，那它就会只限于一个周而复始的循环，也就是说，在经过一个漫长的过程之后，社会又会恢复一种与出发点相类似的体制"③。再比如，在毕达哥拉斯看来，灵魂是不朽的，"可以转变为别种生物；凡是存在的事物，都要在某种循环里再生"④。再者，按照赫拉克利特的看法，"逻各斯的运动决定了事物周而复始地生长和瓦解……宇宙中的一切事物都生生化化，化化生生，周期性地反复循环"⑤。这种圆圈形态的基本观点，在此后的基督教文化那里不但没有隐退反而更为凸显了。如所周知，基督教文化的一个最根本的理论预设乃是人类先是沉沦后是得救，用弥尔顿的两首诗作的题目说，那就是先是《失乐园》然后是《复乐园》。此外，诸如有关耶稣的受难、被埋与复活的说法，圣父、圣子与圣灵的三位一体的说法，以及高级的灵魂由于受骗而下降到善性最差的物质世界后经过伦理的实践与拯救之后重新回归太一的说法等，就其所隐含的总体观点而言，无疑也应该被视为一

---

① 张庆熊：《基督教神学范畴——历史的和文化比较的考察》，上海人民出版社2003年版，第140页。

② ［美］丹尼尔·贝尔：《资本主义文化矛盾》，严蓓雯译，人民江苏出版社2007年版，第159—160页。

③ ［法］乔治·索雷尔：《进步的幻觉》，国英斌、何君玲译，光明日报出版社2009年版，第177页。

④ 中国社会科学院世界宗教研究所基督教研究室：《基督教文化面面观》，齐鲁书社1991年版，第14页。

⑤ 张庆熊：《基督教神学范畴——历史的和文化比较的考察》，第152页。

个圆圈。① 撇开这些理论预设不谈，人们在《新旧约全书》中还可以读到许多对世界所作出的循环性的思考与理解。比如，《传道书》的作者就坚决认为："已有的事，后必再有；已行的事，后必再行。日光之下并无新鲜事。"② 这样一种观点，对于地道的现代社会的人来说，是多么地不可思议啊！

二　直线：时间性进步的现代文化

说到现代阶段的文化，就西方而言，一般认为把文艺复兴作为其开端是恰当的，因为自那以后，西方人看待世界的基本观点便开始发生朝向现代的改变了。当然，在文艺复兴时期，这个改变还只表现为人们把他们的视角从天上移到了人间。如所周知，由文艺复兴所引发的人文主义思潮，就其当初被赋予的含义而言，主要包含以下两个方面的要点：其一是强调个体的人相对于神以及此世相对于彼世而言的重要性，以及强调个体的人在此世自主地创造他的幸福与快乐生活的合理性与可能性；其二是强调教育的重要性，并且坚信，只有经由教育上述一切才能得到真正的实现③。如此一来，至少中世纪所盛行的由沉沦与拯救所构成的这样一个运行在天上与人间的圆圈，就被切开了一个口子，并且由此被拉成一根只在人间往前推进的时间的直线，尽管这根直线真正作为一种观点而被人们所接受似乎乃是 17 世纪以后的事情。的确，自 17 世纪以后，正如美国当代著名社会学家杰夫瑞·C. 亚历山大所说的那样，"拯救之梦已完全被理性之梦所取代"。具体说，"社会思想家开始相信，人类天赋具有一穿透力和逻辑性思维能力。他们相信，表现这种能力的各种制度安排将会得到发展，因此无限进步和永久和平将会是最终的结局"④。根据这个观点，世界的运

---

① 以上可参阅《旧约全书·创世纪》、[加] 许志伟：《基督教神学思想导论》，中国社会科学出版社 2001 年版以及张庆熊《基督教神学范畴》。

② 《新旧约全书》，中国基督教协会印发，第 751、753、754 页。

③ 具体可参阅拙文《科学的殖民化及其人文主义根源》，《人大复印报刊资料·科学技术哲学》2010 年第 3 期。

④ [美] 杰夫瑞·C. 亚历山大：《世纪末社会理论》，张旅平等译，上海人民出版社 2003 年版，第 2 页。

动便不再是一个循环的圆圈而是一条矢量性的直线了，驱使这条直线一往无前的最大动力在于"要画出知识的轨迹"①。情况的确就是如此。凡稍具西方思想史常识的人都知道，绝大多数的西方现代思想家都是用一种历史性的思维模式来建构他们的基本理论的。比如，他们大都或者致力于追溯事物的起源——他们相信，事物的本质通常就隐藏在它们的起源当中，达尔文的《物种起源》、恩格斯的《家庭、私有制和国家的起源》以及格罗塞的《艺术的起源》等，都是极好的证例；或者致力于描述事物的演变过程——他们相信，通过这个描述可以将事物的发展规律给揭示出来，比如达尔文、斯宾塞、海克尔等都是如此。在达尔文的描述里，生物的演变过程表现为由于必须不断地适应新的环境而不断进化的过程；在斯宾塞的描述里，无论是生物界还是社会界都展现出明显的线性的轨迹（参见他的《社会静力学》一书）；而在海克尔的描述里，则整个浩淼无垠的宇宙都呈现出一幅无比壮观而雄奇的进化的图景。如果人们要在物理科学当中寻找一位和上述思想家有着大体相同的思维模式的学者的话，牛顿也许是最佳人选，因为他的经典物理学乃是经由线性的因果关联而建构起来的。

　　但是，最能说明问题的也许是摩尔根、维柯、孔德等。因为这三位西方现代学者在描述人类社会的演变过程时都给出了这样一个强烈的暗示：人类社会是不断进步的。比如，在摩尔根看来，人类社会的历史可以被划分为蒙昧时代、野蛮时代以及文明时代——他赖以划分的标准是文明及技术的发展程度（参阅他的《古代社会》一书），在维柯看来，人类社会的历史明显表现为神、英雄以及人这样三个时代——他赖以划分的标准是人对世界及自身的理解方式（参阅他的《新科学》一书）。按照孔德在《实证哲学》一书所提出的看法，人类对世界的认知，最初表现为神话的形式，后来则表现为形而上学的形式，再后来则基本上乃是科学的形式。如果要把这些对进步所作出的暗示明白地表达出来的话，也许再也没有比孔多塞的这段话更为典型的了："自然界对于人类能力的完善化并没有标志出任何限度，人类的完美性实际上乃是无限的；而且这种完美性的进步，今后是不以任何想要扼阻它的力量为转移的；除了自然界把我们投入在其

---

① 参见［美］丹尼尔·贝尔《资本主义文化矛盾》。

中的这个地球的寿命而外，就没有别的限度。"①

　　由此，在整个的现代西方世界，尽管诸如尼采等人的确总在不断地告诫人们"历史的倒退如同进步一样恰恰是可能的，或许甚至是更有可能的"②，然而不可否认的是，居于压倒一切的地位的基本观点，却是坚信人类社会的确是并且也应该是有如一条直线一样地往前发展的，更直接地说，就是往前进步的。这样一个发展的或者进步的过程就是学者们所说的现代化的过程，其根本的特点是，它是由不可抗拒的"直线式的、历史的、受非人的和客观的力量支配的"。这当中发挥着关键作用的，乃是从宗教之沉睡的状态中觉醒过来的理性。"理性是人们在认识社会与自然现象上对思想的自觉运用。人们通过理性方始相信，我们不仅能够主宰世界，而且还可以通过这种主宰获得自由与幸福。世界被看成一个通情达理的地方，它是可以被重建的"③。由此，人们"就可以从对社会发展的承诺到工业社会今天的实际状况勾画出一条直线，这条直线能对本世纪的那种进步观点加以支持"④。正像美国当代著名的社会理论家杰夫瑞·C. 亚历山大所说的那样，这条直线可以由物质财富的异常增长以及人权的扩大之类的事实等得到有力的体现。此外，这条直线的理性的基本观点，还在现代思潮的四个主要的领域——即哲学、心理学、艺术及社会工程中得到了生动有力的体现。就社会工程方面而言，最能说明问题的是，诸如 19世纪的圣西门、边沁和马克思以及 20 世纪的马歇尔、曼海姆、罗尔斯及哈贝马斯等思想家，都怀有以下这一信念："世界是会服膺于理性的控制的，地球是由理性任意摆布的"。总之一句话，他们坚信，理性可以使人类社会"达致完美"⑤。

　　这样一种坚信进步的观点，在中国的现代阶段，其盛行的程度绝不在西方社会之下。说到中国的现代阶段，笔者以为可以以 20 世纪初为其开端，因为自那以后，一大批海归派的学者或者有着海外经历的学者以及其

---

　　① ［法］孔多塞：《人类精神进步史表纲要》译序，何兆武译，生活·读书·新知三联书店 2002 年版，第 2 页。

　　② 转引自［美］亚历山大《世纪末社会理论》，第 9 页。

　　③ 同上书，第 86 页。

　　④ 同上书，第 87 页。

　　⑤ 同上书，第 91 页。

他文化人士——比如吴稚晖、陈独秀、胡适、丁文江、任鸿隽、唐钺、陶希圣、鲁迅、周作人、郭沫若等，便迅速地把作为西方社会文明、进步和强大的标志及根源建基于理性之上的科学引入了中国本土。这些学者及文化人士普遍坚信，科学乃是拯救中国的灵丹妙药，科学是谋求中国社会走向文明、富裕与强大的不二法门；同时，由于他们大多受了西方科学以及哲学唯物主义和生物进化论的洗礼，他们也因此坚信，人类社会一定是不断发展的和不断进步的，这既是一个规律也是我们应该遵循的法则①。尽管正像发生在 20 世纪 20 年代的影响广泛的科玄之争所表明的那样，这样一种有关社会历史的基本观点也受到了来自不同方面的有时甚至是非常激烈的反对，但是，在 20 世纪初至 40 年代的中国社会现代化的前期，在中国的知识精英以及普通民众中居于压倒优势的观点，无疑乃是认为人类社会是一条前进的直线的观点。作为这一观点的最突出的表现的是，在那时的中国，有两个东西的价值被绝大多数的知识精英以及普通民众所高度认可，这两种东西便是科学与现代化。关于科学在那时的中国之受到热烈的欢迎的景况，我们可以从胡适所说的以下这段话中窥其一斑："这三十年来，有一个名词在国内几乎做到了无上尊严的地位：无论懂与不懂的人，无论守旧和维新的人，都不敢公然对他表示轻视或侮辱的态度。那个名词就是'科学'。"② 至于现代化之得到那时的知识精英的共同认可，下面所引录的美国学者郭颖颐的一段话乃是一个有力的证明："关于全盘西化的问题，概言之，有三种观点：经验论纲领、传统文明崇拜、选择论。其中第一和第三两种观点最为流行。从表面上看，30 年代这场争论似乎是亲西方论与亲传统论两大阵营的论战。但进一步研究表明，并不完全是这样，'十教授宣言'（即 1935 年由十位教授联名发表的《中国本位的文化建设的宣言》——本文作者注）表现出对国人追随各种西方模式努力的厌倦。它要求从以中国的需要为基础的中国文明和文化的自我重建中产生一种自豪感。'宣言'并不像 20 年代'玄学'者那样有反西方的倾向。它督促重温中国的过去，把握中国的现在，建设中国的未来……这十位教

---

① 以上可参阅［美］郭颖颐《中国现代思想中的唯科学主义》，江苏人民出版社 1998 年版。

② 胡适：《科学与人生观序》，《科学与人生观》（一），辽宁教育出版社 1998 年版，第 9 页。

授要求的是中国的现代化，但他们误解了他们的反对者所用‘西化’一词的意义。而‘西化’的赞同者也有同样的误解；他们所追求的实际也是现代化。"① 在新中国成立以后至今的半个多世纪的中国的社会历史中，这种直线式的进步的观点可以说乃是一根一以贯之的思想文化的红线，被这条红线所串连起来的，总体上看，乃是十二个关于社会发展的五年计划，其中的每一个新的五年都被认为是相对于前一个五年的一个全方位的进步。自从中国在结束了十年的"文革"后实行对外开放对内改革的基本方略以来，特别是随着"发展是硬道理"的命题以及"科学发展观"的理论提出以来，这更是成了中国社会方方面面的、上上下下的几乎每一个人所具有的最为牢固的或者说几乎是潜意识化了的有关社会历史的基本观点。作为证明，我们只要想一想我们该如何回答以下几个随意提出的问题就可以了。这些问题是：今天，可有谁会认为，社会不是发展的而是停滞的？社会不是前进的而是倒退的？

三　立体：空间性扩展的后现代文化

然而，这个直线式的关于人类社会历史的基本观点，或者这个人类社会的现代阶段的文化形态，到了 20 世纪的中后期便开始发生了根本性的变化，尽管这个变化并不是也绝不可能是一蹴而就的。就西方而言，作为其最具标志性的现象的也许是历史终结论的出现。尽管历史终结论的本身的确是不能成立的，但是它所折射出来的某些思想观念对于本文的主旨来说却是颇有意义的。这些思想观念是，人类社会发展进步到今天，一切应该实现的差不多都已实现了，换言之，今天的人类社会乃是一个最完美的社会：市场化的自由经济使每一个人都有机会谋取自己的利益；民主化的政治体制使每一个人都拥有一份属于自己的基本权利，并且可以自由地选择自己的生活方式；科学技术和发达的工业使每一个人都能获取丰厚的物质的生活资源；公平竞争的社会机制使每一个人都有机会去发展自我，超越自我等；总而言之，今天，人们都已经生活在了一个真正的人间乐园之

① ［美］郭颖颐：《中国现代思想中的唯科学主义》，雷颐译，江苏人民出版社 1998 年版，第 157 页。

中，对于每一个人来说，唯一需要他去考虑或者操心的只是些非常具体的或者非常技术化或即工具化的事情，比如如何把工作做好、把事件处理好、把问题解决好以及把日子过好等。既然如此，历史这条时间的直线当然已经延伸到了它的尽头，并且因此有如一根带着阳电的电线的一端碰到任何一个带着阴电的事物时便顿时迸发出一团火花一样地转变成一个向四面八方扩展的空间性的立体。因为，当在纵向上无可前进的时候，剩下的似乎只有两种可能：或者停止不动，或者横向旁移。而由于人类社会是决不会停滞不动的，因此，唯一的结果便只能是后者。事实上，这就是人类社会的后现代阶段的文化形态的总体特点，即呈现出一种不断扩展的空间的立体的形态；换言之，在这个后现代的阶段，人们看待世界、看待社会以及看待人生的基本观点，至少已经慢慢地空间化了，乃至于如果我们要对后现代的阶段作出一个非常简明而恰当的描述的话，空间化也许乃是一个首当其冲的选择，很高的程度上，我们完全可以说后现代的阶段乃是一个立体的空间的时代，正像现代的阶段乃是一个直线的时间的时代一样。

由于艺术是最为敏感的精神产品，因此，这样一种立体的空间的文化形态便首先在这一领域得到了非常直观性的展现。如所周知，文学一向被视为十足时间性的艺术门类——这一点儿也不奇怪，因为作为文学的媒介的语言乃是诉诸时间的。然而，在艾略特那里，这种十足时间性的文学却表现出一种淡化时间性而强化空间效果的倾向——其方法是化时间的流逝为时间的停滞。关于这一点，英国当代学者特伦斯·霍克斯曾经作过很精当的论述。据他的意见，"和我们认为时间是有序的、连续不断地流逝的观念相反"，艾略特的努力在于"确立一种停滞的'中断'的时间瞬间感，这时间的瞬间既在时间'之中'又在时间'之外'"[①]。由艾略特所开启的这一倾向在今天的文学作品中变得更为明显了。试以一位美国当代青年诗人的题为《中国》的诗作为例。事实上，这似乎并不能被视为一首真正意义上的或即传统意义上的诗作，因为它所呈现给读者们的只是一些毫无关联的、七零八落的诗句。而且正像杰姆逊所指出的那样，"句子

---

① ［英］特伦斯·霍克斯：《结构主义和符号学》，徐铁鹏译，上海译文出版社 1987 年版，第 54 页。

中留有很多的空隙与沉默"①。不过，更能说明问题的也许是音乐，因为和文学相比，音乐似乎尤其属于时间性的艺术门类。然而，就是在这样一种艺术门类里，许多音乐家们也会尽其所能地营造出一种空间性的效果。最有代表性的例子也许是由美国当代的一位名叫盖奇的音乐家所提供的。细心的听众一定不难发觉，在他的许多音乐作品中，传统的绵延性的演奏被瞬间性的演奏给取代了。比如，有时他的整场演出始终处于一片静穆之中，只是偶尔给出一些毫无关联的音符而已。听了这样的所谓音乐演奏，人们对法国结构主义人类学家列维·斯特劳斯居然会声称音乐是"抑制时间的机器"②便不会感到有什么意外了。如果人们再把视线投向今天颇为盛行的 MTV 的话，那么，对此人们也许会获得更为强烈的感受。因为 MTV 制作的一个理念，从根本上说，无非是将 M——TV 化。而所谓 TV 化，如果不是指形象化、直观化或即空间化还能是指什么呢？同样，今天的各种各样的大型演唱会也在竭力地把时间性的音乐转化为空间性的音乐。要不然，我们就难以理解，何以在那些音乐会中会展示出如此丰富的空间性的形象——比如变幻的灯光、五彩的服饰、奇特的造型、绚丽的色彩、扭动的身躯等。凡此都表明，正像杰姆逊所说的那样，在后现代，"语言不再占有特权的位置，后现代更关注装饰，强调视觉艺术"③。

　　此外，人们还可以从后现代的理论家们的理论文本中同样清楚地看出这一空间性的倾向。由于一部理论文本通常是由理论家的思维模式、理论内容及表述形式所构成的，因此，这一空间性的倾向理所当然地在这三个方面均会有所体现。就思维模式而言，最好的证例也许是德勒兹和加塔利所倡导的块茎式或者游牧式思维。所谓块茎，所谓游牧，不消说都是一种空间性的意向。由此可见，他们所倡导的实际上乃是一种空间性的思维模式。对此，他们二人是非常认可的。据他们的解释，所谓块茎式或游牧式的思维，其最大的特点乃是分散、多样和滚动。他们二人所合写的《千高原》一书的书名本身为此提供了有力的佐证：人们从千高原这一意象

---

　　① ［美］杰姆逊：《后现代主义与文化理论》，唐小兵译，陕西师范大学出版社 1987 年版，第 184 页。

　　② ［英］特伦斯·霍克斯：《结构主义和符号学》，徐铁鹏译，上海译文出版社 1987 年版，第 156 页

　　③ ［美］杰姆逊：《文化转向》，胡亚敏等译，中国社会科学出版社 2000 年版，第 128 页。

当中所能感受到的，的确就是分散、多样和滚动。为了使这一点得到进一步的肯定，在此似有必要再提及一下作为后现代的思维模式的另一个重要表现的结构主义的二项对立。毋庸置疑，所谓二项对立同样是空间性的而不是时间性的。作为证例，我以为福柯（尽管他自己一再声称他绝不是一个结构主义者）、德勒兹和加塔利、利奥塔以及博得里拉的学术旨趣也许是最为典型的，因为他们所考察的乃是两类事物——在福柯那里是知识与权力、话语与权力、主体与社会，在德勒兹和加塔利那里是非理性的欲望与理性的资本主义制度，在博德里拉那里是主体与信息，而在利奥塔那里则是欲望主体与理论制度及艺术、图像与语言文字——的关系（而不是两类事物的本身）。就理论内容而言，下面这几位理论家所提出的基本观点是很能说明问题的。比如，在福柯看来，事实上并不存在永恒的、一层不变的主体，任何所谓的主体都是由不同的文化、政治、经济及社会制度等给建构起来的，因此，所谓主体一定是多元的而不是一元的。很显然，福柯的这一理论内核并不是主体概念的历史演变而是主体的建构性的本质。再比如，福柯还坚信，权利除了表现为宏观的而外更常常表现为微观的和多元的。同样很显然，这里福柯所关注的也并不是权力概念内涵的历史演变，而是权力的存在形式及运作方式。至于德勒兹和加塔利，他们二人都认为，由于欲望的存在方式是非中心的、片段的和流动的，因此建立一种有关欲望的政治学乃是十分必要的。人们不难注意到，这里，构成他们的理论核心的，并不是对欲望在不同历史时期的不同表现的叙述，而是对其空间的扩散性的特征的描述。再者，说到博德里拉，谁都知道，构成他的理论之核心的乃是"内爆"这一概念。博氏所以要用这一概念去描述当代社会的文化特征，乃是因为据他的意见，原先存在于现代社会的种种明确的空间界限在当代社会均已一一消失了。人们也不难注意到，这里博德里拉的理论指向乃是当代社会的空间状况而不是它的时间特性。此外，利奥塔则断言，艺术与图像不但是表达欲望的最为有效的手段，事实上，也是对资本主义统治的一种威胁性的力量；同时他还相信，所谓公正只能是情境化的、局部的和多元的。人们同样不难注意到，利奥塔的理论也是由空间性的元素——比如图像等——所建构起来的。最后，据杰姆逊的意见，对于当代社会来说，最为紧迫的任务乃是建立一个恰当的政治文化模型。无须多说，从模型这一概念谁都一眼就能看出，杰姆逊对有关空间的问题的确是情有独钟的。至于表述形式，任何一个阅读过上述几位后现代理论家的著作的人，都不难发现，除了像杰姆逊这样地道的学院派的学者依然采用着传统的或即现代的那种规范化的时间性的论文或者论著之外，其他几位所采用的差不多全都是非规范化的带有很强烈的后现代色彩的空间性的文本。比如，在《千高原》这一文本中，两位作者就放弃了现代性的那种沿着因果链进行论证的时间性的表述，而采用了一种随机的、观点并置以及由复杂的概念流构成的高原式的空间性的表述。再比如，博得里拉的许多文本，基本上乃是经由模仿拼凑先前的文本并且将各种主题混杂在一起而形成的。此外，在利奥塔的许多文本中，人们会看到各种不同文本的混合与交叉——例如，把文学实验、艺术评论以及哲学对话糅合一起形成一种奇特而古怪的所谓"框架式"的表述——，以及学科界限的模糊与逾越——例如，他的《颤动的叙事》及《和平之墙》便既是文学文本也是理论文本。

杰姆逊教授认为，后现代的最为突出的特点乃是历史感的消失。据他的意见，"在这种状态下，我们的整个当代社会体系逐渐开始丧失保存它过去历史的能力，开始生活在一个永恒的现在和永恒的变化之中，而抹去了以往社会曾经以这种或那种方式保留信息的种种传统"①。杰姆逊所说的"历史感的消失"其实就是时间感的消失，这个特点，换一个角度看，则可以被称之为空间感的诞生。准此，我们可以说，所谓后现代文化乃是这样一种文化，在这种文化中，人们对时间的兴趣日渐减弱，而人们对空间的兴趣却日渐增强。就后者而言，最能说明问题的是，今天的人们所考虑的问题百分之八九十强均与空间有关，比如住房、校园、城区、工业园区的扩大，太空开发，海外旅游，全球贸易等。就前者而言，下面这一事实为之提供了颇为有力的证例：今天的人们总是在考虑着如何缩短完成某一行为或某一事情所花费的时间，比如，在交通行业中，人们谈论得最为频繁的话题除了提速似乎还是提速。这样看来，如果我们要用一个生动而贴切的比喻来描述后现代文化的话，那么我认为万花筒也许堪为首选。因为在万花筒的世界里，没有时间的绵延，只有空间的变幻。

笔者相信，导致三个阶段的文化分别表现出如上所说的三种不同形态

---

① ［美］杰姆逊：《文化转向》，第19页。

的因素肯定有许多，但最重要的也许在于这样三个方面，即生产方式的不同、主导媒介的不同以及人们身处其中的环境的不同。受本文主题的限制，这里恕不对之作出详细的阐述，他日得暇，笔者将就此另撰专文以饷读者。

（原文载《学术研究》2012 年第 9 期）

第三辑

文化评论及其他

关于惊险片的一点思考

　　一个显而易见的事实是，一方面惊险片已日益成为影视艺术中最受观众欢迎的样式，另一方面则是目前国产惊险片的质量日益不能满足观众的要求。笔者以为，目前国产惊险片质量不高的根本原因，是关于惊险片的观念相当模糊。要搞清惊险片的观念，有必要先简单谈一下惊险片赖以产生的社会心理基础。

　　人与动物不同，除了要活下去外，还渴求对丰富的世界和生活有所体验，不仅是一般的体验，而且是高浓度、高强度的体验，这种高浓度、高强度的心理体验能够使人对其自身的确认达到极致的状态，给人带来极大的快感。但无庸讳言，我们一般人的日常生活是相当平缓、沉闷与单调的：吃饭睡觉、上班下班、上学放学等等，按部就班，周而复始。在这种平缓、单调、沉闷的生活之流中，人对体验世界的渴求很难得到满足。但是人不会听从日常生活的摆布，人会想出种种办法来满足人的这种渴求。人通过观赏喜剧而大乐，通过观赏悲剧而大悲，通过观看惊险片而大紧张。这大乐、大悲与大紧张都是高强度、高浓度的心理体验，都使生命对自身的确认达到极致的状态。一部惊险片如果不惊不险，如果不能使观众的心理处于相当紧张的状态，就毫无意义。从某种意义上讲，人们观看惊险片的心理契机与观看斗牛、冲浪、飞车走壁、空中飞人、超障赛车等惊险的活动是一样的，都是为了在心理上与行为者一道征服惊险，从而获得高浓度、高强度的、既提心吊胆又欣喜若狂的极其紧张的心理体验。因此，所谓惊险片实际上就是一种以惊险的内容最大限度地给观众造成紧张的心理体验的娱乐片。惊险是它的最大特征，紧张的心理体验是它的最终目的。正如惊险小说是小说中的通俗小说一样，惊险片则是电影中的通俗电影或娱乐电影。

　　但是，我们大量的所谓惊险片是不是基于这样的认识或根据这样的观念而拍摄的呢？任何肯定或否定的回答似乎都不恰当，只能是既"是"而又"不是"。说"是"者，因为大量的惊险片确乎自始至终都贯穿着一根惊险的情节线（地下斗争、剿匪斗争、反特、破案等等），并且也有不少惊险的场面、细节等，不能说全然没有给观众以一点紧张的心理体验。说"不是"者，因为没有最大限度地满足观众对紧张的心理体验的渴求，观众总感到隔靴搔痒，不痛快，不过瘾，不解气。为什么呢？因为编导们每每不知或不敢（有些则不善，这是技术问题）把影片惊险的程度发挥到极致，常常在惊险的主情节线外再给正面的主人公（我们的惊险片总是以正面人物为主人公）安排一条副线，而且这条副线的分量还常常超过主线，如爱情冲突、家庭矛盾以及由此引起的主人公的"复杂"的心理活动等等。把本来可以一气呵成的惊险内容截成一段一段，把观众本可以一泻到底的紧张心理体验之流堵成一节一节，把一个向下直冲的提心吊胆的滑梯运动化为虽是向下但却缓慢的台阶运动，延缓了惊险情节的推进，稀释淡化了惊险信息的浓度。观看这样的片子，观众除了反馈给编导们一声无可奈何的抱怨外还能反馈什么呢？

　　当然，不是说在惊险片中一概不可以有爱情冲突、家庭矛盾、心理斗争等，如果这些是融合在整个惊险的情节之中，成为它的一个有机组成部分，或成为推动情节向惊险发展的一个内在的契机或内在因素的话，那么就不仅是可以的，而且是相当精彩的了。但许多影片中的爱情冲突、家庭矛盾、心理斗争等大多游离于惊险的情节之外，不但没有参与或推动整个情节的运动，相反延缓与割裂了整个情节的运动，这是千万要不得的。那么，是否惊险片的情节一定要以一泻千里的高速向前推进，不可以有松缓的时候呢？显然不是。一张一弛、一紧一松、张张弛弛松松紧紧永远是惊险片可以乃至必须遵循的艺术规律。但关键是这样的松弛只能是外在的松弛，内里则依然是应该紧张的，也就是说外在的松弛要蕴含着内在的紧张，平缓的视觉画面中要潜藏着内在的张力。松弛要成为制造更大紧张的特殊手段，达到"此时无声胜有声"的艺术效果。

　　为什么我们的编导们在拍摄惊险片时会出现犹豫、摇摆呢？如前所说，他们对惊险片的观念是模糊不清的（有些人虽比较清楚，但又不敢或无力坚持），他们把娱乐性的惊险片与严肃的生活片混同起来。他们不知道，对于相同的题材，前者与后者有不同的处理方法：前者主要取其惊与险，制造紧张，有时为了制造最大限度的紧张，还要对其惊与险作充分的夸张，而其他一切与此目的无关或关系不大的成分则断然丢弃之；后者则不着眼于惊与险，而主要是筛取那些对塑造人物形象、刻画人物性格、展示人物心理、以揭示一定的社会本质等有用的成分，构成一幅幅静动相间的生活画面，所以一般说来，这类片子并不惊险，因为它的目的压根儿就不是追求紧张的效果，它主要是写人的思想、情感、生活等。它即使涉及到这些人物的惊险的活动也只是作为一种背景来处理，正如写工人生活、农民生活、部队生活的片子一般并不着墨于生产、种田或打仗，即使涉及也只是作为一种背景来处理一样。对于这种严肃的生活片，惊险的活动只是手段，而对于惊险片，惊险活动则成为目的；作为手段只能淡写，作为目的却应该是重墨。惊险片追求的是感性的紧张，生活片追求的是理性的深刻。由于电影界长期以来把这两类不同性质的片子混同起来，致使许多编导在惊险片中追求它不应该也无力追求的东西，硬是把本可以产生紧张效果的情节停顿下来，费大量闲笔去刻画人物性格，展示人物心理，揭示一定的社会本质，表达作者生活的思考或者评价，等等。结果，不但使渴求心理紧张的观众感到是隔靴搔痒（因为它的惊与险未能得到充分展开）；而且追求理性深刻的观众也感到是隔靴搔痒（因为受制于原惊险的结构框架，大量闲笔所要完成的任务也不会完成得很好）。用一句俗话说，这就叫驼子摔跤，两头不着实。

至此，笔者希望读者不致产生这样的误解，即以为惊险片不需刻画人物性格。毫无疑问，人物性格的丰满永远是包括惊险片在内的一切故事片艺术魅力的一个重要根据。问题是惊险片的人物性格的刻画与作为同类题材的生活片的人物性格的刻画，有其共同的地方，更有其不同的地方，而且尤其重要的则是这个不同的地方：后者主要通过对人物在生活中的行为、语言、心理等方面的直接叙述、描写去刻画人物性格（这是它的主要目的）；前者则主要借助于演员自身的气质、个性来求得一种与角色相同或相近的本色效果，求得一种与惊险的氛围高度统一的视觉形象，从而反过来加重惊险的氛围，使惊险的情节立体化、重量化，从而提高紧张效果。

现在有必要进一步探求造成把娱乐性惊险片的观念与严肃生活片的观

念相混淆的原因。笔者以为，这是我们的文艺理论中关于严肃叙事文学的观念在惊险片中滥用的结果。无可否认，我们的文学理论和以前相比有了长足的进展，我们强调文学作品要努力塑造立体的人物形象，要写出人物性格的无限丰富性与复杂性，不能象过去那样把人物写成一个扁平的单面体；要通过人物形象的塑造揭示一定的社会内涵，表达作者对生活的思考或评价，在给读者以审美享受的同时充分发挥其认识与教育的作用。这个观念对于严肃文学的创作无疑是盏光明的指路灯，但是它的光域是有限的，超出这个限度，它的亮度就要减弱以至于无。惊险片的编导们不知道在借用这盏指路灯的余光的同时也给自己头上重新吊上一盏灯，于是便在朦胧不清之中，不辨方向地编导起惊险片来，这样的惊险片被遗憾地严肃化也就毫不奇怪了。于是，那些旨在塑造立体的人物形象，揭示社会本质、充分发挥审美、认识与教育作用的大量场面、细节、行为、语言及心理的叙写便被毫不留情地塞进惊险片中，这样的惊险片就其被文学化而言则每每与惊险小说没有区别，就其惊险的程度讲则又每每不如许多惊险小说。其实即便是惊险小说，也应尽量排除那些与造成紧张效果无关的叙写，只是这些叙写对惊险小说的损害程度远不如对惊险片的损害程度高。因为小说以文字诉诸读者的想象，而惊险片则以形象诉诸观众的视觉，两者的心理机制有别，故接受要求亦有别。再者，前者的阅读时量没有限制，阅读时序也无限制，不愿读的地方可以跳过去；后者在这两方面均有限制，无法自行调节，所以高度浓缩、高度集中就自然成为惊险片的一条铁一样的要求。令人惊讶的是，文艺理论中关于严肃文学的观念对我们的惊险片的编导们竟有如此强大的制约力量，使他们可以毅然地冲决这条铁一样的要求来炮制出大量叫人哭笑不得的非驴非马的"惊险片"来。

现在我们可以再谈谈人们对惊险片的批评意见了。一是平。为什么我们的惊险片会平呢？主要是因为惊险片的编导们被同类题材的生活片的观念干扰了，他们无法放开手脚，大胆地追求情节的紧张曲折、跌宕起伏，追求最佳悬念效果。

二是题材单一。我们的惊险片的题材一般不出地下斗争、剿匪斗争、反特、破案等范围。为什么会如此呢？因为我们的编导们把娱乐性的惊险片与严肃的生活片混淆了，在惊险片中追求严肃的认识与教育作用，而既有惊险性又有认识与教育性的题材只能是上述那些方面，因此，我们的惊险片也就只能在上述题材范围内打转，加之手法陈旧，产生单调的感觉就是必然的了。如果关于惊险片的观念能够得到澄清的话，题材的天地其实是很广阔的，只要有惊险性，什么题材均可涉猎，只要无害就行。

三是少。许多编导看到惊险片的娱乐性、通俗性，但同时又被严肃文学观念束缚住，认为惊险片是小玩意儿，不登大雅之堂，搞不出传之久远的大作。由于从事惊险片创作的编导人数少，又由于他们往往是浅尝辄止，急着转行，没有在惊险片的创作上作深入刻苦的钻研，这样当然也就谈不到形成自己的风格了。

四是假。由于惊险片的编导关于惊险片的观念是模糊的，把惊险片拍成与生活片相混的杂交片，这就使得许多观众以及电影评论者无法采取一个确定的欣赏态度、接受要求以及衡量尺度。因而时而以衡量一般生活片的尺度去衡量这种杂交的惊险片，将编导为了制造一定的紧张效果而作的胆怯的虚构以及含羞的夸张误以为是写实，因而大觉其假；时而又以衡量惊险片的尺度去衡量它，因而亦觉其中的生活描写部分为假。其实，如果我们明确了惊险片自身的性质、特征及目的的话，便可以知道惊险片是并不忌讳假的，有时为了制造高度的紧张效果，还须大大假一下，乃至一假到底，假得天昏地暗，假得与表面的生活现象全不搭界。这时观众明知其假却不觉其假，或者说观众宁愿看这个假而不愿看我们许多惊险片所追求的真，因为观众是来看惊险片的，他的目的是要获得高浓度高强度的紧张心理体验，而不是为了对生活作严肃的思考或寻求心灵的震动。只有那充分夸张了的"假"的紧张的内容才能满足他的这个要求。在观看地道的惊险片时，观众不会以衡量严肃生活片的尺度去衡量惊险片，因此只要内在的艺术逻辑不出毛病，越假的东西倒越使观众忘其假，或不计较其是真是假，只要看了痛快、过瘾就行。《佐罗》中的佐罗的本领高妙而近乎神，对于他几乎不存在解决不了的难题，但是又有谁会因为这一切均非生活中所有而指责《佐罗》为假呢？

五是缺内蕴，也就是不深刻的问题。笔者以为提出这种批评意见的同志自身对惊险片的观念也是模糊的，即也是把惊险片与生活片混淆起来了，从而以衡量严肃生活片的尺度去衡量娱乐性的惊险片，因而在惊险片中寻求所谓深刻的内蕴，当然这会使他们大失所望的。而如果把惊险片当作娱乐性的、以惊险为其主要特征、以产生紧张的心理体验为其最终目的的通俗电影，那么上述批评意见就不会产生了。但是这么说并非意味着惊险片就可以浅薄。其实有的惊险片也是深刻的，但这种深刻并不在于它包蕴了多么深的社会内涵，而在于它要有一种内在的力度，或者主要由演员的精湛表演而产生的深沉，由此在观众心中留下深刻的印象。许多优秀的惊险片尽管它的情节我们已经淡忘了，但它的人物形象却长久地闪动在我们的脑海中，这就是惊险片自身的深刻。

最后笔者提几点建议。

一，为了真正提高惊险片的质量，我们首先必须理直气壮地为惊险片正名，也就是说澄清惊险片的观念，把它放到它应在的位置上，不要让它承担它不应该或无能力承担的任务；让它放开手脚，发挥自身的特长，去最大限度地满足观众对紧张的心理体验的渴求。

二，正如在一般艺术理论下面应有各门艺术自身的理论一样，在一般电影理论下应该有惊险片自身的理论。建国以来我们理论研究的最大失误就在于以普遍取代具体，以一般取代个别。一般的理论如果没有具体的个别的理论给以充实的话，只能是死气沉沉的一片苍白，这样的理论在现实中不会发挥任何作用。所以我们必须立即着手建立惊险片自身的理论，不但要建立惊险片的一般理论，还要建立惊险片的编剧、导演、表演、音乐、美术等各方面的更具体的理论。

三，我们必须有编剧专门从事惊险片的编写，有导演专门从事惊险片的导演，有专门的演员从事惊险片的表演，乃至有制片厂专门从事惊险片的生产，而且这几个方面应该是长期配合，坚持下去，那样才能积累系统的经验，才能形成自身的风格，才能拍出高质量的惊险片。

四，无论是惊险片的一般理论研究还是惊险片的编剧、导演、表演、声音、美术等各个方面的具体的理论研究或是惊险片的制作，都必须从观众的观赏需要出发（当然不是一味迎合部分观众的低级趣味），只有这样，我们的理论研究或具体拍摄才会有现实依据，才会有正确的方向。

（原文载《电影艺术》1988 年第 3 期，文汇报摘要转载）

不要动辄言大

自从"精"的提法不再十分时兴以来，在文艺界又有一个新的提法取而代之，这就是所谓"大"。比如，我们就时常听到人们动辄便言什么大手笔、大明星、大导演、大投资、大制作、大动作，等等。很显然，我决不会糊涂到武断地认为，文艺界不必出大手笔、大明星、大导演、大制作等，正像我决不会糊涂到武断地认为文艺界不必出精品一样。不但如此，事实上，我对长期以来我们文艺界始终摆脱不了小家子气的纠缠（如在很长一段时间内，我们总是热衷于小女人散文、戏曲小品、民歌小调、室内短剧以及其他许多虽不一定被冠以轻小二字，然却与这二字的精神相去不远的那些东西就是很好的例证）也是很不以为然，觉得非常有愧于我们这个伟大的民族以及我们所处的这个伟大的时代。因此，我对目前这样动辄便言"大"什么的现象也有着深切的理解。尽管如此，根据以往的经验或者郑重地说是以往的历史以及现实的情况，我还是认为最好不要动辄便言"大"什么，因为这里存在许多值得商量并且值得谨慎从事的地方。

经过思考，我发觉，同是动辄便言"大"什么，却可以分为两种情况：其一是呼吁出大什么，其二是认为什么就是大什么。前者表明的是一种希望，后者则是一种评价。就前一种情况而言，之所以觉得值得商量，是因为像这样地动辄便言希望出"大"什么，很可能会造成如培根所说的那种市场效应，即很可能一传十、十传百地使人们以为，现在的文艺界所需要的就是出"大"什么，于是便一窝蜂地去忙着出"大"什么。很显然，这并不是一件十分容易的事情。当然，其中象出什么大投资、大制作等也许可以除外，因为这些只须集中相当可观的财力、人力与物力即可。但是，像出大手笔、大明星、大导演等却决非仅此就能奏效，从根本上说，它们所需要的是实实在在的且极其艰苦的磨炼。因此，这就很容易产生两个弊端：首先，是代替"小"什么的泛滥而来的乃是"大"什么的泛滥。尽管现在的文艺也在相当的程度和范围内被推向市场，它的生产也可以在同样的程度和范围内和其他的商品生产一样由市场这只看不见的手进行调节，但文艺的生产毕竟并不完全等同于一般商品的生产，它主要是一种精神性的并且带有很强的意识形态性的产品。所以，说到文艺的生产，我们总还是应该尽量使它理性化一点，即总还是必须注意不要使它受市场调节的程度与范围超出允许的限度。其次，是很可能会使这个现实性或者针对性很强的事情流于喊喊空洞的口号而已，因为向来总是喊口号易实行口号难。从事文艺工作也像从事其他任何工作一样，最好是少喊口号多做实事，因为如果老是这么雷声大雨点小的话，人们对这雷声的感觉一定会变得麻木和迟钝起来。

就前一种情况而言，要说的大体就是这些。就后一种情况即认为什么就是"大"什么的情况而言，所以觉得应该谨慎从事，是因为许多被称为"大"什么的其实并不怎么样，简单地说就是名不副实。这很容易使读者或者观众产生强烈的反感与厌恶。长此以往，即使是真正够格的"大"什么也很难唤起他们的兴趣与热情了，因为在他们看来，都是一回事。在这里，似有必要提请文艺工作者们注意，传说中的那个喊狼来了的故事并没有失去它的现实意义。这样说不是没有依据的。比如，常常可以看到：许多被誉为大手笔的其实不过是颇具声名的作家而已；许多被说成是大明星、大导演的基本上也都是如此；至于许多被说成是大制作的，差不多不过是参加制作的人员比通常的多了一点或者某些场面比通常的大了一点而已。

导致这种状况的原因是什么呢？除了出于商业目的而外，一个重要原因也许是，就文艺领域而言，在究竟什么样的可以被称之为"大"的这个问题上存在着模糊的认识。且以大手笔的说法为例。毫无疑问，许多人都认为所谓大手笔，不过就是知名作家的另一个说法而已。这显然是错误的。当然，必须承认，称得上大手笔的作家通常都是已经出名的作家，但是，考虑到许多作家生前都是默默无闻只是到了死后才声名鹊起这个文学史上常见的事实，我们就决不能把是否已经出名看成衡量是否是大手笔的根本标准。可以用作衡量之标准的，是也只能是他们的作品本身是否称得上是大手笔的。如果这个说法可以成立的话，那么，真正能够被称作大手笔的作家显然并不很多。说到这里，随即产生一个问题，这就是什么样的作品可以被称为大手笔呢？在这个问题上，许多人的认识也是模糊的。照他们看，称得上大手笔的作品，就叙事体的而言，一定是那些场面大、人物多以及时空跨度大，并且因此气势也大的作品。从很大的程度上说，这个说法是不错的，因为我们的确可以看到，许多被公认为是大手笔的作品，例如《荷马史诗》《人间喜剧》《悲惨世界》《约翰·克利斯朵夫》《战争与和平》《红楼梦》《三国演义》《水浒》等，都是具备这些要素的作品。但是，必须明白的是，使得这些作品能够赢得大手笔殊荣的，决不仅仅或者主要不是因为具备了这些要素，而是或者主要是因为它们都被其作者赋予了极其丰厚而深广的精神内蕴。因此，判定一部作品是否可以称得上是大手笔的标准，决不是作品写了什么而是写出了什么。明乎此，就可以理解，为什么许多具备了上面所说的这些要素的作品，如明清时期的许多风月言情的小说，称不上是大手笔，而许多并不具备这些要素的作品，如《羊脂球》《阿Q正传》《孔乙己》《林家铺子》《变色龙》等，却可以称得上是真正的大手笔的作品。就叙事体的作品而言情况是这样，就抒情体的以及戏剧体的作品而言，情况也是这样。因此，在我们文学界动辄说某某作家是大手笔，是轻率的，至少是不十分严肃的。有关大明星、大导演的说法与此可能略有不同，但本质上恐怕没有什么区别；因为他们能否被誉为"大"，主要也不应以他们的作品所具有的外在的量的要素而应以其内在的质的要素为衡量的标准。很显然，可以被称作大明星、大导演的，的确也只能是凤毛麟角。至于所谓大投资、大制作、大动作等的说法之能否成立，也许可以说主要只与量的要素有关，也就是说，要使这些说法能够成立，的确并不很难。但是，即使如此，动辄便抬出一个"大"字是不很相宜的，因为这颇易使人联想到美国好莱坞的惯用伎俩，并且因而嗅出一股很浓的就其不好的意义而言的商业的气味。

像这样动辄给作家、演员以及导演们的头上戴上一个很不相称的"大"帽子，很容易导致这样的结果：一方面，很可能由于招致了读者和观众的反感而使他们原先在前者心目中所拥有的地位与影响力也一并消解了，因为读者或观众往往是厌屋及乌的；另一方面，也很可能使作家、演员以及导演因此而觉得自己真地大了起来似的，并且竟大得忘乎所以，大得骄横跋扈、目空一切，不知天高地厚，以为天下老子第一，要怎么样就可以怎么样，不用说，这将是非常令人失望的。

（原文载中共中央党校《中国党政干部论坛》1996 年第 11 期）

重谈作家的学者化问题

近来不时从报上读到有关许多作家（有些还是相当出名的作家）在他们所写的旨在表明他们不愧也是学者的文章，如评论、考证、序跋、通信、杂谈、随笔等闹出许多令人啼笑皆非的学术性错误的报道，这使我觉得很有必要重谈一下作家的学者化问题。

如果我没有记错的话，关于作家有必要学者化的主张，最初是由王蒙提出来的，时间大约是20世纪80年代初期。人门应该还记得，在提出这个主张之后，王蒙自己便率先实践了这个主张，开始陆续发表了许多谈论李商隐的无题诗以及《红楼梦》等古代经典作品的研究文章。接着似乎便有刘心武起而响应，也为各种报刊撰写类似的文章。一时究竟有多少作家加入了这个响应者的行列，因为手边没有必要的统计资料，故不得妄下结论，但是有理由相信人数一定不少。不过在这不少的人数当中，绝大多数的也许是这样一些作家，他们撰写发表的虽然算不上正宗的学术论文，然而，正像前面所说的那样，却颇有助于说明他们不但能从事创作而且具有很深的学问功底或者很高的学术造诣。

但是，这里显然可以提出这样一个问题：这种学者化的做法是否值得提倡？特别是包括许多著名作家在内的作家们不断地在他们撰写的这类文章中闹出令人啼笑皆非的学术性笑话之后，提出这个问题就显得尤为必要了。坦率地说，我的回答基本上是否定的，理由是这种学者化的做法与学者化的本义是不很相符的，因而对实现王蒙当初提出这个主张时所确立的目的也是极为不利的。大家知道，自从新中国成立以来，我国新一代的作家几乎都是由业余作者成长起来的，这就是说，他们大都没有上过大学，没有接受过什么系而全面的专业训练（新中国成立以后，我国大学中文系的任务也主要是培养高校或中学语文教师以及少量的文学研究人才而不培养作家），他们所以能有幸成为作家，一方面是因为他们具有一定的文学天赋并且对文学创作怀有高度的热情，另一方面，更重要的，也许是得力于作为作家的伯乐的文学刊物对他们的发现与栽培。必须明白的是，这种栽培大多只能表现为零星的点拨与指导以及提供发表作品的机会而已，因此决不可能同给予系统而全面的专业训练相提并论。这样一来，大多数作家，从专业修养的角度来看，必然会表现出营养不良、根基浅弱的毛病。因此，通常他们在发表过一两篇较为成功的作品之后，便再也无力超越自我，而只能在原地踏足不前，有些则干脆大幅度地退步下去以至从此便一蹶不振乃至消声匿迹。此外，同样的原因还使得相当一部分作家的作品空疏浮浅，缺乏深刻的内蕴。正是有鉴于此，当时身为文化部长的王蒙才提出作家必须学者化的主张。因此，如果我领会得不错的话，提出这个主张的目的无非是想从根本上使创作界所表现出来的这些毛病得到有力的治疗，明言之，就是指望经由学者化的途径使得这些作家的作品变得丰厚起来，创作后劲变得充裕起来。

由此，我们就可以理解，为什么王蒙提出的主张是学者化而不是做学者，虽然前者并不绝对排斥后者，但是很显然毕竟与后者大不相同。那么，所谓学者化的意思指的是什么呢？我以为，这主要指的是努力养成学者所特有的发现问题、分析问题和解决问题的能力，严谨的治学态度以及深厚的学问功底，然后再将这一切融化到自己的创作中去，如同盐之溶解于水中一样。只有如此，才能使自己的创作不仅从原先的仅凭一点本能的冲动和直觉的体验上升到在理性的指导下对生活进行大量的观察、分析、概括与提炼的高度上来，并且因此逐渐地使自己的作品由原先的浮浅变为丰厚，使自己的创作后劲由原先的匮乏变为充裕。总之一句话，借用中国古代极为流行的美学术语来说，所谓学者化主要是指努力从神似上去借鉴学者的特性而不是指一味地从形似上去模仿学者的行迹，诸如从事学术研究、发表学术文章，等等。当然，要真正实现学者化的目的，即要真正达到神似的境界，一定的形似的功夫也许是必要的，但是必须注意的是，最好不要把这误认为是目的而应该始终明白它只是达到神似之目的的手段。令人遗憾的是，种种迹象都在表明，许多作家并不是这样看的，因此当然也不是这样做的。不仅如此，他们也许还会提出这样的诘问："为什么必须把学者化的意思仅仅限定在你所说的那种含义上呢？或者说，为什么不可以在真正使学者化成为不断地把自己的创作推向新的高度的重要因素的同时，也使自己成为真正意义上的学者呢？"我必须承认，这样的诘问不是没有理由的，况且正像我在前面所说的那样，学者化的意思原本并不完全排斥做学者的意思。不过，我也得坦率地说，这决不是一件十分容易的事情，不，准确地说，这是一件十分困难的事情，特别是对于那些地道的出身于业余作者的作家们来说，就更是如此了。不错，我国现代文学史上的确出现过诸如鲁迅、周作人、林语堂、梁实秋、朱自清、闻一多、钱钟书等这样的文学大师，他们既是真正的学者又是地道的作家；但是，这种情况实际上只能发生在他们身上，因为他们从小所受的教育以及所处的环境都与今天的作家们大不相同，并且根本上不大可能为今天的作家们所再度拥有。再者，在今天，由于分别在学术和创作这两个领域进行其人生追求的人数之多可以说是空前的，因而这两个领域里的竞争之激烈的程度也可以说是空前的；由于一个人的一生特别是可供其高强度地使用的精力是极为有限的，因而一个人无论指望在哪一个领域取得哪怕是较为出色的成就都已变得相当地困难；因此，我实在不得不说，这种像上述前辈大师那样一身而兼任学者与作家而且又兼任得那么完美的可能性，对于今天的绝大多数的作家来说，的确是几近于零。当然，这并不是说，在今天完全没有作家可以或者已经达到那样的境地，但是，不可否认的是，那的确只是凤毛麟角。有必要加以说明的是，这里所说的并不包括本来就是出身于学者的作家。这些作家当中，有的不但在大学的人文系科进行过系统的学习与训练而且获得了很高的学位，有的则干脆就是在这些系科从事教学与研究的教授。因此，对于这部分作家来说，一身而兼二任是不成问题的。但是，最值得在这里提请作家们注意的也许是这一点，即作家的劳动与学者的劳动都是高级的精神劳动，两者并无高低优劣之分，因此，一个人无论在哪一个领域取得相当的成就都会赢得人们的尊重。因此，一个作家只要能够真正创作出高质量的作品，那就决不会因为不能同时也写出高水平的学术论文或者所谓学者化的文章而给其赢得这个尊重带来丝毫的妨碍；当然，反过来情况也是一样。由此看来，对于今天的绝大多数作家来说，一味地追求一身而兼任作家与学者的确不但是不明智的而且也是不必要的。

但是，为什么许多作家会如此不恰当地把学者化理解为做学者并且沿着这个理解而孜孜以求呢？简单地说，原因也许是这样：长期以来，许多作家由于前面提到的在创作上表现出来的那些毛病，不断地遇到来自学院的学者们的猛烈抨击，被指责为空疏浮浅，不学无术，并且因此在心灵上投下了一道难以抹去的阴影或者说打上了一个难以解开的情结——作为一个作家，如果不能既从事文学的创作又进行学术的写作的话，那是残缺不全的。为了尽快地抹去这个阴影或者解开这个情结，正像人们所看到的那样，为数不少的作家才这样拼命地设法在扮演作家这个角色的同时又扮演学者的角色。

从情理上看，这样做并没有什么不对，虽然如前所说的确也是不明智的和不必要的。但糟糕的是，许多作家却把这看得过于简单，过于容易了，以为只要多读几本书，多写几篇学术性的文章就可以了。殊不知，这里需要很多的条件，比如长期的积累、系统的训练、科学的方法以及严谨的治学态度等；此外，和作家的创作一样，这里也需要智慧与灵感。试想，在这样的一种误解的指引之下，许多作家在他们所写的所谓学术性的文章当中闹出这样那样的学术性错误的笑话，难道还有什么奇怪的么？毫无疑问，这给作家们特别是那些颇具声名的作家们带来了不小的损害，因为这使人们觉得，作为一个作家，他们的学问功底未免太浅太薄了，他们的治学态度也太不严谨了，因此，作为一个作家，他们实在是太令人失望了。有一点作家们也许没有明白，这就是，学院的学者们所以会对他们施以猛烈的抨击，决不是因为他们没有写作并发表旨在表明自己也是一个学者的学术性的文章，而是因为他们的作品实在过于缺乏内蕴。因此，如果他们果真能够经由学者化的途径而使这个状况得到彻底的改变的话，那么，这样的抨击一定会自行中止；相反，如果他们依然一味地基于这种急欲抹去这个阴影或者解开这个情结的冲动而追求一身兼扮作家与学者的两种角色，并且不但创作状况得不到根本的改观而且写出的那些所谓学者化的文章又不尽人意的话，那么我相信，这样的抨击非但不会自行中止，恐怕只会越来越猛烈。

作为本文的结尾，我必须向作家们提出这样一个忠告，即希望他们努力提高自己的自知之明，以便弄清自己到底是否具备一身而兼二任的条件与可能。如果具备，则当然不妨当仁不让；如果并不具备，我以为最好脚踏实地地经由学者化的途径做一个真正优秀的创作家，并且因此真正创作出卓越的作品来，千万不要轻率地把那些半吊子的所谓学术性的文章抛给读者。这样做，不但就损害自己的声誉而言对自己是极不负责的，而且就藐视读者的阅读水平而言也是极不道德的。

（原文载《当代文坛》1997 年第 4 期）

话题加谈话的时代

任何一个时代都可以被人们通过命名的形式揭示出它的某一方面的特征。在《纯粹理性批判·序言》中，康德把他所生活于其中的 18 世纪称为"批判的时代"。在充满忧伤情调的《双城记》的一开始，英国的 18 世纪 70 年代则被杰出的小说家狄更斯分别命名为最好而又最坏的时候、智慧而又愚蠢的年代、信仰而又怀疑的时期、光明而又黑暗的季节、希望之春与失望之冬，以及"人们面前拥有各种各样的事物，人们面前又一无所有；人们正在直登天堂，人们又正在直下地狱"的时代。必须承认，这些命名是相当机智而辩证的，并且因此使 18 世纪 70 年代的英国社会状况得到了极为深刻而全面的描述。同样必须承认的是，除此而外，人们依然可以给出其他各种不同的命名并且对于它们的对象来说也都是可以成立的。这种情况之所以可能，是因为，作为一个时代，英国的 18 世纪 70 年代是一个空前丰富多彩的时代。中国的 20 世纪 90 年代也是这样一个时代，因此也可以被给出许多不同的命名，比如改革开放的时代、喧嚣躁动的时代、经济的时代、物质的时代、消费的时代、享乐的时代等。但是，人们也许没有注意到，其实它还可以被命名为话题加谈话的时代。

这个命名决不是主观臆造的产物。稍稍留心一下，我们立即可以发现，在今天，我们的确生活在一个充满话题的世界里。报纸、电台、电视台、杂志等大众传媒几乎每天都在为我们提供各种各样的话题。这些话题通常都被冠以大众的、热门的、聚焦的以及其他任何有助于说明它们是广为社会所关注的修饰词。此外，它们有时还被称为某某名人（真名人、假名人、准名人以及想做名人或者自认为是名人的名人）的，目的无非是想借此表明它们是独特的、高档次的，因而是更为值得重视的。至于它们的内容，则几乎涉及国际国内的现代生活的各个领域。而大众传媒为此所设计的各种栏目则更是琳琅满目，日趋新异，虽然最为常见的也许就是这样几种：焦点访谈、热点透视、社会广角、时事追踪、大众话题等。这些每天不断出现并且被人们加以讨论的大量话题，除很少一部分会产生出某些实际的结果而外，大部分的命运只能是在给人们带来一点兴奋、一点激动或者只是一点新鲜感之后便立即化为乌有，不了了之。而这些兴奋、激动或者新鲜之感也很快会跟着烟消云散，如同根本不曾产生过一样。这是不难理解的。首先，它们的数量实在是太多了，而且层出不穷，花样百出，不管什么样的社会都不可能使它们全部转化为现实的行为，能够获得这种转化的只能是其中极少的一部分。其次，许多话题的设计与讨论，原本也仅仅是为了给人们的精神施加一点刺激与养料，以使它们不致在机械而单调的生活中丧失功能。这种时代对话题以及围绕它们而展开的谈话所具有的空前的兴趣与热情，即使在学术研究的领域也有着充分的表现，以至我们可以说，在很高的程度上，今天中国的学术研究正在日趋话题化，并且由此而日趋世俗化。因此，正像我们所看到的那样，在今天，学者们，特别是社会科学的学者们，大多已不再像从前那样严格遵循由范文澜先生所确立的"板凳耐坐十年冷，文章不著一字空"的治学戒律，关起门来，孜孜矻矻地从事他们的研究与著述了；他们宁愿跨出书斋，走向社会，走向报纸、电台、电视等大众传媒，走向一个又一个的学术讨论会，就各种各样的话题侃侃而谈，大发宏论。须得加以说明的是，他们的谈话形式并不仅仅表现为本来意义上的谈话，也表现为各种书面的访谈录、笔谈录等；而且种种迹象表明，后一种形式在今天似乎更为盛行。但是，正像市民、记者、政府官员等就各种热门话题所发表的大量谈话最终都不了了之一样，学者们所发表的大量宏论，十之八九也都以不了了之而告终。这实在是不可避免的。试想：面对五花八门、纷至沓来的无数话题，学者们除了如同演艺明星走穴赶场似地匆匆就某一话题谈点自认为颇有价值别人也觉得颇有见解的想法之后，随即掉臂他顾以应付新的话题而外，难道还有可能就某一话题作深入而持久的研究么？美国文化学家杰姆逊教授认为，在后现代社会里，诗人不再是写诗而是写句子，作曲家不再是写乐曲而是写乐句，而学者也不再是从事研究而是忙于发表各种新奇的命题。把今天的中国说成就是后现代的中国肯定是不科学的，但是说今天中国的许多学者的身上表现出相当程度的后现代的倾向也许是可以成立的，因为他们的确都热衷于围绕各种各样的热门话题发表各种各样旨在引起他人——内行人与外行人的关注的想法。是的，仅仅是想法，连命题也不是！

这种话题化以及由此而来的世俗化的倾向，使得今天中国的学术研究呈现出极为奇特的局面。简单地说，根据狄更斯的表达模式，我们可以认为：今天，是思想空前丰富而又空前贫乏的时代，是学术研究空前繁荣而又空前寂寞的时代。原因很简单。首先，学者们围绕大量的话题所发表的大量谈话，常常如同水面上泛起的泡沫一样，或者如同节日燃放的烟火一样，聚于刹那也散于刹那，起于瞬时也灭于瞬时。其次，我们有时根本没法弄清，某一谈话或者某一想法到底是属于谁的，我们只感到众多的谈话和众多的想法，嗡嗡营营地挤在一起，表面上五花八门，热闹无比，但实际上却并不尽然。因为我们总是会失望地发现，它们常常是你中有我，我中有你，每一个与另一个似乎大为不同，但又似乎无甚区别。最后，更为糟糕的是，大量的谈话与想法，还常常被人们在不同的场合，以略加变化的方式不断地重复着，仿佛某一音乐主题被作曲家在不同的部分以变调的方式不断重复着一样。这样由此而来的一个必然的结果就是：今天，我们拥有大量的想法却不拥有真正的思想，我们拥有大量的谈话却不拥有真正的研究，我们拥有大量的信息却不拥有真正的学问。当然，这决不意味着，在今天，我们一点也不拥有以严格意义上的著作的形式所表现出来的思想、研究与学问。但不可否认的是，它们实在是太少太少了。

从学术研究的总体历程看，今天中国的这种学术局面也许可以被看成这个历程的第三阶段。大家知道，作为第一阶段的所谓自上而下的研究模式发源于古希腊的柏拉图，经过中世纪经院神学家的进一步发挥，最后在德国古典哲学家康德、黑格尔等那里达到了它的顶峰状态。这种研究模式的基本特点是从某一既定的概念出发，借助演绎的逻辑方法，构造出一个庞大有序的思想体系；其优点在于思想的博大精深与逻辑的严密无间以及由此而产生的对现实的规范力与解释力。但是，所有这一切，在很大的程度上，都是以牺牲与客观世界的有机联系、牺牲客观世界的无限丰富性和生动性以及强迫客观世界屈就主观世界为代价的。在黑格尔的《美学》《历史哲学》那里，我们可以为此找到最为典型的例证。很显然，这种研究模式是无法永远持续下去的。当历史进入 20 世纪的时候，与此相反的即所谓自下而上的研究模式便很快取代前者而广被采用了。这种研究模式从 17、18 世纪的英国经验主义哲学家培根、休谟等那里汲取它的理论养料，致力于对经验世界进行观察、归纳，以期发现支配事物运动的通则。几乎所有的自然科学家以及绝大多数的社会科学家，特别是英美国家的人类学家、文化学家、政治学家、社会学家、经济学家、心理学家等等，都视这种研究模式为最理想的研究模式。人们可以发现，这些学者常常会就某一非常具体的课题进行深入、细致而持久（短则四五年，长则十多年乃至几十年）的研究，直到所有被认为应该考察的东西都被考察完毕（当然是就相对意义而言）为止。然而，在二十世纪九十年代的中国，许多学者对这种曾被公认为是最理想的研究模式似乎也失去了兴趣，他们再不愿意像这种研究模式所要求的那样，花上如上所说的四五年、十几年乃至几十年的功夫，专门就某一课题进行细致入微的研究。他们倾向于通过获取大量的信息（书面的或者口头的），了解学术研究的动态，或者更直白地说是把握社会的热点、脉搏、主流所在，然后对之略加思考，设计出与之吻合的谈话（书面的或者口头的），并且以此博得社会的认可与赞誉。人们有理由认为：一方面，这使得学术研究比从前活泼了许多，灵敏了许多；另一方面，这也在某种程度上消解了真正意义上的学术研究，因为真正意义上的学术研究不是自上而下的就是自下而上的或者如波普尔所认为的那样是两者兼而有之的。如果把前者的贡献归结为提供学术的结构的话，那么很显然可以把后者的贡献归结为提供学术的砖块；无论是结构还是砖块，对于建筑一座真正的学术大厦来说，都是必需的。但是，围绕大量话题而发表的大量泡沫般的谈话是否也有同样的价值呢？回答是否定的。

如果要追寻导致中国当代学术研究的话题化的原因，那么，首先值得一提的也许是社会的特殊状况。明言之，当代的中国正处于一个高速度变化的时期，新事物、新问题层出不穷，有如长江后浪推前浪，没有一个事物是稳定的，没有一个问题是持久的，一切都表现为转瞬即逝的状态。因此，无论是传统的形而上的还是形而下的研究模式，对于当代的中国学者来说，自然就都显得不很适合，因为两者都需要花费很长的时间才能有所结果。但是这样一来，很可能的是，当某一结果诞生的时候，被研究的问题或者事物早已发生了很大的变化，或者早已不复存在。第二是传统的影响。我们回眸传统，可以发现，谈话的风气在士大夫中一直颇为盛行。诚然，照孔子看，真正的读书人即君子应该是木讷的或即寡言少语的，但是，他并不从根本上反对讲话，他所反对的是毫无结果的夸夸其谈。这就是说，他对有用的、讲了就能实行的话是并不反对的，甚至是提倡的，最有力的证明是，他生前的学术活动差不多全是以围绕某一问题而展开谈话的形式进行的。这种谈话式的学术形式在魏晋的清谈家、宋明的理学家以及禅宗的法师那里都得到了有力的继承与发扬。因此，中国今天学术界的这种谈话式的学术风气的盛行，决不是偶然的；在相当的程度上，我们可以说，这不过是传统的一种表现而已。第三大约是学者的职业要求。对于一个职业化的学者来说，他首先要考虑的是如何维持住这个职业，尽管在今天的中国这个职业并不被评价为最理想的职业。而要达到这个目的，他就必须不断地在圈内乃至圈外发出表明他作为一个学者的存在的声音，在今天，除了发表文章或者出版著作而外，最有效的而又最便捷的方法显然就是追随各种热门话题发表各种热门谈话了。第四恐怕就是现行的学术管理制度特别是作为其核心制度的职称评定制度的制约。众所周知，现行的职称评定制度（据说是非常科学的，因为是定量的）迫使每一个学者都处于这样一个十分为难的境地：他必须不断地在规定的时间之内向主管部门提交相当数量的研究成果，否则他就不能顺利地晋升高一级职称。这样一来，他就只得放弃传统的费时颇长的形而上的或者形而下的或者两者兼而有之的研究模式，而采取现在流行的这种话题加谈话的研究模式，因为这可以使他至少在规定的时间内取得为晋升高一级职称所必需的"研究成果"。

很显然，在所有这些原因当中，时代的状况的特殊肯定是最为重要的。事实上，除传统的影响而外，其他两个原因即学者的职业要求和现行学术管理制度的制约，均可归入时代状况的特殊这个原因里去。因此，我们完全可以断言，不同的时代肯定会酝酿出与之相吻合的学术风气；同时正像本文一开始所说的那样，我们也完全可以反过来利用不同的学术风气来辨认不同的时代或给不同的时代进行命名。如果这个说法可以成立的话，那么我们完全可以说，先秦是著作的时代，魏晋是清谈的时代，唐宋是注解的时代，有清是考证的时代，而现时则是话题加谈话的时代。

（原文载《浙江社会科学》1997 年第 1 期）

一流圣人与二流圣人及其他

　　由于我的职业是从事哲学及社会科学的研究与教学的，因此，一直以来我必须持续不断地阅读大量相关的书籍与文章。我承认，从中我的确获益良多，许多书籍和文章所表达的思想都能给我以很大的启发，有些则令我为之三击节。这样，长期以来下列人名在我的心目中始终闪烁着耀眼的光芒就毫不奇怪了：苏格拉底、柏拉图、亚里士多德、康德、黑格尔、海德格尔、萨特、孟子、庄子、董仲舒、朱熹、王阳明……但是，前不久，在我偶然地读到出自印度教哲学学者辩喜的一段文字之后，情况发生了很大的变化，简单地说吧，上述人名不再如此前那么地耀眼了，他们的光亮减弱了，甚至是黯淡了："世界上最伟大的人默默地离开了人世。人们对他们一无所知。同这些伟大的人相比，佛和基督只能算是二流圣人。每个国家里都有成百的无名英雄在默默地工作。他们默默地工作，默默地死去；某个时候，他们的思想通过佛和基督表现出来，然后一切为世人所知。最高尚的人不想用他们的知识换取名声和地位；他们不发表声明，也不以自己的名字创建学校或体系。本性使他们在名利面前退缩，他们是真正的圣人，永远不会制造一点儿动静，只在爱中熔化……"①。如果说声振寰宇如佛和基督——也许还应该加上孔子者尚且都只能算是二流圣人的话，那么，上所提及的那些被公认的思想文化领域的巨擘，至少其中的许多人的确都只能屈居二流乃至三流的地位了，因为一定有许多比他们更为高尚的人在他们之前或者与他们同时默默地为人类的思想文化作出了或许是更重要的贡献。

　　坦率地说，乍读辩喜的这段文字时，我是既惭愧又惊喜。我惭愧，是

---

　　①　转引自［美］亨利·米勒全集之《空调恶梦》，金蕾译，时代文艺出版社1995年版，第1页。

因为，尽管我一向自诩读书颇丰，可是如此非凡的文字以及写出如此非凡文字的叫作辩喜的人，此前我竟然全都一无所知！我惊喜，是因为，辩喜的这段文字让我产生了空前强烈的共鸣和震撼。事实上，这段文字不但把我心中一直所具有的一个朦胧的近乎直觉的想法给极其明确地表达出来了——那么地肯定、自信和不容置疑，而且毫不夸张地说，读完这段文字的刹那之间，仿佛有一道高强的电流从我的全身穿透而过！由此我益发坚信，在思想的路途上，我绝不可能是一个孤独者。

关于辩喜其人，百度·百科所做的介绍是这样的："辩喜（1862—1902）印度教哲学家。生卒于加尔各答。就学于西方大学。他最早受梵社改革政策的吸引并参加了梵社。后与罗摩克思希纳相识，成为其主要门徒。他在加尔各答附近的恒河流域贝卢尔建立了罗摩克思希纳传教会。他试图将印度的灵性与西方的唯物主义结合起来，成为西方吠檀多运动的主要推动者。"不过，此刻我的主要兴趣却并不在辩喜本人——因为这与上引他的那段文字的基本精神相冲突，此刻我想说的是，就作出这一思想的表述而言，辩喜本人也不是一个孤独者。因为，在他之后，在与他的祖国遥遥相对的德国，伟大的现代物理学家爱因斯坦也独立地发表了与他的思想十分相近的思想："固然，大自然在他的儿女中间并不是平均地分配他的赐物的，但是，多谢上帝，得到优厚天赋的人是很多的，而我深信，他们多数过的是淡泊的、不引人注目的生活。要在这些人中间挑出几个加以无止境的赞颂，认为他们的思想和品质具有超人的力量，我觉得这是不公正的，甚至是低级趣味的。"[①]尽管和辩喜颇为不同的是，爱因斯坦并不觉得思想有多么巨大的价值，而辩喜却坚信思想具有很强的力量——比如，他认为，被他称为一流圣人的那些人"真正知道思想的力量；他们确信，即便他们把自己关在洞里，只想出五个真理然后死去，那么这五个真理也会得到永存。他们的思想穿透高山，飞越海洋，传遍整个世界。这些思想深入人心，而人们也会在生活中表现出来"[②]，但是，在反对把崇高的荣誉或者景仰的目光集于少数几个其姓名为人们所熟知的所谓杰出的人士身上这一点上，他与辩喜却是高度一致的。这是因为，他们都认为并

---

① 《爱因斯坦文录》，许良英、刘明编，浙江文艺出版社 2004 年版，第 130 页。

② 转引自《空调恶梦》，第 1 页。

且都坚信，在众多默默无闻的人之中，大有可能存在着比那些被弧光灯聚焦的人更为杰出的人。此外，19世纪初的英国的著名女作家乔治·艾洛特在他的小说《米德尔马契》的结尾处对其笔下的女主人公桃乐茜作了这样的评论："她对周围的影响力是不断扩散的；这世界越来越好的那部分并不是依赖于所谓的历史性行为；糟糕的事情对你我来说也不像从前那么糟，大概是由于有些人过起了隐居的生活，休息在无人拜访的坟墓里了。"① 再者，在辩喜的祖国的邻国——中国，比他早生2千几百年的儒家学者孟子和荀子，也都曾表达过其精神实质与他的这一思想颇为相近的观点，即"人皆可为尧舜"（《孟子·告子下》）和"涂之人可以为禹"（《荀子·性恶》）。尽管孟、荀二人的这一共同的观点所强调的乃是一种可能性，但是，如果完全没有已然性的实例予以有力的支撑的话，那么这种可能性不是根本无从谈起，就一定会沦为一种纯粹的想当然。鉴于孟、荀二人都是极为严肃的学者——后者还是一位颇富实证精神的学者，发生这样的情况显然是不可思议的。换言之，孟、荀二人之所以先后提出了这一相同的观点，除了基于一种理论的推断之外，一定还因为他们耳闻或者目睹了他们之前以及与他们同时代的许多人的确经由不断的学习和修炼而成为了像尧、舜、禹那样的贤圣之人，而且这样的人还不在少数，只不过他们都没有留下他们的姓名罢了。

把辩喜的上引文字所表达的思想仅仅视为他的一个哲学的信念或者道德的说教，是不正确的。从文化学的角度看，他的思想是可以从科学上得到很好的解释的。在《文化的科学——人类与文明研究》一书中，作者L. A. 怀特教授曾经对所谓的天才现象作了极为睿智和雄辩的阐述："正像闪电总是寻求最佳导体一样，文化过程亦总是在可资利用的最优异的头脑中完成它的综合。但可资利用的最佳头脑并不必然地就是社会中现有的最佳头脑。在一个给定社会中，特定文化传统并非均衡地对全部头脑发生作用。""因此，……天才就是在一个有机体中发生重要的文化综合的人。""一种文化模式是许多世纪以来的劳动成果。但是，这一模式可能在少数人，如牛顿、达尔文、巴赫、贝多芬、康德等的作品中，达到其顶

---

　① 转引自［美］霍华德·加德纳《杰出的头脑》，乐文卿、王莉译，中国人民友谊出版公司2000年版，第216页。

点或终结。在这一模式达到终结时代的前后时期，参与工作的人较少甚至通常是极少有机会赢得声誉。那些偶然地降生在文化模式发展的金字塔斜坡上的人，没有机会赢得那个降生于顶峰之上的人们所获得的业绩与名声。某位巴赫或贝多芬式的人在一两个世纪之前降生，但只是文化模式发展的贡献者，而不是其达到顶点的媒介物。"① 据此，我们可以十分肯定地说，那些被辩喜尊为一流圣人的人，乃是某一文化模式得以形成的许多"劳动成果"的提供者，是该"文化模式发展的贡献者"。不唯如此，他们事实上压根儿就不曾意识到或者不曾想到是他们而不是别的什么人作出了这些贡献，他们甚至羞于说出他们是这些"劳动成果"的提供者，他们唯一在意的只是他们所提供的这些"劳动成果"能够对人类的生活发生程度不等的影响。换言之，他们就是"那些偶然地降生在文化模式发展的金字塔斜坡上的人。"至于那些被辩喜视为二流圣人的人，则只不过是些在他们的"有机体中发生了重要的文化因素综合的人"，而发生综合的各种文化因素，绝大多数都并不是他们自己创造的，而是在他们之前的许多默默无闻的人所提供的，因此，作为天才，他们只不过是某一时代的宠儿或幸运儿，或即降生于某一文化模式的"顶峰之上"的人；而作为某一时代的头脑，他们其实或者也许并不是最佳的。正像美国当代杰出学的学者霍华德·加德纳所提醒的那样，"实际上，在每一个叶芝或居里夫人之类的著名人物背后，都掩藏着一些和他们一样富有潜质——甚至也一样做出了巨大成绩的人们，因为这样那样的原因而不为人知。同样重要的一点是，普通人创造的一些成绩在某种意义上来说也是不可思议而令人印象深刻的"②。

上引辩喜那段文字所表达的思想还可以从中国古代文艺的历史中得到非常有力的佐证。如所周知，被中国古代文艺史学者们所公认的代表中国古代诗歌最高成就的《诗经》特别是其中的"国风"的部分、西汉的乐府诗以及东汉末年的"古诗十九首"，都是无名氏的作品，与这些无名氏们相比，诸如以王璨为代表的建安七子以及陶渊明、李白、杜

---

① 《文化的科学——人类与文明研究》，沈原等译，山东人民出版社1988年版，第202、203、208页。

② ［美］霍华德·加德纳：《杰出的头脑》，乐文卿、王莉译，中国友谊出版公司2000年版，第7页。

甫、苏轼等这些声名赫赫的诗人，的确都只能被视为二流诗人。此外，尽管汉代以后的书体发生了很大的变化——比如先后产生了草书、行书及楷书等，但是，如果把战国至汉代的竹简文、汉代以及北魏的石碑文的那些无名的书写者尊为一流的书法家，应该不会遭到人们的反对。再者，我想，把世界各国的那些无数民歌的创作者们视为一流的音乐家，应该也会得到人们的一致首肯。这是为什么呢？这是因为他们都是辩喜所说的那种"默默地工作"的"无名英雄"。他们默默地吟诵，默默地书写，默默地歌唱，然后便默默地死去。然而，他们是真正的精神成果的创造者，尽管他们"永远不会制造一点儿动静"。就这个意义而言，把他们称为诗人、书法家及音乐家，是不恰当的，从本质上说，他们只是些吟诵者、书写者及歌唱者。他们吟诵、书写及歌唱都是真正的性灵的一种自然的流露，稍微专业一点儿说，凡此皆为天成；因此，他们是不可超越的！

鉴于以上所述，我对白谦慎所提出的以下这一关于素人之书的命运的观点总体上深表赞同："如果有一天后人把今天的文字遗迹也都认作'书法'作品，那么，千千万万个'王小二'也就成了书法家……自清季碑学兴盛以来，人们在不断地追认古代不知名的书手和刻工（包括一些社会地位卑微的文盲或半文盲）为'书法家'的同时，却把追认自己同时代的诸如'王小二'之类的人们为'书法家'的任务心安理得地留给了后人。"① 白氏的这个慨叹于我心有戚戚焉。诚然，千千万万的"王小二"之类的素人的书写在后人的眼中未必都能成为书法的经典，并且因此他们本人也未必都能被后人追认为书法家，同时，即便今天的人们也能把关注的目光投向他们的书写及他们本人，其书写及其人也未必都能被追认为书法的经典及书法家——因为能否成为书法的经典以及能否成为书法家，毕竟还要经受书法艺术的种种标准的考量，比如汉代的石碑文即所谓的汉隶之所以被清人追认为书法的经典，显然绝不仅仅是清人与古为徒或者突发奇想的结果，但是，以下这一结论却应该是无可置疑的：千千万万的"王小二"之类的素人及其书写中，一定不乏真正一流的书法家及一流的

① 白谦慎：《与古为徒和娟娟发屋——关于书法经典的思考》，广西师范大学出版社 2005年版，第 266 页。

或即经典的书法作品。由此推扩开来，还有一个结论也应该是无可置疑的：书法之外的更为广大的精神生产的领域，亦可作如是观。

总而言之，如果把人类的精神生产的历史比作一条奔流不息的长河的话，那么，一代又一代的无数默默无闻地工作又默默无闻地死的人们乃是那沉静安稳的河身，而那些声名卓著的人们通常只不过是那河面上偶尔泛起的几朵漂亮显眼的浪花而已。用黑格尔的话说，前者是人民，后者是英雄。但是"人民是丰收的大地，英雄们像是从大地里长出来的花朵和树干，他们的整个生活是要受这种土壤制约的"。① 这样的两类人，谁是一流的，谁是二流的，应该是不言自明的。

（原文载浙江文史馆《古今谈》2018 年第 1 期）

---

① ［德］黑格尔《美学》，朱光潜译，商务印务馆 1981 年版，第三卷下册，第 304 页。

感伤的而非讽刺的

——重读《儒林外史》

一

自从鲁迅把《儒林外史》（以下简称为《外史》）视为"讽刺之书"（鲁迅《中国小说史略》）以来，讽刺便成了有关《外史》特性的一个定谳。职是之故，新中国成立以后的几乎所有的中国文学史的学者，便都是依据讽刺这个定性来对《外史》展开阐释、论述以及评价的。尽管在侧重点以及某些具体的表述上或有这样那样的不同，但是在视《外史》为一部讽刺小说这一点上却表现出了惊人的一致。最能说明问题的也许是以下这一事实：长期以来直至今天，《外史》第三回"周学道校士拔真才，胡屠户行凶闹捷报"一直被作为我国讽刺文学的典范之作以"范进中举"为题而入选中学四年级的语文课本。事实上，即便是一些日本的汉学学者也把《外史》定性为讽刺小说，比如，在阿布兼也看来，"《儒林外史》的世界"乃是一座"讽刺的营寨"（［日］内田道夫《中国小说世界》）。

鲁迅所以会把《外史》定性为一部"讽刺之书"，应该与弥漫于"五四"时期的十分浓烈的讽刺的以及批判的"舆论的气候"（语见［美］卡尔·贝克尔《启蒙时代哲学家的天城》）有着非常密切的关系。很高的程度上我们完全可以说，正是在这种"舆论的气候"的有力作用下，一方面，鲁迅本人成了一名杰出的讽刺家；另一方面，《外史》也相应地向鲁迅呈现出一种讽刺性的面相。既然鲁迅自己都坚信，"一部《红楼梦》，道学家看到了淫，经学家看到了《易》，革命家看到了排满，流言家看到了宫闱秘事"（鲁迅《集外集拾遗补编·〈绛洞仙主〉小引》），那么，作为讽刺家的鲁迅看到了《外史》的讽刺也就没有什么好奇怪的了。事实上，正是受了同样的"舆论的气候"的有力影响，在"五·四"时期，并非只有鲁迅一个人是如此地看待《外史》的。比如，胡适便也曾断言，"《儒林外史》是一部讽刺小说……这部书是骂儒生的"（胡适《五十年来中国之文学》）。此外，据钱玄同的意见，《外史》的可嘉之处，端在于"二百年前能讪笑举业，怀疑礼教"（钱玄同《儒林外史·新叙》）。作为对以上所述的一个反证，在"五·四"之前的一些学者的眼里，《外史》的突出的特点其实并不是所谓的讽刺性，而是高度的写实性和精妙的写实的技巧："反观狄更斯之书，此书（按即指《外史》）真可谓穷极色相……如板桥霜迹，茅店鸡声。"（解弢《小说话》）"坊间所刊《儒林外史》五十卷，穷极文士情态。"（叶名澧《桥西杂志》）"昔在乾隆时，吴敬梓撰《儒林外史》说部于扬州，人物描写尽致，流传至今，脍炙人口"（董玉书《芜城怀旧录》）。至于新中国成立以后的那么多学者之所以众口一词地把《外史》视为一部讽刺小说，其原因大概有二：其一是囿于鲁迅的名声及权威；其二则是受制于建国以后的无比强大的以阶级斗争为纲的意识形态或即"舆论的气候"。但是，在否定的和批判的以及以阶级斗争为纲的"舆论的气候"已经淡化甚至几乎不复存在的今天，重读《外史》，随着她的原先一直被遮蔽住的非否定的和非批判的以及非阶级斗争的面相得以呈现出来，我感到，如果再这么一如既往地把《外史》视为一部讽刺小说的话，那就实在太过固执了。明言之，从今天的我的眼光看来，《外史》其实并不是一部讽刺小说。

二

如所周知，决定一个作家创作出怎样一种特性的文学作品的因素，通常不外这三个方面，即他的气质、家世及他身处其中的时代。准此而言，我认为，吴敬梓是不太可能创作出讽刺性的文学作品的。

（一）他不具有创作出讽刺性的文学作品的个人气质。据美国实用主义哲学家威廉·詹姆士的意见，"哲学史在极大的程度上是人类两种气质冲突的历史"，"气质上的特殊差异，在文学、艺术、政治、礼仪和哲学上都有影响的"（威廉·詹姆士《实用主义》）。至于两种气质的人的不同，在他看来，主要表现为柔性气质的人偏于感情主义，而刚性气质的人则偏于非感情主义（同上书）。如果不把詹氏的这个说法加以绝对化的话，那么它大体上是可以成立的。因为我们的确不难发现，那些倾向于对他人、环境、社会甚至人类进行讽刺的人，除了一般都自认为遭遇了种种不幸或者不公之外，其性格大多属于刚正不阿、恃才傲物以及凌厉峭刻的类型。中外文学史为我们提供了许多这方面的证例，尽管最具代表性的也许是英国十八世纪的著名散文作家斯威夫特以及中国晚唐时代的杰出诗人罗隐。据《文学的故事》一书说，以讽刺小说《格利弗游记》而闻名于世的斯威夫特，"傲视众生（他有权这样），在教会中没有如愿地得到提拔，以及生理上一定的狂气（大概他有所意识，所以没有结婚），这些都给他带来一生的不幸。但他对人类的憎恶，不光出于个人的愤愤不平。他带着强烈的愤怒，冷眼旁观我们究竟能愚昧到什么程度，进而无情地鞭挞我们"（［美］丁·梅西《文学的故事》）。至于罗隐，正像《唐才子传》所说的那样，"（其人）恃才傲物，众颇憎忌。自以为当得大用，而一第落之，传食诸侯，因人成事，深怨唐室"，故"其诗文以讽刺为主，虽荒祠木偶，莫能免者"。特别是他作于唐咸通八年的《谗书》，则"皆愤闷不平语"，纯属"不遇于当世而无所以泄其怒之所作"（《四库全书总目提要·谗书·五卷》）。然而，反观吴敬梓其人，我们会感到他与上所提及的二人迥不相同，他属于地地道道的柔性气质并且因此偏于情感性的人。这一点可以从以下几个方面颇为清楚地看出来。

1. 他潇洒豁达。据他的挚友程晋芳为他所做的《文木先生传》说，"先生……稍长，补学官弟子员。袭祖父业，有二万余金；素不习治生，性复豪上，遇贫即施，偕文士辈往还，饮酒歌呼，穷日夜，不数年而产尽矣。"后，"家益以贫，乃移居江城东之大中桥，环堵萧然，拥故书数十册，日夕自娱。窘极，则以书易米。或冬日苦寒，无酒食，邀同好汪京门、樊圣□辈等五人，乘月出城南门，绕城堞行数十里，歌吟啸呼，相与应和，逮明，入水西门，各大笑散去，夜夜如是，谓之暖足。"

2. 他仗义疏财。众多的文献都表明，吴敬梓为人的另一个非常突出的性格特点，是他总是能够尽其所能地周济他人，"急朋之急，不琐琐于周闭藏积"（吴湘皋《文木山房集·序》），特别是对于后进之士则更是"接引唯恐不及"（沈大成《全椒吴征君诗集·序》），而且"所施与又多以意气出之，不择其人，故家稍稍落"（顾云《盋山志·卷四·人物上·

吴敬梓》)。尤为值得一提的是，他如此仗义疏财完全是率性而为，换言之，他主观上并不觉得自己在做什么善举。因此，每次这样地施与之后，他便不复将之挂怀于心，仿佛压根儿未曾发生此事一样。比如，据顾云说，"先生门生故吏既半天下，尝所施与，亦往往至达官，顾夷然不以屑意。日惟闭门种菜，偕佣保杂仆，人不知故向者贵公子也"（转引自同上书）。

3. 他淡泊名利。最能体现他的这一性格特点的，是他"坚以疾笃"辞掉了乾隆年间的"博学鸿词"荐。针对人们对他的此举所作出的种种质疑，他的回答是这样的："吾既生值明盛，即出，其有补于斯世耶？与徒持辞赋以博一官，虽若枚马，何以贵耶？"（转引自同上书）他的好友沈大成说得对："先生为人谦雅平易，生平淡乎名利。"（沈大成《全椒吴征君诗集·序》）

4. 他忠厚悱恻。在《全椒吴征君诗集·序》一文中，沈大成曾经对吴敬梓的诗作作过这样的评论："其自为诗，妙骋柠轴，随方合节，牢笼物态，风骨飞动，而忠厚悱恻缠绵无已之意，流溢于言表，使后之观者，油然而思，温然如即其人。"（转引自同上书）其诗如此，其人当亦如此？

综合以上所述，应该说吴敬梓的确是一个柔性气质的人，或即今天所说的性情中人。这样一种人通常具有很强的自我调节的能力，面对人生的种种不顺甚至不幸，他们大多能够或者一笑而过，或者泰然处之，基本上不太可能恣意地发泄自己的愤懑，更加不太可能对人生对他人对世界竭尽诅咒或者憎恨之能事。

（二）他缺少促使他写出讽刺性文学作品的个人遭遇。前面所提及的斯威夫特和罗隐，之所以决意写出讽刺性文学作品，一方面，固然与他们均属刚性气质的人有关，另一方面，很高的程度上也是他们的极度不幸的遭遇所使然，而吴敬梓恰恰就缺少这样的不幸的遭遇。据程晋芳《文木先生传》说，"（吴敬梓）世望族，科第仕宦多显者"。此外，王又曾《书吴征君敏轩先生文木山房诗集后》也断言，"国初以来重科第，鼎盛最数全椒吴"。陈廷敬所做的《吴国对墓志》为此提供了最好的佐证：吴敬梓的高祖吴沛共生有五子，"四成进士，一为布衣"。尽管排行第四的吴敬梓的曾祖父吴国对登第在最后，但吴敬梓本人对此却颇感自豪："似子固兄弟四人，吾先人独伤晚遇。常发愤揣摩，遂遵道而得路。三殿胪传，九重温语。宫烛宵分，花砖月午。张珊瑚于海隅，悬藻鉴于畿辅。诏分玉局之书，渴饮金茎之露。羡白首之词臣，久赤犀之记注"（吴敬梓《移家赋》）。这个吴国对生有三子，即吴思、吴勖及吴昇。吴思为吴敬梓的祖父，字卿云，增监生，考授州同知。吴勖为吴敬梓的二叔，主要以孝友而闻名。吴昇为吴敬梓的三叔，是一个举人。吴敬梓的二叔祖父吴国龙生有二子，长子吴晟，二子吴昺，分别是康熙年间的进士和榜眼。对这样的家世，吴敬梓是很沾沾自喜的："五十年中，家门鼎盛。"（吴敬梓《移家赋》）。至于吴敬梓本人，尽管他生年不永（他于54岁时便几乎是突然地病故于扬州），但他的一生，正如前所引录的大量的证例所表明的那样，的确堪称潇洒放达，悠游自得。因此，无论就他的家世而言还是就他个人的人生而言，他都没有理由对他人对人生对社会以及对人类持取否定的和讽刺的态度。

（三）他所生活其中的时代不具有讽刺的"舆论的气候"。一般说来，能够具有讽刺的以及批判的"舆论的气候"的时代，总是处于新旧交替的历史阶段。在这样一个阶段里，旧的世界行将逝去，而新的世界亦行将到来，新文化与旧文化处于激烈的冲突之中。这个时候，正像黑格尔所说的那样，"一种高尚的精神和道德的情操无法在一个罪恶的和愚蠢的世界里实现它的自觉的理想，于是带着一腔火热的愤怒或微妙的巧智和冷酷辛辣的语调去反对当前的事物，对和他的关于道德与真理的抽象概念起直接冲突的那个世界不是痛恨就是鄙视"（黑格尔《美学》）。这一点可以从包括鲁迅在内的以下许多讽刺作家那里得到有力的证明：鲁迅身处其中的"五·四"时代，我国的传统社会和现代社会正处于空前的冲突之中；罗隐、皮日休、聂夷中以及陆龟蒙活动于其中的时代，均适逢李唐王朝日趋没落分裂为五代十国而赵宋王朝则行将取而代之；斯威夫特、菲尔丁以及萨克雷都是在英国的旧的前资本主义社会逐步衰败而新型的资本主义社会日渐兴盛的时代从事他们的文学创作的——事实上，正因为如此，上述诸人才成了黑格尔所说的那种对旧世界"不是痛恨就是鄙视"的人。然而，吴敬梓生活和创作《外史》的清朝的康乾时代，却与以上所说的时代完全不同。说到康乾时代，如所周知，这乃是为史家们所一致公认的我国历史上的鼎盛时代之一，即通常所说的康乾盛世。在这个盛世里，社会、政治、经济和文化分别处于稳定、开明、发展及繁荣的状态。当然，这决不意味着这个时代完全没有矛盾和冲突。但是，如果说鲁迅等人所处的时代的矛盾和冲突很容易酝酿出一种讽刺的以及批批的"舆论的气候"的话，吴敬梓所处的这个时代所具有的矛盾和冲突，却基本上没有这同样的可能。究其原因在于，前者发生于新旧阶段之间，而后者发生在同一个阶段之内。因此，前者是普遍的、剧烈的和尖锐的，而后者则与之相反。有鉴于此，生活于前者之中的那些社会精英们便很容易从外面对作为一个时代的整座"庐山"进行审视并且给以坚决的否定，而生活于后者之中的那些社会精英们则通常只能在里面对作为一个时代的"庐山"的某些局部进行审视并且顶多会做出某些具体的批评。事实上，这也正是何以会有那么多的学者一致地认定《外史》为一部讽刺小说的原因之所在：吴敬梓在《外史》的一些地方的确表达了对他身处其中的那个时代的某些具体而微的不屑与讽刺。但是，据此就视《外史》为一部讽刺小说，毕竟殊难成立。这一点可以从以下这一事实得到十分有力的反证：如果吴敬梓身处其中的时代的"舆论的气候"是讽刺的以及批判的，那么这个时代所产生的讽刺性的文学作品一定不在少数——前所提及的中国的"唐·五代"时期以及英国的新旧社会的转变时期都是如此，然而，被鲁迅在他的《中国小说史略》中归为讽刺小说的作品却只有《外史》这一部，这显然太有悖情理了，更为专业地说，这与美国著名的文化人类学家 L. A. 怀特在其《文化的科学——人类与文明研究》一书中所着力阐述过的"同时现象"——即某一文化阶段会在不同的地点产生相同的或者相似的文化成果，殊不相符。因此，比较合理的结论应该是，由于吴敬梓身处其中的时代不具有批判的和讽刺的"舆论的气候"，因此，他的确不太可能创作出讽刺性的文学作品。

三

　　但是，说吴敬梓不太可能创作出讽刺性的文学作品，并不等于《外史》就确实不是一部讽刺小说，因为不太可能其实就隐含了可能。因此，判断《外史》是否是讽刺性的，最根本的标准还是得看《外史》的文本究竟是不是讽刺性的。经过对《外史》文本的反复细读，我可以满有把握地说，答案是否定的。

（一）文本的总体叙事不是讽刺性的。说到讽刺，其中的讽字在古代汉语中具有许多不尽相同的含义。但是，作为讽刺一词的一个构成词素，它的含义应该是指婉言微辞。准乎此，在《现代汉语词典》那里，所谓讽刺指的是"用比喻、夸张等手法对不良或愚蠢的行为进行揭露、批评或嘲笑"。如果这个解释大体不错的话，那么，一部小说要能被视为讽刺性的，就其文本而言，起码应该具备以下几个特点或条件：其一，叙事是非如其所是的，或即非直陈的而是曲述的。这主要表现在文本中的许多人物尤其是主要人物发生了这样那样的令人生厌的变形或变异——即仿佛不是由平面的镜子而是由凹凸的镜子照出的那样；其二，用以叙事的语言总是那么冷冷的和怪怪的，而且读过去总觉得有什么言外之意或弦外之音；最后其三，惟其如此，读者们通常无需多费周章便能明显地感觉到作者对其笔下的这些人物以及许多相关的事物深怀着不屑和鄙夷。总而言之，讽刺性的叙事，通常"不是让一种内容按照它的本质客观地展现和构成形状，使内容在这种展现中凭它自己达到艺术的结构和完整化，而是让艺术家把自己渗透到材料里面去——所以他的主要活动就是凭主体的偶然幻想、闪电似的念头、突现的灵机以及惊人的掌握方式，去打碎和打乱一切化成对象的获得固定的现实界形象或是外在世界中显现出来的东西……这也是作者用来暴露对象也暴露自己的一种主观表现方式、见解和态度的纵横乱窜和徜徉恣肆"。（黑格尔《美学》）

可是，无论我们怎样地细读《外史》的文本，我们都无法或者最起码是很难产生黑格尔所说的这种感觉。由于如前所说全书的第 3 回"周学道校士拔真才，胡屠夫行凶闹捷报"一直被视为全书中最具讽刺色彩的文字，因此，下面我将首先试以此为例看看情况是否果如我之所言。细心的读者一定不难看出，这一回的文字总体上可以被归结为对作为"范进中举"这一基本情节的几个场景所做的叙述。这几个场景大体上又可以被划分为中举之前和中举之后这样两个阶段。

有关中举之前的几段文字，分别叙述了范进的岳父胡屠户听说他的女婿进了学并且还进一步打算去参加乡试时的迥不相同的反应。我们细读这几段文字，很难感到有什么可笑之处，因为胡屠户所讲的那些话与他的身份、地位及文化层次都极为吻合，既不夸张，也不扭曲，更不冷漠而带刺，甚至相反，似乎还略带一点儿温情，总之，给我们的感觉是那么地真实自然：既然自己的女婿进了学当上了相公，作为岳父，他当然希望女婿能够做出一个相公的样儿来——毕竟相公不同于"平头百姓"了嘛！但是，当上了相公居然还想着再去考个什么乡试，中个什么举，当个什么老爷，以他对范进的定位以及所具有的一丁点儿社会人生的常识与经验——凡"中老爷的""都是天上的文曲星"，或者"都有万贯的家私"，或者"一个个方面大耳"，他觉得这简直无异于"想天鹅屁吃"。既然如此，他当然会毫不客气地给他这位不知天高地厚的女婿来一顿"夹七夹八"的数落。因此，胡屠户对范进态度的后与前的巨大的转变，不但与生活的真实相符也与艺术的逻辑吻合——作者赋予胡屠户的人物性格让我们觉得他如此这般地表现实属必然。有鉴于此，作为读者的我们读了这几段文字之后，不但没有对胡屠户心生憎厌反倒感到他颇有几分可爱，虽然他出语粗鲁但却不失憨直真实之趣："你如今既中了相公，凡事要立起个体统来。比如我这行事里都是些正经有脸面的人，又是你的长亲，你怎敢在我面前粧大？若是家门口这些做田的、扒粪的，不过是些平头百姓，你若同他拱手作揖，平起平坐，这就是坏了学校的规矩，连我脸上都无光了。你是个烂忠厚没用的人，所以这些话我不得不教导你，免得惹人笑话。""不觉到了六月尽间，这些同案的人约范进去乡试。范进因没有盘费，走去同丈人商议，被胡屠户一口啐在脸上，骂了一个狗血喷头道：'不要失了你的时了！你自己只觉得中了一个相公，就癞蝦蟆想吃起天鹅肉来！……趁早收了这心，明年在我们行事里替你寻一个官，每年寻几两银子，养活你那个老不死的老娘和你老婆是正经。你问我借盘缠，我一天杀一个猪还赚不到钱把银子，都把与你去丢在水里，叫我一家老小嗑西北风！'"（《外史》，作家出版社 1955 年版［以下同此］第 29、30 页）

接下来的几段文字是对中举后的几个场景所做的叙述。具体而言，首先叙述的是范进听到自己中举的消息和看到自己中举的报录时的不同反应：前者表现为绝不相信，后者则表现为高兴激动得近乎失常或即通常所说的发了疯："邻居道：'你中了举了，叫你家去打发报子哩。'范进道：'高邻，你晓得我今日没有米，要卖这鸡去救命，为什么拿这话来混我？我又不同你玩，你自回去罢，莫误了我卖鸡。'""范进不看便罢，看了一遍，又念一遍，自己把两手拍了一下，笑了一声道：'噫！好了！中了！'说着往后一交跌倒，牙关咬紧，不省人事。老太太慌了，慌将几口开水灌了过来。他爬将起来，又拍着手大叫道：'噫！好了！我中了！'笑着，不由分说，就往门外飞跑，把报录人和邻居吓了一跳。走出大门不多路，一脚踹在塘里，挣起来，头发都跌散了，两手黄泥，淋淋漓漓一身的水，众人拉他不住，拍着笑着，一直走到集上去了。"（《外史》第 31 页）我们细读这些文字，同样也很难感到有什么可笑之处。少不更事的年轻人或许会有此感觉。但是，我敢断言，凡稍具一点人生之阅历的中年以上的读者，基本上不会觉得范进的这种种举动有什么怪异之处并且因此大感可笑，因为生活会告诉他们：凡此太正常不过啦！

再接下来的几段文字一直被认为是最令人发笑的并且因此是最具讽刺性的，但在我看来，它们依然是如其所是的，即依然是写实的。比如，为了使范进从失常状态转回正常状态，有人便提议说，"范老爷平日可有最怕的人？他只因喜欢狠了，痰涌上来，迷了心窍，如今只消他怕的这个人来打他一个嘴巴，说：'这报录的话都是哄你，你并不曾中。'他吃这一嚇，把痰吐了出来，就明白了。"（《外史》第 32 页）一个社会底层的平头百姓作出这样的提议，完全合情合理。再比如，由于胡屠户被认为是范进最怕的一个人，因此众人便和他商议由他去实行这一措施。但是，胡屠户却"作难道：'虽然是我女婿，如今却做了老爷，就是天上的星宿。天上的星宿是打不得的！我听得斋公们说：打了天上的星宿，阎王就要拿去打一百铁棍，发在十八层地狱，永不得翻身。我却是不敢做这样的事！'"（《外史》第 32—33 页）无可否认，面对众人所提出的这个提议，胡屠户的上述反应——"作难"，无论就其可以想见的表情而言还是就其所作出的这番回答本身而言，都是极其自然的，不因为别的，就因为他是胡屠户，是作者所塑造的胡屠户，当然，还因为他是他身处其中的那个时代——而不是我们身处其中的今天这个时代的胡屠户。此外，下面这个叙述也是同样真实可信的：当胡屠户"将平日的凶恶的样子拿出来"，打算实行这一措施时，范进的母亲忙不迭地"赶出来叫道'亲家，你这可嚇他一嚇，却不要把他打伤了！'"胡屠户"大着胆子打了一下"之后，便"站在一边，不觉那只手隐隐地疼将起来，自己看时，把个巴掌仰着，再也弯不过来。自己心里懊恼道：'果然天上文曲星是打不得的，而今菩萨计较起来了。'想一想，更觉得疼得狠了。"至于范进，则被"打晕了，昏倒在地"，"渐渐喘息过来"，"看了众人，说道：'我怎么坐在这里？'

又道：'我这半日，昏昏沉沉，如在梦里一般。'"（《外史第 33 页》）

最后的几段文字所叙述的内容是，得知范进中举之后人们纷纷前去送礼示好：张乡绅赠居处，送银两；此外，"有送田产的，有人送店房的"，"还有那些破落户，两口子来投身为仆，图荫庇的"，以至"到两三个月，范进家奴仆、丫鬟都有了，钱、米是不消说了"（《外史》第 35—36 页）。要说讽刺，也许这些文字倒是可以沾上一点边儿。但是，倘若我们环视一下今天的社会现实，我们依然会觉得，这些文字写实的意味似乎依然远大于讽刺的意味。

如果以上所述能够被人们所认可的话，那么，有关《外史》是一部讽刺小说的说法便的确难以成立了。退一步说，即便人们依然坚持认为《外史》第 3 回的文字是高度讽刺性的，也不能便由此断言《外史》全书是讽刺性的。我这样说的理由在于以下这一长期以来似乎一直被人们忘记了或者根本上就不曾想到的事实：《外史》全书共有 55 回，除去第 3 回的其余 54 回，其文字怎么看都实在与讽刺沾不上边，仅仅因为第 3 回是讽刺性的，便断言全书是讽刺性的，那也实在以偏概全得太过离谱了吧。考虑到尽管托尔斯泰的长篇小说《复活》的第 1 部第 13 节的文字也表现出非常强烈的讽刺性，但是整部小说却并没有被学者们视为一部讽刺小说而是被恰当地视为一部批判现实主义的小说，这种离谱就更让人觉得有点匪夷所思了。当然，我并不否认其余 54 回中也有一些文字颇带一点讽刺的色彩。但是，第一，这些文字少得可怜，只是白璧之中的微瑕而已。第二，尤为重要的是，细玩这些"微瑕"的文字，事实上也只能说是讽而不是刺，用鲁迅的话说，就是"婉而能讽"。比如，第 4 回中叙述汤知县请范进吃饭的一段文字就是如此："（汤知县问范进）道：'因何不去会试？'范进方才说道：'先母见背，遵制丁忧。'汤知县大惊，忙叫换去了吉服，拱进后堂，摆上酒来……知县安了席坐下，用的都是银镶杯箸。范进退前缩后的不举杯箸，知县不解其故。静斋笑道"'世先生因遵制，想是不用这个杯箸。'知县忙叫换去，换了一个瓷杯，一双象箸来，范进又不肯举。静斋道：'这个箸也不用。'随即换了一双白颜色竹子的来，方才罢了。知县疑惑他居丧如此尽礼，倘或不用荤酒，却是不曾备办。落后看见他在燕窝碗里拣了一个大虾元子送在嘴里，方才放心。"（《外史》第 44—45 页）鲁迅称这样的叙述"诚微辞之妙选，亦狙击之辣手矣。"

（《中国小说史略》第 140 页）。我以为，"微辞之妙选"诚为的评，而"狙击之辣手"则颇涉牵强。因为范进长期以来一直只能以粗茶淡饭果腹，用他的岳父胡屠户的话说，"这十几年，不知猪油可曾吃过两三回哩。可怜！可怜！"（《外史》第 29 页）因此，面对酒宴，尽管他可以因为适丁母忧而放弃使用高级的餐具，但是却无法抗拒虾丸的诱惑。从这样的细节的叙述中，我们除了感到了一种极度的真实性之外，实在难以把它和讽刺挂上钩。事实上，在《中国小说史略》问世十多年之后，鲁迅在他的《且介亭杂文二集》中的"论讽刺"一文中，也一改前说而非常肯定地认为，上述细节"分明是事实，而且是很广泛的事实"。换言之，在他看来，它不是讽刺，但遗憾的是，"我们皆谓之讽刺"。因此，这一细节的描写充其量只能算是"婉而能讽"，或者"感而能谐"。再比如，第14 回写马二先生游西湖的一段文字也属"婉而能讽"。鲁迅对这一段文字的点评应该说颇中肯綮："例如西湖之游，虽全无会心，颇杀风景，而茫茫然大嚼而归，迂儒之本色固在。"（《中国小说史略》）此外，第 6 回写严贡生用云片糕讹诈船工，从本质上看，也只是写实而非讽：严贡生之可恶，是经由如其所是的叙述而直接展现出来的，因此，其可恶乃在言内而不在言外。再者，第48 回"述王玉辉之女既殉夫，玉辉大喜，而当入祠建坊之际，'转觉心伤，辞了不肯来'，后又自言'在家日日看见老妻悲恸，心中不忍'"，据鲁迅的意见，"则描写良心与礼教之冲突，殊极刻深"（《中国小说史略》）。可见在鲁迅看来，这一细节也属于写实而不是讽刺。此外，第 12 回写权勿用进娄府的文字亦可作如是观。如果有谁硬要说这样的文字是讽刺性的，那么我敢说，他肯定没有读过鲁迅的短篇小说《风波》《幸福的家庭》以及比如美国作家马克·吐温的短篇小说《败坏了的赫德来堡人》这样的文字。

（二）全书的主要人物都是作者所肯定的人物

尽管《外史》所写到的人物计有 100 多号，但是和诸如《红楼梦》《水浒传》等一样，其中有许多只是用以串场的而已，往往只是一笔带过或者点到为止。因此，真正能够被称为人物形象的人物应该也就六七十号吧。这六七十号人物当中，除了极少数的几个属于为作者所鄙夷不屑的而外，其他大几十号人物中，有一些可以被归为中性的一类，另外差不多还有 30 多号则都是被作者以不同程度给以肯定的人物，或即通常所说的正面人物。前一类中性的人物，其作用主要在于为后一类正面的人物的活动提供一个广阔的社会背景。这后一类正面人物的身份、地位不尽相同，可以说是活动于那个时代的各色人等：官宦人家的公子、现职的官员、戏子、店家、手艺人、侠客、管家、和尚、儒生、文士等。他们当中有许多人并算不上完美无缺，但总体而言，他们都是被作者以肯定的态度而加以描写的。至于作者所给与的肯定，则各有不同或各有侧重，但大体而言，不出儒家所非常看重的通常被称为五常的仁、义、礼、智、信以及忠、孝、节、义、礼、义、廉、耻等人格品德，当然还有诸如潇洒豁达、淡泊名利等的人生态度以及崇文尚学的价值取向等：1. 王冕——淡泊名利，不阿权贵（《外史》第1回）；2. 娄家两公子——慕文爱才，仗义疏财（第8、9回）；3. 邹吉甫——忠诚厚道，古道热肠（第11回）；4. 马纯上——笃实厚道，仗义疏财（第13、14、15回）；5. 匡超人——恪守孝道，勤奋好学（第15回）；6. 乐清知县——爱惜人才，奖掖后学（第16回）；7. 匡太公——本分老实，识见高明（第17回）；8. 潘保正——耿正热心，乐于助人（第15、16、17回）；9. 老和尚——厚道仁义，诚信向善（第20回）；10. 向知县·向知府——审辨是非，断案清明（第20回）·知恩图报，至诚至爱（第25、26回）；11. 鲍文卿——恪守本分，不慕钱财（第24回）；12. 杜慎卿——不随俗流，英姿卓荦（第29回）；13. 季苇萧——脱俗有趣，不拘行迹（第30回）；14. 杜少卿——潇洒旷达，仗义疏财（第31回）；15. 娄老伯——宅心仁厚，为人和善（第8回）；16. 庄绍光——淡泊官场，大雅脱俗（第34、35回）；17. 萧昊轩——武艺超群，仗义行侠（第34回）；18. 虞博士——淡泊名利，诚实厚道（第36回）；19. 祁太公——实诚厚道，温润和善（第35、36回）；20. 武书——雅好诗文，厌弃时文（第36回）；21. 海月祥林寺的和尚——心地善良，慈悲为怀（第38回）；22. 郭孝子——为人忠厚，恪守孝道（第38回）；23. 萧云轩——仗义行侠，尚文崇教（第39回）；24. 汤镇台——胸怀开阔，功成身退（第44回）；25. 余家两兄弟——尚情重义，不随流俗（第45、48回）；26. 王玉辉——一介寒士，志存儒学（第48回）；27. 凤四老爹——古道热肠，施恩即忘（第51回）；28. 沈琼枝——沦落风尘，以文为生（第25回）。很难想象，一部讽刺小说中的百十来号人物中竟差不多有半数以上的人物是被作者所肯定的，其中又有许多竟是被作者所激赏的。

（三）全书所着力叙述的四次集体性的文化活动，都是符合作者的价值取向的。按照时间的先后顺序，它们分别是：1. "名士大宴莺脰湖"2. "逞风流高会莫愁湖" 3. 西湖约诗会以及 4. 太伯祠祭祀。考虑到这四个集体性的文化活动差不多涉及了全书半数以上的正面人物，并且又都是被以积极的态度加以叙述的，因此我们就的确难以再坚持认为《外史》是一部讽刺小说了。我可以斗胆地说，假使作者吴敬梓能够起而复活并且听说他的《外史》一直被人们当作一部讽刺小说加以阅读的话，他定会显出一片惊讶茫然的神色。

四

那么，《外史》到底是一部怎样的小说？依据我当下的阅读感受，我认为它其实是一部感伤的小说，贯穿小说始终的基调乃是一种淡淡的伤感。事实上，尽管如前所说鲁迅的确把《外史》视为一部"讽刺之书"，但是，当他谈及《外史》的具体的文本的时候，他所谓"讽刺"便变成了讽而不刺了，用他本人的话说就是"感而能谐，婉而能讽"。这应该是鲁迅阅读感受的一个更为确切的表达。这里的感指的是伤感，婉的意思则是委曲。由此可见，在鲁迅看来，《外史》的行文是委曲伤感的，只不过其中还夹带了一点诙谐与戏虐罢了。由于这两句短语的首词分别是感和婉，因此，说《外史》其实是一部感伤的小说应该说是可以成立的，或者说其实是符合鲁迅对《外史》的具体的阅读感受的。

（一）《外史》的主旨或意图是哀叹作者所心仪的文化的式微。这一点《外史》的第 1 回其实已经做了清楚的表达，即所谓的"说楔子敷陈大义，借名流隐括全文"。这里所说的"名流"指的是历史上实有其人的王冕。如所周知，王冕字元章，号煮石山农，又号食中翁、梅花屋主等，浙江绍兴诸暨枫桥人，元代著名画家、诗人、篆刻家。据宋濂的《王冕传》说，王冕出身贫寒，幼年替人放牛，靠自学而成才。其人性格孤傲，鄙视权贵，其诗多为同情人民苦难、谴责豪门权贵、轻视功名利禄以及描写田园隐逸生活之作，且一生好梅，专好画梅，对后世影响很大。《外史》第 1 回大体上就是依据这些事实材料演绎而成的，并且尤其突出了王氏的孤傲独立、不阿权贵、鄙薄功名的性格特点，很大的程度上，作者其实就是借王冕而写了他自己。事实上，第 1 回之后的内容基本上不过是王冕在第 1 回里的遭遇的一个放大和具体化而已。在第 1 回里，作者是这样叙述王冕的：王冕年少时事母甚孝，后因家境贫穷而中途辍学，不得不靠为他人放牛以补家用。期间自学画梅，由于悟性很好而达到相当高的水平，以至可以卖画为生。但他生性孤傲，不为权贵作画。为躲避权贵的报复以及拒绝为官而远走他乡，"隐居于会稽山中，最后得病去世"。考虑到一般的读者也许并不能对这个故事的暗示有一个恰当的领悟，作者还特别在第 1 回的差不多要结束的地方安排了王冕对书中的一个人物秦老就大明洪武年间朝廷颁布的"取士之法"发表的一个简短的评论与慨叹，来将全书的主旨作一个明确的表达："（此法规定）三年一科，用五经、四书、八股文。王冕指与秦老看，道：'这个法都定的不好！将来读书人既有此一条荣身之路，把那文行出处都看得轻了。'""王冕左手持杯，右手指着天上的星，向秦老道：'你看贯索犯文昌，一代文人有厄！'""少顷，风声略定，睁眼看时，只见天上纷纷有百十个小星，都坠向东南角上去了。王冕道：'天可怜见，降下这一夥星君去维持文运，我们是不及见了。'"（《外史》第 10—11 页）。

　　很显然，这是作者借王冕之口很明白地告诉读者，此后全书所写不外是以下两个方面的内容：其一，"文人有厄"；其二，"维持文运"。所谓"文人有厄"指的是"把那文行出处看得轻了"。这里的"文行出处"显系化自孔子教学的四个方面，即文、行、忠、信。这里所谓文指的是《诗》《书》、礼、乐等，行指的则是行为规范，至于忠与信，其义甚明，不必赘释。吴敬梓借王冕之口把孔子的文、行、忠、信改为文、行、出、处，与他和他父亲的人生经历有着颇为密切的关联。文献表明他们父子二人都不喜欢当官，并且又分别酷爱作为圣贤之业的《诗》《书》、礼、乐和作为高雅文化的诗、词、歌、赋以及琴、棋、书、画等。准此，所谓"维持文运"显然是指维持被作者列于第一和第二这两个层次的文化的命运。究其原因，主要在于，这两个层次的文化在吴氏写作《外史》的时代正处于严重的式微之中，而相当盛行的则是被吴氏列于最低即第三层次的科举以及作为其衍生物的八股文。不过，我们细读《外史》就不难发现，吴氏其实并没有把第一与第二层次的文化的式微，简单地归因于第三层次的文化的盛行，而是主要归因于弥漫于那个时代的追求功名富贵的"舆论的气候"。在我看来，这倒是作者高于无数《外史》的评论者的地方。事实上，正是由于这一"舆论的气候"过于强大，因此，所谓的"维持文运"才显得如此地疲弱无力，以至表现出一种大厦将倾独木难支的无可奈何。比如，《外史》虽然着力写了泰伯祠祭祀的场面之宏、气氛之浓以及影响之大，但是另一方面，却又说这一重大的文化活动其实有如美好的夕阳很快就沉落不见。在《外史》第55回快要结束的地方，作者对此作了"白头宫女在，闲坐说玄宗"式的叙述："那邻居道：'你不说我也忘了。这雨花台左近有个太伯祠，是当年句容一个迟先生盖造的。那年请了虞老爷来上祭，好不热闹！我才二十多岁，挤了来看，把帽子都被人挤掉了。而今可怜那祠也没人照顾，房子都倒掉了。我们吃完了茶，同你到那里看看。'……走出来，从岗子上蹑到雨花台左首，望见太伯祠的大殿，屋山头倒了半边。来到门前，五六个小孩子在那里踢球，两扇大门倒了一扇，睡在地下……盖宽道：'这些古事，提起来令人伤感，我们不如回去罢！'"（《外史》第537、538页）。再比如，作者虽然一方面写了莺脰湖大会的热闹和西湖约诗会的有趣，但是另一方面又写了诸多不如人意之处——莺脰湖大会，"鲁编修（不但）请了不曾到"而且还批评了出席这次集会的蘧公孙道："令表叔在家，只该闭户做些举业，以继家声，怎么只管结交这样一班人"（《外史》第128页）；西湖约诗会的一些与会者，后来所写出的所谓诗作基本上都是些八股语，毫无诗意可言。此外，纵览整部《外史》，我们还会不时地看到诗、词、歌、赋这种文化遭遇挤兑的情景。比如，雅好诗文的虞博士就曾被祁太公好言相劝道："你是个寒士，单学这些诗文无益，须要学两件寻饭吃本事。"（《外史》第352页）祁太公的相劝当然是善意的，但恰恰是这个善意透露出了一个重要的时代信息，即诗文被视为无用之事，仅仅擅写诗文是难以为生的。又比如，鲁编修的女儿所以愿意嫁给蘧公孙，本是因为"料想他举业已成，不日就是个少年进士"，但哪里知道这位让她满怀希望的入赘夫婿，于举业全不在意，而于诗文倒是满心喜欢。这让她失望得"愁眉泪眼，长吁短叹"，并且对着养娘叹息道："我只道他举业已成，不日就是举人、进士，谁想如此光景，岂不误我终身！"因此，当"公孙进来，待他辞色就有些不善。公孙自知惭愧，彼此也不便明言。彼此啾啾唧唧"。多亏了鲁太太尚能时时好言相劝，要不然，这位蘧公孙能否在鲁家待下去都是个问题，遑论一门心思地吟诗填词，"做两件雅事"了。（《外史》第112页）凡此的确可以表明，吴敬梓对诗、词、歌、赋这样的高雅文化在当时的处境之维艰，是深有感受和深表遗憾的。这一点，在第55回即最后一回由盖宽所发表的一番感慨中有着非常充分的体现："盖宽道：'你老人家（正在和盖宽一起喝茶的邻居老爹）七十多岁年纪，不知见过多少事，而今不比当年了。像我也会画两笔画，要在当时虞博士那一班名士在，哪里愁没碗饭吃！不想而今就艰难到这步田地！'"（《外史》第537页）

吴敬梓当然不甘心于这种文化的式微——诗、词、歌、赋实际上乃是他最为心仪的文化，吴氏在那时原本就是以擅写诗、词而享誉文坛的，有鉴于此，他特地在全书的结束之处告诉读者——其实也就是安慰自己，尽管这种文化在正式的读书阶层那里的确已经难以存在，但是在底层的"市井奇人"（鲁迅《中国小说史略》语）或即今天所说的草根达人那里倒还是有幸被延续了下来。把这理解为"礼失而求诸野"应该不会失之牵强。据《外史》第55回说，这样的草根达人共有四个："一个是会写字的"，"又一个是卖火纸筒子的"，"一个是开茶馆的"，"一个是做裁缝的"。这四个草根达人或即"市井奇人"能否真的将式微了的高雅文化振拔起来，并不重要，重要的是，这对作者及读者来说至少是一个不小的慰藉。

（二）《外史》的叙述不时会出现一些忧伤的语言，并且因此使得全书蒙上了一层淡淡的伤感。为能说明问题姑从《外史》中征引几段文字以为证例。首先是第1回开始的地方王冕之母迫于生计让王冕辍学替人家去放牛时所作的一番叮嘱："看看三个年头，王冕已是十岁了。母亲唤他到面前来说道：'儿阿，不是我有心要耽误你。只因你父亲亡后，我一个寡妇人家，只有出去的，没有进来的；年光不好，柴米又贵，这几件旧衣服和些旧家伙，当的当了，卖的卖了，只靠着我给人家做些针指生活寻来的钱，如何供得你读书。如今没奈何，把你雇在间壁人家放牛，每月可以得他几钱银子，你又有现成饭吃，只在明日就要去了。'""第二日，……母亲替她理理衣服，口里说道：'你在此须要小心，休惹人说不是；早出晚归，免我悬望。'王冕应诺，母亲含着两眼泪去了。"（《外史》第1、2页）其次是第7回荀玫之父故世之后，母亲对儿子所说的一番话："自你爹去世，年岁不好，家里田地，渐渐也花费了，而今得你进个学，将来可以教书过日子。"（《外史》第72页）。再次则是第8回关于王惠和蘧公孙分别的文学："蘧公孙应诺，他即刻过船取来交代，彼此洒泪分手。王惠道：'敬问令祖老先生。今世不能再见，来生犬马相报便了。'"（《外史》第85页）此外，诸如第8回娄家三、四公子与蘧太守慨叹"宦海浮沉"的对话（《外史》第87页）、第11回郭吉甫感叹岁月不留情的文字（《外史》第113页）、第15回马纯上和匡超人说"你我萍水相逢，斯文骨肉"的文字（《外史》第155页）、第25回倪老爹向鲍文卿诉说自己的伤心史的文字（《外史》第248页）第27回倪婷珠与鲍廷玺兄弟相见互忆往昔岁月的文字（《外史》第271页）、第55回盖宽慨叹人心不古无人修葺圣贤祠的文字（《外史》第538页）以及第55回一老者听琴声不觉凄然泪下的文字（《外史》第540页）等，都是颇为伤感的文字，读之都会让人感到鼻头发酸。不过，还有一段文字比以上诸段文字都要伤感得多，可以说把全书伤感的气氛营造到了极致，这就是作为全书点睛之笔的用以抒发作者之情怀的一首自制词："看官！难道自今以后，就没有一个贤人君子可以入得《儒林外史》的么？词曰：记得当时，我爱秦淮，偶离故乡。向梅根治后，几番啸傲；杏花村里，几度徜徉。风止高梧，虫吟小榭；也共时人较短长。今已矣！把衣冠蝉蜕，濯足沧浪。无聊且酌霞觞，唤几个新知醉一场。共百年易过，底须愁闷；千秋大事，也费商量！江左烟霞，淮南耆旧，写入残篇总断肠。从今后，伴药炉经卷，自礼空王。"一个读者，如果他能真正读出这首词里的无限感慨的话，他还会坚持认为《外史》是一部讽刺小说吗？我相信，他应该不会。

（原文载浙江文史馆《古今谈》2019年第1、2期）

讲课与写文

——略说党校教员科研成果的两种报告形式

我写此文，为的是要对长期以来一直困扰着党校教育工作者们的一个重大的问题——教学与科研之关系的问题进行新的思考。这个思考之所以很有必要，是因为，迄今为止，人们在这个问题上的认识始终是模糊不清的，并且因此对党校的教育事业产生了许多颇为严重的后果。

乍一看，我这么说似乎有点儿无的放矢。在绝大多数的党校工作者看来，这个问题应该说已经得到了很好的解决，最有力的证明是，诸如"教学为中心，科研是基础"，"以教学立校，以科研兴校"以及"教学出题目，科研做文章，成果进课堂"等的提法，早已成为党校工作者们的一个普遍的共识。但是在我看来，问题其实并没有真正得到解决。我的理由是，教学与科研的关系问题，从逻辑上看乃是一个伪问题。说它是一个伪问题，是因为作为一个概念，教学大于科研，换言之，教学包含了科研——通常一个完整的教学过程应该是由诸如确定选题、展开研究、形成提纲、课堂讲授、课后反思等诸多环节组成的，而且是循环性的，科研乃是其中的一个环节。由此可见，教学与科研并不是两个对等的并且因此可以并置的概念。因此，谈论教学与科研的关系，无异于谈论包括科研在内的诸多环节与科研的关系，如果把教学当中的其他环节略去的话，那就无异于谈论科研与科研的关系，而这显然是荒谬的。既然如此，上面所提及的那些有关教学与科研之关系的所谓共识，便顶多只是共识，而却并不能算是正确之识。而且正是这些所谓的共识，使得人们的思维长期处于混乱之中，以及使得问题的本质长期处于遮蔽之中。

细思一下便不难发现，平常大家所谈论的所谓教学与科研的关系，就其本质而言，其实乃是讲课与写文的关系，因为唯有这两者才是一对对等的并且因此可以并置的概念。说到讲课与写文，作为在省级党校长期从事教育工作的一名教员，我认为，就党校而言，无论是前者（这里当然是指主体班次的专题性的优质的讲课，下仿此）还是后者（同样，这里当然是指优质的写文，至于所写之文则可以是学术论文和学术专著，也可以是调研报告及决策参考等，下仿此）都以科研为其根本的前提，换言之，没有深入的研究以及丰厚的研究成果的支撑，所谓讲课与写文便均无从谈起。这句话换一个说法就是，党校的讲课与写文乃是科研成果的两种报告形式：前者是用语言在课堂（这里当然主要指主体班次特别是进修班次的课堂）上向学员进行报告，后者则是用文字在书报刊物上向读者进行报告。所不同者大体而言不外在于以下这么几点。其一，讲课的报告将会随着课程的结束而告一终止，而所写之文一但发表便将持续不断地发挥着报告的作用，当然，前提是得有人去阅读；其二，讲课的报告是声情并茂的，而写文的报告则是无声无息的；其三，讲课的报告对象是具体的和明确的，而写文的报告对象则是抽象的和模糊的；其四，讲课的报告所产生的影响是快速的和强烈的——请想象一下一场精彩的讲课结束之时全场所爆发出的雷鸣般的掌声吧，而写文的报告所产生的影响则是缓慢的和平的——通常人们总是分散的并且是安静地阅读科研论文或论著的；最后，必须承认，讲课的报告其难度是远远大于写文的报告的。究其原因，主要在于以下这么几点。

首先，讲课存在怯场的问题，有鉴于此，一个讲者若不能攻克此一难关的话，那所谓对科研成果的报告便将成为一句空话；而写文则完全不存在这样的问题，因此写者在心理上总体是放松的。其次，讲课只能不停歇地一气呵成，并且无法动改，无论对与错，讲出口就收不回来，如同泼出去的水就收不回来一样；而写文却可以停顿，可以中断，可以不断修改，不断润色，直至写者自己觉得成熟为止。再次，如同演员的演出一样，讲者从登上舞台的那一刻起到整个讲课的最后一刻为止，一切全看他自己的，没有任何人可以代替他，也没有任何人可以帮得了他；而写文却可以随时随地向任何人祈求帮助——提出建议及意见等。第四，就党校现行的评价制度而言，讲课的评价是一次性的和瞬间性的，简单地说就是一锤定音的，因此讲者必须承受巨大的被当场评判的心理压力；而写文则与此完全不同，写者的作品被评判的过程乃是漫长的、点滴的、不确定的以及无形的，因此，对写者来说，这样的心理压力是不存在的。第五，好的讲课还需要讲者具有高超的讲课艺术以及控制和调节课堂气氛的能力；而这一切对写者来说则也是完全不需要的。第六，要把课讲好，讲者除了要获取作为讲授内容的科研成果之外，他还必须对包括讲课在内的教学进行研究并且能熟练地运用他所掌握的规律，总之，对于讲者来说，他的科研是双重的，即既要进行学科的专业研究还得进行教学规律的研究；而通常一个写者的研究乃是单一的，即纯粹的学科的专业研究。第七，要能把课真正讲得十二分的精彩，还需讲者具有一定的天赋，因为这样的讲课绝不可能像通常那样完全按照事先准备好的讲课计划照本宣科地讲完拉倒，相反，它只是大体遵循一个讲课的框架而进行的，并且在进行中常常由于和听者的交流互动而爆发出某种灵感，并且因此闪烁出思想的火花和喷发出令人惊叹的警言妙语，正像天才的书法家在创作中常常会不期而至地甩出一些神来之笔一样（因此，杰出的讲者对于党校来说的确属于稀缺资源，因为从根本上看他是无法造就的）；比较而言，写文——这里当然是指写科学性的学术论文而不是指写诸如诗歌等这样的艺术性的文学之文——却与此不太相同，通常它只要求写得清楚明白即可，它不但不要求甚至是不允许写者自由地驰骋，总之，它所要求于写者的乃是高度的理性化与规范化。

当然，也必须看到，单就对科研成果的报告本身而言，对讲课的要求便没有对写文的要求来得那么高了。这主要表现在通常讲课可以多次重复报告同样的科研成果，而写文从原则上讲则不行，换言之，同一个科研成果从理论上讲只能报告一次或即只能发表或出版一次。不过，这一点不宜过于夸大。我的意思是说，就党校的讲课而言，其对创新的要求也是很高的。换言之，尽管它的确不像写文那样要求每一次讲课所报告的都是全新的科研成果，但是毕竟它也决不允许教员长期重复报告同样的内容。因此，讲课也如同写文一样始终处于不断的创新之中。这里的创新大体上可以分为这样两种情况：首先是不断开拓新的专题；其次是同一专题课的讲授必须不断地调整其讲授的内容——从个别的例证、看法、表述到基本观点及总体框架等。有鉴于此，可以断言的是，党校的真正优秀的教员，第一，他一定是不断开拓新的专题的；第二，他也一定是不断调整同一专题的讲授内容的。否则的话，他的讲授绝不可能长期地受到各类主体班次学员们的普遍而广泛的欢迎。换言之，他的讲课一定是由深入的研究和丰厚的研究成果支撑的。

不管怎么说吧，有一点应该是毋庸置疑的，那就是对党校来说，讲课与写文理应被视为教员报告其科研成果的两种不同的形式。既然如此，何以长期以来党校系统始终存在这样一个非常明显的倾向，即认为写文才是科研而讲课却不是呢？据我多年的思考，原因大概有如下几点。首先，如上所说，尽管讲课也是科研成果的一种报告形式，但是客观地说，毕竟也有一些哪怕是主体班的专题课也属平庸之课，因此，日久天长，人们便自然会误把写文等同于科研，而把讲课仅仅视为讲课而已——说得难听一点，只是要要嘴皮罢了（当然，这样说决不意味凡所写之文皆属上乘之作，事实上也有许多甚至是相当多的所谓文也属平庸之文——这些平庸之文也与科研报告成果毫不相关。对于这些平庸之文的写者，那些平庸之课的讲者似乎也可以把他们视为仅仅是写文而已，甚至只不过是要要笔杆而已）。其次，自从进入书写的时代以来，对文字以及各种文字的文本便渐渐产生了一种崇拜——简单地说，就是文字崇拜或文本崇拜。由此，一般人总是倾向于把文本里的东西视为高于话语里的东西。因此，同一个思想或同一个观念，用文字加以表达和用语言加以表达，其效果便大不相同，有时乃至有天壤之别：前者神圣无比，后者则平淡无奇。其结果是，一个思想或一种观念倘若不能书写下来，那显然就不太可能被认为是科研成果。最后，自从有了文字以来，人便被分成了两大类，一类是能书写的，另一来则是只能讲说的。前一类通常是上层的脑力劳动者，后一类则一般乃是下层的体力劳动者。由于科研显然是一种脑力劳动，因此，很自然地人们便倾向于把能书写的看成能研究的，而不把能讲说的也视为能研究的。

稍加思考便不难发现，这三点原因中，除了第一点略可（请注意，只是略可）成立外，其他两点，作为两种观点，其实都是不能成立的和不堪一击的。为能说明问题，我们只要提及古希腊的苏格拉底及中国先秦时代的孔子就可以了。如所周知，这两位乃是东西方的早期最为伟大的思想家。可是他们当中的哪一位思想的表达不是经由讲述而是经由书写的呢？回答是没有。如果我们再把那些宗教的领袖——比如耶稣、释迦摩尼以及默罕默德等也算进来的话，我们就完全可以得出这样一个结论：思想的表达，文字并不是唯一的，在文字之外还有语言，而且在许多情况下语言比文字更具有表达的优势。说到这里，我觉得有一点应该不容置疑，那就是，一个思想或一个观点是否是科研成果，并不在于它是被讲出来的还是被写下来的，而在于它是否具有创新性，即是否是一个新的概念、新的命题或新的理论（关于这一点可参阅拙文《概念、命题及理论——简论学术成果的三要素》，文载《当代社科视野》2010 年第 11 期），倘是，它便是科研成果，反之，则不是；至于它是被讲出来的还是被写下来的，原本是无所谓的。正因为如此，诸如索绪尔的《普通语言学概论》、章太炎的《国学概论》乃是真正的和重大的科研成果（而索绪尔的《普通语言学概论》则被公认为 20 世纪西方学术界的最伟大的科研成果之一），尽管它们都只不过是两门课的听讲者们事后对听课笔记进行整理而成的结果，而今天的大量的所谓论文、论著等其实都只不过是无用的垃圾而已，尽管它们都是它们的作者们经过精心的设计和书写而制作成功的。由于第一点原因，作为一种观点只是略可成立，因此作为一种理由也是不充分的，换言之，它是无力支撑写文是报告科研成果的而讲课则不是的这样一个断言的。

如果上述看法可以成立的话，那么，有一个问题便因此油然而生：既然如此，照理一个优秀的教员应该既能讲又能写，但何以实际的情况却并非如此呢？我想，其原因主要在于，语言和文字毕竟是两种性质很不相同的媒介，而个人的天赋又往往有所不同——比如，有人颇富口才，有人颇富笔才，当然，也有人既富口才又富笔才——但这种人一般为数不会很多，因此便大体上形成了以下几种情况：少数教员既能讲又能写，有些教员能讲不太能写，有些教员能写不太能讲，有些教员能讲几乎不能写，有些教员则是能写而几乎不能讲等。

对于加快发展党校的教育事业来说，毋庸置疑的是，最好是每一个教员既能讲又能写，——而且是既讲得好又写得好。但是，据上所述，很显然这只能是一个美好的理想。我的意思是说，事实上，大多数教员在这方面都存在着一定的偏颇，即或者偏于能讲，或者偏于能写。一个教员无论偏于能讲还是偏于能写，都是应该给予充分肯定的，当然，前者应该给与更多的肯定。这么说的理由在于，正像中央所明确指出的那样，党校首先是培训党员领导干部的主渠道，其次是党的哲学社会科学的研究机构。中央的这个对党校职能的定位，明确地要求党校的教员首先必须把课讲好，然后才是把文写好，或即首先必须把科研成果转化为讲课成果，然后才是转化为文本成果，换言之，首先必须用科研为讲课服务，然后才是用科研为写文服务。这里好有一比：党校的课堂乃是前沿阵地，各种学术的以及决策参考的和调查研究的文本则是侧翼的阵地，因此讲课乃是前沿的阵地战，而写文则是侧翼的阵地战。如果一个党校教员将此倒置过来，那就显然与中央的这个定位和要求不相符合。如果党校的每一个教员都如此地颠倒行事，那么，党校就将不复是党校而将沦为纯粹的高校、社科院及政研室了，而那对党校的存在与发展无疑是灾难性的。如果还有人对此存有疑惑的话，那么不妨建议他去想一想医院吧。如所周知，一所好的医院肯定既是一个医疗机构也是一个研究机构，但是首先是一个医疗机构。有鉴于此，该医院的医生的确都必须从事医学的研究，因为要不然，第一治不好病人的病，第二也写不出相关的论文或论著。但是，有一点是任何一个稍具常识的人都非常清楚的，那就是，对这个医院的生存与发展来说，能治好病人的病乃是首要的和关键的。因为，毫无疑问的是，任何一个来到该医院的患者，肯定不会呆傻地忙着去找医生写的论文或论著来阅读，而一定是急着去找高明的医生把他的病给治好！同理，被派送到党校来学习的各级党员领导干部，来到党校之后，也绝不会——其实也绝不可能忙着去寻找教员写的论文或论著来阅读，而是急切地期待着聆听学校的名师为他们讲授精彩的专题课！说到底，对党校来说，课堂讲课的意义及影响的确要远远大于发表的文章或出版的著作等。这并不是由任何个人主观地说了算的，而主要是由作为特殊学校的党校的基本性质所决定的。

作为本文的结束，我拟回过头来对本文一开始所提及的几个有关教学与科研之关系的所谓的共识作出必要的修正。比如在我看来，与其说"以教学立校，以科研兴校"，其实不如说"以讲课立校，以写文兴校"来得更为恰当。为什么不必再提及科研呢？因为如前所说，无论是讲课——当然是讲精彩的专题课，还是写文——当然是写精彩的文，都是以科研为其根本的前提的。换言之，只要课与文是精彩的，那么讲者与写者的科研一定是深入的和扎实的。因此，正像精彩的文是科研成果一样，精彩的课理应也是科研成果。鉴于长期以来人们通常认为唯有写文才是科研而讲课则与科研无关，今天，对讲课也是科研这一点就很有必要给以更为着力的强调。再比如，所谓"教学出题目，科研做文章，成果进课堂"的说法，细想一下便会发现，其实也是不太恰当的。因为，任何一个真正从事过科研并且讲过课和写过文的人都不应该不知道，正像前面所说的科研乃是教学的一个环节一样，反过来看，讲课和写文其实也都分别是科研的一个环节。这个环节的功能是使科研成果——比如新概念、新命题及新理论等得以成型。进一步的思考会使我们发现，事实上，缺少了这个环节，是根本形成不了所谓科研成果的。某种意义上我们可以说，科研成果是讲出来的和写出来的——当然，准确点说，应该是思考出来的，但是由于我们的思考是借助讲和写而进行的，因此，说科研成果是讲出来的和写出来的，也是恰当的。由此看来，无论是讲还是写都是一个持续不断的过程——在不断地获取学员及评论者的反馈意见中，我们不断地调整着讲，不断地调整着写，正是在这个持续不断的过程中，我们的研究才得以不断地深入、深入再深入。准此，无论是讲课还是写文都是不断出题目的过程，然后经由思考——当然包括调查研究，我们不断地纠正旧观点，并且形成新观点。因此，最恰当的表述也许应该是这样：讲课、写文出问题，研究出成果——即某一阶段的正确的新观点，成果进课堂或成文章，如此等等，循环不歇。有鉴于此，关于党校的事业，本人拟作出这样一个新的概括，以就教于党校的方家大雅：以讲课为前沿，以写文为侧翼，以科研为后盾。

（原文载中央党校《学习时报》"党校教育专刊"360 期）

领导干部文化修养的两个方面

印象中，全国党校系统强调有必要通过教学来提高领导干部的文化修养，可以说由来颇久了。究竟什么是文化修养呢？文化，就其总体意指而言，应该被理解为文的演化，因此，它应该是动态的过程而不是静止的状态。准乎此，我给文化下了这样一个定义："客观之文与主观之文相互转化的循环系统"。在这里，客观之文指的是某一人类共同体在其长期的生存过程当中所创造的以及所形成的所有成果。主观之文则是指某一人类共同体内的每一个成员自身所具有的文，据我的意见，通常它包括这样三种要素，即能力、知识和习惯。至于相互转化，指的则是客观之文经由教育的途径由外向内转化成主观之文以及主观之文经由创造的行为由内向外转化成客观之文；这两个方向相反的相互转化是不断的，并且因此而形成了一个循环系统。有必要补充一点的是，无论是客观之文还是主观之文，就其本质而言，均是人的精神世界的外在的展现，正因为如此，狄尔泰才把它们称为"精神的各种客观化"或者"客观精神"。

撇开客观之文不谈，单就主观之文而言，三个要素当中，我以为当以习惯为最根本和最重要。之所以要特别地强调习惯的根本性和重要性，乃是基于它所具有的以下这几个特点。第一是它的内在性，第二是它的支配性，第三是它的牢固性。正像古语"从小一看，到老一贯"所说的那样，一个人的习惯一旦形成，通常便终身难改。

至于修养，就这个语词的常见用法而言，它应该既是一个动词也是一个名词。作为动词它的含义就是指修炼与培养。修炼什么？培养什么？回答是：身体与习性。因此，这个意义上的修养就是通常所说的修身养性。作为名词，修养指的就是良好的习惯。事实上，在日常生活中，当一个人被评价为有修养时其实就意味着这个人具有诸多良好的习惯。由此可见，无论是作为动词还是作为名词，修养均不涉及或者很少涉及能力和知识这两个方面的要素。这一点可以从以下这一事实非常清楚地看出来：在日常生活中，我们常常会说某个人尽管能力强、知识多，但却缺乏基本的修养。把以上两个含义合起来，我们可以说，所谓修养就是指经由自我修炼——这里的修炼就是通常所说的社会实践而养成理想的习惯。

如果以上所述可以成立的话，那么所谓文化修养的含义就非常清楚了。简单地说，它指的是经由科学与人文这两种客观之文的实践活动而使一个人形成（或即内化成）可以用这两种客观之文命名的两大习惯，即科学的习惯与人文的习惯，前者可以被称之为科学理性，后者则可以被称之为人文精神。当然，在这个实践活动中，一个人肯定也会获得以这两种客观之文命名的能力与知识，即科学的能力（比如调查研究、去伪存真的能力）和科学的知识（比如自然科学及社会科学的各种经典的及前沿的知识）以及人文的能力（比如阅读理解、口头表达、书面表达、人际沟通等的能力）和人文的知识（比如文学、历史、哲学以及艺术等方面的知识）。不过，在我看来，对于做好领导工作来说，这两方面的收获比起形成两方面的习惯来讲均是次要的。理由很简单：科学与人文的能力及知识不能决定一个领导干部如何及为何去从事领导工作，能够发挥此一作用的只能是作为习惯或即"性情倾向"的科学理性与人文精神。

说到科学理性，就我所赋予的含义而言，指的是以探索未知世界的原理（即事物的本质及规律）为其核心的"性情倾向"，至于人文精神，顾名思义，则是指以人为本的精神，具体说就是以人的存在、人的生命以及特别是人的美好生活为最高价值取向的"性情倾向"。之所以将前者称为理性而将后者称为精神，主要是因为：前者是在描述实然的世界中所形成的，后者则是在建构应然的世界中所形成的；前者所要回答的是有关怎么的问题，后者所要回答的则是有关为什么的问题；由此，前者是工具性的后者乃是目的性的。把这两者加以进一步的比照，我们可以说：前者是诉诸脑的后者则是诉诸心的，前者所注重的是合理后者所注重的则是合义，前者主要表现为权衡得失后者则主要表现为考量是非，等等。

就有助于做好领导工作而言，这两者有着很不相同的但都非常重要的意义。从根本上看，科学理性，其作用乃在于使一个领导干部真正地成熟起来，这里所谓成熟，就是实现对本能的超越。据我的意见，无论是成熟还是超越本能，都会使一个领导干部表现出与科学家相同的以下五种特征。第一是冷静。这一特性可以使他在碰到任何不利的情况或纠结的问题时都会处变不惊地进行分析、判断并且作出最理想的抉择，同时还会使他在遇到令人欣喜之事的时候保持几分清醒甚至几分怀疑。正是这个冷静可以使领导干部避免工作中的慌乱与狂热，而慌乱与狂热乃是工作产生严重后果的两个重要诱因。第二是客观。这一特性有助于领导干部在作出任何重大决策时都能把现实性与可能性真正统一起来，做到既不过分超前也不落后于时代；此外，这一特性还有助于领导干部对人及对事所作的评价不会畸轻畸重，有失公允，而这至少乃是促进和谐融洽的根本因素之一。第三是严谨。这一特性有助于领导干部考虑问题周到缜密，不放过每一个细节，作文讲话斟酌再三，保证话语与事实的高度统一。如此不但会使工作的失误降至最低限度，同时其信誉也会因此不断地被建立起来。第四是民主。一个领导干部所具备的能力与知识总是有限的，能够弥补此一不足的途径在于汇集众人的能力与知识，但其先决条件是该领导干部必须能够实施汇集的行为，不是他所具备的知识而是他所拥有的民主这一特性才能提供这一先决条件。第五是坚韧。一个领导干部在经由充分的集思广益而作出决策，制定出规划、计划等之后，最重要的就是要坚定不移地将之加以实施，而这就有赖于他的坚韧的特性，否则不是会流于纸上谈兵就是会半途而废，功亏一篑。

至于人文精神，其对做好领导工作所具有的意义主要在于，它会使领导干部在工作当中表现出与科学理性大异其趣的这样五种特性。第一是同情。这一特性会使一个领导干部对他人特别是对群众始终处于一种动心的状态：他人痛苦他也会痛苦或者至少他不会快乐，反之亦然。第二是仁爱。这一特性会使得领导干部将他的同情付诸行动，即尽其可能地给他人以关心与帮助。第三是尊重。具有这一特性的领导干部绝不可能表现出傲慢无礼甚至是嚣张跋扈的面孔，相反，他一定会谦恭待人，低调行事。第四是理解。一个领导干部要能使自己麾下的一班人信服自己，一个重要的前提就是他要把握他们的所言所行的最深层的原因、目的及动机等，简单地说，就是他要善解人意。第五是宽容。这一特性的最大意义在于，它会使一个领导干部在严格要求他的部下的同时还能对他们的某些不足、缺陷、疏漏、失误等给以必要的谅解，换言之，他所要求于他们的，就会仅仅在于他们应该不断地追求进步、精益求精而不是他们必须达到某种完美的状态。

把以上所述加以适当的概括，科学理性与人文精神对做好领导工作所具有的意义，总体上看主要表现在以下这样两个方面。首先，为做好领导工作提供了一个最根本的前提，这就是使领导干部成为一个健全的人。这里所谓健全指的是既有脑也有心——显然，缺了这两者中的任一，一个人不能算做健全的人，而且尤为重要的是，还可以保证他的脑是冷的心是热的——这一点之所以尤为重要，是因为无论是冷脑冷心还是热脑热心或者是热脑冷心都是病态的，并且因此对于做好领导工作来说都是极度有害的。其次，使领导工作臻于理想之境。科学理性有助于领导干部不断地优化工作的手段和始终规范住丰富的情感——情感丰富固然很好，但是若不恰当地加以释放，比如以情代法等，其后果也是非常严重的。人文精神则不但可以使领导干部始终明白工作的根本目的何在，而不至于将工作手段的优化当做目的来加以追求——而这种现象似乎是颇为常见的，比如为创新而创新等，还可以有助于他将制度运作得柔化一点，或即通常所说的有人情味一点。我认为，领导工作做到这样的地步，便和精湛的艺术创作没有多大的分别了。因为它们在以下这一点上乃是高度一致的，即它们都呈现为一种寓规范于自由之中以及寓自由于规范之中的美妙状态。这个状态，用孔子的话说，就是"从心所欲而不逾矩"。

（原文载中央党校《学习时报》"党校教育专刊"362 期，本文为浙江省委党校主体班专题课讲授提纲，该课获评"浙江省委党校精品课"一等奖）